重庆师范大学（人才引进／博士启动）基金项目"中国共产党干部担当作为激励理论与实践研究"（项目编号：23XWB050）

九州文库

从心动到行动

系统激励机制研究

高筱红　著

九州出版社
JIUZHOUPRESS

图书在版编目（CIP）数据

从心动到行动：系统激励机制研究／高筱红著．
北京：九州出版社，2025.1. -- ISBN 978-7-5225
-3569-2

Ⅰ. C936

中国国家版本馆 CIP 数据核字第 202576GQ73 号

从心动到行动：系统激励机制研究

作　　者　高筱红　著
责任编辑　郑闯琦
出版发行　九州出版社
地　　址　北京市西城区阜外大街甲 35 号（100037）
发行电话　（010）68992190/3/5/6
网　　址　www.jiuzhoupress.com
印　　刷　三河市华东印刷有限公司
开　　本　710 毫米×1000 毫米　16 开
印　　张　21
字　　数　377 千字
版　　次　2025 年 1 月第 1 版
印　　次　2025 年 1 月第 1 次印刷
书　　号　ISBN 978-7-5225-3569-2
定　　价　99.00 元

序 言

系统激励机制的研究是以调动干部担当作为积极性、主动性和创造性为目的的，也就是要让干部有担当作为的主动意识和行动自觉。这是因为干部是在党和国家的组织中担任领导和管理工作的人员，是完成改革发展稳定各项工作的主力，是团结、组织、凝聚群众和发挥群众积极性、创造性的骨干力量。在我国，干部的担当作为与"市场主体的积极进取，人民群众的无穷智慧"都是"推动中国发展的活力之源"。① 作为使命型先锋政党领导下的干部理应积极担当作为，勇于干事创业，夯实党执政的基础，为党的事业做出应有贡献，造福百姓。但是，实际中影响干部担当作为的因素却很多，极易出现"懒政""怠政"等不担当不作为的问题。2022 年 12 月，习近平总书记在中央政治局民主生活会上强调："着力消除妨碍干部担当作为的各种因素，让愿担当、敢担当、善担当蔚然成风。"② 2023 年 1 月，习近平总书记在二十届中央纪委二次全会上指出，"始终保持干事创业精神状态"是百年大党独有难题之一，要"更好激发广大党员、干部的积极性、主动性、创造性，形成奋进新征程、建功新时代的浓厚氛围和生动局面"。③ 可以说，激励干部担当作为是我国"干部队伍建设的一个永恒主题，既要抓紧抓实、毫不放松，又要抓常抓长、久久为功"④。

通过梳理有关文献，可以发现：我国学界对干部激励问题的研究与改革开放后我国的干部人事制度改革相伴而生，肇始于 20 世纪 80 年代。之后，随着国家发展任务变化、"干部人事管理制度改革深化、行政体制改革、国有企业改

---

① 王锁明. 让愿担当敢担当善担当蔚然成风 [N]. 中国纪检监察报，2023-02-07（5）.
② 习近平. 坚持团结奋斗 贯彻落实好党的二十大重大决策部署 [N]. 人民日报，2022-12-28（1）.
③ 习近平. 一刻不停推进全面从严治党 保障党的二十大决策部署贯彻落实 [N]. 人民日报，2023-01-10（1）.
④ 仲祖文. 持续推进激励干部担当作为具体措施落实 [N]. 人民日报，2020-09-24（4）.

革以及全面从严治党"①、干部激励政策文件出台等重大改革和战略的变迁、实施，研究不断推进、发展和深化。总体可以概括为四个阶段：第一阶段是研究的起步探索阶段（1986—1993 年）。该阶段，伴随着农村和城市的经济体制改革，社会商品经济不断发展，干部人事制度改革也启动了。于是，学者们对如何在经济体制改革和干部人事制度改革中调动村干部、企业干部以及其他干部的积极性进行了初步探索。第二阶段是研究的不断推进阶段（1994—2006 年）。该阶段，我国社会主义市场经济体制逐步建立了起来，干部人事制度改革范围在不断扩大的同时取得了较大进展：国家实行了统一的公务员制度，公务员队伍凡进必考、事业单位人员公开考试招聘，部分单位还实行了面向社会或单位内部公开选拔党政领导干部的办法。在此背景下，一方面，学者们将市场经济中的竞争机制引入干部人事管理研究，从而对干部的"竞争激励机制"投入了较多的关注。另一方面，在分类研究中，激励对象从农村干部、国企干部拓展到了军队干部、医院干部、组工干部、档案管理干部、高校学生干部等。第三阶段是研究的突破发展阶段（2007—2016 年）。该阶段，一方面，追求可持续科学发展，创新、协调、绿色、开放、共享的理念逐步深入人心。原先以 GDP 增长为中心考核干部，对地方领导干部进行"晋升锦标赛"激励，对其他干部进行公开考试、竞争性选拔激励的机制出现了"唯 GDP 取人""唯分数取人""唯年龄取人"等不少问题。另一方面，党的十八大之后，党和国家出重拳反腐败、反"四风"，出台"八项规定""六项禁令"等，原先干部管理中的一些腐败现象被遏制，各种灰色收入、隐性福利被逐步禁止，实践中存在的潜性的、隐性的激励减少。与此同时，干部队伍中出现了"为官不易""官不好当了"等声音和新形势下的"懒政""怠政"问题，对旧的干部激励机制造成了挑战。在此背景下，学者们对干部激励问题的研究出现了一个新特征，那就是开始反思过去激励机制的不足，着力探讨新形势下的干部激励问题。第四阶段是研究的拓展深化阶段（2017 年至今）。该阶段，党和国家突出强调新时代干部要勇于担当、善于作为，同时强调完善干部激励机制，激励干部担当作为，尤其是党的十九大报告提出，"建立激励机制和容错纠错机制，旗帜鲜明为那些敢于担当、踏实做事、不谋私利的干部撑腰鼓劲"②；2018 年 5 月出台的《关于进

---

① 孙晓莉.三十余年来的干部激励研究：问题检视与未来展望 [J].中共中央党校（国家行政学院）学报，2020（4）：79.

② 习近平.决胜全面建成小康社会 夺取新时代中国特色社会主义伟大胜利：在中国共产党第十九次全国代表大会上的报告 [M].北京：人民出版社，2017：64.

一步激励广大干部新时代新担当新作为的意见》将此研究推向了一个高潮。之后，党的十九届四中全会提出，"完善担当作为的激励机制，促进各级领导干部增强学习本领"等"九大本领"。① 党的十九届五中全会审议通过的《中华人民共和国国民经济和社会发展第十四个五年规划和 2035 年远景目标纲要》进一步强调指出："加强对敢担当善作为干部的激励保护，以正确用人导向引领干事创业导向。"② 在中央的大力支持和激励思想指导下，学者们对干部激励问题研究不断拓展深化，取得了不少成果。一是对某一类基层干部激励的研究增多；二是对某一种具体激励机制的研究增多；三是提出"潜激励"和"显激励"的概念，对过去和今后所要构建的干部激励机制进行了区分；四是提出从使命型先锋政党视角理解我国干部激励机制，从而打破了过去以西方激励理论、西方利益型政党视角审视中国干部激励机制的思维习惯，进一步破除了官方话语强调引导干部的利公诉求，而学术话语强调满足干部的私人利益需要的二者不一致的问题；五是围绕"担当作为"这一激励目标的研究急剧发展，对担当作为的基本内涵，影响干部担当作为的因素进行了多维探讨。因为担当作为这一激励目标本身是有明确的正向特质和价值内涵的，无论实践中不同层级组织之间的目标怎么分歧，都可以通过担当作为这一目标进行统一和牵引，所以这一研究实际上解决了过去以干部激励为主题进行研究时面临的多层级组织目标可能冲突困境，是一个大的突破。

国外学者的相关研究在两个方面对认识和完善我国干部担当作为激励机制具有价值意义。一是国外学者基于对"个体的人"的研究而提出的激励理论对认识和完善我国干部激励机制具有重要价值。这些理论主要包括：内容型激励理论、过程型激励理论和行为修正型激励理论三类。内容型激励理论强调，人有多种多样的需要。比如：亚伯拉罕·马斯洛（Abraham H. Maslow）认为，人有生理、安全、爱、尊重和自我实现的需要；③ 克雷顿·奥尔德弗（Clayton Alderfer）认为，人有生存、关系、成长的需要；④ 戴维·麦克利兰（David C.

---

① 本书编写组.《中共中央关于坚持和完善中国特色社会主义制度、推进国家治理体系和治理能力现代化若干重大问题的决定》辅助读本［M］. 北京：人民出版社，2019：9.
② 本书编写组. 党的十九届五中全会《建议》学习辅导百问［M］. 北京：党建读物出版社，学习出版社，2020：45.
③ 俞文创，李成彦. 现代激励理论与应用［M］. 大连：东北财经大学出版社，2020：79-82.
④ 俞文创，李成彦. 现代激励理论与应用［M］. 大连：东北财经大学出版社，2020：79-83.

McClelland）认为，人有成就、权力和归属的需要。① 正是人的这些需要引起、维护并且指引人的行为去实现一定的目标，所以激励的实质就是要满足人的需要。过程型激励理论指出，尽管人的需要可以诱发人的行为，但是人们对于同一种满足需要活动的反应却不尽相同，有人表现得很积极，有人则无动于衷。究其原因，是人对从事某项活动能否满足自身需要、自己是否能够胜任该项工作以及付出与回报是否成正比的判断千差万别。所以，激励就是在人的行为和人的需要之间建立某种联系，即促使人相信自己可以通过从事某项活动满足自身的需要。弗雷德里克·赫茨伯格（Fredrick Herzberg）的双因素理论、维克托·弗鲁姆（Victor H. Vroom）的期望理论、约翰·亚当斯（John S. Adams）的公平理论等都属于过程型激励理论范畴。② 行为修正型激励理论认为，人的行为只是对外部环境刺激所做的反应，通过干预人行为的后果可以影响人的行为本身，所以激励就是对好的行为予以奖励，对不好的行为进行惩处。美国新行为主义者伯尔赫斯·弗雷德里克·斯金纳（Burrhus F. Skinner）提出的强化理论属于行为修正型激励理论范畴。③ 这些激励理论对理解作为个体的干部的需要、心理、行为发生机制，以及干部个体被激励是如何发生的，具有较大的价值。

二是国外学者对中国干部激励模式进行了研究。国外学者对中国干部激励模式的认识并不一致：有的学者认为，中国对干部采取的是自主权信任激励模式。如认为中国地方政府是在中央授权下全权管理地方事务的，这给了地方领导干部很大的自主权和信任激励，中国地方领导干部是"信托者"而不是"代理人"。④ 还有学者指出，中国实行的是财政分权制度，中央给予地方很大的财政自主权，允许地方有财政外预算收入是对地方干部的一种自主权信任激励。⑤ 有的学者认为，中国对干部采取的是竞争性激励模式。如认为中国地域辽阔，各地方发展存有差异，但是都接受中央统一领导和监管。⑥ 中国共产党利用这一

① 俞文创，李成彦. 现代激励理论与应用［M］. 大连：东北财经大学出版社，2020：79-107.
② 俞文创，李成彦. 现代激励理论与应用［M］. 大连：东北财经大学出版社，2020：114-161.
③ 俞文创，李成彦. 现代激励理论与应用［M］. 大连：东北财经大学出版社，2020：162-163.
④ MASKIN E, QIAN Y Y. XU C G. Incentives, Scale Economies, and Organization Forms［J］. Review of Economic Studies, 2000（7）：359-378.
⑤ JEAN C. Rural China Takes off：Institutional Foundations of Economic Reform［M］. Berkeley：University of California Press, 1999：45-56.
⑥ MONTINOLA G, QIAN Y Y, WEINGAST B R. Federalism, Chinese Style：The Political Basis for Economic Success in China［J］. World Politics, 1995（1）：50-81.

点，在给予地方财政、经济发展等方面自主权的同时，强调中央统一监管、考核和对地方主要领导干部人事任免方面的决定权。这在客观上形成了对地方干部的竞争激励模式，地方干部只有在地方发展中取得优异成绩，才能被中央认可，主要领导干部才能在政治上继续向上发展。① 还有学者认为，中国对干部采取的是政策动员型激励模式。另外指出，中国地方干部是忠诚于"政策主义"的准"韦伯式官僚"，② 中国共产党将革命时期所掌握的强劲动员能力运用于新时期对干部的激励就是进行政策动员，党中央通过召开代表大会阐述政策主张，地方一般会严格贯彻执行，中国地方干部就是在这样的政策动员中被激励。③ 国外学者对中国干部激励模式的分析是在研究中国改革开放后经济快速发展原因的过程中形成的，拓展和深化了国内学者对中国干部激励机制，尤其是改革开放新时期的干部激励机制的认识。

综上，国内外学术界有关干部激励的研究从管理学、经济学、政治学和社会学等视角切入，已经取得了一定成果，为本书开阔了视野、奠定了基础。但是，因为"干部担当作为激励"主题是一个可以跨多学科进行研究的命题，涉及心理学、管理学、组织行为学、党建学科等方方面面的知识，从其中任何一个角度切入都可以进行研究，并且研究的内容随着干部队伍建设实际情况会面临过时的问题，所以需要不断深化、持续研究。从整体看，现有研究呈现浅层研究多、深度研究少，现实研究多、历史研究少，分散研究多、系统研究少，管理学科视角多、党建视角少等特点，具体内容的研究也存在不足。从具体看，一是对"干部担当作为"这一核心概念，以及我国干部担当作为激励机制、运行机理、体系建构等基础问题的研究不够深入，理论性的问题解决不彻底。二是对中国共产党激励干部担当作为的思想、历史以及经验的全面、系统总结不足。三是对各种激励融入整体的研究不足，并且具体的激励机制还需补充完善。四是党建视角的研究不足，使命型先锋政党领导下的中国干部激励特色未能充分彰显。

本书主要从党建和系统论视角出发，"取已有研究之长、补已有研究之短"，分理论基础、思想源流、历史演进、现实路径四个部分，共十二章，深化认识

① BLANCHARD O, SHLEIFER A. Feqralism with and without Political Centralization: China Versus Russia [J]. IMF Staff Papers, 2001 (1): 171-179.

② ROTHSTEIN B. The Chinese Paradox of High Growth and Low Quality of Government: The Cadre Organization Meets Max Weber [J]. Governance, 2015 (4): 533-548.

③ PERRY E J. Retrospective Economic Accountability under Authoritarianism: Evidence from China [J]. Political Research Quarterly, 2007 (3): 378-390.

我国干部担当作为激励机制，深入阐述马克思主义的干部激励思想和中华优秀传统文化中的激励哲思，全面论述马克思主义中国化的激励思想、激励历史及激励经验，分析说明新时代干部担当作为激励机制的主要内容、运行成效，以及面临的现实挑战，并针对性提出完善路径、对策建议。本书是对习近平总书记关于干部队伍建设重要论述研究的一种拓展，也是对我国干部激励理论和规律研究的一次丰富和发展，为组织开展干部激励工作提供理论支持和依据，而且在全面建设社会主义现代化国家、推动全面从严治党向纵深发展、建设堪当民族复兴重任高素质干部队伍和解决干部"不担当不作为"问题方面具有重大现实意义。

目　录
CONTENTS

第一篇　理论基础

第二篇　思想源流

第三篇 历史演进

第四篇　现实路径

第一篇

01

| 理论基础 |

研究激励议题，首先需要回答两个基本问题：一是激励的目标指向是什么，即激励最终要达到什么目的；二是激励何以可能，其运行逻辑是怎样的。对这两个问题的全面、系统、科学回答是研究进一步展开的前提和基础，因而构成研究的理论基础部分。

就第一个问题而言，激励主体和对象不同，激励目标和要求也就不同。本书主要聚焦干部激励问题，并且明确激励目标指向干部担当作为。而关于干部担当作为，目前学者们主要对其基本内涵进行了初步认识。有的学者认为，干部担当作为包括政治担当、工作担当、善于作为和大有作为四重内涵。① 有的学者指出，干部担当作为是"想担想为、能担能为和敢担敢为的有机统一"。② 更多学者认为，干部担当作为就是能做到习近平总书记提出的"五个敢于"，即"面对大是大非敢于亮剑，面对矛盾敢于迎难而上，面对危机敢于挺身而出，面对失误敢于承担责任，面对歪风邪气敢于坚决斗争"③。这些研究对于科学认识干部担当作为具有重要价值。但是，从概念层面来讲，对于什么是担当、什么是作为，以及担当作为的相互关系需要进一步补充。另外，将干部担当作为简单等同于"五个敢于"也不够全面。因此，本书在已有研究基础上做了进一步的探讨。就第二个问题来说，西方学者基于对"个体的人"的需要、欲望、动机、行为、心理等的研究而提出的激励理论占据主导地位。这些理论提出诸如：激励的实质就是满足人的需要；激励就是在人的行为和人的需要之间建立某种联系，即促使人相信自己可以通过从事某项活动满足自身的需要；激励是对好的行为予以奖励，对不好的行为进行惩处的过程等观点。这些观点对理解作为个体的干部的需要、心理、行为发生机制，以及干部个体被激励是如何发生的具有较大的价值。但是，这些观点并没有解决从个体激励到整体激励是如何发生的问题，也忽视了理想、信念、责任、道德感等精神因素在激励过程中的作用，因而不足以反映中国干部激励的全部内容。为此，研究需要从马克思主义的需要理论入手，进行更加全面深入的分析。所以，本篇安排两章内容，即激励目标指向和激励机制分析，力求对上述两个基本问题进行更加全面、深入的理论解答。

---

① 辛自强. 接诉即办中党员干部担当作为的表现和促进：基于北京市 100 个案例的分析 [J]. 中州学刊，2023（1）：27.

② 韩泊尧，邱耕田. 习近平关于担当作为的重要论述探析：理论溯源与实践逻辑 [J]. 理论视野，2020（7）：26.

③ 习近平. 习近平谈治国理政：第 1 卷 [M]. 北京：外文出版社，2022：413.

第一章

激励目标指向

　　自从新时代党和国家提出干部要勇于担当、善于作为的新要求后，干部激励问题就有了明确的目标指向。以往人们以"干部激励"为主题进行研究时，大多数学者认为，干部激励的目标是实现组织目标，也就是完成组织任务。这种解释本身没有问题，但是存在一个现实的困境，那就是当不同层级组织之间的目标发生冲突时，该围绕哪一个组织目标进行激励就很难说清楚了。鉴于此，特别需要明确"担当作为"这一本身具有正向特质和价值内涵的激励目标，无论实践中不同层级组织之间的目标怎么分歧，都可以通过"担当作为"这一目标进行统一和牵引。于是，研究需要对干部激励总体目标和具体现实要求进行全面、系统的分析。

第一节　激励总体目标

　　干部激励的总体目标在新时代明确指向"担当作为"。"担当作为"是由"担当"和"作为"两个词语构成的一个词组。认识"担当作为"先要了解什么是担当、什么是作为，以及担当与作为的辩证统一关系。

　　首先，"担当"指的是接受并负起责任。"担当"一词最早可见于《朱子语类》一书，意指担负或承担某项任务、某种职责、某个使命，表示人有责任心和胆识魄力，敢于主动挑重担子、啃硬骨头。"担当"体现的是人的一种高度负责任的精神。说一个人有担当，一是意味着其有干事的自觉性、积极性、主动性和创造性；二是意味着其能够担负起自身应尽的职责，履行好自身肩负的使命，遇事不推脱、不逃避，不敷衍、不应付。习近平总书记明确指出"担当就是责任"①。从干部视角来看，敢于担当是干事创业、攻坚克难的必要品质。干

---

　　① 习近平. 习近平谈治国理政：第 1 卷 ［M］. 北京：人民出版社，2014：416.

部在党、国家、人民、角色身份、职责使命呼唤的时候，毫不犹豫挺身而出，责无旁贷担当奉献，并在此过程中展现全部热情，激发全部能量，努力创造、顽强拼搏。

其次，"作为"在本书中主要指做出成绩或贡献，即通常所说的"有所作为"。"有所作为"，一是强调尽力去做事情、做贡献，反对碌碌无为、平平庸庸、无所作为。对干部来说，就是要"在其位谋其政"，勤勤恳恳、"夙夜在公"，积极履行自己的岗位职责，完成自己的角色使命，不能慵懒散漫、尸位素餐。二是强调要做法律允许、符合道义，能够推动进步、促进发展的正确的、好的事情。儒家经典著作《孟子·离娄下》讲："人有不为也，而后可以有为。""有所作为"并不是不加选择的什么事情都做，而是有针对、有选择地做正确的事情。对干部来说，"有所作为"要求干部做该做的事情，坚决摒弃不该做的事情。该不该做有很多标准，总的来说，干部该做的事情通常是法律允许的、符合道义的，有利于公共事业发展和有利于人民群众的事情；不该做的事情则与之相反，像违法乱纪、背离良心、损害人民利益的事情就坚决不能做。只有这样才算是真正"有所作为"的干部。

最后，"担当"与"作为"是相辅相成的辩证统一关系。"担当"和"作为"虽然在概念界定的时候有所侧重，前者是对人的一种高度负责的精神的概括，后者是对人的"有所作为"的行为进行概括。但是，二者都是针对人而言的，是对人的一种较高的品质、素养、境界、情怀、能力、作风等的集合和反映。二者的内涵意蕴是一致的。习近平总书记指出，"担当和作为是一体的，不作为就是不担当，有作为就要有担当"①。这实际上指明了"担当"与"作为"是相辅相成的辩证统一关系。第一，"担当"与"作为"是人的认知与行为的辩证统一。无论是作为精神的"担当"还是作为行为的"作为"都离不开认知，有什么样的认知就会有相应的精神和行为。正是有了"担当作为"的认知才有了"担当作为"的行为。同样地，正是有了"担当作为"的行为才说明有了"担当作为"的认知。第二，"担当"与"作为"是人的精神与行为的辩证统一。通常而言，一个人只有具备担当精神才能"有所作为"，只有"有所作为"才能体现其担当精神。"担当"是"作为"的精神内核，"作为"是"担当"的行为标尺。担当与作为是人的精神与行为的辩证统一。担当和作为的这种统一性决定了在实际运用中既可以将二者合起来使用，也可以分开使用。当分开使用时虽然侧重点有所不同，但是基本内容已经涵盖。例如，当说一个人

---

① 习近平. 习近平谈治国理政：第4卷 [M]. 北京：外文出版社，2022：530.

有担当时，这个人必须同时满足精神令人折服和行为令人信服两个条件。我们不能将只是精神可嘉而没有实际行动或行动不力的人称为有担当的人。同样，世上也不可能存在没有正确认知和可贵精神品质而能"有所作为"的人。第三，"担当"与"作为"是人的能力与认知、精神、行为的辩证统一。如上所述，担当与作为是人的认知与行为、精神与行为的辩证统一，也就是人的认知、精神和行为的辩证统一。这种统一在一个人身上发挥作用时必然离不开能力的支持。一个人没有能力是不可能有担当作为的行为和精神的，甚至不会有担当作为的认知。因此，担当和作为也是人的能力与认知、精神、行为的辩证统一。第四，"担当"与"作为"是人的行为过程与行为结果的辩证统一。"担当"作为一种负责任的精神，只有贯穿于事前、事中、事后的整个过程才能最终体现为"有所作为"的行为，并被其所证实。"作为"作为一种"有所作为"的行为时，虽然强调的是行为结果，但是也内含着相应的行为过程。所以，担当和作为都既是结果也是过程，担当与作为是人的行为过程与行为结果的辩证统一。

综合上文对担当、作为以及担当与作为辩证统一关系的理解，"担当作为"指的是人以高度负责的精神做出某种成绩或贡献。担当作为的主体是人，担当作为是人的认知、精神、能力、行为都达到高水平阶段之后的一种统一，也是人的行为过程与行为结果的辩证统一。此外，就担当作为的内涵意蕴而言，一方面，担当作为的实践特征是做事情，本质要求是立足岗位、履职尽责和服务人民、干事创业。马克思主义认为，实践是检验真理的唯一标准，实践是认识的目的，也是人类一切活动的基石。而人的所有实践都要通过做事情的活动体现出来，担当作为实践亦是如此。一个人的担当作为认知、担当作为精神、担当作为能力、担当作为行为都要通过做事情这一实践活动体现出来。离开了具体的事情，担当作为就是"空中楼阁""镜中水月"，就会变得"无的放矢"，无处着落，无法实践。那么，在担当作为意义上做什么样的事情，如何做事情？人所做的事情，无非包括两个层面：一是分内之事，二是分外之事。分内和分外的主要依据是分工。事情总是要分工完成，分工不同，设置的岗位就不同。岗位不同，在相应岗位上的人的职责就不同。由此，一个人履行自己的岗位职责就是在做分内之事。做好分内之事是岗位职责所在，是理所应当的。担当作为本质上要求人能够负责、出色地完成分内之事，也就是要求人立足岗位、履职尽责。担当作为本质上还要求人做好符合国家、民族、集体、人民，甚至人类整体利益的大事、好事、道义之事。古人云："天下兴亡匹夫有责"。马克思主义也强调人的社会性，人有共同的利益追求，具体表现为国家、民族、集体、人民、人类利益。为了实现这些共同利益，担当作为在本质上要求人积极主动地做一些符合上述共同利益的事情。这正如日常人们所要求的那样，要在立足岗位、履职尽责的基础上有所突破和创新，要服务人民、干事创业。立足岗位、履行职责和服务人民、干事创业并不是割裂存在的，而是互为前提要件。一个人只有先履行好岗位职责才能在有所积累的基础上进行突破创新，干事创业。与此同时，一个人只有胸怀天下、心存大义、志向高远才能真正地静下心来做好本职工作和眼前之事。反观那些胸无大义、鼠目寸光、蝇营狗苟之辈总是被"歪风邪念"所左右，被"邪门私利"所诱惑，在履行岗位职责的过程中偷工减料、营私舞弊，与担当作为的要求背道而驰。这充分说明：担当作为的实践要求是做事情，担当作为的本质要求可以概括为立足岗位、履职职责和服务人民、干事创业。另一方面，担当作为的具体要求会随着时代、集体任务、所处情境的不同而发生变化。其一，不同时代有不同的担当作为要求。例如：新民主主义革命时期，人们将积极参加革命斗争，勇于抗击日寇，为中华民族的解放事业无私奉献、流血牺牲的人称为有担当作为的人。社会主义建设时期，人们将积极投身建设事业，不畏困难，艰苦奋斗，为党和国家事业、为人民幸福做出贡献的人称为有担当作为的人。其二，不同集体有不同的担当作为要求。例如，身处家族中的人，如果能够为了家族利益勇于承当、积极进取、做出贡献，就可以称作有担当作为。而国家公职人员，只有坚持为人民服务，敢于为人民发声，真正为人民谋利才算得上有担当作为。其三，不同情境有不同的担当作为要求。例如，当工作中出现错误时，对人的担当作为要求是勇于承担和改正错误；当有人落水、有地方着火时，对人的担当作为要求是救人于水火。

第二节　激励现实要求

当前，干部激励的目标是促使其担当作为，那么干部担当作为具体包含哪些内容，即激励的现实要求有哪些。干部担当作为体现了担当作为一般性质，遵循着担当作为一般规律，同时有其自身的特殊性。这种特殊性既与干部的角色身份有关，又与特定历史条件下党和国家对干部的要求、人民群众对干部的期待有关。其中，体现担当作为一般性质、遵循担当作为一般规律决定了干部担当作为是认知与精神、能力、行为的辩证统一，实践指向是做事情，基本层面的要求是立足岗位、履职尽责。就特殊性而言，无论是党和国家对干部的要求，还是人民群众对干部的期待都是全面的、系统的，既有根本要求与基本要求，也有具体要求。其中，根本要求是干部要履行政治责任并对历史和人民负责,基本要求是干部要立足岗位、履职尽责,具体要求是干部要做到"五个敢于"。

一、根本要求:履行政治责任并对历史和人民负责

履行政治责任要求干部增强"四个意识"、坚定"四个自信"、做到"两个维护",严格贯彻执行党中央决策部署和安排,对党忠诚、为党分忧、为党尽职,永葆党的政治本色,与一切不利于党健康发展和长期执政的行为做斗争。履行政治责任是干部具有政治担当的表现,也是对干部担当作为的根本要求。一是由党的领导地位决定。"中国共产党是中国特色社会主义事业的领导核心"①,"党政军民学,东西南北中,党是领导一切的"②。党的领导地位是历史的选择、人民的重托。干部作为党的骨干力量,只有在政治上担当作为,履行政治责任,增强政治意识、大局意识、核心意识和看齐意识,对党忠诚、为党分忧才能巩固党的领导地位,发挥党的领导核心作用。二是由党的政治性、纪律性决定。中国共产党是一个纪律严明的政党,政治纪律是第一位纪律,是不容商量、不可触碰的"红线"。这要求干部树立政治意识,提高政治觉悟,坚守政治纪律和规矩,敢于同一切破坏党的政治纪律、损害党的形象、削弱党的统治、侵蚀党的群众基础的行为做斗争,亦即干部要在政治上担当作为。因此,习近平总书记要求:"全党同志要强化党的意识,牢记自己的第一身份是共产党员,第一职责是为党工作,做到忠诚于组织,任何时候都与党同心同德。"③。

对历史负责要求干部"以时不我待、只争朝夕、勇立潮头的历史担当,努力改革创新、攻坚克难,不断锐意进取、担当作为"④,做出无愧于历史的业绩,与一切阻碍社会历史进步的行为做斗争。对历史负责是干部具有历史担当的表现,也是对干部担当作为的根本要求。一是由历史使命决定。历史是由一代代人不断向前推进的过程,每一个历史时期或每一个时代都会遇到新问题、面临新挑战。身处不同时代的人只有直面时代之问,主动承担历史使命,攻坚克难,锐意进取才能推动历史进步。因此,具有历史主动精神、承担历史使命、

① 法律出版社法规中心. 中国共产党常用党内法规全书 [M]. 北京:法律出版社,2021:3.
② 法律出版社法规中心. 中国共产党常用党内法规全书 [M]. 北京:法律出版社,2021:6.
③ 习近平. 习近平谈治国理政:第1卷 [M]. 北京:外文出版社,2022:395-396.
④ 关于进一步激励广大干部新时代新担当新作为的意见 [M]. 北京:人民出版社,2018:5.

对历史负责是干部担当作为的根本要求。习近平总书记指出："担使命，就是要牢记我们党肩负的实现中华民族伟大复兴的历史使命，勇于担当负责，积极主动作为，用科学的理念、长远的眼光、务实的作风谋划事业。"① 二是由部分干部"乱作为"给予的警示。现实中，有些干部只顾任期内出政绩，不顾当地实际和长远发展，大搞工程项目，热闹一番，"拍屁股走人"，最后留下一个烂摊子，劳民伤财，严重阻碍当地发展进步，且给群众留下极不负责的印象，致使党和政府的公信力严重受损。这警示干部必须对历史负责，只有做出经得起历史检验和评价的政绩或无愧于历史的业绩才是真正的担当作为。

对人民负责要求干部尊重人民主体地位，始终维护最广大人民群众根本利益，想群众所想，急群众所急，为人民群众办实事、办好事、解难题，与一切损害人民利益的行为做斗争。对人民负责是干部担当作为的根本要求。一是由党的性质和宗旨决定。《中国共产党章程》开宗明义指出："中国共产党是中国工人阶级的先锋队，同时是中国人民和中华民族的先锋队……代表中国最广大人民的根本利益"，"中国共产党的宗旨是全心全意为人民服务"。② 该规定从根本上决定了干部担当作为必须把人民利益摆在高于一切的位置，对人民负责，维护广大人民的根本利益。习近平总书记强调："我们党来自人民、扎根人民……必须以最广大人民根本利益为我们一切工作的根本出发点和落脚点。"③ 二是由干部的人民公仆身份决定。我国是人民民主专政的社会主义国家，人民是国家的主人，干部是人民的公仆，干部手中的权力来自人民因而也必须服务人民。如果干部不能够对人民负责、为人民服务，就意味着其无法代表人民行使权力，也就没有资格获得干部身份，享受干部待遇。早在《法兰西内战》一文中，马克思就提到公职人员是人民的勤务员，是社会的公仆。毛泽东则明确指出："我们一切工作干部，不论职位高低，都是人民的勤务员，我们所做的一切，都是为人民服务。"④ 习近平总书记也强调："党的干部必须做人民公仆，忠诚于人民，以人民忧乐为忧乐，以人民甘苦为甘苦，全心全意为人民服务。"⑤ 三是由群众利益无小事决定。"民为邦本，本固邦宁。"习近平总书记在《心无百姓莫为"官"》一文中强调："'群众利益无小事'，群众的一桩桩'小

① 习近平. 习近平谈治国理政：第3卷［M］. 北京：外文出版社，2020：523-524.
② 法律出版社法规中心. 中国共产党常用党内法规全书［M］. 北京．法律出版社，2021：3.
③ 习近平. 习近平谈治国理政：第3卷［M］. 北京：外文出版社，2020：182.
④ 中共中央文献研究室. 毛泽东文集：第3卷［M］. 北京：人民出版社，1996：243.
⑤ 习近平. 习近平谈治国理政：第1卷［M］. 北京：外文出版社，2022：413.

事'，是构成国家、集体'大事'的'细胞'，小的'细胞'健康，大的'肌体'才会充满生机与活力。"① 这充分说明：群众关切的事就是党和国家需要特别重视的事，干部担当作为根本上要求对人民负责，想群众所想，急群众所急，为群众解难题、办实事。

二、基本要求：立足岗位、履职尽责

任其职，尽其责；在其位，谋其政。立足岗位、履职尽责是干部的本分，也是其担当作为的基本要求。一方面，干部总是分属于不同的岗位，岗位职责在赋予干部一定权力的同时也要求干部履行一定的职责。正所谓"没有无权力的义务，也没有无义务的权力"，"有多大权力就要履行多大责任"，履行岗位职责是对干部担当作为最起码的要求。另一方面，岗位职责一般是较为具体的明确的组织任务，是干部担当作为最容易着力的点。干部如果在其位不谋其政，工作拈轻怕重、好高骛远，岗位挑肥拣瘦，遇事明哲保身、敷衍塞责，面对名利又争又抢，出了问题上推下卸，甚至利用职务之便谋取私利，则说明其不仅不具备基本的职业精神、违背了基本的职业道德，而且是无法胜任本职工作的，更加谈不上担当作为。从这个意义上说，干部担当作为最基本的要求是立足岗位、履职尽责。

此外，"空谈误国，实干兴邦"，"干部干部，干是当头的"。早在宁德任地委书记时习近平总书记就强调，当官一定要做实事，因为老百姓不光听你说的有多好听，还要看你干的是不是漂亮。邓小平也说过："领导者必须多干实事。"② 那么，干实事首先是手头的事、眼前的事，也就是岗位要求做的事，因为干部只有立足岗位，脚踏实地，将手头和眼前的事做实、做好、做精、做细，做到人民群众心里去，才能不断积累经验、增长才干，才能磨炼心性、稳住心神，才能夯实理想信念、提升责任意识，才能有底气、有冲进、有希望在更大的岗位上担当重任，为民服务。习近平总书记说，我们要发扬钉钉子的精神，"钉钉子往往不是一锤子就能钉好的，而是要一锤一锤接着敲，直到把钉子钉实钉牢，钉牢一颗再钉下一颗，不断钉下去，必然大有成效"③。

---

① 习近平. 之江新语 [M]. 浙江：浙江人民出版社，2007：26.
② 邓小平. 邓小平文选：第3卷 [M]. 北京：人民出版社，1993：121.
③ 中共中央宣传部. 习近平总书记系列重要讲话读本 [M]. 北京：学习出版社，人民出版社，2014：184.

三、具体要求：做到"五个敢于"

中国特色社会主义进入新时代，习近平总书记多次在多个重要场合强调干部要做到"五个敢于"。"五个敢于"是对干部担当作为的展开论述，亦是对干部担当作为的具体要求。

一是"面对大是大非敢于亮剑"。要求干部在事关党、国家、民族命运，事关最广大人民群众根本利益的大是大非面前敢于发声，勇于亮剑。具体要敢于抵制"一切削弱、歪曲、否定党的领导"，损害党的先进性和纯洁性，侵蚀党的健康肌体以及反对社会主义制度的言行；要敢于抵制"一切分裂祖国、破坏民族团结和社会和谐稳定的行为"；要敢于抵制"一切损害人民利益、脱离群众的行为"。① 二是"面对矛盾敢于迎难而上"。要求干部具备"敢上九天揽月，敢下五洋捉鳖"的气度，拥有"明知山有虎，偏向虎山行"的勇气，坚定"为官避事平生耻，视死如归社稷心"的志向，保持在任何困难面前都要"冲锋陷阵"的姿态，做到遇到问题不绕道、遇到矛盾不躲闪、遇到困难不回避，逢山开路、遇水架桥，扫除前进道路上的各种障碍。习近平总书记强调："胆子要大，就是改革再难也要向前推进，敢于担当，敢于啃硬骨头，敢于涉险滩。"② 敢于去解决地方困难大、矛盾多的问题，化解地方人民群众的意见和怨气，打开地方工作推不开、情况很复杂的局面。如此，方能体现干部的勇气、魄力、能力、素质等。三是"面对危机敢于挺身而出"。要求干部"在紧急关头不怯懦，在关键时刻不退缩，勇敢地站出来、顶上去，当好中流砥柱，成为一面旗帜"③。四是"面对失误敢于承担责任"。要求干部勇于正视错误、直面失误，敢闯敢干，敢于试错，不怕犯错，主动承担责任，不推责诿过。"人非圣贤，孰能无过"，由于受到经验、条件、能力等各方面因素的限制，干部在服务人民、担当作为、干事创业过程中出现错误、失误是很难避免的。如果干部害怕出错，畏首畏尾，全面深化改革的事业就难以推进；如果干部出了错，不愿承认和面对，还找他人"背锅"，干部自身就无法获得成长，组织推诿扯皮的不良风气也会迅速蔓延开来。因此，面对失误敢于承担责任是干部担当作为的题中应有之义。五是"面对歪风邪气敢于坚决斗争"。要求干部坚持真理、坚持原则、明辨是非，以

---

① 习近平.决胜全面建成小康社会 夺取新时代中国特色社会主义伟大胜利：在中国共产党第十九次全国代表大会上的报告［M］.北京：人民出版社，2017：15-16.
② 习近平.习近平谈治国理政：第1卷［M］.北京：外文出版社，2022：101.
③ 王洲洋.新时代伟大斗争的深刻内涵与鲜明特点［J］.党政干部论坛，2021（6）：23.

一身"浩然正气"压倒歪风邪气，敢于思想交锋，敢于动真碰硬，敢抓敢管敢批评，不做一团和气的"老好人"。2021年3月，习近平总书记在中央党校（国家行政学院）中青年干部培训班开班式上的讲话中指出："敢于斗争是我们党的鲜明品格。我们党依靠斗争走到今天，也必然要依靠斗争赢得未来。"①

---

① 习近平.立志做党光荣传统和优良作风的忠实传人 在新时代新征程中奋勇争先建功立业［N］.人民日报，2021-03-02（1）.

第二章

激励机制分析

回答激励干部担当作为何以可能的问题，客观上需要对干部担当作为激励机制进行深入分析，即对激励机制的本质内涵、构成要素、运行机理、科学体系进行深入认识和把握。

第一节　激励机制的本质内涵

激励机制是一种特殊的、以激励为目的机制，想要了解什么是激励机制需要先了解何为机制。

一、机制

机制指的是"为实现某一功能、发挥某种作用，事物或系统内部各要素相互作用、协调运行的原理、过程和方式方法等"①。其一，机制存在的目的是"实现某一功能、发挥某一作用"。其二，"机制"存在的前提是事物或系统有多个组成部分或构成要素。其三，"机制"主要围绕的是"运作方式"。机制是"以一定的运作方式把事物的各个部分联系起来，使它们协调运行而发挥作用"②。其四，机制是可以被构建的。机制可以被构建主要是就机制的可控性而言，"社会领域的机制可以人为加以改变，人们可以通过调整事物的结构、因素，改变事物的环境条件来使机制产生变化，或者创造一种新的机制。外部条件的不同使机制产生的作用有所不同"③。其五，机制有层次和包含之分。一些较高层次的机制依靠较低层次的机制起作用才会形成。一些机制包含数个子机

① 张序，张霞. 机制：一个亟待厘清的概念 [J]. 理论与改革，2015 (2)：13.
② 曹小曙. 人类关键区的科学逻辑与研究趋势 [J]. 地理科学，2022 (1)：37.
③ 张序，张霞. 机制：一个亟待厘清的概念 [J]. 理论与改革，2015 (2)：13.

制，同一机制可适用于不同的系统。"机制与机制之间存在着动态联系，他们相互影响，或具有因果关系，或具有联动关系，或具有定向关系。"① 其六，机制的形成依赖制度、体制、规律。制度，从狭义上讲，指"一个（一级）政府、一个机构或团体所制定的行动准则、管理规程，具体形式包括法律、规章、政策、措施等"②。制度是静态的、具象的、有形的，是可以在短时间内建立并强制执行的。而机制是动态的、抽象的、无形的，需要很长时间才能形成并有效地运行。但是，制度和机制有着密切的联系，二者是相辅相成的关系。"每一种制度的功效都要靠机制去实现"③，人们为了一定目的推动形成的机制必须依赖制度的建设。体制是制度的载体，是制度的外在形式。体制是"按照一定的制度人为地建立起来的一套组织建制"和工作制度体系。体制一般包括：有层次的组织机构、各级组织机构的职权和责任、处理组织机构之间关系的原则、规则和程序的规定、各类组织机构的人事管理、行为规范、工作程序和控制制度等内容。④ 体制和机制也是相辅相成的关系，体制的功能也需要机制去实现，机制的建立形成同样依赖体制建设。规律是事物所固有的本质的、必然的、稳定的联系，是不以人的意志为转移的。机制是对规律的反映，机制的形成需要依据某些规律。

二、激励机制

激励机制的核心词是"激励"。所谓激励是指通过一定刺激，使人变得兴奋活跃起来，以调动人的积极性、主动性和创造性。

1. 激励的本质是增加人某种行为发生的概率。行为科学研究表明，一般情况下，想要增加人某种行为发生的概率，主要有两种方式：一是通过增加良性刺激，即利用人喜欢获得、喜欢奖赏的心理，从正面对人的行为进行牵引。比如，通过授予荣誉、晋升职务、颁发奖金等方式对干部进行激励。二是通过撤销厌恶刺激，即减少或消除阻碍人某种行为发生的诸多不利因素，从而激励人。比如，出现失误被问责会影响干部改革创新的积极性，那么为改革创新者容错免责则可以提升干部改革创新的积极性；再比如，考评不精准不科学会影响干部积极性，那么设置精准科学的考评机制，就可以调动干部的积极性。行为科

---

① 张序，张霞. 机制：一个亟待厘清的概念 [J]. 理论与改革，2015（2）：14.
② 张序，张霞. 机制：一个亟待厘清的概念 [J]. 理论与改革，2015（2）：14.
③ 李景鹏. 论制度与机制 [J]. 天津社会科学，2010（3）：49.
④ 张序，张霞. 机制：一个亟待厘清的概念 [J]. 理论与改革，2015（2）：14.

学将增加良性刺激的方式称为正强化，将撤销厌恶刺激的方式称为负强化。所以，相应地，激励也可以分为正向激励和负向激励。

除此之外，实践表明：惩戒在一定条件下也可以增加人行为发生的概率，也具有一定激励功能。所谓惩戒指的是"通过处罚来警戒"①，是组织对"不担当不作为"干部进行惩罚，告诫其注意改正错误，并警醒相关干部的一种方式。惩戒主要针对人已经出现的不良言行。惩戒并不能直接增加人行为发生的概率，所以惩戒的激励功能是在间接意义上而言。对干部来说，一方面，在某种程度上对"不担当不作为"干部的惩戒就是对"担当作为"干部的激励。尤其是让"不担当不作为"干部"向下向外"退出，可以为担当作为干部留出空间，充分调动他们的积极性。另一方面，干部个体具有矛盾心理，既想通过担当作为有所获得，又害怕因为"不担当不作为"而遭受损失，而惩戒的存在在一定程度上加剧了惯于犹豫不决的干部害怕失去的心理，可以反向刺激其下决心担当作为、干事创业。从这个意义上说，惩戒也具有激励作用。实际上，当我们在谈论激励机制的时候，已经不自觉地谈论了惩戒。比如，公平晋升激励的形成自然要严厉惩处职务职级晋升中的"暗箱操作"行为；物质激励作用的发挥不仅是利用干部想要获得更多物质实惠的心理，同时也利用了干部害怕遭受物质损失的心理，毕竟物质上长时间没有获得感，也会让干部产生自我怀疑。总而言之，惩戒是反向刺激，是一种类型的负向激励。

2. 激励具有方向性、选择性、时效性、复杂性等特征。激励的方向性，也是激励的正向价值性，根本上取决于激励目标的要求和激励手段的运用。激励目标是积极的、激励手段运用是正当合法合理的，那么，激励就会朝着积极的方向发展，增加积极的行为，否则就是助长消极行为。一般，积极的方向表现为一个人努力完成一件事既有利于个人，也有利于国家、集体。不同的人对"做事情积极性"的选择不同，同一个人在不同情况下对"做事情积极性"的选择也不同。"人的积极性不可能持续高涨，而是起伏不定的，如发奖金时，积极性会高涨，过后积极性则会下降。"② 人在进行积极性的选择时内心可能是充满矛盾和冲突的，所以激励也具有复杂性。例如，一方面为了增加收入想加班，另一方面想早点下班回家陪伴家人。

3. 激励可以分为不同的类型。从人的需要视角，有精神激励、物质激励和

---

① 中国社会科学院语言研究所词典编辑室编. 现代汉语词典：第 7 版 [M]. 北京：商务印书馆，2016：170.

② 俞文钊，李成彦. 现代激励理论与应用 [M]. 大连：东北财经大学出版社，2020：6.

情感激励。精神激励是通过满足人的精神需要调动人的积极性，物质激励是通过满足人的物质需要调动人的积极性，情感激励是通过满足人的情感需要调动人的积极性。从激励层次视角，有宏观激励和微观激励。宏观激励主要是指通过国家的政治、经济、文化、教育等措施调动人的积极性，微观激励主要是指通过物质、精神、情感手段调动人的积极性。从激励性质视角，有内在激励、外在激励，内部激励、外部激励。内外在激励一般是就个体而言，内在激励注重个体本身的兴趣、价值、成就感等内在因素的激励作用，外在激励注重工资、工作条件等外在因素的激励作用；内外部激励也称为内外激励，一般是就组织而言，内部激励强调工作条件、福利待遇、目标要求等组织内部因素的激励作用，外部激励强调社会认可、家庭等组织外部因素的激励作用。从激励作用方向视角，有正向激励和负向激励。正向激励就是正面刺激，利用人喜欢获得、喜欢奖赏的心理，从正面对人的行为进行牵引，从而调动人的积极性；负向激励就是反向刺激，利用人讨厌某种行为和害怕受惩戒的心理，通过消除影响人行为发生的不利因素和惩戒"不担当不作为"的行为进行激励。

综合上文对"机制"以及"激励"的认识，激励机制作为组织管理不可或缺的一种重要手段，指的是组织通过正负、内外一系列刺激，使成员变得兴奋活跃起来，从而增加有利于组织的行为发生概率的原理、过程和方式方法等。其一，激励机制的存在根本上是为了增加有利于组织的行为。其二，激励机制反映了激励系统各要素及其内部的结构特征、关系原理、运行逻辑、运行方法。任何激励系统必然包含激励主体、激励客体、激励目标、激励手段四个要素，分别回答谁去激励、激励谁、为什么激励、如何激励的问题。这实际上也反映了激励机制的本质构成。其三，激励机制的类型与激励的类型相一致，根据不同的划分标准有精神激励机制、物质激励机制、情感激励机制，宏观激励机制、微观激励机制，内外激励机制，正向激励机制、负向激励机制等。其四，激励机制是有层次划分的。任何一种类型的激励机制都包含数个子激励机制，多个激励机制之间存在着相互作用、相互影响的动态联系，较高层次的激励机制只能依靠较低层次的激励机制起作用才能形成。其五，通常，人们对激励机制的理解有狭义和广义之分。狭义的仅指正向激励机制，广义的包括正向激励机制与负向激励机制。本书所说的激励机制既包括正向激励机制，也包括负向激励机制，其中负向激励机制中的惩戒特指让"不担当不作为"干部"向下向外"退出。这是由干部的特殊性和担当作为激励目标的明确性所决定的。一是就干部而言，让其"向下向外"退出是对其最大的惩戒，不仅是政治上遭受损失，精神和物质上也同样面临损失，所以干部为了避免损失，可能会选择积极作为；

二是就担当作为而言，有担当作为的干部就有"不担当不作为"的干部，在间接意义上，对"不担当不作为"的干部进行惩戒是对担当作为干部的激励。

第二节　激励机制的构成要素

激励机制一般包括激励主体、激励客体、激励目标、激励手段四个要素。有了明确目标指向的干部担当作为激励机制（以下简称为"干部激励机制"）则是在激励机制的前面加上了若干个限定词，使得它既有激励机制的一般特征，又有和特定的要求相联系的若干具体特征。首先，担当作为是对激励机制的第一个限定，它说明的是，激励机制的激励目标是激发激励客体的担当作为。再有，干部是对激励机制的又一个限定，它说明的是，激励机制的激励客体是干部。同时，建立健全干部担当作为激励机制是作为执政党的中国共产党提出的。据此，我们认为，其构成要素为：激励主体——各级各部门各单位的党组织；激励客体——党、国家和社会组织的各级各类干部；激励目标——激发干部担当作为、干事成事；激励手段——综合运用精神、政治、物质、情感手段。

一、激励主体：各级各部门各单位的党组织

激励主体是指激励活动的发起者、实施者以及激励责任的担当者。研究"干部激励机制"的激励主体，也就是要解决"干部激励机制"的发起者、实施者以及责任担当者是谁的问题。一般来说，激励主体与管理主体是一致的。在管理学上，管理包含了激励，激励是管理的一项重要内容。在我国，实行的是党管干部的基本原则，党组织肩负着对所有党和国家干部的培养、考核、选拔、任用等重要职责；同时，由于我国是一个大国，我们党是一个大党，干部的人数众多，在管理上是分层级、分部门、分单位进行的，因此我国"干部激励机制"的激励主体自然包括各级各部门各单位的党组织。

第一，党管干部的基本原则决定了"干部激励机制"的主体是党组织。党管干部是我们党始终坚持的一项基本原则。在新民主主义革命时期，毛泽东同志就指出："政治路线确定之后，干部就是决定的因素。"① 进入改革开放新时期，邓小平同志进一步强调："党要管党，一管党员，二管干部。"② 党的十八

---

① 毛泽东 . 毛泽东选集：第 2 卷 ［M］. 北京：人民出版社，1991：526.
② 邓小平 . 邓小平文选：第 1 卷 ［M］. 北京：人民出版社，1994：328.

大以来，以习近平同志为核心的党中央加强全面从严治党，其中尤其把抓好、管好干部放在首位。习近平总书记还特别把领导干部比作"关键少数"来说明抓好、管好领导干部的重要性。坚持党管干部原则是党的领导在干部人事工作中的重要体现，始终摆在干部人事工作各项原则的首位。党管干部，客观上要求党的领导机构和组织机构拥有对干部培养、考核、选任、管理、监督、激励、惩处等权限。一般来说，党的领导机构制定有关干部的各项政策标准，决定重要职位的干部人事任免；党的组织机构负责制度要素的相互贯通和干部人事管理的具体工作。在强化坚持党的全面领导的新时代背景下，"党管干部在管理体制上，强调分类管理下党组织的领导和把关作用，避免出现党的领导弱化，党的把关虚化。在管理内容上，系统构建'五位一体'的运行机制，包括素质培养体系、知事识人体系、选拔任用体系、从严管理体系和正向激励体系。"① 由此可见，党管干部原则决定了党组织在激励干部担当作为方面的主体地位，党的领导机构要制定激励干部担当作为的相关制度和政策，党的组织机构要负责激励干部担当作为相关制度和政策的贯彻落实，做好具体激励工作。

第二，干部管理的权限划分决定了"干部激励机制"的主体包括各级各部门各单位的党组织。党管干部是一项总的原则，具体怎么管，还要有一个合适的管理体制予以保证。我国是一个大国，我党是一个大党，干部的人数众多，在管理上是分层级、分部门、分单位进行的。从国家管理体制上看，在纵向上一般设有中央、省（直辖市）、市（地区）、区（县）、街道（乡镇）五个层级的国家机构和村（社区）的村民（居民）自治组织；在横向上一般设有人大、政协、政府、监委、法院、检察院、人民军队等国家机构以及各类型的社团组织；另外，无论是在哪一个层级、哪一个部门下面又都要设有若干个具体的工作单位，从而形成了分层级、分部门、分单位的管理体制。在这样的体制下，在职权划分上，我国实行集权与分权相结合的基本原则，强调在中央的统一领导下充分发挥地方、部门、单位的主动性、积极性，② 因此，各层级、各部门、各单位也都拥有一定的管理权限。与国家管理体制相适应，为了实现党对各项工作更好的领导，我们党的组织设立有中央组织、地方组织和基层组织，并在中央和地方国家机关、人民团体、经济组织、文化组织和其他非党组织的领导机关中成立党组，实现党对各项工作的全面领导。这样，党管干部的职权实际

---

① 王懂棋. 新中国干部队伍建设制度史［M］. 南京：江苏人民出版社，2019：6.
② 我国宪法第三条第四款规定："中央和地方的国家机构职权的划分，遵循在中央的统一领导下，充分发挥地方的主动性、积极性的原则。"

上是由各层级、各部门、各单位的党组织具体施行的，因此，作为"干部激励机制"之激励主体的党组织实际上也就包括了各级各部门各单位的党组织。

二、激励客体：党、国家和社会组织的各级各类干部

激励客体是指激励主体的激励活动所作用的对象。它解决的是"干部激励机制"的激励对象是谁的问题。关于这个问题，笼统地说，"干部激励机制"的名称本身就已经有所界定，即激励对象是干部。问题是，这里的干部指的是什么人？有具体的层级或类型的界定吗？或者还是包括所有层级、所有类型的干部？前面说明了"干部激励机制"的激励主体是党组织，那么，是不是意味着激励客体仅局限于党的领导干部或党员干部呢？回答是否定的。事实上，"干部激励机制"的激励客体应该包括党、国家和社会组织的各级各类干部。这是由党的领导地位所决定的。中国共产党是中国特色社会主义事业的领导核心，进入新时代，以习近平同志为核心的党中央特别强调，党的领导是全面的领导。"党政军民学，东西南北中，党是领导一切的。"① 既然党的领导是全面的领导，党是领导一切的，那么，党的领导自然包括对党、国家和社会组织的各级各类的活动的领导，因此，抓好、管好党、国家和社会组织的各级各类干部也就自然成为党管干部的应有含义。据此，可以认为，"干部激励机制"之激励客体是党、国家和社会组织的各级各类干部。

在现实中，受干部分级分类管理体制、所属单位性质、编制情况、职位类别等不同因素的影响，我国干部的层级明显、种类丰富。由于不同层级、不同类型干部的担当作为境况不尽相同，所以激励的客观需求、要求也就有所不同。加之，每一类干部的基数都比较大，任何一类干部不担当作为，都会引起群众不满，损害党和国家的形象，影响整体行政效率，阻碍党和国家事业的发展；任何一类干部的担当作为积极性、主动性没有被激发都是干部激励机制不健全不完善的反映，都是对干部这一人力资源的浪费。从这一角度考虑，党组织也必须通盘考虑、多措并举激励党、国家和社会组织的各级各类干部担当作为。这也决定了"干部激励机制"的激励客体必须包括党、国家和社会组织的各级各类干部。

---

① 习近平. 习近平谈治国理政：第2卷 [M]. 北京：外文出版社，2017：21.

三、激励目标：促使干部担当作为、干事成事

目标是指主体通过一定的行为想要达到的境地、标准或结果，为主体的活动提供指引。① 激励目标即激励主体通过一定的激励活动（手段）所要达到的结果。它解决的是建立健全干部担当作为激励机制的"初心"是什么，要解决的问题是什么。同样，"担当作为"的提出本身就是对目标的界定，即激励目标是促使干部敢于担当、善于作为。

担当作为的实践指向是做事情，只有在做事情中才有担当作为的问题。强调敢于担当、善于作为，也就是强调要"敢做事、做成事"。干部，干字当头，部是部分的意思，干部的实质就是指做事情的那部分人，或者说是，带头做事情的那部分人。无论是哪个级别、哪个部门、哪个岗位的干部，都要带头干事、积极干事，并干成事。所以，作为激励主体的党组织激励干部的目标就是促使干部带头干事、积极干事，并干成事，简称干事成事。因此，促使干部"干事成事"也就成为担当作为的具体化要求、深层次要求。促使干部"干事成事"，可以从外在和内在两个维度考察。

从外在维度，即行为和结果维度考察，表现为干事、积极主动干事、干成事的逐层递进。首先，干事是对干部最基本、最低层次的要求。"干部激励机制"的作用就在于保证所有干部都能处在干事的状态，能够促使那些"不干事"的干部变为"干事"的干部。即能够使他们"在其位，思其责，谋其政""有所作为"，不能混日子、偷懒，该尽的责不尽，该管的事不管等。其次，干部不仅要干事，而且要积极主动干事。"干部激励机制"的作用更在于能够促使干部积极主动干事，能够促使那些"消极被动"的干部变得"积极主动"起来。即能够充分发挥干部的主观能动性，主动争取干、保持热情干、有创造性地干、用尽心思去干，而不能亦步亦趋，推一步走一步，只是机械地为完成任务而工作。正如习近平总书记强调的，干部干事，"积极性是首要的"。② 最后，干部干事的目的是解决问题，不是为干事而干事，要干成事、干好事。"干部激励机制"的终极目标是促使干部干成事、干好事。即促使干部能够从公共利益出发，尊重科学、实事求是，真干事、干实事、干好事，而不是搞"形象工程""政绩

---

① 中国社会科学院语言研究所词典编辑室. 现代汉语词典：第 7 版［M］. 北京：商务印书馆，2016：928.

② 路大虎. 坚决破除形式主义、官僚主义的 12 种新担当新作为［M］. 北京：东方出版社，2019：2.

工程"、花拳绣腿、华而不实，功夫做在表面，没有实际用处，甚至不顾当地实际和长远发展。

　　从内在维度，即心理和能力维度考察，表现为想干事、敢干事、能干事的逐级提升。马克思主义者强调外在和内在的统一，干部的外在行动和结果是由其内在的心理和能力决定的，对应于干事、积极主动干事和干成事，其内在因素是想干事、敢干事、能干事。因此，"干部激励机制"更深层次的激励目标应该瞄准于内在的心理和能力，能够促使干部想干事、敢干事、能干事①，或者说，促使干部由"不想干事、不敢干事、不能干事"变为"想干事、敢干事、能干事"。习近平总书记历来重视"干部激励机制"的这一重要功能。2013年6月，习近平总书记在全国组织工作会议上提出的"好干部"的一个重要标准——"敢于担当"②，实际上就是要求干部敢干事。2016年3月，习近平总书记在参加十二届全国人大四次会议黑龙江代表团会议时的讲话中指出："干部干部，干是当头的，既要想干愿干积极干，又要能干会干善于干。"③ 这里"想干愿干"都是在说"想干事"，"能干会干善于干"则是在说"能干事"。2020年10月，习近平总书记在中央党校（国家行政学院）中青年干部培训班开班式上的讲话中再次强调，干部要"勇于直面问题，想干事、能干事、干成事"④。其中，"勇于直面问题"是要求干部"敢干事"的又一种表达，而将其与"想干事、能干事"一起置于"干成事"之前，意在表明"敢干事""想干事、能干事"是"干成事"的必要条件。因此，担当作为既是干部认知与精神、能力、行为的辩证统一，也是干部心理和行为的辩证统一。在现实中，干部具有了"担当作为需要"，也就是产生了"想干事"的念头，并不一定都能转化为"担当作为动机"，并进而生成"担当作为行为"。只有当干部进行了全面的利弊权衡和主客观条件的综合考量，产生了"敢干事""能干事"的念头后，才能引发"担当作为动机"，促成"担当作为行为"。也就是说，只有具备了上述各方面的条件，才能在"行为"上做到"干成事"。所以，"想干事、敢干事、能干事"是干部积极干事成事的心理要件和能力条件，是干成事的必要条件。促使

---

① 想干事、敢干事、能干事，有时又表述为愿干事、会干事、善于干事。这些不同的表述之间有微小差别，这里不做具体区分。

② 习近平. 建设一支宏大高素质干部队伍 确保党始终成为坚强领导核心 [N]. 人民日报，2013-06-30（1）.

③ 路大虎. 坚决破除形式主义、官僚主义的12种新担当新作为 [M]. 北京：东方出版社，2019：2.

④ 习近平. 年轻干部要提高解决实际问题能力 想干事能干事干成事 [N]. 人民日报，2020-10-11（1）.

干部积极干事成事就是要将干部由"不想干事、不敢干事、不能干事"变为"想干事、敢干事、能干事"。

综上，促使干部积极干事成事的激励目标，可以进一步分解为促使干部干事、积极主动干事、干成事的外在目标和促使干部想干事、敢干事、能干事的内在目标。这也就意味着，接下去分析的激励手段，不仅要能够激发干部"想干事"的念头，而且还要为干部创造"敢干事""能干事"的主客观条件。

四、激励手段：综合运用精神、政治、物质、情感手段

手段是指"为达到某种目的或目标而采用的具体方法"。①"干部激励机制"的激励目标是促使干部敢于担当、善于作为，积极干事成事，因此，激励手段旨在探讨"采用何种方法调动干部担当作为的积极性，促使其积极干事成事"。在现实中能够促成这一目标实现的激励手段主要有精神手段、政治手段、物质手段和情感手段四种。而每一种手段都有特定的适用条件、范围和对象，并且也各有利弊，因此党组织激励干部担当作为、干事成事，不能只是采用单一的手段，必须多措并举，根据不同的条件、不同的对象、不同的需要采取不同的手段，必须将各种激励手段综合应用，使其发挥综合效应。

精神激励手段是指用理想信念、责任、良心、道义、情感等精神性因素调动干部担当作为积极性的具体方法。比如，加强理想信念教育，正确的世界观、人生观、价值观、荣辱观教育；加强思想政治工作，热情关心、关爱干部，及时解决干部中出现的思想问题；大力宣传、表彰敢于担当、善于作为、积极干事成事的干部，创造干部担当作为的工作环境等。精神激励手段发挥作用的逻辑是干部有理想信念、责任意识、良知良心及情感满足，愿意遵循道义行事以及有尊重、爱、自我实现等较高层次的精神生活需要。如果担当作为符合其价值追求，能够让其感受到使命的召唤、良心的驱动，并且其在从事担当作为事情的时候能够产生价值感、成就感、荣誉感、满足感、愉悦感等良好体验，干部就会愿意充分发挥其主观能动性，勇于担当作为，积极干事成事。精神激励手段倾向于让干部对担当作为的事情本身感兴趣，在担当作为过程中产生更多价值感、成就感、荣誉感等，属于内在激励手段。其优点是能够持续激发干部的内生动力，此内生动力一旦形成可以长久发挥作用，并且没有负效应。所以，它可以弥补物质激励手段的不足。但是由于在精神激励模式下，干部需要的刺

---

① 中国社会科学院语言研究所词典编辑室.现代汉语词典：第7版［M］.北京：商务印书馆，2016：1202.

激来源于层次较高的社会性因素，如事业、自我实现、追求真理、实现人生价值、履行责任、践行理想信念等，所以精神激励手段一般适用于有高层次需要的干部。而这种高层次需要的形成，既和干部本身所受的教育有关，又受干部所处的周边环境影响。如果干部本身没有这种高层次需要，激励就要创造条件使其产生这种需要，如果整体的政治生态不好，就要创造条件以形成良好的政治生态，所用的时间就会比较长，效果也难以保证。

政治激励手段是指用政治权力、政治前途、政治认可、政治待遇等政治性因素调动干部担当作为积极性的具体方法。比如，授权、正确选人用人、拓宽干部晋升空间、精准考核干部政绩业绩、推进干部能上能下、保护干部民主权利等。政治激励手段发挥作用的逻辑是不同职务之间、不同职级之间、核心部门与非核心部门之间、重要岗位与非重要岗位之间的阶序差异，干部越"往上发展"越能获得更大的权力自主权、政治参与权、政治决策权，还能获得更多的政治认可，享受更多的政治待遇等。这种情况会极大激发干部"向上发展"的需要。如果干部认识到通过担当作为可以获得"向上发展"的机会，干部就会担当作为。在科层次组织管理结构下，绝大多数干部都有"向上发展"的需要，所以政治激励属于一种强激励，能够较大程度地调动干部的积极性。政治激励手段兼具物质激励手段和精神激励手段的某些特征。一方面，政治上的发展，可以满足干部的自我价值需要，精神上得到满足；另一方面，它也毕竟属于外在性激励手段，干部不是被担当作为的事情本身所吸引，而是为了"向上发展"才担当作为，担当作为同样变成了干部获取"向上发展"机会的工具，一旦组织对激励因素的控制不当，政治激励就会产生较大的负效应。最常见的情况是选人用人、晋升渠道被人情、金钱和领导者的个人喜好所左右，一部分干部为了尽快获得提拔重用将主要精力用于收买人心、贿赂贿选、巴结领导等，致使组织中出现"劣币驱逐良币"的现象；另一部分干部则因为得不到晋升机会或受到不公正待遇而变得消极颓废、失去信心，担当作为积极性严重受挫。这就从客观上要求，政治激励手段的实施必须以法治为保障，没有法治保障，政治激励手段很难正常发挥效应，甚至有走入歧途的危险。

物质激励手段是指用工资、福利、奖金等物质性因素调动干部担当作为积极性的具体方法。比如，提高干部工资待遇、设置差异化福利项目、设置担当作为物质奖励等。这往往是最基本的激励手段。其发挥作用的逻辑是人有吃、穿、住、用、行等基本物质需要，并且随着经济和社会的发展而发展。生活在这种环境中的干部也不例外。干部如果认为担当作为可以满足自身的物质需要，就会积极主动地担当作为。物质激励手段属于外在性激励手段，在物质激励模式下，干部并不是对担当作为的事情本身感兴趣，而是将担当作为视为自己获得物质利益的工具。所以物质激励手段适合对物质有较大需求的干部，一旦干部的物质需要得到满足，物质激励手段就会失去激励效应。而且物质激励手段还会产生较大的副作用，即让有些干部产生"奖什么就干什么""多奖多干、少奖少干、不奖不干"的想法，产生一切向钱看的消极后果，从而助长了干部功利心理。

情感激励手段是指用为民情怀、关心关爱等情感性因素调动干部担当作为积极性的具体方法。比如，畅通密切干群关系的通道、开展谈心谈话、信任干部、关注干部心理健康等。情感激励手段发挥作用的逻辑有两种向度的解释，一种是干部对人民群众有深厚的感情，能够想群众所想、急群众所急，看到群众受苦于心不忍。干部在担当作为的时候内心感到自己是对得起群众的，群众感情得到了满足。反之，干部如果不担当作为，内心就会产生对人民群众的亏欠感，觉得自己辜负了群众的信任和托付。另一种是干部本身有情感需要，渴望得到组织的关爱、信任、尊重等。如果组织满足了干部的情感需要，让干部产生对组织的依赖、归属和信任感，干部就会自觉接受组织的领导安排，全心全意把工作做好。反之，如果组织不能满足干部的情感需要，干部就会表现出对组织的疏离、冷漠、不满，甚至怨恨，自然不会听从组织领导安排，竭尽所能为组织着想。同精神激励手段一样，情感激励手段属于内在激励手段，在润物细无声中激发干部的内在动力，一旦开始发挥作用就比较持久，而且基本没有什么副作用。但是，在工具理性主导的价值环境中，情感激励手段很难发挥作用，而且也不好衡量，所以只能作为辅助性的手段。

综上所述，干部担当作为激励机制的激励手段包括精神、政治、物质和情感的手段。每种激励手段各有利弊，单个的激励手段适用范围是非常有限的，只有将诸多激励手段进行综合才能发挥激励整体效应。事实上，将各种激励手段进行综合的过程就是建立健全激励机制的过程。此外，有些激励手段本身既具有精神激励的效果，也具有政治激励的效果，还可能具有物质激励的效果，比如，奖赏激励就可能因具体的奖赏内容不同而同时发挥精神激励、政治激励和物质激励的效用。

第三节　激励机制的运行机理

机理，原指"机器的构造和工作原理"，把其运用于社会科学领域，"泛指一个工作系统的组织或部分之间相互作用的过程和方式"①。据此，激励机制的运行机理，可以理解为：激励主体通过一定的激励手段作用于激励客体，激发客体的需要和动机，促使其做出主体所需要的目标行为的过程和方式。研究干部担当作为激励机制的运行机理，就是要研究作为该机制激励主体的党组织如何运用各种激励手段作用于作为客体的党、国家和社会组织的干部，激发其担当作为的需要和动机，促使其做出党组织所期望的担当作为行为。根据马克思主义哲学所揭示的内因外因关系原理，我们认为，其运行机理应该是这样的：党组织的激励手段激发党、国家和社会组织的干部的担当作为需要，干部对该需要进行利弊权衡和综合考量后形成担当作为动机，该动机导向干部担当作为行为的生成，即实现"干部激励机制"所要达到的激励目标。具体分析如下：

一、"激励手段"激发"担当作为需要"

马克思主义唯物辩证法认为，内因是事物变化发展的根据，外因是事物变化发展的条件，外因通过内因而起作用。据此，在"干部激励机制"发挥作用过程中，产生的第一对关系应该是：外在手段与内在需要之间的关系，即党组织的外在激励手段必须转化为干部的内在自我需要。只有这样，激励机制才能发挥作用。自我需要是发生在干部个体内部的活动，因此，与自我需要相对应的干部个体是整个激励活动的起点，也是"支点"。习近平总书记强调："集体是由若干个人组成的，不调动个人的积极性，也就不会有集体的创造力。"② 自我需要包括自身利益需要及其衍生需要，即构成自身利益需要的较简单的直接的因素被其他因素置换而形成的较为复杂的间接的自身利益需要。干部的担当作为需要就是干部的自身利益需要的一种衍生需要。因此，探讨干部个体的"担当作为需要"是如何被激励的，党组织的外在激励手段如何转化为干部的内在自我需要，有必要先明确干部的"自身利益需要"与"担当作为需要"的含义和关系。

干部的"自身利益需要"与"担当作为需要"是两种性质不同的需要。干部的"自身利益需要"是天然的、利己的，是每个干部生来具有的需要，是根源于人的物质属性和意识属性，即保存身体这一物质实体和保障意识这一精神功能的需要。比如吃、喝、住、穿、行的需要，受到尊重、追求幸福、按照自

---

① 张序，张霞. 机制：一个亟待厘清的概念 [J]. 理论与改革，2015（2）：13.
② 习近平. 摆脱贫困 [M]. 福州：福建人民出版社，1992：144.

己的意志改造世界的需要等。在现实生活中，不同的干部尽管对这些物质需要和精神需要的程度可能不同，但是都有这些需要则是毋庸置疑的。干部的"担当作为需要"是指干部在社会活动中敢于承担责任、善于干事作为的想法、念头、意愿或倾向，是组织期望干部具有的利公的需要。由于担当作为是组织对干部的要求，这种需要一般是在外界条件作用下而产生的，所以"担当作为需要"并不是干部的天然需要，也不是每个干部都会有的需要，而是在特定的激励条件下才会产生的需要。作为利己需要的"自身利益需要"与作为利公需要的"担当作为需要"，虽然是两个性质不同的需要，但不是截然对立的，在一定条件下是可以互相转化和达到统一的。

首先，从发展的观点看问题，马克思主义的需要理论认为，"人的需要是一个直接依赖于实践活动的能动范畴"①，"需要是同满足需要的手段一同发展的，并且是依靠这些手段发展的"②。因此，干部作为人，其需要是可塑造的，是发展的。随着社会的进步以及干部认知能力、道德水平、思想觉悟等的提高，干部的自身利益需要也会发展。在这一发展过程中，在一定的外部条件下，就可以实现利己需要与利公需要的相互转化和相互统一。特别是从精神需要的角度看问题，受外部条件的影响表现得更为明显。人们的世界观、人生观、价值观、荣辱观等不同，其精神需要就会有明显的不同，而人的世界观、人生观、价值观、荣辱观等的形成，则与其所处的生长环境、所接受的教育以及新闻媒体的宣传等密切相关。中国共产党人强调加强理想信念教育，加强世界观、人生观、价值观、荣辱观教育，其目的就是帮助人们树立正确的"四观"，做一个有理想、有信念的高尚的人。当人们摆脱了低级趣味，做一个有理想、有信念的高尚的人，以帮助他人、奉献社会为荣的时候，就会实现利己需要与利公需要的统一，"自身利益需要"与"担当作为需要"的统一。革命战争年代，无数先辈为了国家和民族的利益，"舍小家为大家"，甚至甘愿付出自己的生命，就是实现了"自身利益需要"与"担当作为需要"统一的典型表现。其次，从联系的观点看问题，在一定的条件下，可以实现利己需要与利公需要的相互转化和相互统一。以担当作为为例，当党组织的激励手段能够给担当作为的干部带来物质利益、精神利益或政治利益的时候，比如，给担当作为的干部与其所做出的贡献相适应的物质奖励、精神鼓励以及更好的发展机会，即把干部的担当作

---

① 赵长太. 马克思的需要理论及其当代意义 ［M］. 郑州：河南人民出版社，2008：75.
② 中共中央马克思恩格斯列宁斯大林著作编译局. 马克思恩格斯全集：第23卷 ［M］. 北京：人民出版社，1972：559.

为与干部的自身利益直接挂钩时，"担当作为需要"也就转化为了"自身利益需要"，实现了二者的统一。最后，从整体与局部的关系看问题，在社会主义条件下，国家、集体、个人三者的利益是统一的，国家富裕、集体有钱，个人才能幸福。中国谚语"大河有水小河满，大河没水小河干"，说的就是这个道理。因此，干部的担当作为行为所创造的公共利益本身也包含了干部自己的个人利益。从这个意义上说，"担当作为需要"与"自身利益需要"也是统一的。当实现了"担当作为需要"与"自身利益需要"的统一的时候，"担当作为需要"也就成了"自身利益需要"的衍生需要，从组织的外在需要转化为内在的自我需要。

基于以上认识，党组织通过一定的激励手段作用于干部个体使其产生"担当作为需要"的过程表现为两种情况：其一，在一定的激励手段刺激下，干部逐渐将担当作为视为自身的理想信念、责任所在、道义追求等，从而实现了利己需要与利公需要的统一，产生了"担当作为需要"。一般来说，精神激励手段最能够产生这样的效果，如理想信念教育、"不忘初心、牢记使命"主题教育、正确的荣辱观教育以及各种形式的表扬表彰等都能发挥这样的作用。其二，在一定的激励手段刺激下，干部相信通过担当作为可以满足自身的利益需要，进而产生了"担当作为需要"。通常，政治激励手段和物质激励手段就是发挥这种激励作用的。比如，给予担当作为干部"向上发展"的机会，提升担当作为干部的福利待遇等。总之，党组织通过一定的激励手段可以使干部产生想要担当作为的心理，即产生某种"担当作为需要"，这个过程是激励干部担当作为的逻辑起点，也即"干部激励机制"运行的逻辑起点。

二、"担当作为需要"引发"担当作为动机"

干部个体产生了某种"担当作为需要"意味着其有了要"担当作为"的想法，为进一步形成担当作为动机和担当作为行为奠定了基础。依据心理学研究，动机表示人的一种心理倾向。① 担当作为动机则表示干部个体的担当作为心理倾向。组织行为学研究表明："行为动机总是产生于一定的需要。"② "在实际生活中，人们总是追求内部平衡，一旦出现不平衡状态，就会形成需要；人们的需

① 林崇德，杨治林，黄希庭. 心理学大辞典：上［M］. 上海：上海教育出版社，2003：223.

② 程国萍，秦志华. 组织行为学：第 2 版［M］. 大连：东北财经大学出版社，2018：24.

要经过一系列心理过程，会产生某种特定的行为动机。"① 质言之，追求美的动机必然产生于追求美的需要，寻求他人认可的动机必然产生于寻求他人认可的需要，干部个体的担当作为动机必然产生于干部个体的担当作为需要。但是，担当作为需要只是产生担当作为动机的一个必要条件，而不是充分条件，具有担当作为需要并不必然都能引发担当作为动机。从担当作为需要到担当作为动机还要经过的一系列心理过程，可以称为"担当作为认知过程"。

行为科学研究认为，人的行为分本能行为和理性行为。本能行为遵循"刺激—反应"模式，理性行为遵循"刺激—认知—反应"模式。担当作为行为显然是一种理性行为。理性行为必然是理性认知的结果。马克思主义认为，人的意识具有主观能动性，人可以对进入其大脑的信息进行加工，也就是进行认知，以保证人的行为真正符合人本身的意愿或利益要求，并且有条件实现这样的意愿或利益要求。换句话说，有了"担当作为需要"只是解决了"想"的问题，而这个想法是不是真正符合人本身的意愿或利益，值不值得人们大胆地去追求，还有待于人们的进一步认知。因为，任何事物都有两面性，任何事物都可能存在风险。即使这个想法很值得我们大胆去追求，也还有一个个人的能力是否能够实现它的问题，是否能够追求得到的问题。这说明："担当作为认知过程"是干部个体对担当作为行为进行利弊得失权衡的过程，对实现该行为的主客观条件进行综合考量的过程。在这个过程中，作为个体而存在的干部主要解决的是"敢不敢担当作为"和"能不能担当作为"的问题，并且在此基础上对担当作为需要进行最终确认。如果干部对担当作为行为的利弊得失权衡和主客观条件综合考量之后形成了某种"又想又敢又能"的心理倾向，则意味着其产生了某种真正的担当作为动机。相反，如果干部形成的是"虽想"，但"不敢不能"的心理倾向；或者"虽想""也敢"，但"不能"的心理倾向，都意味着其没有产生真正的担当作为动机。因此，激励干部担当作为还要注意创造条件，比如优化干事创业环境、增强干部本领、消除干部顾虑等，从而使干部产生"又想又敢又能"担当作为的心理倾向，这可以说是"干部激励机制"运行的关键环节。

三、"担当作为动机"促成"担当作为行为"

马克思主义认为，人的心理和行为是辩证统一的，有什么样的心理就会产生什么样的行为。心理学研究也表明，动机作为人的一种心理倾向，可以激发

---

① 程国萍，秦志华. 组织行为学：第 2 版［M］. 大连：东北财经大学出版社，2018：22.

和维持人的某种行为，并使该行为始终指向一定目标。① 这些都说明：干部个体一旦产生了"又想又敢又能"担当作为的心理倾向，即产生了"担当作为动机"，就必然会将这种动机付诸实践，生成一定的担当作为行为，即把担当作为的想法变成了担当作为的行为。

当一个干部生成了担当作为的行为后，就该干部个人来讲，他便具有了担当作为的积极性，即干部个体被激励了；就该激励机制运行的一个过程来讲，其激励目标已经实现。但是，必须明确，干部激励机制的激励目标并不局限于个别干部，而是全体干部；也不能停留于一个过程，而是长远发展。因此，这里所说的"担当作为行为"是指干部整体的行为和长远的行为。而要做到这一点，就要进一步研究干部激励机制的激励质量和数量问题。

就激励质量而言，关键是考察激励效果能否长期保持的问题。这里主要有三个问题：一是激励主体能否保证激励手段的持续运用，兑现事先的诺言；二是激励主体能否随着实践的发展不断强化激励措施，以始终保持客体的积极性；三是激励主体如何对待干部在实践中遇到的困难和挫折，是否能够为其加油鼓劲和容错纠错。如果上述三个问题的答案是正面的、肯定的，那么该激励机制的激励质量就是高的，激励效果可持续，该机制就能在循环往复中不断发展。反之则质量不高，不可持续。

就激励数量而言，关键是考察激励的榜样作用和覆盖范围问题。这就要求激励主体要加强对"担当作为、干事成事"干部的表彰宣传，树立榜样，扩大影响，以使其他干部能够积极向"担当作为、干事成事"的干部看齐，使所有干部都能够积极"担当作为、干事成事"。这就要求党组织对所有干部一视同仁，法律和政策面前人人平等，凡是敢于、善于担当作为，为党和国家事业做出贡献的干部即予以表彰、奖励；凡是不敢担当作为、怠于担当作为，给党和国家事业带来损害的干部即依法依纪依规给予相应的处分。激励主体若能够做到这些，干部群体，乃至整体的积极性也可调动。只有这样，才是真正实现了"干部激励机制"所要达到的激励目标，才是真正实现了从"担当作为动机"到"担当作为行为"的发展，从整体意义上生成了"担当作为行为"。

综上，干部担当作为激励机制的运行机理可做如下归纳："激励手段"激发"担当作为需要"，"担当作为需要"引发"担当作为动机"，"担当作为动机"促成"担当作为行为"；"担当作为行为"受到激励又产生新的"担当作为需

---

① 林崇德，杨治林，黄希庭. 心理学大辞典：上［M］. 上海：上海教育出版社，2003：223.

要"，并辐射带动周边的干部担当作为，开始了新的一轮循环。如此循环往复，维持着"干部激励机制"的活力，维护着"干部担当作为"的积极性，推动着党和国家事业的持续发展。

第四节　激励机制的科学体系

担当作为是对干部认知、精神、能力、行为、品德、勇气等方面的高标准、严要求，其内容丰富、层次多样。囿于实际中主客观因素的影响，干部要真正做到担当作为实属不易。因此需要党和国家从干部队伍建设的高度建构配套的激励机制体系予以保障。在形式上，这个干部担当作为激励机制体系必须是"内涵丰富、功能完备、科学规范、运行高效"①、开放包容的动态结构，是由若干层次激励机制构成的有机整体，可以不断向外延伸和发展。从构成看，干部担当作为激励机制体系的具体内容必须全面翔实，能够对应影响干部担当作为的所有因素，也就是要符合干部担当作为的生成逻辑，同时契合我们党的干部激励传统。其一，从担当作为的生成逻辑看，担当作为要求干部以高度负责的精神做出某种成绩或贡献。实践中，干部只有在精神驱动、利益驱动或者情感驱动的条件下才有可能担当作为。而利益驱动主要是指政治利益和物质利益驱动。其二，纵观党关于干部激励的理论和实践，其在对干部的激励中，自始至终强调精神激励的突出作用，同时兼顾政治、物质和情感的激励内容。所以，在与官方话语保持一致的情况下，建构干部担当作为激励体系应该从精神激励系统、政治激励系统、物质激励系统和情感激励系统四个方面进行着力。

一、建立精神激励系统是根本保障

干部担当作为精神激励系统的生成原理是创造条件，让干部产生并能够顺利践行崇高理想信念、强烈责任使命感、良好道德操守、较高的自我效能感，以调动干部担当作为的积极性。如果干部积极担当作为、干事成事就能够实现其崇高理想、完成其责任使命、保持良好的道德追求、充分发挥自身的本领能力，就会在实现社会价值的同时实现自身价值，从而在精神上获得愉悦感、价值感和成就感等。反之，如果干部不担当不作为，其理想信念就无法实现、责

---

① 习近平. 一刻不停推进全面从严治党 保障党的二十大决策部署贯彻落实［N］. 人民日报，2023-01-10（1）.

任使命就无法完成、道德良心就会受到谴责、本领能力就无法最大程度施展，因而精神上会有无力感、挫败感、痛楚感产生，进而备受折磨。作为使命型先锋政党领导下的干部，其担当作为主要依赖精神自觉。没有精神上的自觉自愿，没有理想信念、责任使命感和道德操守，做事畏首畏尾，没有自信心和自信力的干部很难真正担当作为。因此，构建干部担当作为的精神激励系统是根本保障。在我国官方话语中，一直将精神激励放在首要位置强调。

干部担当作为精神激励系统的运行依赖具体激励机制，从能够让干部产生精神自觉的条件看，这些具体激励机制主要包括：理想信念激励、责任使命感激励、道德操守激励和自我效能感激励四种。一是理想信念激励。所谓理想信念激励就是创造条件，让干部产生共产主义伟大理想和中国特色社会主义共同理想，并能够顺利践行，从而激发干部动力，调动干部担当作为的自觉性和主动性。习近平总书记强调，"理想信念就是共产党人精神上的'钙'，没有理想信念，理想信念不坚定，精神上就会'缺钙'，就会得'软骨病'"①，也就不可能担当作为。所以，理想信念激励是精神激励的首要内容。二是责任使命感激励。所谓责任使命感激励就是创造条件，让干部产生履行自身职责，承担历史任务的强烈责任感和使命感，并能够顺利践行之，从而增强干部的主动性，调动干部担当作为的积极性。顾炎武讲"天下兴亡，匹夫有责"，习近平总书记说"我将无我，不负人民"，这都是呼唤一种责任使命感的驱动机制。因此，责任使命感激励是精神激励的关键组成部分。三是道德操守激励。所谓道德操守激励就是创造条件，让干部产生强烈的道德感，并能够顺利践行其道德操守或能够遵照道德良心行事，从而增强干部担当作为的道德驱动力。干部是否有强烈的道德感，是否能够顺利践行自己的道德操守，其担当作为的状态和效果是不同的。通常，道德感比较强、道德实践顺利的干部更能够干实事、干好事，积极主动干事。因此，道德操守激励也是精神激励的重要内容。四是自我效能感激励。所谓自我效能感激励就是创造条件，增强干部做事的自信力，让干部深刻意识到自己是有能力做事、有把握获得成功和有信心完成任务的，从而增强干部的自我效能感，以调动干部的担当作为积极性。通常，自我效能感高的干部更愿意积极主动做事、成事，而自我效能感低的干部则表现得畏首畏尾、瞻前顾后，遇事容易不自信和退缩，所以自我效能感激励应该纳入精神激励的范畴，并作为其重要内容。习近平总书记在新时代突出强调提升干部本领能力，

---

① 中共中央文献研究室. 十八大以来重要文献选编：上 [M]. 北京：中央文献出版社，2014：80.

实际上也是要求增强干部的自我效能感，增加干部担当作为的精神动力。

二、建立政治激励系统是关键环节

干部担当作为政治激励系统的生成原理是创造条件，让干部相信通过担当作为既可以有政治方面的获得感、公平感，也可以有政治方面的安全感、危机感等，从而调动干部担当作为的积极性。一般而言，干部作为政治活动中的人，对政治方面的权力、地位、荣誉、待遇、公平、安全等的欲求是最为强烈的。如果干部认为通过积极担当作为，可以获得政治利益、公道评价，同时能保证政治安全，就会担当作为。反之，如果干部认为担当作为并不能带来政治利益或"好处"，甚至导致政治利益受损、政治生涯葬送，干部就不会产生担当作为的积极性。正是基于实践中政治利益、政治公平、政治安全对干部的特殊吸引力，所以构建干部担当作为的政治激励系统是关键环节。在我国官方话语中，对政治激励的强调仅次于精神激励，将其放在第二重要位置。

干部担当作为政治激励系统的运行同样依赖具体激励机制。从能够让干部产生政治方面的获得感、公平感、安全感、危机感等的条件看，这些具体激励机制主要包括：正确选人用人的导向激励、公平晋升激励、科学考评激励、容错纠错激励、"能上能下、能进能出"激励五种。其中，前三种激励机制是从干部对公平获取政治利益的重视视角进行考量，目的是让干部相信通过担当作为可以有"政治方面的获得感"；后两种激励机制是从干部对政治方面的安全感的重视和对政治危机的警觉的视角考量，通过增加担当作为干部在政治方面的安全感和撤销"不担当不作为"干部在政治方面的安全感，让相关干部产生警觉性，以调动干部的担当作为积极性。下面一一说明。

一是正确选人用人的导向激励。所谓正确选人用人的导向激励指的是让真正敢于担当、善于作为，真办事、办实事，全心全意为人民谋福利的干部脱颖而出，得到提拔重用，形成良好风气，从而激励更多的干部担当作为。正确选人用人是"风向标"。习近平总书记指出："对干部最大的激励是正确用人导向，用好一个人能激励一大片。"[①] 因此，正确选人用人的导向激励是最主要的政治激励机制。二是公平晋升激励。所谓公平晋升激励指的是为干部提供公平的政治晋升机会，让担当作为的干部能够通过公开、公平的晋升渠道"向上发展"，从而调动干部担当作为的积极性。干部通过公平晋升，在政治上获得发展，意

---

① 中共中央党史和文献研究院．十九大以来重要文献选编：上［M］．北京：中央文献出版社，2019：566.

味着政治地位会提高、政治权力会扩大、政治待遇会提升，所以公平晋升是绝大多数基层干部的诉求，对干部担当作为积极性的影响较大，理应成为政治激励机制的核心内容。三是科学考评激励。所谓科学考评激励指的是通过科学的考核机制对干部所做的事情进行精准判断，进而对干部进行精准评价，区分优劣、好坏等，并以此作为干部选拔任用和奖励惩处的主要依据，从而调动干部担当作为的积极性。科学考评既是"指挥棒"，也是干部受到公正对待的重要保障，考评是否科学公正对干部担当作为积极性的影响很大。因此，科学考评激励也是政治激励机制的重要内容。四是容错纠错激励。所谓容错纠错激励指的是一方面宽容干部在改革创新、干事创业中的失误、"错误"，为真正敢于担当、善于作为的干部撑腰鼓劲；另一方面，为被错误对待和被诬告陷害的干部澄清正名。二者双管齐下，提升担当作为干部在政治方面的安全感，从而调动干部的担当作为积极性。容错纠错激励机制具体包括容错免责机制和澄清正名机制两种。《关于进一步激励广大干部新时代新担当新作为的意见》指出，"建立健全容错纠错机制，宽容干部在改革创新中的失误错误"和"坚持有错必究、有过必改"，以及"严肃查处诬告陷害行为"。① 因此，容错纠错激励理应纳入政治激励的范畴，成为对干部进行政治激励的重要组成部分。五是"能上能下、能进能出"激励。所谓"能上能下、能进能出"激励，也可以称为"退出"激励，指的是通过创造条件，让"不担当不作为"的干部依法依规"向下向外"退出，以反向刺激干部担当作为。"能上能下、能进能出"激励是一种典型的负向激励，利用的是干部不愿意退出，不想失去已有的政治地位、政治利益等的心理。"不担当不作为"的干部一旦退出，对于其他干部是一种警示，干部为了保住已有的政治利益，维持现有的政治方面的安全感自然会积极担当作为、谋事干事。2022 年 9 月，中共中央办公厅发布《推进领导干部能上能下规定》，列出 15 种干部不适宜担任现职的情形，要求着力解决领导干部"下"的问题。② 事实上，让一般工作类干部也产生"能进能出"的危机感，对于解决"庸懒散慢弱"问题同样重要。因此，"能上能下、能进能出"激励也是当前对干部进行政治激励的重要内容。

---

① 关于进一步激励广大干部新时代新担当新作为的意见［M］. 北京：人民出版社，2018：7-8.

② 中共中央办公厅印发《推进领导干部能上能下规定》［N］. 人民日报，2022-09-20（1）.

三、建立物质激励系统是基础要件

干部担当作为物质激励系统的生成原理是创造条件，让干部在物质方面有基本保障，有安全感、获得感和公平感等，从而调动干部担当作为的积极性。首先，干部有基本物质需要，如果工资待遇能够让干部及其家人在物质方面有基本保障，则有利于干部安心、安身于工作岗位，进而有利于激励和维持干部的担当作为积极性。其次，干部的薪资福利会随着职务职级晋升、社会经济发展等因素而发生变化，如果这种变化可以在干部的心理预期之内，能够让干部感觉到稳定、安全，则有利于激发干部的积极性，反之则会让干部产生波动。再次，干部有不断积累物质财富，满足自己及家人的教育、社交、娱乐等方面的需要。组织如果能够给予真正的担当作为干部以一定的物质奖励，不断提升担当作为干部的物质获得感，也可以调动干部的担当作为积极性。最后，物质分配是否公平也是影响干部担当作为的重要因素，只有依照"多劳多得、少劳少得、不劳不得"和"同工同酬"的按劳分配原则进行物质分配，才能调动干部担当作为的积极性。因此，物质激励是必不可少的。邓小平说："革命是在物质利益的基础上产生的，如果只讲牺牲精神，不讲物质利益，那就是唯心论。"① 这说明构建干部担当作为的物质激励系统是基础要件。在我国官方话语中，物质激励仅次于精神激励、政治激励而被强调。

干部担当作为物质激励系统的运行也依赖具体激励机制。从能够让干部有基本的物质保障，产生物质方面的安全感、获得感和公平感等的条件看，这些具体激励机制主要包括：基本工资激励、薪资福利正常调整激励、"多劳多得"的奖酬激励和"同工同酬"激励。所谓基本工资激励指的是保证干部的基本工资收入能够维持其本人及其家庭的衣食住行等基本生存需要，让干部在物质方面有基本保障，从而维持其履职尽责、担当作为的热情。现实中，当干部发现基本工作收入不能保证其基本生活时，他们会寻求别的出路，从而将时间、精力和心思花在别的事情上，如此连本职工作都做不好，更别说主动担当作为了。这说明基本工资激励对干部来说，必不可少。所谓薪资福利正常调整激励是指通过设置科学的标准、建立规范的制度，以保障干部薪资福利的变动是科学的、有规律的和公开透明的，从而减少薪资福利变化对干部的不良影响，以维持干部的担当作为积极性。《关于进一步激励广大干部新时代新担当新作为的意见》

---

① 邓小平．邓小平文选：第2卷［M］．北京：人民出版社，1994：146.

要求"健全干部待遇激励保障制度体系，完善机关事业单位基本工资标准调整机制"①。实际上强调将薪资福利正常调整制度纳入对基层干部的物质激励范畴。所谓"多劳多得"的奖酬激励指的是按照"多劳多得、少劳少得"的原则，给予表现优异、付出超额劳动和做出突出业绩的优秀干部更多物质报酬，提升这些干部的物质获得感和公平感，从而激励更多干部积极表现、担当作为。干部不仅有基本生存需要，还有发展和享受需要，如果干部发现，通过担当作为可以获得更多物质报酬，以满足其发展和享受的需要，他们就会表现得更加积极、勇敢。同时，更多更好的付出，理应获得更大更多的回报，符合社会主义按劳分配原则，否则"干多干少一个样、干与不干一个样"会严重挫伤干部的积极性。因此，"多劳多得"的奖酬激励在干部担当作为的物质激励系统中处于核心地位。所谓"同工同酬"激励就是给予同一地区、同类单位、同类岗位、付出等量劳动的干部以同等的物质待遇，提升干部的物质公平感，从而调动他们的担当作为积极性。当前实际中，干部对物质公平分配的诉求比较强烈，如果干部发现付出相同而收获却不同，甚至付出多的不如付出少的，他们履职尽责、干事创业的积极性就会大打折扣。因而目前来说，"同工同酬"激励是物质激励系统的重要组成部分。

四、建立情感激励系统是补充内容

干部担当作为情感激励系统的生成原理是创造条件，让干部对人民群众和党组织产生深厚感情，生成"为民情怀"和对组织的依赖、信任，自愿为了人民群众和党组织而担当作为。一方面，对有"为民情怀"的干部来说，如果担当作为，其对群众的感情就得到了满足；如果"不担当不作为"，内心会觉得对不住群众，产生愧疚感、自责感等不良体验。另一方面，培育干部对党组织的深厚感情，也可以调动其担当作为积极性。因为组织如果信任干部、体谅干部、真心爱护干部，干部就会对组织产生信任感、依赖感、归属感等，愿意为了组织整体的利益担当作为。对党组织有深厚感情的干部如果按照组织要求担当作为，其组织情感就会得到满足。相反，如果自己"不担当不作为"，对组织的情感就无法回报，就会产生对组织的愧疚感。当然，人的情感具有飘忽不定性，并且在法治社会进行政治实践主要依靠法理、事理，而不是情理。所以，构建干部担当作为的情感激励系统是一种补充，发挥辅助性作用。

---

① 关于进一步激励广大干部新时代新担当新作为的意见 [M]. 北京：人民出版社，2018：10.

干部担当作为情感激励系统的运行依然依赖具体激励机制。从能够促成干部对群众和党组织的深厚感情的条件看，这些具体激励机制主要包括：为民情怀激励、授权信任激励、谈心谈话激励和心理健康关爱激励。其中，第一种激励机制是为了让干部产生对群众的深厚感情，后三种激励机制是为了让干部产生对党组织的深厚感情。所谓为民情怀激励指的是创造条件，让干部产生对人民群众的深厚感情，激发其情感动力，以调动其为人民谋事、担当作为的积极性、主动性。干部有没有对群众的深厚感情，关系到其服务人民、干事创业的质量和效益。习近平总书记强调，干部"要对群众有感情，真正把自己当作群众中的一员、把群众的事当作自己的事"①，做到情为民所系、利为民所谋。因此，为民情怀激励是情感激励的首要内容。所谓授权信任激励指的是给予干部合理、适当、必要的自主权，激发干部的事业心，体现组织对干部的信任，以调动干部的担当作为积极性。组织信任干部，愿意将权力交给干部，干部可能会感念组织的信任，愿意充分运用手中的权力做一番事业；组织如果不信任干部，处处约束干部而没有激励，干部就会为了工作而工作，从而滋生应付心理和形式主义。所以，授权信任激励是情感激励机制的重要组成部分。所谓谈心谈话激励指的是组织针对性地、平等地、及时地与干部互相交心，针对干部在工作、学习、生活、思想等各方面的困惑、疑虑、难题等进行指导、帮扶、疏通，体现组织对干部的重视和关心关爱，提升干部在组织中的归属感，从而调动干部的担当作为积极性。开展谈心谈话是党的优良传统，是情感激励的重要内容。所谓心理健康关爱激励指的是组织重视干部心理健康问题，创造条件化解干部心理危机、缓解干部心理压力、提高干部心理素质，体现组织对干部心理健康的关心关爱，以增强干部对组织的依赖和感激之情，从而调动干部担当作为、干事创业的积极性。随着社会的发展，干部心理健康问题越来越引起人们的关注，干部心理是否健康也日益成为影响其担当作为的重要因素。组织及时对这一情况进行关注，在心理上关心关爱干部，也应该纳入对干部进行情感激励的范畴。

综合而言，如下图1所示，干部担当作为的激励体系是一个"同心—多圈层"结构。围绕着促使干部担当作为这一核心目标，一是要在整体上建立干部担当作为的精神激励系统、政治激励系统、物质激励系统和情感激励系统；二是要根据各激励系统的运行条件建立并不断完善具体的激励机制；三是在实践

① 习近平.筑牢理想信念根基树立践行正确政绩观 在新时代新征程上留下无悔的奋斗足迹［N］.人民日报.2022-03-02（1）.

中要充分发挥各激励主体的能动性，依据本地区、本单位、本部门、本岗位干部实际采取相应的激励举措。

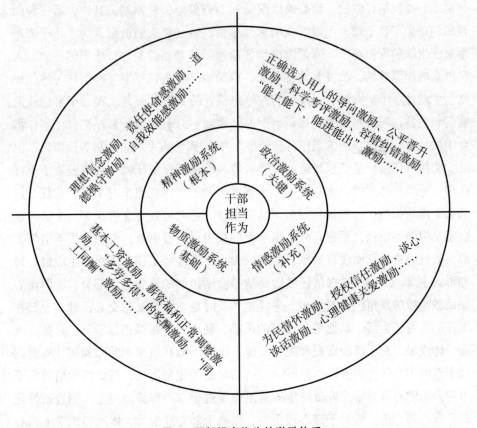

图 1　干部担当作为的激励体系

第二篇

02

思想源流

思想是行动的先导，理论是实践的指南。完善我国干部担当作为激励机制必须以一定的激励思想或激励理论为指引。在学术界，西方学者基于对作为个体的人的研究提出了内容型激励理论、过程型激励理论和行为修正型激励理论。这些激励理论对人的利己需要进行了比较清晰的划分，所以我国很多学者直接将西方激励理论作为我国干部激励研究的理论基础。但是，西方激励理论是以重视私人利益或利己需要为逻辑前提，顺着该逻辑只能得出一种功利化的"契约型"激励思想，即一切以干部的私人利益需要为中心，通过采取措施满足干部的利己需要以调动其工作的积极性。也就是说，西方契约激励逻辑虽有一定的合理性，但是无法完全契合我国干部担当作为实际，更不能用来解释和指导我国干部担当作为激励实践。

　　一是因为担当作为的实质是为公利，担当作为要求干部负责任地、冒着危险地，甚至是牺牲自我地干事创业，也就是要有"舍小家顾大家"的思想觉悟，而"契约型激励"却是在突出干部的私人利益，不断强化干部的利己思想。二者虽有长远的一致性，但是现实的冲突性会导致其在激励干部担当作为方面大打折扣。试想一代代中国共产党人前仆后继、牺牲奉献难道都是出于满足利己需要的私心吗？二是因为我国对干部的定位是人民的公仆，是实现共产主义伟大理想和中国特色社会主义共同理想的骨干力量，是全体党员、群众的楷模和榜样，如果只是通过满足干部的私人利益以调动其积极性，势必难以保持干部的公仆本色，也难以得到群众的认可和支持。因此，有必要重新审视完善我国干部担当作为激励机制的思想基础，即以马克思主义经典作家的相关激励思想、中华优秀传统文化中的激励哲思，以及中国化的马克思主义的激励智慧为要。

　　众所周知，中国共产党善于将马克思主义基本原理与中国具体实际和中华优秀传统文化相结合，进行思想理论创新，并指导实践取得一次又一次的成功。在激励干部担当作为方面，中国共产党同样做了如此努力。因此，从总体看，马克思主义经典作家有关干部激励的思想是中国共产党激励干部担当作为的思想魂脉，中华优秀传统文化中的激励思想是中国共产党激励干部担当作为的思想根脉，中国共产党人（本书主要强调中国共产党的主要领导人）的干部激励思想是直接的思想依据。

第三章

马克思主义经典作家的激励思想

马克思主义经典作家有关干部激励的思想包括马克思和恩格斯"人的需要"思想、马克思"科学理论可以激励人"的思想、列宁"无产阶级要有自觉性"的思想。不同于西方激励理论只是强调个体的私人利益需要，对人性的假设偏于一面。马克思指出："人的本质不是单个人所固有的抽象物，在其现实性上，它是一切社会关系的总和。"① 人是物质性、意识性、社会性、实践性的统一，人的需要是社会生产出来的，人既可以产生利己需要，也可以产生利公需要。作为共产党人，作为为绝大多数人谋利益的无产阶级干部队伍应该有远大理想、"了解无产阶级运动的条件、进程和一般结果"②，能够自觉运用科学理论改造自身，主动克服自发性，实现自觉性。所以对无产阶级干部的激励应该是既满足其正当的私人利益需要，也促使其产生担当作为利公需要，同时要注意将组织对干部的激励转化为干部的自我激励。只有干部有意识地调动自身的积极性、主动性，组织激励才能真正发挥效应。

第一节 "人的需要"思想及其激励启示

马克思、恩格斯非常重视人的需要问题，在《〈黑格尔法哲学批判〉导言》《1844 年经济学哲学手稿》《德意志意识形态》《资本论》等经典著作中都有所涉及。尤其在《德意志意识形态》一书中，"马克思、恩格斯把需要范畴作为唯物史观的一个重要范畴提了出来"，认为人的需要是理解人的活动和人类社会历

---

① 中共中央马克思恩格斯列宁斯大林著作编译局. 马克思恩格斯选集：第 1 卷 [M]. 北京：人民出版社，2012：135.

② 中共中央马克思恩格斯列宁斯大林著作编译局. 共产党宣言 [M]. 中共中央编译局，编译. 北京：人民出版社，2014：27.

史的逻辑起点之一。①

在马克思、恩格斯看来，第一，需要是人的行为的源动力。"需要是人所具有的一种有意识地、有目的地、能动地对需求对象的反映、指向、谋取、吸收和满足。"② 需要在人与自然、人与人关系上体现为某种利益。马克思、恩格斯强调："任何人如果不同时为了自己的某种需要和为了这种需要的器官而做事，他就什么也不能做。"③ 换言之，把人和社会"连接起来的唯一纽带是自然的必然性，是需要和私人利益，是对他们的财产和他们的利己的人身的保护"④。这从根本上是由人的自然属性或生物属性所决定的。马克思进一步指出："人们为了能够'创造历史'，必须能够生活。但是为了生活，首先就需要吃喝住穿以及其他一切东西。因此第一个历史活动就是生产满足这些需要的资料，即生产物质生活本身。"⑤ 所以，满足衣食住行等物质需要是人类一切活动的基本动因。

第二，人的需要具有丰富性、多样性。人不同于动物，人有意识能动性，"人的本质不是单个人所具有的抽象物，在其现实性上，它是一切社会关系的总和"⑥。这决定了人在改造自然的活动中会不自觉地要求符合自己的偏好，在物质生产活动中会不可避免地产生对良好工作环境、和谐人际关系、工作价值感等的追求，在分配物质产品的过程中也会产生公平、正义等的诉求。此外，人还追求社会进步、道德完善、政治发展等内容。早在 1842 年 10 月，马克思在《关于林木盗窃法的辩论》中就提到"贫民阶级不仅有满足本能生活的需要，而且也存在着对各种权利的要求"⑦。后来，马克思又在《〈黑格尔法哲学批判〉导言》中提到"彻底革命"的需要和"普遍解放"的需要等概念，在《1844 年经济学哲学手稿》中提到"社会需要""劳动需要""交往需要"等概念，在《德意志意识形态》中提到"实现人的自由全面发展"的需要等。这充分说明：人不只是有单一的物质需要，还有各种各样的社会性需要，并且社会性需要才

---

① 赵长太. 马克思的需要理论及其当代意义 [M]. 郑州：河南人民出版社，2008：39.
② 冷云飞. 中国共产党人民利益观研究 [D]. 武汉：华中师范大学，2005：15.
③ 中共中央马克思恩格斯列宁斯大林著作编译局. 马克思恩格斯全集：第 3 卷 [M]. 北京：人民出版社，2002：286.
④ 中共中央马克思恩格斯列宁斯大林著作编译局. 马克思恩格斯文集：第 1 卷 [M]. 北京：人民出版社，2009：42.
⑤ 中共中央马克思恩格斯列宁斯大林著作编译局. 马克思恩格斯选集：第 1 卷 [M]. 北京：人民出版社，2012：79.
⑥ 中共中央马克思恩格斯列宁斯大林著作编译局. 马克思恩格斯选集：第 1 卷 [M]. 北京：人民出版社，2012：135.
⑦ 赵长太. 马克思的需要理论及其当代意义 [M]. 郑州：河南人民出版社，2008：40.

是人的本质需要，满足社会性需要是人进行社会活动的根本动力。例如，"在马克思看来，家庭固然是两性结合的产物，但却不应将其完全归结于'性'这种生理的或自然的需要，而应当看到其中包含着爱和其他方面的情感需要"①。

第三，人的需要有高低、好坏、必要和非必要的区别。马克思指出，在私有制条件下，一些人（主要指剥削阶级）把另一些人（主要指广大的被剥削阶级）当作满足自己低层次需要的手段，强迫他们在必要劳动时间之外进行剩余劳动，从而为自己挣得充裕的物质财富。这样"他们能够在此基础上去追求高层次的发展需要，而另一些人迫于最基本生存需要的限制，不可能提出全面发展的需要"②。在这其中，剥削阶级牺牲他人以满足自己物质享受的需要是一种"利己的粗陋的需要"，也就是一种低层次的、坏的需要。而被剥削阶级想要摆脱压迫，实现自身的解放就需要进行无产阶级革命，推翻资产阶级统治，进行无产阶级统治，进而建立一个人人平等、按需所取、自由而全面发展的共产主义社会，实现全人类的解放。这种需要是一种能够促进社会发展进步的"文明的需要"，并且带有强烈的利他性质，是一种高尚的、好的需要。另外，马克思认为，人的需要有必要和非必要之分。所谓"必要的需要"是指人自身的实际需要，以满足自己的生存与发展。为了实现这种需要，人所从事的劳动叫必要劳动。"非必要的需要"是外力强加于人的需要，根本上是为了他人获益。资本家让工人进行剩余劳动是为了满足资本家的需要，对工人来说，是一种"非必要的需要"。③ 马克思强调："在资本方面表现为剩余价值的东西，正好在工人方面表现为超过他作为工人的需要，即超过他维持生命力的直接需要而形成的剩余劳动。"④

第四，在某种意义上，人的需要是社会生产出来的，需要是同满足需要的手段一同发展的。马克思认为，人的需要大多数是社会生产出来的，因为人的需要具有社会性。人的需要虽然以其生理需要为基础，但是更加决定于社会生产力发展水平，有什么样的生产力水平，就会有什么样的需要。尤其是个人，其需要总是由他所处的社会的经济、政治地位、所接受的文化教育以及家庭成长环境等所决定。并且，"人的需要的满足途径、满足方式以及满足程度都要受

---

① 赵长太. 马克思的需要理论及其当代意义 [M]. 郑州：河南人民出版社，2008：47.
② 赵长太. 马克思的需要理论及其当代意义 [M]. 郑州：河南人民出版社，2008：47.
③ 赵长太. 马克思需要理论形成路径初探 [J]. 湖北社会科学，2008 (7)：18.
④ 中共中央马克思恩格斯列宁斯大林著作编译局. 马克思恩格斯全集：第46卷 [M]. 北京：人民出版社，2003：287.

到社会条件的制约"①，"人的需要是一个直接依赖于实践活动的能动范畴"②，"需要是同满足需要的手段一同发展的，并且是依靠这些手段发展的"③。这说明人的需要是可以被激发的，只要条件具备，人就可能产生一种新的需要。

综上所述，马克思、恩格斯认为，需要是人行为的源动力，人的需要多种多样，人们所进行的一切活动都是为了满足自己的需要。同时，人的需要有高低、好坏、必要和非必要之分，人的需要是社会生产出来的，需要是同满足需要的手段一同发展的。马克思关于"人的需要"的思想对中国共产党激励干部担当作为具有重要启示：其一，"需要是人行为的源动力"启示激励要从干部的需要出发，注意通过满足干部需要以调动其担当作为、干事创业的积极性。其二，"人的需要多种多样"启示单一的激励手段是无法发挥最大激励效果的，要综合运用多种激励手段。其三，"人的需要有高低、好坏、必要和非必要之分"启示以满足干部需要调动其积极性时要注意把握分寸，对于干部的正当合理需要应予以满足，而对于干部的非正当不合理需要应该予以规制，否则会造成"欲壑难填"的情况，从而产生激励负效应。其四，"人的需要是社会生产出来的"启示可以通过一定手段，使干部直接产生某种"担当作为需要"，这样干部就会有持续不断的动力。其五，"人的需要是同满足需要的手段一同发展的"启示要不断更新激励手段，完善激励机制，以适应不断成长发展的干部实际。这实际上也说明：相较于西方的内容型激励理论，特别是亚伯拉罕·马斯洛的需要层次理论、克雷顿·奥尔德弗的三种需要理论等，马克思、恩格斯关于"人的需要"的思想站位更高、视野更开阔、更符合实际，尤其是在解释人的需要是如何产生的，以及人为什么会出现"舍己为人""牺牲奉献"等行为方面更胜一筹，而这些已被中国共产党人所吸收。

第二节 "科学理论可以激励人"的思想

"科学理论可以激励人"是马克思在《〈黑格尔法哲学批判〉导言》中明确提出的观点，也是马克思、恩格斯倾其一生创立马克思主义理论的重要认知驱

---

① 赵长太．马克思的需要理论及其当代意义 [M]．郑州：河南人民出版社，2008：74.
② 赵长太．马克思的需要理论及其当代意义 [M]．郑州：河南人民出版社，2008：75.
③ 中共中央马克思恩格斯列宁斯大林著作编译局．马克思恩格斯全集：第23卷 [M]．北京：人民出版社，1972：559.

动力。在《〈黑格尔法哲学批判〉导言》一文中，马克思指出："批判的武器当然不能代替武器的批判，物质力量只能用物质力量来摧毁；但是理论一经掌握群众，也会变成物质力量。理论只要说服人【ad hominem】，就能掌握群众；而理论只要彻底，就能说服人【ad hominem】。所谓彻底，就是抓住事物的根本。"① 倒着看，也就是在说"科学理论可以激励人"。因为这里的"科学理论"就是马克思所说的能够抓住事物根本的彻底的理论，这种理论反映了事物发展的客观规律，符合事物前进的方向，能够战胜旧事物，发展新事物，本身就具有强大生命力和远大前途。"可以激励人"相当于马克思所说的具有"掌握群众，也会变成物质力量"的潜力，其中的激励原理是人在科学理论的指导下，知识获得了增长，认知得到了提升，志气受到了鼓舞，从而产生了某种改变现实世界、改善自身与他人处境的动力和行为。

马克思指出："哲学把无产阶级当作自己的物质武器，同样，无产阶级也把哲学当作自己的精神武器。"② 19 世纪中后期，马克思、恩格斯在组织欧洲工人运动的同时创立并不断丰富发展马克思主义的哲学、政治经济学和科学社会主义理论体系，通过这些科学理论揭示自然界、人类社会和人类思维发展一般规律，揭露资本主义剥削秘密，阐明社会主义必然战胜资本主义的道理，提出共产党人的目的是用革命的暴力手段推翻资产阶级统治，建立无产阶级政权，进而消灭私有制，建立人人平等的，能够实现人的自由而全面发展的共产主义社会。③ 这些思想理论在实际中极大地增长了无产阶级的智慧，提升了无产阶级的认识水平，增强了无产阶级的信心，鼓舞了无产阶级的革命斗志，增加了无产阶级斗争的勇气，从而也用实践证明了马克思主义作为科学理论具有巨大的激励价值。这从毛泽东的话也可以得到证实。毛泽东说："自从中国人学会了马克思列宁主义以后，中国人在精神上就由被动转入主动。"④ 同时，毛泽东还强调："十月革命一声炮响，给我们送来了马克思列宁主义。十月革命帮助了全世界的也帮助了中国的先进分子，用无产阶级的宇宙观作为观察国家命运的工具，重新考虑自己的问题。"⑤ 这里所说的"先进分子"，指的是接受了马克思主义

---

① 中共中央马克思恩格斯列宁斯大林著作编译局．马克思恩格斯文集：第 1 卷［M］．北京：人民出版社，2009：11.

② 中共中央马克思恩格斯列宁斯大林著作编译局．马克思恩格斯文集：第 1 卷［M］．北京：人民出版社，2009：17.

③ 中共中央马克思恩格斯列宁斯大林著作编译局．马克思恩格斯文集：第 2 卷［M］．北京：人民出版社，2009：31-66.

④ 毛泽东．毛泽东选集：第 4 卷［M］．北京：人民出版社，1991：1516.

⑤ 毛泽东．毛泽东选集：第 4 卷［M］．北京：人民出版社，1991：1471.

的知识分子，他们创建了党，形成党的第一批干部。许耀桐教授指出："马克思主义是全世界无产阶级革命的科学思想结晶，是无产阶级认识和改造客观世界最强大的精神武器。从这个意义上说，如果没有马克思主义理论的传播，也就没有中国无产阶级干部的产生。同样地，如果缺失了马克思主义理论的深入研究和宣传，中国无产阶级干部的成长、成熟也是不可能的。"① 这些都表明：马克思主义科学理论对于无产阶级干部具有强大的激励作用。

中国共产党人充分认识到了"科学理论可以激励人"的思想，因而在实际中十分重视并充分运用马克思主义科学理论激励我国干部。一是用马克思主义所追求的共产主义远大理想和中国特色社会主义共同理想激发干部的内在动力。二是用马克思主义所指出的无产阶级必须具有的使命意识、责任意识激励干部，使干部自觉履行作为无产阶级先锋队代表和广大人民群众代表的职责。三是用马克思主义科学世界观和方法论改造干部思想、增长干部才干、指导干部实践，促使干部在实际工作和生活中以无产阶级的宇宙观观察人类命运、国家命运，考虑自身问题，追求真理、捍卫真理，分清是非善恶，自觉抵制不良诱惑，坚定信仰信念信心，切实履职尽责、担当作为、干事创业。四是用马克思主义所蕴含的高贵精神品质和共产主义道德激励干部，即宣传和发扬先进典型、榜样人物等激发干部的内生动力。

第三节 "无产阶级要有自觉性"的思想

自觉性是与自发性对立的范畴。自觉性是指人们在实践中能够正确认识和把握历史发展的客观规律，并在科学理论的指导下进行有意识、有计划和有目的的活动，从而达到人所预期的目标。② 自发性是指人们在社会活动中盲目地为历史必然性所支配，没有觉悟、计划和远大目标，不能预见自己活动的后果。

无产阶级，特别是作为其中领导者的干部要有自觉性，是说作为工人阶级的代表，作为共产主义、社会主义运动的领导力量必须有较高的思想觉悟，要自觉接受无产阶级政党的领导和马克思主义科学理论的指导，树立远大的共产主义理想信念，主动克服自发性、盲目性，提高理论、组织以及行动等方面的自觉性，为无产阶级事业担当作为，牺牲奉献。19 世纪末的苏联，在列宁等一

---

① 许耀桐.马克思主义干部学说与实践 [M].南京：南京大学出版社，1993：112.
② 曾敏.论马克思的历史自觉性思想 [D].济南：山东大学，2011：12.

批"老"领导人被捕以后，俄国社会民主党内领导工人运动的是"青年派"。"他们崇拜工人运动的自发性，轻视自觉成分的作用"，"反对将俄国社会民主党建设成为集中统一、纪律严明、由职业革命家和领袖集团组成的无产阶级先锋队组织"，反对向工人群众灌输社会主义，反对通过政治斗争赢得胜利。① 他们满足于革命工作中的"手工业方式"，鼓吹工人的自发运动，主张工人只是为了经济利益而同政府做斗争，并且公开宣称"现在的斗争不是为了什么将来的后代，而是为了自己本人和自己的子女"，"对每个卢布工资增加一个戈比，要比任何社会主义政治更加切实而可贵"。② 这导致当时的俄国社会民主党陷入混乱。为了与这些错误的思想进行斗争，列宁在《怎么办?》一书中"运用马克思主义的观点深刻阐明了工人运动中的自发性与无产阶级政党（包括无产阶级干部）自觉性的关系问题。"③ 列宁认为，自发性是工人阶级和工人运动处于较低发展水平和发展阶段的体现，是工人阶级在没有无产阶级政党领导和马克思主义科学理论指导情况下缺乏觉悟的表现，"工人运动的自发的发展"，很容易导致其受资产阶级思想体系的支配。④ 而社会民主党的任务是帮助工人阶级摆脱资产阶级思想的束缚，通过组织工人运动，推翻资产阶级统治，建立无产阶级专政，以彻底结束工人阶级被压迫被奴役的命运，实现真正的人的解放。这也就是要帮助工人阶级克服其自发性，实现自觉性。那么，作为组织者、领导者、教育者怎么能自己丧失掉这种自觉性，而去屈从于自发性呢? 列宁说，对于自发性的崇拜，"就在于不了解群众的自发性要求我们社会民主党人表现巨大的自觉性。群众的自发高潮愈增长，运动愈扩大，对于社会民主党在理论工作、政治工作和组织工作方面表现巨大的自觉性的要求也就愈无比迅速地增长起来"⑤。这说明：在列宁看来，身为组织者、领导者的无产阶级干部（在当时被称为"职业革命家"）不能像群众一样进行自发行为，而必须在理论和行动上都具有较大的自觉性，能够充分认识到无产阶级革命的伟大意义、未来方向、前进道路等。并且，要"用70年代的那种献身的决心和毅力，来鼓舞我们的比当时更广阔和更深刻得多的运动"⑥，也就是要克服"身为领导者的革命家缺乏

---

① 列宁. 列宁专题文集：论无产阶级政党 [M]. 北京：人民出版社，2009：82.
② 列宁. 列宁专题文集：论无产阶级政党 [M]. 北京：人民出版社，2009：82.
③ 王金福. 提高自觉性克服自发性：读列宁《怎么办?》等著作 [J]. 苏州大学学报（哲学社会科学版），1991 (3)：32.
④ 列宁. 列宁专题文集：论无产阶级政党 [M]. 北京：人民出版社，2009：82.
⑤ 列宁. 列宁专题文集：论无产阶级政党 [M]. 北京：人民出版社，2009：98.
⑥ 列宁. 列宁专题文集：论无产阶级政党 [M]. 北京：人民出版社，2009：74.

自觉性和首创精神"① 的弱点。由此，列宁关于"无产阶级要有自觉性"的思想就诞生了。

　　肯定"无产阶级要有自觉性"的思想，要求充分认识到激励干部的关键是实现干部的自我激励。也就是说，组织要想办法减轻干部的思想包袱，使其从"精神内耗"的泥潭中挣脱出来，主动提升自觉性，克服自发性，解放思想、开动脑筋，干事创业。当前我国干部处于一个信息化、网络化、多元化的社会背景之下，在日常的工作和生活中不仅面临着诸多诱惑，而且各种压力环境也容易产生精神内耗，从而给自己找各种不积极主动担当作为的借口。用毛泽东的话说，就是"犯过错误，可以使人觉得自己反正是犯了错误的，从此萎靡不振；未犯错误，也可以使人觉得自己是未犯过错误的，从此骄傲起来。工作无成绩，可以使人悲观丧气；工作有成绩，又可以使人趾高气扬"②。所以，干部如果没有自觉性，不能主动克服自身的懒惰和功利思想，任何时候都只想着自己的利益，全然不顾大局、不想长远，没有理想信念，那么任何激励举措都是"隔靴搔痒""治标不治本"的。

---

① 列宁. 列宁专题文集：论无产阶级政党 [M]. 北京：人民出版社，2009：74.
② 毛泽东. 毛泽东选集：第3卷 [M]. 北京：人民出版社，1991：947.

第四章

中华优秀传统文化中的激励哲思

　　中华优秀传统文化是中华民族的根，是"中华文明的智慧结晶和精华所在"①，"积淀着中华民族最深沉的精神追求，代表着中华民族独特的精神标识"②，是中华民族生生不息、发展壮大的丰厚滋养，"是中国特色社会主义植根的文化沃土"③。2021年3月，习近平总书记在福建考察时强调："要推动中华优秀传统文化创造性转化、创新性发展，以时代精神激活中华优秀传统文化的生命力。要把坚持马克思主义同弘扬中华优秀传统文化有机结合起来，坚定不移走中国特色社会主义道路。"④2022年5月，习近平总书记在十九届中共中央政治局第三十九次集体学习时又强调："要坚持守正创新，推动中华优秀传统文化同社会主义社会相适应，展示中华民族的独特精神标识，更好构筑中国精神、中国价值、中国力量。"⑤中国共产党在长期干部激励实践中，坚持将马克思主义同中华优秀传统文化有机结合，以"不忘本来方能开辟未来"的智慧品质继承和发展了中华优秀传统文化中有关官员激励的思想。其中尤为重要的是继承和发展了中华优秀传统文化中"以情动人"的"情理激励"思想、"以德化人"的"伦理激励"思想、"以法治人"的"法理激励"思想和"以才用人"的"管理激励"思想。

---

①　李书磊. 增强实现中华民族伟大复兴的精神力量 [J]. 支部建设，2022 (34): 6.

②　习近平. 习近平谈治国理政：第2卷 [M]. 北京：外文出版社，2017: 36.

③　汤玲. 中华优秀传统文化、革命文化和社会主义先进文化的关系 [J]. 红旗文稿，2019 (19): 32.

④　参见光明日报调研组. 以时代精神激活优秀传统文化生命力：福建南平打造"朱子文化生态保护区"的实践与启示 [N]. 光明日报，2022-03-25 (5).

⑤　习近平. 把中国文明历史研究引向深入 增强历史自觉坚定文化自信 [N]. 人民日报，2022-05-29 (1).

第一节　"以情动人"的"情理激励"

"以情动人"就是指用真挚的情感触动人、感动人。这种真挚情感的外在表现可能是通过一句话、一个动作，内在表现则是使人产生某种情义、情怀。因此，"以情动人"反映了一种"情理激励"的理念或思想，即肯定人是情感动物，有尊重、爱、人际和谐等情感需要，能够产生某种深厚的情义和为国为民情怀，所以通过满足人的情感需要、厚植人的情义情怀可以激发人的内在动力，促使人做出一定的行为。

"以情动人"的"情理激励"思想是中国古代激励思想的核心。中国古代是一个人情社会或"情本社会"。受小农经济的长期影响，人与人之间主要靠血缘和泛血缘关系维系，渐次地，天下和国家都被看作一个大家庭。既然都是"一家人"，就不能不讲感情，所以凡事照顾到对方的情绪，考虑到对方的需要，推己及人、相互谅解、互通有无的思想和行为习惯就逐渐地养成了。而当一个社会中大多数人都比较重视情感的时候，运用情感对人进行激励就是自然而然的事情。所以孔子讲"仁者，人也"①，"己所不欲，勿施于人"②；孟子讲"仁者爱人"，"爱人者，人恒爱之"③。二者皆在说明，人要有慈爱之心。如果人人都能够做到像爱自己一样去爱别人，就会产生"兼相爱交相利"④ 则"无往而不利"的效果。

实践中，中国古代经常面临战乱纷争、王朝更迭，因此军事斗争成为非常重要的事情，而想要在军事斗争中获得胜利就必须对士兵、将士、仁人志士等进行激励。那么，如何激励？在对他人的激励方面，中国古人重视采用表露真情实意的情感激励方式。春秋时期，著名军事家孙武要求将士必须爱护士兵。他说："视卒如婴儿，故可与之处深谿；视卒如爱子，故可与之俱死。"⑤ 战国时期，吴起在担任卫国大将时，有士兵患了毒疮，他就亲自用嘴为其吸吮毒汁，

---

① 孔丘，孟轲，等. 四书全译 [M]. 刘俊，田林松，等译注. 贵阳：贵州人民出版社，1988：52.
② 孔丘，孟轲，等. 四书全译 [M]. 刘俊，田林松，等译注. 贵阳：贵州人民出版社，1988：229.
③ 孔丘，孟轲，等. 四书全译 [M]. 刘俊，田林松，等译注. 贵阳：贵州人民出版社，1988：518.
④ 墨翟等. 墨子全译 [M]. 周才珠，齐瑞端，译注. 贵阳：贵州人民出版社，1995：128.
⑤ 孙武. 孙子全译 [M]. 周亨祥，译注. 贵阳：贵州人民出版社，1992：85.

士兵们无不深受感动，不惜战死沙场以表忠心。① 三国时期，刘备"三顾茅庐"，礼贤下士，终于靠真挚的情感感动了拥有经天纬地之才的诸葛亮，使其愿意出山为之效力。汉代初期，光武帝刘秀努力做到"臣疾君视，臣卒君吊"，结果"群下感动，莫不自励"。② 显然，这些都是运用情感对他人进行激励的典范。在对自己的激励方面，中国古人不自觉地运用了情义激励和情怀激励。这是因为：其一，别人用真挚的情感对自己，自己就不能不讲"情义"和做出某种回馈，所以"重情"必然产生"重义"，他人运用情感激励自己，自己就会不自觉地运用情义进行自我激励。孔子说："义然后取，人不厌其取。"③ 孟子进一步提出："何必曰利？亦有仁义而已矣。"④ 在这种独特的义利观指导下，"重义轻利""以义制利"是古代为人的基本准则。而在激励活动中，报答礼遇知遇之恩是一种"义"，人们为了追求这种"义"甘愿奉献自我、牺牲自我。三国周瑜指出："丈夫处世，遇知己之主，外托君臣之义，内结骨肉之恩，言行计从，祸福共之。"⑤ 诸葛亮更是明知统一天下无望却为了报答刘备"三顾茅庐"和重托之情仍然殚精竭虑，鞠躬尽瘁、死而后已。他在《出师表》中清楚表达了其中的缘由，"臣本布衣，躬耕于南阳……先帝不以臣卑鄙，猥自枉屈，三顾臣于草庐之中，咨臣以当世之事，由是感激，遂许先帝以驱驰……受命以来，夙夜忧叹，恐托付不效，以伤先帝之明。"⑥ 俗语云："士为知己者死。"这说明：运用情义进行自我激励会产生巨大的效果。其二，人与人之间的情感是可以扩大到国家、社会这种层次的，所以拥有深切的"家国情怀""为民情怀"也是古代将士奋勇杀敌、流血牺牲和古代仁人志士报效祖国、为民请命、忍辱负重、无私奉献的强大动因。一方面，运用"家国情怀"进行自我激励。南宋爱国名将岳飞数度投戎，抗击金军，收复失地，即使遭到奸臣陷害也不忘"精忠报国"的初心；文天祥则散尽家财抗击元军，在被俘后屡经威逼利诱，仍誓死不屈，并写下"人生自古谁无死，留取丹心照汗青"的诗句激励后人。他们

① 霍小军，王华. 中国古代激励思想的思考 [J]. 学术交流，2006（12）：50.
② 李锡元. 中国古代激励思想与现代企业管理 [J]. 江汉论坛，2003（7）：76.
③ 孔丘，孟轲，等. 四书全译 [M]. 刘俊，田林松，等译注. 贵阳：贵州人民出版社，1988：260.
④ 孔丘，孟轲，等. 四书全译 [M]. 刘俊，田林松，等译注. 贵阳：贵州人民出版社，1988：341.
⑤ 司马光. 资治通鉴全译：第5册 [M]. 李国祥，顾志华，等译注. 贵阳：贵州人民出版社，1994：375.
⑥ 诸葛亮. 诸葛亮文集全译 [M]. 张澍辑，方家常，译注. 贵阳：贵州人民出版社，1997：25-26.

之所以这样做，就是因为其拥有深切的家国情怀，只要能够保家卫国，就算蒙受冤屈，牺牲自己也在所不惜。另一方面，运用"为民情怀"进行自我激励。"为民情怀"在古代也叫"天下情怀"，孟子讲"得志，泽加于民；不得志，修身见于世。穷则独善其身，达则兼济天下"①，并告诫统治者要"乐以天下，忧以天下"②。北宋杰出的政治家、文学家范仲淹在《岳阳楼记》中强调："先天下之忧而忧，后天下之乐而乐。"北宋理学大师张载在《横渠语录》中更是主张："为天地立心，为生民立命，为往圣继绝学，为万世开太平。"正是有这种"以天下为己任"的情怀，古代的很多仁人志士、贤臣良将才不畏强权、不惧险阻，坚守"青云之志"，为江山社稷、百姓安乐、社会稳定、文化繁荣、历史进步做出了不巧的贡献。比如西汉史学家司马迁，如果他没有这种"天下情怀"就不可能因替李陵败降之事件而受腐刑，也不可能在坚忍与屈辱中完成其父太史公之遗命，创作了中国第一部纪传体通史《史记》，被鲁迅誉为"史家之绝唱，无韵之离骚"；再比如北宋包拯如果没有这种"天下情怀"或"为民情怀"，就不可能做到一生为官清廉，不附权贵，铁面无私，处处为百姓申不平，也不可能享有"包青天""包公"之美誉，为后世所敬仰。

综上所述，中华优秀传统文化中"以情动人"的"情理激励"思想强调，人是有感情、讲情义的，也是能够产生某种"为国为民"的高尚情怀的，所以想要激励人，一要重视人的情感需要，做到关爱和理解他人，真心待人，"己所不欲，勿施于人"；二要厚植人的情义、情怀，一个人如果丝毫不讲情义，没有为国为民情怀，那么他多半是比较冷血和自私自利的，很难真正为他人着想，为公众服务。当然，在新时代背景下运用情感情义情怀激励一定是以法治为前提的，是在遵法守法的情况下培育干部的为公情感、为民情怀，而不是助长干部徇私枉法，拉帮结派，搞"小圈子""小团体"。

第二节　"以德化人"的"伦理激励"

"以德化人"就是指用道德教化育人，使人遵循某种道德准则行事。道德教化的具体方式有著书立说、口耳相传、行为示范、舆论引导等，接受过好的道

---

① 孔丘，孟轲，等. 四书全译［M］. 刘俊，田林松，等译注. 贵阳：贵州人民出版社，1988：607.

② 孔丘，孟轲，等. 四书全译［M］. 刘俊，田林松，等译注. 贵阳：贵州人民出版社，1988：370.

德教化的人更容易明辨是非、分清善恶、识别美丑，也更愿意凭"良心"做事，希望通过自己的努力使事情朝着公平正义的方向发展。"以德化人"体现了某种"伦理激励"的思想，即承认人有社会交往的需要，人在一定社会中行走必须遵循一定的道德规范，否则会受到外在舆论和人内在的"良心"谴责。因此，通过树立良好的道德规范、道德榜样，营造良好的舆论环境，可以激发人的内在动力，使人朝着社会期望的方向发展，做出有利于社会的行为。

　　"以德化人"的"伦理激励"思想在中国古代激励思想中占据着重要地位。中国古代是一个"人治"社会，统治者为了更好地统治人民，激励官员，将儒家所倡导的"德治"思想作为正统的治国理论，也是主流的意识形态。孔子讲："道之以政，齐之以刑，民免而无耻；道之以德，齐之以礼，有耻且格。"[①] 既然整个国家是通过伦理道德予以规范，也就意味着伦理道德本身具有重要的激励价值，诸如认识提示、价值引领、榜样示范、舆论引导、良心生发等。中华优秀传统文化中的道德无论是在理论研究层面，还是在行为实践层面，无论是在社会心理层面，还是在社会意识层面，都对全民族的价值观取向起着积极的疏导作用，这是其他物质因素所无法代替的。

　　如何运用伦理道德进行激励？实践中，以对古代官员的激励为例。其一，中国古代建立了一整套用以约束和激励官员的"官德"。早在西周时期，著名政治家周公旦便提出"敬德"思想，要求统治者要勤政廉洁，在其著作《周礼》中将"廉善、廉能、廉敬、廉正、廉法、廉辨"作为考核官员的六条标准。[②] 春秋时期的政治家、哲学家管仲认为"国有四维"："一曰礼，二曰义，三曰廉，四曰耻。"[③] 如果这些道德准则不能被推行，国家就会陷入危机。军事家孙武则言："将者智、信、仁、勇、严也。"[④] 秦朝时，有竹简记载了为官之道，明确指出："凡为吏之道，必精洁正直，慎谨坚固，审悉无私，微密纤察，安静无苛，审当赏罚。"[⑤] 到了宋朝，吕本中等专门写了一本居官格言类著作《官箴》，开篇直言："当官之法，唯有三事，曰清、曰慎、曰勤，知此三者，可以保禄位，可以远耻辱，可以得上之知，可以得下之援。"[⑥] 正是因为有这些"官德"

① 孔丘，孟轲，等. 四书全译［M］. 刘俊，田林松，等译注. 贵阳：贵州人民出版社，1988：92.
② 杨天宇. 周礼译注［M］. 上海：上海古籍出版社，2004：37.
③ 谢浩范，朱迎平. 管子全译［M］. 贵阳：贵州人民出版社，1996：3.
④ 孙武. 孙子全译［M］. 周亨祥，译注. 贵阳：贵州人民出版社，1992：2.
⑤ 睡虎地秦墓竹简整理小组. 睡虎地秦墓竹简［M］. 北京：文物出版社，1990：167.
⑥ 吕本中等. 官箴［M］. 章言，李成甲，注译. 西安：三秦出版社，2006：104-105.

的教化才产生了像孙叔敖、西门豹、张汤、黄霸、狄仁杰、徐有功、包拯、海瑞、汤斌、于成龙等一大批清廉正直，真正为百姓谋利，担当实干的好官。

其二，中国古代重视发挥"上行下效"的激励效应。一是要求领导者、管理者"修己安人""以德服人"。又言"其身正，不令而行；其身不正，虽令不从"。① 身正即修己，修己利身正。《淮南子》指出："非淡薄无以明德，非宁静无以致远，非宽大无以兼覆，非慈厚无以怀众，非平正无以制断。"② 这充分说明了"正己修身"的价值。孟子强调："以力服人者，非心服也，力不赡也。以德服人者，中心悦而诚服也。"③ 说明管理者以自身高尚的道德品质感召下属才能真正收服人心，让人心悦诚服。二是要求领导者、管理者要发挥模范带头作用。西汉官员龚遂在担任渤海太守期间，面对齐地风俗奢侈、喜欢工商、不务农事的问题，"乃躬率以节俭，劝民务农桑"④，使得齐地人民富裕了起来。《资治通鉴》记载李世民率兵打仗时说："每战，世民亲被玄甲帅之为前锋，乘机进击，所向无不摧破，敌人畏之。"⑤ 领导者带头是一种无声的命令，能够较大程度地激励下属。三是要求领导者、管理者主动"揽过"，"罪己以收人心"。"揽过，是以主动承担责任，不把因自己而导致的过失或己之疏忽而引起的错误推给下属、同僚，以感召、吸引、教育、调动贤能积极性的激励方法。"⑥ "爱莫加之过，尊莫委之罪"，管理者主动承担自己的过错就是对下属最大的关爱和尊重，可以激发下属的感动、感激之情，产生良好的激励效果。反之，有功劳都是自己的，有过错就推卸给下属，让下属给自己"背黑锅"最不得人心，并且会招致失败、动乱。历史上，"禹、汤罪己，兴业也悖焉；桀、纣罪人，其亡也忽焉"⑦，不得不引人深思。

综上所述，中华优秀传统文化中"以德化人"的"伦理激励"思想强调，人有社会交往的需要，人不按照某种社会道德规范行事会受到外在舆论和内在

① 孔丘，孟轲，等. 四书全译 [M]. 刘俊，田林松，等译注. 贵阳：贵州人民出版社，1988：244.
② 刘安. 淮南子全译 [M]. 许匡一，译注. 贵阳：贵州人民出版社，1993：494.
③ 孔丘，孟轲，等. 四书全译 [M]. 刘俊，田林松，等译注. 贵阳：贵州人民出版社，1988：404.
④ 班固. 汉书 [M]. 北京：中华书局，1962：349.
⑤ 司马光. 资治通鉴全译：第13册 [M]. 李国祥，顾志华，等译注. 贵阳：贵州人民出版社，1994：189.
⑥ 李锡元. 中国古代激励思想与现代企业管理 [J]. 江汉论坛，2003 (7)：76.
⑦ 左丘明. 左传全译 [M]. 王守谦，金秀珍，等译注. 贵阳：贵州人民出版社，1990：130.

"良心"的谴责，因此可以通过树立良好的道德规范、发挥道德榜样的作用以及营造良好的舆论环境等激励人。这对激励干部担当作为的启示就是加大力度建设公职人员道德规范体系。习近平总书记指出："我们党历来强调德才兼备，并强调以德为先。德包括政治品德、职业道德、社会公德、家庭美德等，干部在这些方面都要过硬，最重要的是政治品德要过得硬。"① 此外，还要注意挖掘和宣传先锋模范的事迹，要求领导者以身作则做示范，引导社会舆论向支持担当作为的方向发展。

第三节 "以法治人"的"法理激励"

"以法治人"就是指用法治原则、法律规范约束人、激励人，使人遵循法的意志行事。"以法治人"集中表现为罚罪赏功、惩恶扬善，其体现了某种"法理激励"的思想，即认为人都是看重自身利益的，为了保障自身利益不受损害，人们都希望罪恶能得到惩处，有功劳可以获得奖赏，正义能得到伸张，所以罚罪赏功、惩恶扬善可以对人产生一定的激励作用。

在中国古代，虽然"情理激励"和"伦理激励"的思想占据主导，但是"法理激励"思想也被人们认可，尤其在诸子百家中占据重要地位的法家一直主张运用法理激励。管仲指出："夫法者所以兴功惧暴也，律者所以定分止争也，令者所以令人知事也。法律政令者，吏民规矩绳墨也。"② 这里"兴功惧暴""定分止争""令人知事"正是在说"法"的激励功能。

在实践中如何充分发挥"法"的激励作用，古人认为，最基本的要做到"罚罪赏功"。战国时期法家代表人物韩非认为："功当其事，事当其言，则赏；功不当其事，事不当其言，则罚。"③ 汉宣帝刘询曾下诏书说："盖闻有功不赏，有罪不诛，虽唐、虞不能化天下。"④ 唐太宗也指出："国家大事，唯赏与罚。若赏当其劳，无功者自退。赏当其罪，为恶者咸惧。"⑤ 此外，赏罚一定要恰当、公平、及时。《左传》言："善为国者，赏不僭而刑不滥。赏僭，则惧及淫

① 习近平．努力造就一支忠诚干净担当的高素质干部队伍 [J]．前线，2019 (2)：5.
② 管仲．管子全译 [M]．谢浩范，朱迎平，译注．贵阳：贵州人民出版社，1996：645.
③ 韩非．韩非子全译 [M]．张觉，译注．贵阳：贵州人民出版社，1992：83.
④ 司马光．资治通鉴全译：第2册 [M]．李国祥，顾志华，等译注．贵阳：贵州人民出版社，1994：538.
⑤ 吴兢．贞观政要 [M]．叶光大，李万寿，等译注．贵阳：贵州人民出版社，1991：187.

人；刑滥，则惧及善人。若不幸而过，宁僭无滥。与其失善，宁其利淫。无善人，则国从之。"① 意在强调赏罚要恰当，奖赏一旦过度，就会连坏人一块赏了，惩罚一旦过度，就会连好人一块罚了，如果实在把握不好这个度，宁可多赏也不能滥罚，因为相比于奖赏坏人，冤惩好人带来的后果是非常严重的。汉武帝时东方朔谏言："赏不避仇雠，诛不择骨肉。"② 意在说明赏罚要公平公正，不能徇私枉法。三国时期，马谡骄傲自大致使街亭失守，诸葛亮即使非常器重之，也不得不"挥泪斩马谡"，这就是执法严明的例证。

综上所述，中华优秀传统文化中"以法治人"的"法理激励"思想强调，人都是看中自身利益的，通过罚罪赏功、惩恶扬善可以更好保障人们的利益不受损失，使人产生公平感，因而能对人产生一定的激励效果，并且在实际运用中，奖赏比惩罚更能发挥法的激励作用。这对激励干部担当作为的启示就是对肯干事、愿干事、积极干事、干成事的干部予以奖赏，对不愿意干事、消极被动干事、胡乱干事的干部予以惩处。

第四节 "以才用人"的"管理激励"

"以才用人"，亦称"量才用人"，是指让有才能、有才干的人脱颖而出，得到提拔重用。"以才用人"在理念上要求坚持"以人为本"，重视人才、珍惜人才、尊重人才、爱护人才，在实践上要求掌握科学识人、选人、用人的方式方法等。因此"以才用人"反映了某种"管理激励"的思想，即通过树立科学的管理理念、制定合理的管理制度、采用先进的管理方法可以使人乐于发挥自身的才能为组织效力。

中国古代之所以形成了"以才用人"的"管理激励"思想，主要是因为中国古人一早就认识到了人的价值，认为人不仅是天地万物中最为尊贵的存在，而且是成事的关键，所以国家治乱兴衰取决于用什么人，如何用人。孙膑说：

---

① 左丘明. 左传全译 [M]. 王守谦，金秀珍，等译注. 贵阳：贵州人民出版社，1990：978.

② 司马光. 资治通鉴全译：第 2 册 [M]. 李国祥，顾志华，等译注. 贵阳：贵州人民出版社，1994：450.

"间于天地之间莫贵于人。"① 孟子讲："天时不如地利，地利不如人和。"② 管仲指出："夫争天下者，必先争人。"③ 韩非子说"贤者用之则天下治；不肖者用之则天下乱"④，复言"官之失能者其国乱"⑤。习近平总书记指出："中国历史上凡是有作为的政治家都懂得，'为政之要，惟在得人'、'育材造士，为国之本'的道理……比如，《墨子》中说'国有贤良之士众，则国家之治厚；贤良之士寡，则国家之治薄'，韩非子说'宰相必起于州部，猛将必发于卒伍'，孟子说'故天将降大任于是人也，必先苦其心志，劳其筋骨，饿其体肤，空乏其身'，诸葛亮说'为人择官者乱，为官择人者治'，司马光提出'凡用人之道，采之欲博，辨之欲精，使之欲适，任之欲专'，龚自珍写道'我劝天公重抖擞，不拘一格降人才'，等等。当然，我国古代吏治思想和做法既积累了丰富的治吏经验，也带有明显的历史和阶级局限，其中有不少封建糟粕，这是我们必须注意的。"⑥

实践中，如何发挥"以才用人"的管理激励作用？中国古人一方面提出了基本的识人用人原则。《资治通鉴》讲道："何世无才，患人不能识之耳。苟能识之，何患无人！夫所谓人才者，犹有用之器也。"⑦ 又言："人不可以求备，必促进其所短，取其所长。"⑧ 这说明：在识别人才时要树立辩证的思维方法，善于看到人的长处，取其长、避其短方能发现人才。秦汉时期的思想家、军事家黄石公说："危者安之，惧者欢之，叛者还之，冤者原之，诉者察之，卑者贵之，强者抑之，敌者残之，贪者丰之，欲者使之，畏者隐之，谋者近之，谗者覆之，毁者复之，反者废之，横者挫之，满者损之，归者招之，服者居之，降者脱之。"⑨ 这说明：在用人时要具体问题具体分析，依据不同人的不同情况和同一人在不同时期的不同情况予以区别对待，方能让更多的人满意，从而扩大激励的范围。

① 孙膑. 孙膑兵法 [M]. 王丽华，贾广瑞，译注. 北京：中国社会出版社，2005：63.
② 孔丘，孟轲，等. 四书全译 [M]. 刘俊，田林松，等译注. 贵阳：贵州人民出版社，1988：415.
③ 管仲. 管子全译 [M]. 谢浩范，朱迎平，译注. 贵阳：贵州人民出版社，1996：351.
④ 韩非. 韩非子全译 [M]. 张觉，译注. 贵阳：贵州人民出版社，1992：893.
⑤ 韩非. 韩非子全译 [M]. 张觉，译注. 贵阳：贵州人民出版社，1992：68.
⑥ 习近平. 努力造就一支忠诚干净担当的高素质干部队伍 [J]. 前线，2019（2）：4.
⑦ 司马光. 资治通鉴全译：第2册 [M]. 李国祥，顾志华，等译注. 贵阳：贵州人民出版社，1994：302.
⑧ 司马光. 资治通鉴全译：第5册 [M]. 李国祥，顾志华，等译注. 贵阳：贵州人民出版社，1994：487.
⑨ 黄石公. 黄石公三略 [M]. 王庆山，译注. 乌鲁木齐：新疆青少年出版社，2009：23.

　　另一方面，不断建立健全人才选拔制度和官员考核制度。就人才选拔制度而言，我国古代先后建立了"世卿世禄制""军功爵制""察举制""九品中正制""科举制"，后一种人才选拔制度的建立都是对前一种人才选拔制度的优化和突破。其中，"科举制"的建立，标志着在中国古代产生了一种选才广泛、方法完备、制度严格、标准统一的人才选拔制度，破除了世家门阀大族垄断官场的局面，为下层人士参政提供了有效途径，对后世人才选拔产生了深远影响。就官员考核制度而言，我国古代对官员的考核，也叫考绩、考课、考校或考功。"考核不仅是国家对官吏实施奖惩、升降、俸禄的主要依据，也是激励官吏奋发向上的有效措施"①，与各朝政治乃至盛衰兴亡有着直接关系。据史籍记载，中国上古时期就有了考课制度，舜帝每三年会对官员进行政绩考核，考察三次后，罢免昏庸的官员，提拔贤明的官员，即"三载考绩，三考，黜陟幽明，庶绩咸熙"②。商周时，考核内容得到拓展，商朝主要从政务、管理、法纪三个方面着手，并在考绩的过程中发现人才，破格录用。西周主要从廉善、廉能、廉敬、廉正、廉法、廉辨六个方面考察官员。秦汉时已经建立了较为完备的考核制度，即通过实施"上计"、监察、"选举考课"的制度，"形成了从中央—地方—基层考核网络。考核后，以各种形式奖励或惩戒官吏，其中奖励的主要方式有拜爵、迁官、赐金、赏物等，惩戒的方式主要有削爵、降职、罚贷、罢官、处刑等方式，这些方式很好地发挥了奖罚制度的激励功能"③。唐朝之后，考核体系进一步完善，不仅确立了考核机构吏部，而且考核标准日益精确化、考核方式程序化、考核结果运用也更加灵活自如。比如，《唐令》第一篇即为考课法，规定对官吏每年一小考，五年一大考。在年度考核中地方官员要对所属部门和地区户口增减、农桑垦植、漕运水利、钱谷运输、盗贼治狱、灾情状况、教育选举等内容进行考核。考核的标准主要是德、行两方面，"德"的标准为"四善"，即德义有闻、清慎明著、公平可称、恪勤非懈，简称德、慎、公、勤四条；"行"的标准共有"二十七最"，分别针对不同业务的官吏。与考核制度相配套的是升降奖惩制度。④ 可以说，人才选拔制度和官员考核制度的建立完善对于古代优秀人才脱颖而出、得到重用提供了根本的制度保障，因而也起到了较大的作用。

---

① 王雪竹. 中国古代考官机制的嬗变及其当代价值［J］. 中共济南市委党校学报，2011（2）：59.
② 古今文尚书全译［M］. 江灏，钱宗武，译注. 贵阳：贵州人民出版社，1992：33.
③ 蒋硕亮. 简论中国古代公务人员勤政廉政激励机制［J］. 江汉论坛，2003（11）：44.
④ 蒋硕亮. 简论中国古代公务人员勤政廉政激励机制［J］. 江汉论坛，2003（11）：44.

综上所述，中华优秀传统文化中"以才用人"的"管理激励"思想强调，重视人才、尊重人才，采用科学的办法选拔人才、管理人才，让优秀人才脱颖而出，得到提拔重用，也是一种很好的激励举措。这对激励干部担当作为的启示就是要形成正确的选人用人导向，充分发挥干部选拔制度、考核制度的激励功能。

第五章

中国化的马克思主义的激励智慧

　　中国化的马克思主义的激励智慧，即中国共产党人（特别是主要领导人）的激励思想。中国共产党人遵循马克思主义经典作家有关干部激励的思想原则，并对中华优秀传统文化中的激励思想进行"创造性转化"和"创新性发展"，同时结合中国共产党领导下的干部实际以及中国共产党在不同历史时期的实际，提出了较为实用的干部激励思想原则等。其中，民主激励理念、科学激励思维、长效激励原则、适配激励方法和系统激励策略尤为重要。这些与中国共产党主要领导人的激励重点和智慧密切相关，下面一一介绍。

第一节　民主激励理念的树立

　　毛泽东在领导中国新民主主义革命、社会主义革命和建设过程中形成了富有中国特色的干部激励思想，其核心原则是"正确对待干部以发挥其积极性"。该思想原则是对马克思恩格斯理论中所蕴含的干部激励思想的突破和发展。毛泽东说："政治路线确定之后，干部就是决定的因素。"[①] 正是有无数积极性非常之高，不怕艰难困苦，愿意流血牺牲的干部，党的方针政策才能得到贯彻，党的工作任务才能有效落实，群众积极性才能被调动，无产阶级革命事业才能取得成功，社会主义建设事业才能获得成就。因此，必须持之以恒地发挥干部队伍的积极性。在《中国共产党在民族战争中的地位》一文中，毛泽东强调："处在伟大斗争面前的中国共产党，要求整个党的领导机关，全党的党员和干部，高度地发挥其积极性，才能取得胜利。"[②] "所谓发挥积极性，具体地表现在领导机关、干部和党员的创造能力，负责精神，工作的活跃，敢于和善于提

---

① 毛泽东. 毛泽东选集：第 2 卷 [M]. 北京：人民出版社，1991：526.
② 毛泽东. 毛泽东选集：第 2 卷 [M]. 北京：人民出版社，1991：521-522.

出问题、发表意见、批评缺点以及对于领导机关和领导干部从爱护观点出发的监督作用"①，同时也体现在干部是否能够"自觉地担负起团结全国人民克服各种不良现象的重大的责任"，是否能够在各方面都起到"先锋的模范作用"。②而干部是否发挥积极性主要取决于组织是否正确地对待干部。组织如果看重干部，公正平等地对待干部，付诸真心关爱干部，采用科学合理的办法管理干部，干部就会依赖组织、信任组织，自觉将组织目标内化为干部个体目标，为了实现组织目标，心甘情愿担当作为、牺牲奉献；组织如果不重视干部，不把干部当人看，不关心干部死活，在日常工作管理中像对待小偷一样提防着干部，不支持干部，一味地打击干部，任由干部在相互斗争中遭受迫害，忍受冤屈，干部就会怀疑组织、痛恨组织、破坏组织，将组织作为谋取私利的工具，在组织监管不力时偷奸耍滑，在组织给予权力时贪污受贿。鉴于此，毛泽东提出四种正确对待干部的方法原则，目的是发挥干部的积极性，使干部心甘情愿地为组织奉献。

第一，坚持全面历史辩证地看待干部。所谓全面地看待干部，就是"不能用一只眼睛看人，只看人家一面，不看全面"，而要"面面都看到"。③也就是说，"既要看其德，又要看其才；既要看其言论，又要看其实际表现；既要看其资历，又要看其水平"④。所谓历史地看待干部，"就是要用历史的、发展的眼光，不能用孤立静止的眼光看待干部，也不能不顾当时的历史环境、条件，用现在的眼光苛求干部在当时历史情况下的工作和表现，因为党的干部是置身于一定的社会历史环境中，在实践中锻炼出来的，干部的成长要有一个过程"⑤。坚持了全面地、历史地看待干部，也就是坚持了辩证地看待干部和反对片面地、静止地看待干部。毛泽东指出："不但要看干部的一时一事，而且要看干部的全部历史和全部工作。"⑥这样做有利于正确识别干部、科学评价干部，让干部获得自己行为的及时反馈，让真正有德行、有才干，愿干事、真干事的干部脱颖而出，是对干部的一种莫大激励。

第二，坚持"德才兼备"的干部标准和"任人唯贤"的干部路线。在毛泽东看来，以什么样的标准和路线选用干部对干部积极性的影响最为深刻，我们

---

① 毛泽东. 毛泽东选集：第 2 卷［M］. 北京：人民出版社，1991：521-522.

② 毛泽东. 毛泽东选集：第 2 卷［M］. 北京：人民出版社，1991：521-522.

③ 陈云. 陈云文选：第 1 卷［M］. 北京：人民出版社，1995：109-110.

④ 彭晓保. 抗战时期党的干部队伍建设理论浅论［J］. 理论月刊，2005（9）：69.

⑤ 彭晓保. 抗战时期党的干部队伍建设理论浅论［J］. 理论月刊，2005（9）：69.

⑥ 毛泽东. 毛泽东选集：第 2 卷［M］. 北京：人民出版社，1991：527.

党要调动干部队伍的积极性就必须坚持"德才兼备"（在社会主义建设时期称为"又红又专"）的干部标准和"任人唯贤"的干部路线，反对"任人唯亲"。因为这样做一方面意味着在干部选拔方面人人平等，一个人无论出身贫富、性别男女、籍贯何处、民族何种、门第高低、远近亲疏、资历深浅都有可能被选拔为干部，享受干部待遇；另一方面，意味着"干部身份"本身就是一种激励，一个人如果被选拔干部，说明其德行和才干是被广泛认可的，这种被认可的感觉自然会激励着其履职尽责、干事创业。至于何为"德才兼备""又红又专"？毛泽东认为"德才兼备"中的"德"是指"政德"，包括政治忠诚度、道德品质、工作作风等；"才"是指能力、才干，包括工作能力、业务水平、文化知识等。1938年10月，毛泽东在扩大的六届六中全会上指出："中国共产党是一个在几万万人的大民族中领导伟大革命斗争的党，没有多数才德兼备的干部，是不能完成其历史任务的。"① "又红又专"强调要兼顾政治和业务标准，"一方面要反对空头政治家，另一方面又要反对迷失方向的实际家"②。在1957年10月召开的八届三中全会上，毛泽东指出："政治和业务是对立统一的，政治是主要的，是第一位的，一定要反对不问政治的倾向；但是，专搞政治，不懂技术，不懂业务，也不行……我们各行各业的干部都要努力精通技术和业务，使自己成为内行，又红又专。"③ 这里所谓"红"，即坚持政治标准，与上述"德"的内容是一致的；所谓"专"，即业务标准，与上述"才"的内容也是一致的，说明"又红又专"是毛泽东在社会主义建设时期对"德才兼备"标准的形象化表达。此外，什么是"任人唯贤"的路线？毛泽东认为，"共产党的干部政策，应是以能否坚决地执行党的路线，服从党的纪律，和群众有密切的联系，有独立的工作能力，积极肯干，不谋私利为标准，这就是'任人唯贤'的路线"④。从中可以发现："任人唯贤"中"贤"的内容与"德"和"才"、"红"和"专"的内容也是一致的，也就是说"任人唯贤"中的"贤"就是"德才兼备"和"又红又专"。这进一步说明："德才兼备""又红又专""任人唯贤"是辩证统一的，三者内涵一致，统一于干部选拔任用的实践过程之中，只有在干部选拔任用中始终做到坚持正确的标准和路线才能真正调动干部队伍的积极性。

第三，坚持用民主的方法对待干部。早在《井冈山的斗争》一文中，毛泽东就指出："红军的物质生活如此菲薄，战斗如此频繁，仍能维持不敝，除党的

① 毛泽东. 毛泽东选集：第2卷［M］. 北京：人民出版社，1991：526.
② 中共中央文献研究室. 毛泽东文集：第7卷［M］. 北京：人民出版社，1999：309.
③ 中共中央文献研究室. 毛泽东文集：第7卷［M］. 北京：人民出版社，1999：309.
④ 毛泽东. 毛泽东选集：第2卷［M］. 北京：人民出版社，1991：527.

作用外，就是靠实行军队内的民主主义。"① 所谓军队内的民主，具体表现为"官长不打士兵，官兵待遇平等，士兵有开会说话的自由，废除烦琐的礼节，经济公开"②。这样做即使是"新来的俘虏兵"也会因为精神上得到了解放而变得勇敢。进入全面抗战前夕，毛泽东在《为争取千百万群众进入抗日民族统一战线而斗争》一文中专门论述了干部问题和党内民主问题，他指出，"指导伟大的革命，要有伟大的党，要有许多最好的干部"，这些干部必须"懂得马克思列宁主义，有政治远见，有工作能力，富于牺牲精神，能独立解决问题，在困难中不动摇，忠心耿耿地为民族、为阶级、为党而工作"。③ 而要培养这样的干部除了依靠学习无数已然呈现出高尚精神品质的优秀党员、干部和领袖之外，还要依靠党内民主。他说："用民主制的实行，发挥全党的积极性。用发挥全党的积极性，锻炼出大批的干部，肃清宗派观念的残余，团结全党像钢铁一样。"④ 全面抗战时期，毛泽东又在《中国共产党在民族战争中的地位》一文中强调，干部积极性的发挥"有赖于党内生活的民主化"，"党内缺乏民主生活，发挥积极性的目的就不能达到。大批能干人才的创造，也只有在民主生活中才有可能"。⑤ 这些充分说明了其对扩大党内民主以发挥干部积极性的重视。当然，要注意这里的民主是适度的、恰当的、正确的民主，是有利于"党在伟大斗争中生动活跃，胜任愉快，生长新的力量"的民主，而不是"破坏纪律的自由放任主义"，不是"极端民主"。⑥

　　第四，坚持真心爱护干部。真心爱护干部包括很多方面的内容：一是以真诚热忱的态度对待干部。毛泽东认为，对待干部要充满热情，要真心实意，要用平等的同志的方式，切忌不能居高临下，不能用封建官僚主义那一套。抗日战争期间，毛泽东明确要求党内干部"去掉孤傲习气，善于和非党干部共事，真心诚意地帮助他们，用热烈的同志的态度对待他们，把他们的积极性组织到抗日和建国的伟大事业中去"⑦。二是信任干部。毛泽东主张给予干部充分的理解和信任，尊重下属的意见，"让他们放手工作，使他们敢于负责"⑧。三是适时指导和教育干部。关于适时指导干部，毛泽东认为，一方面，要给干部一定

---

① 毛泽东. 毛泽东选集：第 1 卷 [M]. 北京：人民出版社，1991：65.
② 毛泽东. 毛泽东选集：第 1 卷 [M]. 北京：人民出版社，1991：65.
③ 毛泽东. 毛泽东选集：第 1 卷 [M]. 北京：人民出版社，1991：277.
④ 毛泽东. 毛泽东选集：第 1 卷 [M]. 北京：人民出版社，1991：278.
⑤ 毛泽东. 毛泽东选集：第 2 卷 [M]. 北京：人民出版社，1991：529.
⑥ 毛泽东. 毛泽东选集：第 2 卷 [M]. 北京：人民出版社，1991：529.
⑦ 毛泽东. 毛泽东选集：第 2 卷 [M]. 北京：人民出版社，1991：526-527.
⑧ 毛泽东. 毛泽东选集：第 2 卷 [M]. 北京：人民出版社，1991：527.

的指示，使其能够在党的思想路线、政治路线下创造性地开展工作；另一方面，要"检查他们的工作，帮助他们总结经验，发扬成绩，纠正错误"①。毛泽东说："有委托而无检查，及至犯了重的错误，方才加以注意，不是爱护干部的方法。"② 关于适时教育干部，毛泽东在《关于纠正党内的错误思想》一文中指出，很多消极怠工的现象之所以出现，除了与"领导者处理问题、分配工作或执行纪律不适当有关"外，"其原因主要是缺乏教育"，因此"主要是加强教育，从思想上纠正个人主义"。③ 四是提高干部。毛泽东指出："给以学习的机会，教育他们，使他们在理论上在工作能力上提高一步。"④ 五是珍惜干部。既要正确对待犯错误的干部，又要照顾有困难的干部。毛泽东强调："对于犯错误的干部，一般地应采取说服的方法，帮助他们改正错误。"⑤ 又说："轻易地给人们戴上'机会主义'的大帽子，轻易地采用'开展斗争'的方法，是不对的。"⑥ 同时，他还强调，"干部有疾病、生活、家庭等项困难问题者，必须在可能限度内用心给以照顾。"⑦ "细微之处见风范，毫厘之优定乾坤"，在日常工作管理中真心爱护干部，照顾到干部工作、生活、家庭、情感、身体、心理等方方面面的内容，可以让干部产生归属感、信任感、成就感等良好的情感体验，从而有利于激发其工作热情，增强其工作信心，增加其担当作为行为。

综上所述，毛泽东认为，"政治路线确定之后，干部就是决定的因素"⑧，必须充分发挥干部队伍的积极性。而想要发挥干部积极性就既不能像封建君主对待官员那样凭借个人喜好任意妄为，也不能像资产阶级统治下的"旧官僚"那样唯利是图，利益至上，而是要将干部看作真正有血有肉、有理想有追求、有尊严有情感的人，以平等正确的方式对待干部。具体包括全面历史辩证地看待干部、以"德才兼备"的标准选拔干部，坚持"任人唯贤"的干部路线，发扬民主、始终做到真心爱护干部，以真诚热忱的态度对待干部，信任干部，适时指导干部，提高干部，珍惜干部等内容。唯有如此，干部才能信任、依赖组织，以组织为荣，进而愿意为实现组织目标鞠躬尽瘁、死而后已。因此，从总体看，毛泽东提出"正确对待干部以发挥其积极性"的原则具有鲜明的人本主

① 毛泽东. 毛泽东选集：第2卷 [M]. 北京：人民出版社，1991：527-528.
② 毛泽东. 毛泽东选集：第2卷 [M]. 北京：人民出版社，1991：527-528.
③ 毛泽东. 毛泽东选集：第1卷 [M]. 北京：人民出版社，1991：93.
④ 毛泽东. 毛泽东选集：第2卷 [M]. 北京：人民出版社，1991：527.
⑤ 毛泽东. 毛泽东选集：第2卷 [M]. 北京：人民出版社，1991：528.
⑥ 毛泽东. 毛泽东选集：第2卷 [M]. 北京：人民出版社，1991：528.
⑦ 毛泽东. 毛泽东选集：第2卷 [M]. 北京：人民出版社，1991：528.
⑧ 毛泽东. 毛泽东选集：第2卷 [M]. 北京：人民出版社，1991：526.

义倾向，在实际上树立了一种民主激励的理念，不仅有利于发挥干部队伍的积极性，而且有利于促进干部个体身心健康发展，为中国共产党激励干部奠定了良好的思想基础，在今天仍具有重要的指导意义。

第二节　科学激励思维的提出

科学激励思维的提出得益于邓小平的远见和智慧。邓小平关于干部激励主要强调两点：一是要求平衡精神激励和物质激励。在邓小平主持工作之前，中国社会弥漫着偏重精神激励、忽视物质激励的倾向。毛泽东说："革命党嘛，以饿不死为原则。人没有饿死，就要做革命工作，就要奋斗……共产党就是要奋斗，就是要全心全意为人民服务，不要半心半意或者三分之二的心意为人民服务。"① 1956 年，党的八大通过的党章指出："我们共产党不是为奖励而工作的，我们是为人民群众的利益而工作，当我们的工作是正确的努力的，因而我们得到人民群众的信任的时候，这对共产党员说来，就是最高的奖励。"② "文革"时期，国家和社会的"主导思想是消灭私有制、否定私人利益"，"党叫干啥就啥，做一个齿轮和螺丝"和"一不为名，二不为利"等成为最高指示。③ 所以，"在这一时期，'个人的事再大也是小事，国家的事再小也是大事'，否定个人需求和私人利益成为主流，惩戒成为主导，以主观的政治忠诚代替了对具体工作好坏的判读"④，因而导致干部激励的某种扭曲。鉴于此，邓小平出来支持工作后，就提出了"平衡精神激励和物质激励"的思想。

1975 年 8 月，邓小平在《关于发展工业的几点意见》一文中指出："所谓物质鼓励，过去并不多。人的贡献不同，在待遇上是否应当有差别？同样是工人，但有的技术水平比别人高，要不要提高他的级别、待遇？技术人员的待遇是否也要提高？如果不管贡献大小、技术高低、能力强弱、劳动轻重，工资都是四五十块钱，表面上看来似乎大家是平等的，但实际上是不符合按劳分配原

---

① 中共中央文献研究室. 毛泽东文集：第 7 卷 [M]. 北京：人民出版社, 1999：285.
② 邓小平. 邓小平文选：第 1 卷 [M]. 北京：人民出版社, 1994：249-250.
③ 陈雪莲. 使命型先锋政党：理解中国共产党干部激励机制的关键词 [J]. 学习论坛, 2021 (6)：34.
④ 陈雪莲. 使命型先锋政党：理解中国共产党干部激励机制的关键词 [J]. 学习论坛, 2021 (6)：34.

则的，这怎么能调动人们的积极性？"① 1978年3月，邓小平在《坚持按劳分配原则》一文中明确指出："我们实行精神鼓励为主、物质鼓励为辅的方针。颁发奖牌、奖状是精神鼓励，是一种政治上的荣誉。这是必要的。但物质鼓励也不能缺少。在这方面，我们过去行之有效的各种措施都要恢复。奖金制度也要恢复。对发明创造者要给奖金，对有特殊贡献的也要给奖金。"② 1978年12月，邓小平又在《解放思想，实事求是，团结一致向前看》一文中强调，"不讲多劳多得，不重视物质利益，对少数先进分子可以，对广大群众不行，一段时间可以，长期不行。革命精神是非常宝贵的，没有革命精神就没有革命行动。但是，革命是在物质利益的基础上产生的，如果只讲牺牲精神，不讲物质利益，那就是唯心论"。③ 因此他提出，"要根据工作成绩的大小、好坏，有赏有罚，有升有降。而且，这种赏罚、升降必须同物质利益联系起来"④。这充分说明：在邓小平看来，对干部的精神激励很重要，但是物质激励也很重要，最好是实现二者的平衡。

二是要求重视制度激励。对干部的激励不能只在"一时一事"上，而要尽量长久稳定，这就需要通过制度予以保障。好的制度，可以在较长时间内激励干部，不好的制度则会挫伤干部的积极性。这是改革开放之初，邓小平在深刻总结过去经验和教训的基础上获得的认识。1980年8月，邓小平在《党和国家领导制度的改革》一文中表达了其关于制度的认识。一方面，邓小平指出："制度好可以使坏人无法任意横行，制度不好可以使好人无法充分做好事，甚至会走向反面。"⑤ 这说明：制度在激发干部动力和保障干部做好事方面具有积极的作用。他进一步指出，正是因为"过去一个时期，根本谈不上什么规章制度"，出了问题，分不清是谁的责任，所以导致那些煽风点火、投机取巧、别有用心、私利至上的干部获得提拔重用，甚至占据重要的领导岗位，而那些真正为国家、为人民着想，敢于说真话，勇于做实事、做好事的干部却被冤枉、被边缘化，甚至被陷害，整个干部队伍陷入僵化状态，消极被动，给党和国家造成了无法挽回的损失，所以想要激励干部就必须建立和健全必要的规章制度。另一方面，邓小平认为，"制度问题更带有根本性、全局性、稳定性和长期性"⑥。"工作好

① 邓小平. 邓小平文选：第2卷 [M]. 北京：人民出版社，1994：30-31.
② 邓小平. 邓小平文选：第2卷 [M]. 北京：人民出版社，1994：102.
③ 邓小平. 邓小平文选：第2卷 [M]. 北京：人民出版社，1994：146.
④ 邓小平. 邓小平文选：第2卷 [M]. 北京：人民出版社，1994：151.
⑤ 邓小平. 邓小平文选：第2卷 [M]. 北京：人民出版社，1994：333.
⑥ 邓小平. 邓小平文选：第2卷 [M]. 北京：人民出版社，1994：333.

坏是铁饭碗，能进不能出，能上不能下"，这些制度问题是造成机构臃肿、人浮于事、官僚主义等问题的根本原因，如果不从"根本上改变这些制度"，"思想作风问题也解决不了"，更不用说调动干部的积极性了。① 制度是整体意志和利益的表现，制度的制定、修改和废止只能由党和国家机关按照一定的程序决定，不能因领导者个人的看法、言论或注意力的变化而变化，并且制度所规定的基本内容一旦形成，便不易变动，充分保证了对干部激励的稳定性、长远性。所以在邓小平看来，激励干部最重要的是加强制度建设。改革开放新时期，我国进行干部管理体制改革，建立健全领导制度、组织制度、干部制度，废除干部领导职务终身制，下放干部权力，建立干部的选举、招考、录用、任免、考核、奖惩、轮换、离休、退休、权利保障等制度都与邓小平重视制度激励的思想分不开。

综上所述，在邓小平看来，对干部进行精神激励，激发其内在动力非常重要，但是精神激励也有其局限性：一是忽视了物质的重要作用，长期下去会严重挫伤干部队伍的积极性；二是过于机动、不够稳定，不能给干部以"定心丸"。鉴于此，他认为，物质和制度的激励也是十分重要的。对干部进行物质激励遵循了马克思主义辩证唯物论，更加契合干部的现实需要；制度激励则"更具有根本性、全局性、稳定性和长期性"②，好的制度在约束那些有不良动机和行为的干部的同时，可以更好地保护那些一心为公、肯干事、愿干事、积极干事的干部，从而能够保证党和国家事业持续健康发展下去。

平衡精神激励和物质激励、重视制度激励实际上都在强调科学激励思维的重要性。该思想的提出对后来的中国共产党人，特别是江泽民、胡锦涛产生了深远影响。他们正是沿着邓小平的激励思路，在实践中不断建立健全相关制度，才促使改革开放新时期党的干部队伍保持了较为高涨的热情。当前，一方面，社会主义市场经济已经深入发展，国家已经富起来，正在逐步强起来，人们对美好物质生活的需要日益增加，干部也受到了较大的影响，渴望获得更多的物质激励，所以党组织必须尽量满足干部合理的物质需求以调动其担当作为积极性；另一方面，依法执政、依法行政、依法履职的观念已经深入人心，干部干事创业、担当作为必须有法律法规依据，干部权力必须在法治轨道上运行，所以邓小平关于"重视制度激励"的观点在今天仍然重要，尤其要深入挖掘干部制度的激励功能。

① 邓小平. 邓小平文选：第2卷［M］. 北京：人民出版社，1994：328.
② 邓小平. 邓小平文选：第2卷［M］. 北京：人民出版社，1994：333.

第三节　长效激励原则的贯彻

20世纪80年代末90年代初，我国正在深化改革、建立社会主义市场经济体制和加快现代化建设，万事万物都在略显生涩中散发出蓬勃的生机。尤其1992年邓小平南方谈话后，更加坚定和鼓舞了人们坚持不懈推进改革开放，建设社会主义，发展社会主义市场经济的信心、热情。在此背景下，时任中共中央总书记、国家主席的江泽民同志专门给中央政治局常务委员会委员等同志写了一封信，题目是《把干部群众的积极性引导好、保护好、发挥好》。① 由此，引导好、保护好、发挥好干部的积极性成为江泽民干部激励思想的主要观点，他在多个重要场合重复强调这一点。至于如何引导好、保护好、发挥好干部的积极性，江泽民主要强调了三点：

第一，以正确的思想路线方针政策引导干部的积极性。江泽民认为，干部的劲头很大，积极性很高，关键是改革开放后党和国家提出了一系列正确的思想主张、开辟了正确的道路、出台了正确的方针政策，尤其是1992年邓小平的南方谈话使得全党对于"改革和发展的认识更深化更统一了"②，从而极大地鼓舞了干部队伍。接下来，想要调动干部的积极性，也必须依靠正确的思想路线方针政策去引导。例如，他强调"在深化改革上狠下功夫"，"真抓实干，不鼓虚劲，要鼓实劲，确确实实干出几件大事来"。③ 另外，他还认为以正确的思想路线方针政策引导干部，依赖正确的舆论宣传，要用舆论宣传"动员全党同志和全国各族人民为实现党的基本路线而奋斗，为实现人民群众的根本利益而奋斗，坚定不移地推进建设有中国特色社会主义事业"④。

第二，健全民主集中制，保护干部的积极性。江泽民明确指出，"民主集中制是民主基础上的集中和集中指导下的民主相结合的制度。"⑤ 坚持民主集中制原则，一方面，可以"把党员、干部的思想统一起来，步调一致地行动"⑥；另一方面，可以通过发扬党内民主，保障党员干部民主权利，让大家在讨论工作

---

① 江泽民．江泽民文选：第1卷 [M]．北京：人民出版社，2006：195.
② 江泽民．江泽民文选：第1卷 [M]．北京：人民出版社，2006：195.
③ 江泽民．江泽民文选：第1卷 [M]．北京：人民出版社，2006：195-196.
④ 江泽民．江泽民文选：第1卷 [M]．北京：人民出版社，2006：502.
⑤ 江泽民．江泽民文选：第3卷 [M]．北京：人民出版社，2006：570.
⑥ 江泽民．江泽民文选：第3卷 [M]．北京：人民出版社，2006：226.

时敢于发表意见，"防止发生各种违纪违法行为，防止任何个人凌驾于党组织之上"，也防止"当面不讲、背后乱讲，搞那种不负责任的逢迎拍马"①。

第三，处理好中央和地方的关系，发挥好"两个积极性"。"两个积极性"即中央和地方（包括基层）的积极性，发挥"两个积极性"内含着发挥中央干部和地方干部（包括基层干部）的积极性。江泽民认为，如何处理中央和地方的关系，在整体上牵涉中央和地方"两个积极性"的发挥。针对当时的情况，他提出"在健全国有银行、证券相对集中统一管理体制的同时，为地方经济发展和广大中小企业发展提供多方面的金融服务"② 和"随着经济的增长，适当增加地方财政"③。这些措施对于今天不一定适用，但是处理好中央和地方的关系，确实有助于激励广大干部，特别是地方干部、基层干部更好地开拓创新、干事创业。

综上所述，江泽民认为，在干部本来就存在干事热情的情况下，要注意引导好、保护好、发挥好干部的积极性。这在实际上强调了激励持续性、长效性的重要性，引人深思。

第四节　适配激励方法的运用

激励是否符合干部和组织的需要，即激励的适配性问题。要想保证激励是适当的、配套的，就必须通过机制去实现。因此胡锦涛特别强调要"建立干部激励机制"。胡锦涛说："要用事业凝聚人才，用实践造就人才，用机制激励人才，用法制保障人才。"④ 其中，"用机制激励人才"必然要求建立激励机制。早在 1993 年 3 月，胡锦涛在纪念毛泽东等老一辈革命家为雷锋同志题词三十周年大会上的讲话中就提出，"要创造一种学习先进、弘扬正气、催人向上的激励机制"⑤。1994 年 10 月，胡锦涛在全国农村组织建设工作会议上的讲话中又提出："要逐步建立一套适合农村干部的激励机制。"⑥ 2000 年 4 月，胡锦涛在省部级领导干部国际经济贸易知识专题研究班结业式上的讲话中再次提出："尽快

---

① 江泽民. 江泽民文选：第 3 卷 [M]. 北京：人民出版社，2006：188-189.
② 江泽民. 江泽民文选：第 2 卷 [M]. 北京：人民出版社，2006：74.
③ 江泽民. 江泽民文选：第 2 卷 [M]. 北京：人民出版社，2006：514.
④ 胡锦涛. 胡锦涛文选：第 3 卷 [M]. 北京：人民出版社，2016：349.
⑤ 胡锦涛. 胡锦涛文选：第 1 卷 [M]. 北京：人民出版社，2016：60.
⑥ 胡锦涛. 胡锦涛文选：第 1 卷 [M]. 北京：人民出版社，2016：102.

建立起有利于人才健康成长、脱颖而出、充分施展才干的激励机制。"① 2007 年
10 月，胡锦涛在中国共产党第十七次全国代表大会上强调指出："建立健全党
内激励机制。"② 这些有关激励机制的表述侧重点不同，有的是强调激励机制建
立的目的和途径，如学习先进、弘扬正气、催人向上、让人才脱颖而出、充分
施展才干等；有的是突出强调针对某一类对象和特定范围内的激励机制，比如
针对农村干部的激励机制、党内的激励机制。但是，无论侧重点多么不同，都
是强调要建立干部激励机制。至于如何建立干部激励机制，胡锦涛主要强调
三点：

第一，建立干部激励机制的前提是完善干部考评制度。在胡锦涛看来，激
励干部需要有科学依据，而这个依据的获取主要依赖科学合理的考评机制。如
果对干部的考核评价是科学合理、全面准确的，就可以依据考评结果对干部进
行激励，否则激励将无法进行。因此，他指出，要"建立健全一整套科学合理
的制度、标准、方法，形成科学评价体系，全面准确评价干部工作成绩"③，并
且对于各级干部政绩的考核评价一定要做到全面、客观、公正。

第二，建立干部激励机制的关键是坚持正确用人导向。胡锦涛认为，坚持
正确用人导向就是使"勤政为民、求真务实的干部得到褒奖和重用，使好大喜
功、弄虚作假的干部受到批评和惩戒"④，以营造良好的政治风气，激发干部的
内在动力。坚持正确用人导向需要形成干部选拔任用科学机制，提高干部选拔
任用公信度。具体应该按照德才兼备原则和干部工作实绩选拔使用干部；坚持
民主、公开、竞争、择优原则；规范干部任用提名制度；完善公开选拔、竞争
上岗、差额选举办法；扩大干部工作民主，增强民主推荐、民主测评的科学性
和真实性；加强干部选拔任用工作全过程监督；健全领导干部职务任期、回避、
交流制度；完善适合国有企业特点的领导人员管理办法等。⑤

第三，建立干部激励机制的重点是关怀帮扶干部。胡锦涛指出："基层干部
处于工作第一线，是党和政府联系群众的桥梁和纽带，也是人民群众了解党和
政府工作的窗口。"⑥ 做工作不是容易事，"我们要理解基层工作困难，体谅基
层干部的艰辛，真正重视、真情关怀、真心爱护基层干部，做到政治上关心、

① 胡锦涛. 胡锦涛文选：第 1 卷 [M]. 北京：人民出版社，2016：421.
② 胡锦涛. 胡锦涛文选：第 1 卷 [M]. 北京：人民出版社，2016：656.
③ 胡锦涛. 胡锦涛文选：第 2 卷 [M]. 北京：人民出版社，2016：160.
④ 胡锦涛. 胡锦涛文选：第 2 卷 [M]. 北京：人民出版社，2016：161.
⑤ 胡锦涛. 胡锦涛文选：第 2 卷 [M]. 北京：人民出版社，2016：654.
⑥ 胡锦涛. 胡锦涛文选：第 3 卷 [M]. 北京：人民出版社，2016：482.

工作上支持、生活上照顾、精神上激励，使他们不断为党和人民作出新的工作业绩"①。例如，他提出，"落实村干部报酬，解除他们的后顾之忧。村干部报酬一般应不低于当地同等劳动力平均收入水平。要积极稳妥推行村干部报酬同村级经济增长与岗位责任制考评结果挂钩的制度，奖励有突出贡献的优秀干部"②。再比如，他要求"解决组织经费保障和活动场所等问题"③。总之，要做到干部有困难要及时帮助，有困惑要及时解惑。

综上所述，胡锦涛认为，想要调动干部的积极性，或者发挥干部的主观能动性就必须建立干部激励机制，从机制上去激励干部。而建立干部激励机制，首先，要完善干部考核制度，为激励干部提供科学依据；其次，要坚持正确用人导向，保证对干部的政治激励效能；最后，要有针对性地关怀爱护干部，给予干部多方面的支持帮助，助力其更好地履行职责。

第五节　系统激励策略的实施

习近平总书记在系列讲话中一再强调干部要勇于担当、善于作为，最终都落实到对实践的思考和对干部进行系统激励的方针政策上来，即"坚持严管和厚爱结合、激励和约束并重"④，通过"完善担当作为的激励机制"⑤，"建立崇尚实干、带动担当、加油鼓劲的正向激励体系"⑥，更广泛、更有效地调动干部队伍的积极性、主动性和创造性。早在浙江工作期间，习近平就指出，"保护好、调动好、发挥好基层干部的积极性，是加强基层干部队伍建设的一项重要内容"⑦。党的十八大之后，习近平总书记在多个重要场合谈到激励干部积极性的问题，他说"没有广大党员、干部的积极性和执行力，再好的政策措施也会

---

① 胡锦涛. 胡锦涛文选：第3卷［M］. 北京：人民出版社，2016：482-483.

② 胡锦涛. 胡锦涛文选：第1卷［M］. 北京：人民出版社，2016：103.

③ 胡锦涛. 胡锦涛文选：第1卷［M］. 北京：人民出版社，2016：656.

④ 习近平. 决胜全面建成小康社会 夺取新时代中国特色社会主义伟大胜利：在中国共产党第十九次全国代表大会上的报告［M］. 北京：人民出版社，2017：64.

⑤ 本书编写组.《中共中央关于坚持和完善中国特色社会主义制度、推进国家治理体系和治理能力现代化若干重大问题的决定》辅助读本［M］. 北京：人民出版社，2019：009.

⑥ 中共中央党史和文献研究院. 十九大以来重要文献选编：上［M］. 北京：中央文献出版社，2019：566.

⑦ 习近平. 之江新语［M］. 杭州：浙江人民出版社，2007：63.

落空"①，所以"要更广泛更有效地调动干部队伍的积极性。这个问题极为重要，现在看来也十分紧迫"②。党的十九大之后，随着实践中监督问责泛化等问题的出现以及人们对全面从严治党、从严管理干部的误解，习近平总书记在十九届中央政治局第十次集体学习时的讲话中指出："全面从严治党的目的是更好促进事业发展。严管不是把干部管死，不是把干部队伍搞成一潭死水、暮气沉沉，而是要激励干部增强干事创业的精气神。"③ 至于如何系统激励干部担当作为，习近平总书记主要提出了以下观点：

第一，激励担当作为的根本动力是理想信念、初心和使命。理想是人们对未来社会和自身发展的向往与追求；信念是人们在一定认识基础上确立的对某种理论主张、思想理想坚信不疑并努力身体力行的精神状态。④ 理想和信念总是相互依存而存在，没有理想就无所谓信念，没有信念，理想就无法实现。所以理想信念既是人生的灯塔，也是人的精神支柱，还是人一切思想行动的源头活水。对干部而言，有没有树立远大理想，有没有坚定对马克思主义的信仰和对社会主义、共产主义的信念，有没有坚定对中国特色社会主义道路、理论、制度和文化的自信，其担当作为面貌和效果大不相同。纵观党的历史上，无数革命先辈浴血奋战，"舍小家顾大家"，为党和国家事业做出了突出贡献，究其根本就是有崇高理想信念的支撑和推动。所以，理想信念是中国共产党人的精神支柱和政治灵魂，也是激励党的干部干事创业、担当作为的根本动力。早在2012年11月，习近平总书记在十八届中央政治局第一次集体学习时的讲话中就指出，"坚定理想信念，坚守共产党人精神追求，始终是共产党人安身立命的根本……理想信念就是共产党人精神上的'钙'，没有理想信念，理想信念不坚定，精神上就会'缺钙'，就会得'软骨病'"⑤，实践中，"一些党员、干部出这样那样的问题，说到底是信仰迷茫、精神迷失"⑥。此后，习近平总书记又在

---

① 中共中央文献研究室. 十八大以来重要文献选编：中［M］. 北京：中央文献出版社，2016：836.

② 中共中央宣传部. 习近平总书记系列重要讲话读本［M］. 北京：学习出版社，人民出版社，2016：125.

③ 习近平. 努力造就一支忠诚干净担当的高素质干部队伍［J］. 前线，2019（2）：7.

④ 吴黎宏. 撸起袖子加油干：做忠诚干净担当的好干部［M］. 北京：新华出版社，2017：7.

⑤ 中共中央文献研究室. 十八大以来重要文献选编：上［M］. 北京：中央文献出版社，2014：80.

⑥ 中共中央文献研究室. 十八大以来重要文献选编：上［M］. 北京：中央文献出版社，2014：80-81.

学习贯彻党的十八大、十九大精神研讨班上，在全国组织工作会议上，在庆祝中国共产党成立 95 周年、100 周年以及纪念红军长征胜利 80 周年大会上，在各地考察的讲话中，在党的教育活动动员大会、总结大会上，在中央党校各类干部培训班、研修班的开班式、座谈会上等多个重要场合的讲话中重申理想信念的根本激励作用，呼吁全党坚定理想信念，用党的伟大精神、实践、事迹、成果等锤炼厚实坚定干部的理想信念。2021 年 9 月，习近平在秋季学期中央党校（国家行政学院）中青年干部培训班开班式上的讲话中再一次强调："理想信念是中国共产党人的精神支柱和政治灵魂……党员干部有了坚定理想信念，才能经得住各种考验，走得稳、走得远；没有理想信念，或者理想信念不坚定，就经不起风吹浪打，关键时刻就会私心杂念丛生，甚至临阵脱逃。"① 可见，激励干部担当作为首先要培育和坚定干部的理想信念。

初心是指人最初的愿望和信念，使命是指人应完成的任务和应尽的责任。对共产党人而言，"党的初心和使命是党的性质宗旨、理想信念、奋斗目标的集中体现"②。党的十九大报告明确指出"中国共产党人的初心和使命，就是为中国人民谋幸福，为中华民族谋复兴"，这个初心和使命是"激励中国共产党人不断前进的根本动力"。③ 2020 年 1 月，习近平总书记在"不忘初心、牢记使命"主题教育总结大会上的讲话中进一步强调"一个人也好，一个政党也好，最难得的就是历经沧桑而初心不改、饱经风霜而本色依旧"，正是因为坚守了初心和使命，"我们党才能在极端困境中发展壮大，才能在濒临绝境中突出重围，才能在困顿逆境中毅然奋起。忘记初心和使命，我们党就会改变性质、改变颜色，就会失去人民、失去未来"。④ 这说明：在新时代背景下激励干部担当作为，不仅要培育干部的理想信念，而且要让干部守初心、担使命。干部只有不忘初心、牢记使命才能更好地履职尽责、干事创业，才不至于迷失方向、推卸责任。

第二，激励担当作为的最大导向是坚持正确选人用人。正确选人用人可以通过其内含的德才兼备精神，科学合理的选拔晋升机制，尊重、公道对待、公平评价和公正使用干部的机制为组织提拔、奖惩和调整干部提供科学方向和具体办法，为干部个体成长、作用发挥提供明确方向、目标和动力，因此具有

---

① 习近平. 信念坚定对党忠诚实事求是担当作为 努力成为可堪大用能担重任的栋梁之才 [N]. 人民日报，2021-09-02（1）.

② 习近平. 习近平谈治国理政：第 3 卷 [M]. 北京：外文出版社，2020：538.

③ 习近平. 决胜全面建成小康社会 夺取新时代中国特色社会主义伟大胜利：在中国共产党第十九次全国代表大会上的报告 [M]. 北京：人民出版社，2017：1.

④ 习近平. 习近平谈治国理政：第 3 卷 [M]. 北京：外文出版社，2020：538.

"风向标"的作用。① 习近平总书记在 2013 年 6 月召开的全国组织工作会议上的讲话指出："用一贤人则群贤毕至，见贤思齐就蔚然成风。选什么人就是风向标，就有什么样的干部作风，乃至就有什么样的党风。各级党委及组织部门要坚持党管干部原则，坚持正确用人导向，坚持德才兼备、以德为先，努力做到选贤任能、用当其时，知人善任、人尽其才，把好干部及时发现出来、合理使用起来。"② 之后，他又在 2018 年 7 月召开的全国组织工作会议上的讲话中进一步强调："对干部最大的激励是正确用人导向，用好一个人能激励一大片。"③ 具体来说，他要求"对敢于负责、勇于担当、善于作为、实绩突出的干部，要及时大胆用起来，让干部看到只要真干事、能干事、干成事，组织上是不会埋没的。对不作为的干部，坚决果断调下去，不让那些做样子、混日子、要位子的'官油子'得势得利。我们要在选人用人上体现讲担当、重担当的鲜明导向"④。这充分说明：激励干部担当作为的最大导向是正确选人用人，实践中既要开拓视野，不拘一格，广开进贤之路，也要建立系统的知事识人体系，还要"坚持事业为上，以事择人、人岗相适"⑤ 的选人用人原则，做到公平公正公道对待干部等。

第三，激励担当作为的关键环节是精准考核评价干部。精准考核评价干部对于激发干部担当作为的积极性至关重要。一是因为考核评价是"指挥棒"。"考评什么就做什么、怎么考评就怎么做"是干部日常的工作逻辑和行为逻辑，这意味着考核评价具有重要的指挥棒作用，发挥好考核评价的指挥棒作用能够在较大程度上激励干部。2022 年 1 月，习近平总书记在《坚持不懈把全面从严治党向纵深推进》一文中强调，"要落实干部考核、工作检查相关制度，科学评价干部政绩，促进干部更好担当作为"⑥。至于如何科学评价干部政绩，早在2013 年 6 月，习近平总书记就指出，"既看发展又看基础，既看显绩又看潜绩，

① 孙晓莉．习近平关于干部激励的重要论述研究：基于方法论的视角 [J]．党政研究，2020（6）：36.
② 习近平．建设一支宏大高素质干部队伍 确保党始终成为坚强领导核心 [N]．人民日报，2013-06-30（1）.
③ 中共中央党史和文献研究院．十九大以来重要文献选编：上 [M]．北京：中央文献出版社，2019：566.
④ 中共中央党史和文献研究院．十九大以来重要文献选编：上 [M]．北京：中央文献出版社，2019：566.
⑤ 中共中央党史和文献研究院．十九大以来重要文献选编：上 [M]．北京：中央文献出版社，2019：565.
⑥ 习近平．习近平谈治国理政：第 4 卷 [M]．北京：外文出版社，2022：552.

把民生改善、社会进步、生态效益等指标和实绩作为重要考核内容，再也不能简单以国内生产总值增长率来论英雄了"①。二是因为只有精准考核评价才能令干部信服。干部有没有干事、干得好与坏，干得多与少都需要组织及时评定，组织只有准确合理地做出评判，干部才会感觉到被认可和心生服气，愿意继续以饱满的热情投入工作之中；反之，组织如果颠倒黑白，混淆是非，考核评价"任人唯亲"或走形式、走过场，考核内容与干部干事毫无关联，干部就会感觉被无视和受到了不公正对待，甚至感觉到被侮辱、被戏弄，进而产生愤怒、厌倦、不值当情绪，丧失掉继续埋头苦干的热情和心力。三是因为考核评价结果关乎干部切身利益。一般情况下，有考核就会有奖惩，而这种奖惩无论是精神上、物质上还是政治上的都与干部利益息息相关，受到奖励的干部总是更有获得感、满足感和愉悦感，受到惩处的干部必然利益受损、垂头丧气。所以激励干部担当作为的关键是要做到精准考核干部。2018 年 5 月，中共中央办公厅印发的《关于进一步激励广大干部新时代新担当新作为的意见》明确要求强化考核结果运用和反馈，将考核结果与干部选拔任用、评先奖优、问责追责相衔接，"使政治坚定、奋发有为的干部得到褒奖和鼓励，使慢作为、不作为、乱作为的干部受到警醒和惩戒"②。同时要求"加强考核结果反馈，引导干部发扬成绩、改进不足，更好忠于职守、担当奉献"③。

第四，激励担当作为的重要保障是给予干部多种支持。2016 年 1 月，习近平总书记在《把新发展理念落到实处》一文中指出，要将严格管理与关心关爱干部相结合，做到"政治上激励、工作上支持、待遇上保障、心理上关怀，让广大干部安心、安身、安业，推动广大干部心情舒畅、充满信心，积极作为、敢于担当"④。2018 年 5 月，《关于进一步激励广大干部新时代新担当新作为的意见》重申这一要求，并进一步提出"增强干部的荣誉感、归属感、获得感"以及"形成锐意改革、攻坚克难的良好社会风尚"，"让广大干部聪明才智充分涌流"。⑤ 这说明：激励担当作为的重要保障是给予干部多种支持。

---

① 习近平. 建设一支宏大高素质干部队伍 确保党始终成为坚强领导核心 [N]. 人民日报，2013-06-30 (1).
② 关于进一步激励广大干部新时代新担当新作为的意见 [M]. 北京：人民出版社，2018：7.
③ 关于进一步激励广大干部新时代新担当新作为的意见 [M]. 北京：人民出版社，2018：7.
④ 习近平. 习近平谈治国理政：第 2 卷 [M]. 北京：外文出版社，2017：225.
⑤ 关于进一步激励广大干部新时代新担当新作为的意见 [M]. 北京：人民出版社，2018：10.

其中，"政治上激励"要求在充分发挥政策的激励引导和保障支持作用的同时，畅通干部"向上发展"的通道，让干部看得到希望，产生政治荣誉感和获得感；"工作上支持"要求为干部搭建干事创业的平台，给予干部创新创造的空间和机会，鼓励结合实际探索创新，主动为工作在困难艰苦地区和战斗在一线的干部排忧解难等，以提升干部的职业价值感，满足干部自我实现的诉求；"待遇上保障"要求"健全干部待遇激励保障制度体系，完善机关事业单位基本工资标准调整机制，实施地区附加津贴制度，完善公务员奖金制度，推进公务员职务与职级并行制度，健全党和国家功勋荣誉表彰制度，做好平时激励、专项表彰奖励工作，落实体检、休假等制度，关注心理健康，丰富文体生活，保证正常福利，保障合法权益"①，以此满足干部物质生活方面的需要；"心理上关怀"要求"完善和落实谈心谈话制度，注重围绕深化党和国家机构改革等重大任务做好思想政治工作，及时为干部释疑解惑、加油鼓劲"②。此外，还要求注意加强政治生态建设和"社会舆论引导，坚持激浊扬清，注重保护干部声誉，维护干部队伍形象，大力宣传改革创新、干事创业的先进典型"③，给予干部担当作为以充分的环境支持。总之，提供多方面的支持保障是为了满足干部的各种需要，让干部安心安身安业，更好履职奉献，担当作为。

第五，激励担当作为的重中之重是合理容错保护勇气。将合理容错保护勇气作为激励干部担当作为的重要举措是出于这些原因：一是由"人无完人"的人性使然。受性格、脾气、能力、思想觉悟、成长环境、教育环境、制度环境等各种内外因素的影响，现实中的人总是存在一定的局限性，出现失误错误在所难免，所以懂得合理宽容包容他人的错误更加符合客观人性，更有人情味，能够很好地激励干部。习近平总书记说："'人非圣贤，孰能无过。'每个干部都有这样那样的缺点和不足，对此要实事求是、正确对待，不能不问青红皂白、一棍子打死。"④ 2016 年 1 月，习近平总书记在省部级主要领导干部学习贯彻党的十八届五中全会精神专题研讨班上的讲话中提出"三个区分开来"的思想，即"把干部在推进改革中因缺乏经验、先行先试出现的失误和错误，同明知故

---

① 中共中央党史和文献研究院. 十九大以来重要文献选编：上 [M]. 北京：中央文献出版社，2019：10-11.

② 关于进一步激励广大干部新时代新担当新作为的意见 [M]. 北京：人民出版社，2018：10.

③ 关于进一步激励广大干部新时代新担当新作为的意见 [M]. 北京：人民出版社，2018：11.

④ 中共中央党史和文献研究院. 十九大以来重要文献选编：上 [M]. 北京：中央文献出版社，2019：565.

犯的违纪违法行为区分开来；把上级尚无明确限制的探索性试验中的失误和错误，同上级明令禁止后依然我行我素的违纪违法行为区分开来；把为推动发展的无意过失，同为谋取私利的违纪违法行为区分开来"。① 这"三个区分开来"中涉及了两类性质完全不同的过错，一类是非主观故意的"过失之错"、非谋取私利的"为公之错"和非拖拉懈怠的"尽职尽责之错"，对于这类错误应该予以宽容、包容，采取温和的手段予以纠偏，必要时予以澄清保护；另一类是故意之错、为私之错和违法乱纪之错，对于这类错误应该根据情节轻重予以严厉批评和打击，绝不能纵容，否则会造成"劣币驱逐良币"的现象，后患无穷。②"三个区分开来"的提出犹如给干部吃了"定心丸"，在全党释放了"宽容干部在改革创新中的失误错误"的强烈信号。

二是由干部担当作为的实际决定。干部担当作为的实质是"敢"，要敢想敢干、敢抓敢管、敢闯敢试，敢于走别人没有走过的路，敢于碰硬，因而未知的风险和挑战是非常大的，所以相比较因循守旧、亦步亦趋、偷奸耍滑、不干事不负责的干部来说更加容易出现错误，也更容易被人当靶心，所以对这样的干部要特殊保护。2018 年 7 月，习近平总书记在全国组织工作会议上的讲话中强调，"走前人没有走过的路、做前人没有做过的事，难免出现瑕疵和失误。如果一味求全责备，干部的积极性就会遭到伤害"③。为此，他要求"当干部因敢抓敢管、敢闯敢试而遭遇挫折失误、受到非议时，当干部埋头苦干、业绩突出却因风气不正长期受到冷落和不公平对待时，当干部因不实举报受到委屈、被人误解时，组织上要为他们说公道话，为他们加油鼓劲、撑腰壮胆，该澄清的及时澄清，该正名的公开正名，使他们放下包袱、轻装上阵，心情畅快投入到工作中去"④。这对于保护那些作风正派，又敢作敢为、锐意进取的干部，鼓舞他们大胆闯、大胆试、大胆改革创新具有重大意义。

三是由问责泛滥的形势倒逼。对干部进行全面问责的初心是增强干部的责任意识，激发干部的负责精神，在其位谋其政，更好地履职尽责、干事创业。但是，问责实践中却出现不少为了问责而问责、随意问责、不当问责的事情，

① 习近平. 习近平谈治国理政：第 2 卷 [M]. 北京：外文出版社，2017：225.
② 方印，李杰. 环境执法容错免责的法理与边界 [J]. 中国地质大学学报（社会科学版），2020（3）：63.
③ 中共中央党史和文献研究院. 十九大以来重要文献选编：上 [M]. 北京：中央文献出版社，2019：565.
④ 中共中央党史和文献研究院. 十九大以来重要文献选编：上 [M]. 北京：中央文献出版社，2019：565.

严重挫伤干部担当作为的积极性，甚至让有些干部变得战战兢兢、瞻前顾后、因循守旧，丧失了说真话、办好事、干真事以及创新创业的勇气。如此很多需要变革突破、改革试验的工作就没人提出也没人敢做。所以为了阻止这种情况继续蔓延，也应该继续加大合理容错，保护干部勇气的力度。当然，合理容错保护勇气客观上要求建立健全干部容错纠错机制。

第六，激励担当作为的必要举措是增强干部本领能力。没有金刚钻，揽不了瓷器活。担当作为要求"真枪实干"，要求干部走前人未曾走的路，干别人不敢干的事，因而格外需要干部有真知灼见，有真本领，有较高的能力素养。2017年10月，习近平总书记在十九届中央政治局第一次集体学习时的讲话中指出，"领导干部不仅要有担当的宽肩膀，还得有成事的真本领"①。2021年9月，他又在《努力成为可堪大用能担重任的栋梁之才》一文中强调，"'褚小者不可以怀大，绠短者不可以汲深。'我们处在前所未有的变革时代，干着前无古人的伟大事业，如果知识不够、眼界不宽、能力不强，就会耽误事。"② 当前很多干部之所以做事畏首畏尾、瞻前顾后，看不清形势，时常被网络舆论牵着鼻子走，无法正确地履职尽责、干事创业、担当作为，就是因为本领恐慌、能力不足。所以，增强干部本领能力是激励干部担当作为的必要举措。至于增强干部的哪些本领能力？2019年10月，习近平总书记在党的十九届四中全会上提出增强干部"九大本领"，即学习本领、政治领导本领、改革创新本领、科学发展本领、依法执政本领、群众工作本领、狠抓落实本领、驾驭风险本领和斗争本领。③ 2020年10月，习近平总书记在中央党校（国家行政学院）中青年干部培训班的开班仪式上指出提高干部"七大能力"，即"政治能力、调查研究能力、科学决策能力、改革攻坚能力、应急处突能力、群众工作能力、抓落实能力"④。2023年3月1日，其又在中央党校建校九十周年庆祝大会上强调"重点提升领导干部推动高质量发展本领、服务群众本领、防范化解风险本领"，同时加强"斗争本领养成，着力增强防风险、攻难关、迎挑战、抗打压能力"⑤。这些本领能力都与干部担当作为实践息息相关，干部缺少任何一项本领能力都会影响担当作

① 习近平. 切实学懂弄通做实党的十九大精神 努力在新时代开启新征程续写新篇章 [N]. 人民日报，2017-10-29（1）.

② 习近平. 习近平谈治国理政：第4卷 [M]. 北京：外文出版社，2022：535.

③ 本书编写组.《中共中央关于坚持和完善中国特色社会主义制度、推进国家治理体系和治理能力现代化若干重大问题的决定》辅助读本 [M]. 北京：人民出版社，2019：9.

④ 习近平. 年轻干部要提高解决实际问题能力 想干事能干事干成事 [N]. 人民日报，2020-10-11（1）.

⑤ 习近平. 坚守党校初心 努力为党育才为党献策 [N]. 人民日报，2023-03-02（1）.

为意愿和效果。以"学习本领"为例，干部"唯有学以修德、学以增智、学以长才，才能避免少知而迷、不知而盲、无知而乱窘境"，才能"做到干工作有思路、解难题有办法、抗风险有能耐、谋发展有招数"。① 习近平总书记说："我们的干部要上进，我们的党要上进，我们的国家要上进，我们的民族要上进，就必须大兴学习之风，坚持学习、学习、再学习。"②

综上所述，习近平总书记认为，调动干部积极性、主动性、创造性对于干部队伍建设、国家方针政策以及解决当前干部队伍出现的一些问题都是极其重要的，必须坚持严管与厚爱结合、激励与约束并重，建立干部正向激励系统，激发和保护干部干事热情。具体而言，一要用中国共产党人的理想信念、初心和使命激励干部；二要形成正确的选人用人导向；三要发挥干部考核评价的激励作用；四要给予干部政治、工作、待遇、心理、环境等多方面支持；五要宽容干部在改革创新中的失误，围绕"三个区分开来"建立健全容错纠错机制，更好保护干部担当作为的信心勇气；六要增强干部各方面的本领能力。习近平总书记关于激励干部担当作为的重要论述紧紧围绕"促使干部积极担当作为"这一激励目标，坚持干部自我激励和组织激励相结合原则，强调发挥系统激励的整体功能，视野更加宽广、内容更加丰富、手段更加综合，更具有现实针对性和可行性，因而成为新时代我国激励干部担当作为最直接、最重要的思想基础。

---

① 吴德惠. 做新时代党的好干部 [M]. 北京：红旗出版社，2018：132.
② 习近平. 习近平在中央党校建校 80 周年庆祝大会暨 2013 年春季学期开学典礼上的讲话 [EB/OL]. 中共中央党校（国家行政学院）网站，2013-03-04.

第三篇 03

|历史演进|

历史是最好的教科书，也是最好的营养剂。历史告诉人们：过去、现在和未来是相通的，只有承前才能启后，只有继往才能开来。毛泽东说："今天的中国是历史的中国的一个发展；我们是马克思主义的历史主义者，我们不应当割断历史。"① 习近平总书记强调，"重视吸取历史经验是我们党的一个好传统"②，必须将"历史和现实、理论和实践、形式和内容有机统一。要坚持从国情出发、从实际出发……既要把握长期形成的历史传承……不能割断历史，不能想象突然就搬来一座政治制度上的'飞来峰'"③。因此，必须运用联系的、发展的、历史的眼光看待我国，特别是中国共产党成立以来激励干部担当作为的实践活动，把握演进规律，总结历史经验。

目前，学术界对中国共产党激励干部担当作为的认识呈现出两种不同的观点：一种观点认为，中国共产党主要进行了"契约型"激励，即干部为了获得功勋荣誉、政治晋升、经济报酬等而担当作为，干事创业。这种观点深受西方公共管理理论影响，将干部看成是政治和经济上的"理性人"。代表性的学者有周黎安、倪秋菊、倪星等。另一种观点认为，中国共产党激励干部主要依靠理想信念、初心和使命、职责任务，即干部担当作为是为了实现共产主义远大理想、中国特色社会主义共同理想，为了完成党和国家在不同历史时期的任务等。持该观点的学者看到了中国共产党是使命型先锋政党，中国共产党的干部具有"公共人""道德人"的一面，因而能够在一定的思想价值指引下自觉担当作为、干事创业。代表性的学者有陈雪莲。

基于马克思主义人性观，干部既是"理性人"，也是"公共人"，本质上是历史的、现实的、实践的"复杂人"。中国共产党激励干部正是基于干部是"复杂人"而表现出某种独特性、丰富性和变化性。从革命时期到长期执政，再到改革开放，意味着中国共产党激励干部担当作为的社会历史条件、政党环境、责任目标、制度语境、资源支撑等都发生了显著变化，因此不同历史时期有不同的激励机制内容，也产生了不同的激励效果。

① 毛泽东. 毛泽东选集：第 2 卷 [M]. 北京：人民出版社，1991：534.
② 习近平. 努力造就一支忠诚干净担当的高素质干部队伍 [J]. 前线，2019 (2)：4.
③ 习近平. 在庆祝全国人民代表大会成立六十周年大会上的讲话 [N]. 人民日报，2014-09-06 (2).

第六章

新民主主义革命时期的激励机制

新民主主义革命时期，一方面，无产阶级逐步觉醒是当时干部激励机制形成的重要背景。面对西方列强侵略、封建统治无能，中国逐渐沦为半殖民地半封建社会的命运，在马克思列宁主义的影响和中国共产党的带领下，中国广大无产阶级迅速地觉醒起来，志愿加入了反对帝国主义、封建主义和官僚资本主义的斗争之中。他们或出于改变自身命运的迫切，或心存"救民于水火""拯救民族于危难"的远大志向，或心怀共产主义、社会主义的崇高理想，总之，心中都燃烧着革命的熊熊烈火，誓与敌人斗争到底，因而表现得异常主动和自觉。而这些拥有革命热情和自觉精神的同志很多都加入了中国共产党，成为党的骨干力量，即党的干部。这为当时干部的自我激励提供了重要保障。

另一方面，新型政党成立也是当时干部激励机制形成的重要背景。1921年7月，在浙江嘉兴南湖的一艘船上正式诞生了中国共产党。中国共产党自诞生起就以实现共产主义为崇高理想目标，并且提出用社会革命的手段推翻剥削阶级统治，建立无产阶级专政的政治目的。在整个新民主主义革命实践中，中国共产党始终以中华民族和中国最广大人民的根本利益为出发点，带领广大工人和贫苦农民与自己的敌人，即帝国主义、封建官僚主义和国民党反动派进行了异常艰苦卓绝的斗争。先后取得了包括北伐战争、土地革命战争、抗日战争、解放战争以及其他数以百万计的大大小小战役的胜利。所以说，自从有了中国共产党，中国革命的面貌就焕然一新。同时，中国共产党还通过自身的建设和纪律约束，保持了非常优良的革命作风。例如：不拿群众一针一线、始终保持同人民群众的密切联系、党内实施民主生活、理论联系实际等。这与当时的国民党残暴统治、官僚主义形成了异常鲜明的对比，因而吸引了无数有理想、有信仰、有热血、不怕牺牲、敢于斗争的志勇之士加入中国共产党，甚至成为党的骨干力量，即党的干部。由此，同样保障了当时干部的自我激励效能。

综上，新民主主义革命时期的干部激励机制正是在无产阶级逐步觉醒和新型政党成立的特殊社会背景和历史条件下逐步形成的。

第一节 激励机制的主要内容

新民主主义革命时期的特定历史条件使得在当时对干部起主导激励作用的要素主要是"共同理想信念"和"革命不断获胜"。此外，党依据客观形势变化和实际需要综合采用了柔性激励等其他方式。

一、"共同理想信念"转化为干部的革命自觉

新民主主义革命时期，凡是加入中国共产党的党员干部，无论层级高低都有一个共同的理想，那就是推翻帝国主义、封建旧军阀和国民党反动派的统治，建立一个真正的民主共和国，实现民族独立、人民解放，并最终实现社会主义、共产主义。党的章程也将"承认本党宣言及章程并愿忠实为本党服务者"① 作为加入中国共产党的基本条件。毛泽东在《为人民服务》一文中说："我们都是来自五湖四海，为了一个共同的革命目标，走到一起来了。"② "革命理想高于天"，这个共同理想信念体现了中华民族的根本利益，反映了中国最广大人民群众的强烈愿望，凝聚了全党的广泛共识，表达了对党的政治文化的坚实认同。在这个共同理想信念的激励下，大多数党员干部在决定入党的那一刻就已经将"生死置之度外"，所以异常的忠诚可靠、大公无私、英勇无畏，革命性和积极性都非常之高。邓小平说："一个人决心加入我们的党，往往表示他决心冒着丧失自由和生命的危险，去为群众的利益斗争，去为人类社会的最高理想斗争。"③ 1923 年 2 月，党领导的京汉铁路工人大罢工失败，共产党员施洋被杀害，身中三弹仍高喊"劳工万岁"；④ 1927 年 3 月，被国民党军队逼迫解散总工会的赣州总工会委员长陈赞贤，斩钉截铁地说："头可断，血可流，解散工会的字我不签！"最后高呼"中国共产党万岁"后英勇牺牲；⑤ 同样在这个革命阶段英勇就义的共产党员还有李大钊、陈延年、赵世炎、萧楚女、夏明翰等，他们

---

① 本书编写组.中国共产党章程汇编（一大—十八大）［M］.北京：中共中央党校出版社，2013：5.
② 毛泽东.毛泽东选集：第 3 卷［M］.北京：人民出版社，1991：1005.
③ 中央档案馆，中共中央文献研究室.中共中央文件选集：第 24 册［M］.北京：人民出版社，2013：158.
④ 本书编写组.中国共产党简史［M］.北京：人民出版社，中共党史出版社，2021：18.
⑤ 本书编写组.中国共产党简史［M］.北京：人民出版社，中共党史出版社，2021：29.

用自己光明磊落、视死如归、坚持真理、坚持革命的决心意志树立了党员干部坚定理想信念的标杆。像这样英勇无畏的党员干部，在新民主主义革命时期是数不胜数的：1935 年 1 月，为牵制敌人，减轻中央革命根据地压力的红十字军领导人方志敏同志被捕，他在狱中发出"敌人只能砍下我们的头颅，绝不能动摇我们的信仰"的铮铮誓言；① "1943 年 3 月，新四军'刘老庄连'在与敌人战斗中全部壮烈牺牲；东北抗联第二路军副总指挥赵尚志、八路军副参谋长左权、新四军第四师师长彭雪枫等身先士卒，在作战中以身殉国"②；等等。总之，在当时，只要是党做出的决定，只要是党的事业需要，干部就愿意付出一切去努力，哪怕是血洒战场也在所不惜，党的干部真正做到了与党组织、国家和人民同呼吸共命运，归根结底是源于共同理想信念。1985 年，邓小平在《一靠理想二靠纪律才能团结起来》一文中明确指出："为什么我们过去能在非常困难的情况下奋斗出来，战胜千难万险使革命胜利呢？就是因为我们有理想，有马克思主义信念，有共产主义信念。"③

二、"革命不断获胜"激昂着干部的革命斗志

新民主主义革命时期，中国共产党还是一个革命党，想要获得合法政治地位、争取无产阶级专政、实现崇高的政治理想和抱负，就必须在频繁的革命斗争，特别是军事斗争中占据主动地位，必须使革命从一个胜利走向另一个胜利。因为只有不断获胜才能让干部看到希望，才能保持干部的革命斗志，才能使他们坚定地跟党走。另外，战争总是残酷的，被战争裹挟的人们时常面临着生死考验，更不用说作为敌人"眼中钉""肉中刺"的党的干部了。他们身处革命的最前沿，是革命的骨干力量，客观上只能成功，不能失败，否则就极有可能失去最宝贵的生命。1938 年 5 月，毛泽东在《论持久战》中强调，战争的目的、战争的本质就是"保存自己消灭敌人"，战争就是"拼死活"，如果没有"自觉的能动性"，如果"坐着不动，只有被灭亡，没有持久战，也没有最后的胜利"，而胜利是关系重大的事情，"我们的战争，在于力求每战争取不论大小的胜利"，因为"不说多了，每个月打得一个较大的胜仗，如像平型关台儿庄一类的，就能大大地沮丧敌人的精神，振起我军的士气"。④ 这充分说明：打胜仗或在革命

①　本书编写组．中国共产党简史［M］．北京：人民出版社，中共党史出版社，2021：57.

②　本书编写组．中国共产党简史［M］．北京：人民出版社，中共党史出版社，2021：93.

③　中共中央文献研究室．十二大以来重要文献选编：上［M］．北京：人民出版社，1986：133.

④　毛泽东．毛泽东选集：第 2 卷［M］．北京：人民出版社，1991：477-485.

斗争中获得胜利是当时干部最大的激励、最直接的鼓舞和最强烈的刺激。纵观整个新民主主义革命时期，每一次斗争取得胜利都会极大地鼓舞人心，激发斗志，增加干部自信，调动干部的革命积极性、主动性。比如，北伐战争的胜利、红军长征的胜利、抗日战争的胜利、解放战争的胜利以及其他一些大大小小的战役的胜利等。甚至，有时候党会为了重整士气而精心策划打一场胜仗。例如：在抗日战争进入了战略相持阶段的期间，敌后战场面临空前的投降危险和抗战困难，革命陷入低迷、消沉状态。为了尽快摆脱这种消极影响，八路军总部于1940年8月至1941年1月对日军发动了"百团大战"，多个部队发起联合攻击，最终"作战1824次，毙伤日、伪军2.5万余人，俘日军281人、伪军1.8万余人，破坏铁路470余千米、公路1500余千米，摧毁大量敌碉堡和据点，缴获大批枪炮和军用物资。百团大战给日军的'囚笼政策'以沉重打击，提高了共产党和八路军的威望，在抗日局面比较低沉时振奋了全国人民的信心"①，同样也坚强了干部的斗争意志。

三、综合采用柔性激励等其他方式引导干部担当作为

从党依据客观形势变化和实际需要采取的激励举措看，这一时期比较注重柔性激励，同时也进行了强精神激励和奖赏激励。

第一，在日常的管理、战斗和生活中注重对干部进行柔性激励。所谓柔性激励就是用一种人性化的管理方式给予干部潜在的说服力，使干部自愿将组织意愿转化为个人的自觉行动。新民主主义革命时期，党在日常管理、战斗和生活中主要采用了民主激励、信任激励和情感激励的柔性激励举措。关于民主激励。毛泽东说"由于我们的国家是一个小生产的家长制占优势的国家，又在全国范围内至今还没有民主生活，这种情况反映到我们党内，就产生了民主生活不足的现象，这种现象妨碍着全党积极性的充分发挥"，会使党陷入封建专制主义、官僚主义那一套，变得毫无生机可言，因此必须"扩大党内民主"，"使党在伟大斗争中生动活跃，胜任愉快，生长新的力量"②。关于信任激励。新民主主义革命时期，组织对干部采取高度的信任，表现为充分地授权。例如：淮海战役中，粟裕根据战场局势变化，将发起战役的时间整整提前了两天，但是消息传到西柏坡，毛泽东和周恩来不仅没有生气，反而表示很兴奋，以茶代酒，予以庆贺。可见，当时的党组织对干部是多么信任。关于情感激励。在当时惺

① 本书编写组. 中国共产党简史［M］. 北京：人民出版社，中共党史出版社，2021：87.
② 毛泽东. 毛泽东选集：第2卷［M］. 北京：人民出版社，1991：529.

惺相惜、命运与共的特殊情况下，组织与干部、干部之间、干部与一般党员之间、将士之间都是较大程度地付出真情的，大家相互照顾、彼此鼓励、扶助弱小是一种普遍风气。长征期间，军需处长将棉衣发给战士，自己却活活冻死。这样舍己为人的事情在当时很多，大家无不动容，誓与敌人不两立。

第二，在革命陷入被动，整体士气下降、颓丧和消沉的特殊时期对干部进行了强精神激励和奖赏激励。

关于强精神激励。强精神激励是指能够在短时间内快速地、极大地振奋干部精气神、激发干部动力、调动干部积极性的精神激励机制。新民主主义革命时期对干部进行强精神激励主要是在阶段性革命斗争失败，党面临生死存亡的时候，及时做出重大的正确的战略调整，快速找到正确的革命道路，扭转革命形势，重拾党员和干部的信心。以1927年的大革命失败为例。1927年的大革命失败后，无数的共产党员、革命群众被杀害，使得处在幼年期的党笼罩在一种白色恐怖之中，很多党员、干部丧失信心，党内"红旗还能打多久"的质疑声不绝于耳。为了保存革命火种，快速扭转局势，重振斗志，党中央迅速召开八七会议，确定了土地革命和武装反抗国民党反动派的总方针，随后在毛泽东带领下革命从进攻大城市转向农村进军，开辟农村革命根据地，找到了农村包围城市、武装夺取政权的中国革命新道路。并且，毛泽东还写了《星星之火，可以燎原》一文，提出工农武装割据的思想，从而指明了革命方向，重整了全党信心，加强了全党斗志。像这样的强精神激励在1934年第五次反"围剿"失败，红军决定长征，并通过遵义会议确立以毛泽东为主要代表的马克思主义正确路线在中央的领导地位的时候也体现得较明显。

关于奖赏激励。抗日战争进入战略相持阶段，敌后战场被巨大颓废情绪笼罩，干部斗志锐减、信念动摇的时候，陕甘宁边区政府于1939年4月出台《陕甘宁边区机关干部学校人员生产运动奖励条例》，1941年10月出台《陕甘宁边区税务人员奖惩条例》《陕甘宁边区税务总局发给缉私奖金办法》，1941年11月出台《陕甘宁边区仓库工作人员奖惩条例》，1943年4月颁布《陕甘宁边区各级政府干部奖惩暂行条例》。以《陕甘宁边区各级政府干部奖惩暂行条例》为例。该条例详细规定包括"正确了解，广泛宣传并具体实现边区施政纲领及政府其他政策法令（如人权、财权保障条例，土地租佃条例等）成绩优异者"以及"工作方法特别完善或有确合实际之创造发明者；环境困难复杂，善于克服困难，完成任务者"等9种予以奖励的情形，并规定奖励办法有记功（记大功或记功）并公布、给予奖章奖状、传令嘉奖、通令嘉奖、登报嘉奖、当众宣扬、提升、物质奖励。①

第二节　激励机制的运行成效

新民主主义革命时期，干部担当作为激励机制的运行对民主革命产生了巨大促成效应，取得了革命成功的良好效果。

一、有效锻造了一批有钢铁意志的干部队伍

新民主主义革命时期，在共同理想信念和革命斗争不断取得胜利的激励作用下，涌现出了许多绝对忠诚可靠、坚毅勇敢、视死如归、大公无私，愿意为党和国家战斗不息、牺牲奉献的党员干部。他们有的用鲜血证明了这一点：从1921年至1949年这28年的时间里，为坚持理想信念和为革命事业献出宝贵生命的党的卓越领导人有李大钊、瞿秋白、蔡和森、向警予、邓中夏、苏兆征、彭湃、陈延年、恽代英、赵世炎、张太雷等；杰出的将领有方志敏、刘志丹、黄公略、许继慎、韦拔群、赵博生、董振堂、段德昌、杨靖宇、左权、叶挺等。② 有的则是一直坚守在奋斗一线，源源不断地为革命和建设事业贡献着自己的全部力量，包括心力、智力、体力、财力等，直到生命的最后一刻，比如毛泽东、董必武、邓小平、刘少奇、彭德怀、朱德等。毛泽东说："我们的共产党和共产党所领导的八路军、新四军，是革命的队伍。我们这个队伍完全是为着解放人民的，是彻底地为人民的利益工作的。"③ 这种彻底性就是体现为有钢铁般的意志，在任何困难面前都不怕被打倒，始终坚定理想信念，始终保持革命斗志。刘少奇在1941年给中共中央华中局党校工作的宋亮（即孙治方）的来信中说，"中国共产党艰苦奋斗英勇牺牲的精神，并不比苏联的布尔什维克差，所以中国共产党历来的组织工作就是很好的，不论做什么事……只要党内一动员，为党员所了解，历来就能做得很好"，即使是"数十万党员被人割去头颅的白色恐怖，亦不能威胁我们的党员放弃自己马列主义的旗帜"。④

---

① 杨永华. 中国共产党廉政法制史研究 [M]. 北京：人民出版社，2005：199-201.
② 本书编写组. 中国共产党简史 [M]. 北京：人民出版社，中共党史出版社，2021：143.
③ 毛泽东. 毛泽东选集：第3卷 [M]. 北京：人民出版社，1991：1004.
④ 刘少奇. 刘少奇选集：上卷 [M]. 北京：人民出版社，1981：220.

二、逐步形成了一系列伟大的民主革命精神

"人无精神则不立，国无精神则不强。"① 精神是一个民族赖以长久生存的灵魂，只有精神上达到一定高度，人才能克服困难，找到活着的价值，"民族才能在历史的洪流中屹立不倒、奋勇向前"②。所以伟大的精神反映了伟大的灵魂、体现了十足的干劲、展现了激励机制的强大功效。"新民主主义革命时期，形成了红船精神、井冈山精神、苏区精神、长征精神、抗战精神、延安精神、红岩精神和西柏坡精神等，铸就了中国共产党精神谱系的一座座丰碑。"③ 以伟大的"长征精神"为例：其具体包含了"把全国人民和中华民族的根本利益看得高于一切，坚定革命的理想和信念，坚信正义事业必然胜利的精神；为了救国救民，不怕任何艰难险阻，不惜付出一切牺牲的精神；坚持独立自主、实事求是，一切从实际出发的精神；顾全大局、严守纪律、紧密团结的精神；紧紧依靠人民群众，同人民群众生死相依、患难与共、艰苦奋斗的精神"④。伟大的长征精神既是新民主主义革命时期激励干部担当作为的成果体现，也是激励中国革命不断从胜利走向胜利的强大的精神动力。

三、胜利完成了党在民主革命时期的历史任务

实现民族独立、人民解放是中国共产党在民主革命时期的历史任务。经过28年艰苦决绝的斗争，终于消灭了封建旧军阀、打跑了帝国主义侵略者、打败了国民党反动派。1949年9月，中国人民政治协商会议第一届全体会议在北平召开，"标志着100多年来中国人民争取民族独立和人民解放运动取得历史性的伟大胜利"⑤。毛泽东在开幕式上庄严宣告：占人类总数四分之一的中国人从此站起来了。这意味着：中国共产党领导的新民主主义革命任务完成。如果说中国共产党是革命战争中的中流砥柱，那么，作为骨干力量的干部队伍就是革命支柱中最粗壮的那部分。毛泽东说，没有"以几十万英勇党员和几万英勇干部的流血牺牲"，就不可能赢得群众的信任，革命就不可能获得广泛的支持。⑥ 同

---

①　习近平. 习近平谈治国理政：第 2 卷 [M]. 北京：外文出版社，2017：47.
②　习近平. 习近平谈治国理政：第 2 卷 [M]. 北京：外文出版社，2017：48.
③　刘大可，庄恒恺，陈佳. 精神谱系：中国共产党精神的福建篇章 [J]. 中共福建省委党校（福建行政学院）学报，2021（5）：5.
④　本书编写组. 中国共产党简史 [M]. 北京：人民出版社，中共党史出版社，2021：65.
⑤　本书编写组. 中国共产党简史 [M]. 北京：人民出版社，中共党史出版社，2021：140.
⑥　毛泽东. 毛泽东选集：第 1 卷 [M]. 北京：人民出版社，1991：184-185.

样，没有党员干部的流血牺牲和以身作则，党的任务也是不可能完成的。而无数党员干部之所以愿意流血牺牲，战斗不息，就是当时的激励举措作用的结果。在某种意义上，可以说胜利完成了党在民主革命时期的历史任务是当时中国共产党激励干部担当作为的最大成效。

第七章

社会主义革命和建设时期的激励机制

　　社会主义革命和建设时期，一方面，新中国的成立是当时干部激励机制形成的重要背景。与民主革命时期半殖民地半封建的社会状况不同，社会主义革命和建设时期的社会是一个全新的、人民翻身做主人的、人人平等的、激情燃烧的新社会。新中国的诞生，从根本上结束了帝国主义、封建主义和官僚资本主义的统治历史，劳动人民第一次获得解放，成为国家的主人；中华民族一洗百年屈辱，开始以崭新的姿态屹立于世界民族之林。[①] 这种广大人民群众在社会地位上"从无到有""从低到高"的巨大改变和国家民族在历史地位上从被殖民、被践踏到" 焕然一新、独立自主"的巨大进步，给新中国的人民和干部队伍以巨大的鼓舞、巨大的信心和巨大的荣耀。毛泽东说："已经得到解放的中国人民的力量是无穷无尽的。"[②] 当时干部担当作为激励机制就是在这样一个异常兴奋、热火朝天干事业的氛围中产生的。

　　另一方面，中国共产党已经成为执政党也是当时干部激励机制形成的重要背景。与民主革命时期中国共产党是一个革命党、在野党的地位不同，社会主义革命和建设时期的中国共产党已经是一个执政党。由于这个党是刚刚取得天大胜利的党，是被 28 年革命实践证实始终为着国家民族利益和人民利益的党，是真正有志向有能力的党，也是新中国的唯一执政党，所以这个党也是广大人民群众和干部队伍非常信任、非常依赖的党。人们以加入这样的党而感到自豪，同时也相信党能够继续带领人民过上富足美好的生活，国家能够迅速成为社会主义工业化强国。作为一个全国执政的党，中国共产党也能够充分发挥自己的执政优势，制定长远计划，动员广大干部和群众为着巩固新生的人民政权、建设社会主义国家而顽强拼搏、艰苦奋斗、奋勇前进。因此，可以说没有新中国

---

① 当代中国研究所. 中华人民共和国简史（1949—2019）［M］. 北京：当代中国出版社，2019：4-7.

② 中央档案馆，中共中央文献研究室. 中共中央文件选集：第 24 册［M］. 北京：人民出版社，2013：52.

成立和中国共产党成为执政党的特殊社会背景和历史条件，就无法形成当时的干部激励机制。

第一节　激励机制的主要内容

社会主义革命和建设时期，一种崇高的政治荣誉感和共同的奋斗目标对干部整体起着主导激励作用。与此同时，中国共产党为了实现具体任务目标还综合采用了特殊照顾激励等其他方式引导干部担当作为。

一、"崇高政治荣誉感"激发着干部的奋斗热情

社会主义革命和建设时期的政治荣誉感是党员干部基于对新中国、对中国共产党的认识了解而自觉产生的一种思想情感和政治品性，反映了干部对当时的国家和党组织的一种认同感、归属感、责任感、使命感和自豪感。一方面，这种崇高的政治荣誉感帮助干部解决了"我是谁""我在哪"的问题。干部单就因获得了党员身份、干部身份和自觉身处一个优秀的先进的集体就感觉到无比荣耀，进而产生某种集体归属感和荣誉感，所以总是精气神十足，干事充满热情。另一方面，这种崇高的政治荣誉感帮助干部解决了"我该干什么"的问题。干部既然身处伟大的党，先进的集体，具有足以让人尊崇的身份，势必就要通过自己的行动保持这份荣耀，所以当时的干部普遍具有强烈的政治使命感、国家责任感，心甘情愿地为社会主义建设事业拼搏奋斗。党的八大指出："从根本上说，我们共产党不是为奖励而工作的。我们是为人民群众的利益而工作。当我们的工作是正确的努力的，因而我们得到人民群众的信任的时候，这对共产党员说来，就是最高的奖励。"① 毛泽东也强调"革命党嘛，以饿不死为原则。人没有饿死，就要做革命工作，就要奋斗，一万年以后，也要奋斗。共产党就是要奋斗，就是要全心全意为人民服务，不要半心半意或者三分之二的心三分之二的意为人民服务"②，充分说明崇高的政治荣誉感激发着当时干部的奋斗热情。

---

① 中央档案馆，中共中央文献研究室．中共中央文件选集：第 24 册 ［M］．北京：人民出版社，2013：166.
② 中共中央文献研究室．毛泽东文集：第 7 卷 ［M］．北京：人民出版社，1999：285.

二、"共同的奋斗目标"转化为干部的行动自觉

所谓目标就是主体期望达到的成就和结果。符合主体意愿的目标可以充分挖掘人的才智，调动人的积极性、主动性和创造性。社会主义革命和建设时期，普通大众、党员干部和党组织有着共同的奋斗目标，那就是在巩固好新生政权的同时，尽快建设一个社会主义的工业化国家，使国家快速强大起来，彻底摆脱西方列强的觊觎和结束"一穷二白"的状况。在全国一盘棋的计划经济体制条件下，大家都无比清楚：如果不能够实现这个目标，好不容易取得的政权、获得的民主、独立的国家就有可能被颠覆，人民就可能重新回到那个暗无天日的旧社会；而如果大家不齐心协力拼搏奋斗、艰苦奋斗、克服困难地奋斗，这个目标就无法实现。所以，当时的共同奋斗目标能够迅速转化为干部的行动自觉。典型的时期就是1953年开始实施第一个五年计划和制定过渡时期总路线，提出实现社会主义工业化和对农业、手工业、资本主义工商业进行社会主义改造之后，全国城乡迅速形成参加和支援国家工业化建设的热烈氛围。人们对工业化的无限憧憬，"每一秒钟都为创造社会主义社会而劳动"的时代精神充分反映了工业化目标所激发的建设热情。① 此外，同样出现如此劳动热情的时期，还有20世纪50年代末和60年代，随着党的八大的召开，"把一个落后的农业的中国改变成为一个先进的工业化的中国"② 的任务目标提出以及"四个现代化"历史任务的提出，全国掀起了工业建设热潮、农业生产高潮和人民公社化运动高潮。这充分说明：当时的社会主义建设目标是包括干部在内的"党和全国各族人民的共同奋斗目标"，"是凝聚和团结全国各族人民不懈奋斗的强大精神力量"，③ 也是当时干部激情奋斗的强大精神力量。

三、综合采用特殊照顾激励等其他方式引导干部担当作为

从为实现具体任务目标而采取的激励举措看，中国共产党在这一时期主要对干部进行了特殊照顾激励、实行等级工资的物质激励、大力宣扬先进典型的精神激励和奖赏激励。

---

① 本书编写组．中国共产党简史［M］．北京：人民出版社，中共党史出版社，2021：175.
② 中央档案馆，中共中央文献研究室．中共中央文件选集：第24册［M］．北京：人民出版社，2013：52.
③ 本书编写组．中国共产党简史［M］．北京：人民出版社，中共党史出版社，2021：198.

　　第一，关于特殊照顾激励。

　　新中国成立之时和成立初期，我国主要是进行巩固政权和恢复国民经济的努力，一方面要继续解放闽南、广东大部、广西、贵州、云南、新疆、西藏等地区，建立地方各级人民政权；另一方面要在新解放区完成土地改革，没收官僚资本、稳定物价、统一全国财经，开展各方面建设。这在客观上要求中央派遣大量干部去这些地方指挥斗争和组织工作。而这些地方在当时由于是尚未解放和新解放的区域，所以属于地处偏远、斗争环境恶劣、生活条件艰苦的地方，愿意去到这些地方的干部很多都是远离家乡、做出较大自我牺牲的干部。当时，为了激励这些干部立足当地发展、扎根奉献，党中央迅速出台了对这些地区干部进行特殊照顾的政策文件，要求对这些地区的干部予以优待。比如：1951年2月13日出台的《中共中央对派赴边疆地区工作干部的教育与待遇问题的指示》指出，边疆地区一般物质条件差，生活较苦，为了鼓励去边疆工作的干部和技术人员，必须在生活方面予以适当的照顾，其待遇一般应较内地为高，同时也要看各边疆地区的不同情况（主要是各地的物质条件）而有所区别（如去西藏工作的干部和技术人员的待遇应较其他某些边疆地区的高些）。①

　　第二，关于实行等级工资的物质激励。

　　新中国成立到1952年年底，土地改革基本完成，恢复国民经济的任务顺利实现，朝鲜停战谈判双方在主要问题上达成协议，这表明我国已经具备有计划地进行大规模经济建设的条件。② 所以党中央决定从1953年开始实行发展国民经济的第一个五年计划，主体进行工业化建设，同时进行工业、农业和个体手工业的社会主义改造，力求尽快向社会主义过渡。这个时候，为了激励干部尽快完成过渡时期的任务，党中央决定改变过去对干部实行的"供给待遇制"或"包干制"，开始探索实行等级工资制度。1955年8月31日，国务院发布《关于国家机关工作人员全部实行工资制和改行货币工资制的命令》指出，将现有的一部分工作人员所实行的包干制待遇一律改为工资制待遇。③ 1956年7月4日，为了更好地实现不同产业之间、不同地区之间工资的平衡，同时克服平均主义现象，发挥工资的物质激励作用，国务院又发布《关于工资改革的决定》，强调，根据"按劳取酬"的原则，对企业（包括国有企业、供销合作社企业、全

　　① 中央档案馆，中共中央文献研究室. 中共中央文件选集：第5册［M］. 北京：人民出版社，2013：153-154.

　　② 本书编写组. 中国共产党简史［M］. 北京：人民出版社，中共党史出版社，2021：171.

　　③ 中共中央文献研究室. 建国以来重要文献选编：第7册［M］. 北京：中央文献出版社，1993：154-156.

行业公私合营前的公私合营企业）、事业和国家机关的工资制度进行改革。具体措施包括：实行货币工资制；改进工人的工资等级制度，使熟练劳动和不熟练劳动，繁重劳动和轻易劳动，在工资标准上有比较明显的差别；改进企业职员和技术人员的工资制度，设置不同职务工资等级线；推广和改进计件工资制和企业奖励工资制度等。总之，等级工资制度的实行一方面有利于满足当时干部生活的实际需要，干部可以用工资买到自己真正需要的物品；另一方面，体现了"按劳取酬"和"同工同酬"的精神，充分调动了干部队伍的积极性、主动性和创造性。在干部的组织带动下，仅仅三年时间，就实现了过渡到社会主义的目标任务。

第三，关于大力宣扬先进典型的精神激励。

1956 年，社会主义改造基本完成，我国社会主义制度建立起来了。从此，党面临的根本任务就是领导全国各族人民在新建立的社会主义制度的基础上，大力发展生产力，"把一个落后的农业的中国改变成为一个先进的工业化的中国"①。1958 年 9 月，中国共产党第八次全国代表大会在北京举行，毛泽东在开幕式号召大家"为建设一个伟大的社会主义的中国而奋斗"②。广大人民积极响应党的号召，迅速地投入建设工作，在全国掀起了一阵阵工业化建设高潮、农业生产高潮、人民公社化运动高潮。由于人们都想把社会主义建设事业搞得快一些、再快一些，所以积极性非常之高，涌现出了许多先进典型集体和个人。例如，在中国工业战线艰苦创业的"大庆"，在农业战线奋斗拼搏的"大寨"，还有"甘当螺丝钉"的雷锋、潜心治理盐碱地的焦裕禄等。这一时期，党主要采取授予这些先进集体和个人荣誉称号和在全国大力宣扬先进典型以号召大家学习的激励举措。例如，1963 年 3 月，毛泽东题词"向雷锋同志学习"，之后全国各行各业掀起了向雷锋学习的热潮；1964 年以后，全国又开展了"农业学大寨"的运动；1966 年 2 月，新华社播发长篇通讯《县委书记的榜样——焦裕禄》，在全国引起强烈反响，党政干部中掀起了学习焦裕禄，做党和人民好干部的热潮。③ 这些先进集体和个人的精神品质到今天依然触动着人们，更不用说对当时干部的激励作用了。

---

① 中央档案馆，中共中央文献研究室. 中共中央文件选集：第 24 册 [M]. 北京：人民出版社，2013：52.

② 中央档案馆，中共中央文献研究室. 中共中央文件选集：第 24 册 [M]. 北京：人民出版社，2013：49.

③ 当代中国研究所. 中华人民共和国简史（1949—2019）[M]. 北京：当代中国出版社，2019：46-49.

第四，关于奖赏激励。

奖赏激励是通过对在工作中表现突出、在重大事件中作出贡献等的优秀干部记功、授予荣誉称号、发放奖金、予以优先提拔，以激励干部更好地履职尽责、担当奉献的机制。奖赏激励的性质取决于奖赏的内容，如果是记功、授予荣誉称号、在一定范围内宣传学习，属于精神激励范畴；如果是发放奖金，属于物质激励范畴；如果是优先提拔重用，属于政治激励范畴；如果是三者都有，则是对精神激励、物质激励和政治激励的综合运用。新中国成立后，中国共产党主要出台了两个有关干部奖赏激励的文件，一个是在即将进行大规模工业化建设和社会主义改造的时候，政务院颁布了新中国成立后的第一个干部奖惩条例，即《国家机关工作人员奖惩暂行条例》（1952 年 8 月），其中规定了 17 项奖励的条件和 5 种奖励的种类，分别为表扬或奖品、记功或二等奖金、记大功或一等奖金、记特等功或特等奖金、授予荣誉称号或者荣誉奖金。其突出的特点是将精神激励与物质激励相结合。另一个是在全面进行社会主义建设的时候，第一届全国人民代表大会常务委员会通过《国务院关于国家行政机关工作人员的奖惩暂行规定》（1957 年 10 月）。该规定指出，如果干部有重大成绩、显著功绩、显著贡献，以及起到模范作用等情形的，组织应予以记功、记大功、授予奖品或者奖金、升级（当时主要指提升工资级别）、升职、通令嘉奖奖励，并说明，这几种奖励可以单独使用，也可以同时并用。[①] 体现了党综合运用精神激励、物质激励和政治激励的激励智慧。

第二节　激励机制的运行成效

一、增强了积极投身社会主义革命和建设事业的骨干力量

社会主义革命和建设时期，中国共产党激励干部担当作为总体上保证了当时干部投身社会主义革命和建设事业的积极性、主动性。从数量看，"全国的干部队伍数量极速增加，从新中国成立之初的接近 80 万，不到三年时间就超过了300 万"[②]。而在探索中国社会主义建设道路的过程中，各种类型的干部数量更是得到了飞速发展。到 1960 年，仅仅是工业系统的干部数量就达到了 250 万，

---

① 劳动人事部干部局. 奖惩工作文件汇编［M］. 北京：中国人事出版社，1984：8-9.
② 王懂棋. 新中国干部队伍建设制度史［M］. 南京：江苏人民出版社，2019：31.

比 1952 年国民经济恢复后的数量增加了近 4 倍;① 到 1962 年,科学技术干部队伍比 1957 年增长了 87.3%,比 1952 年增长了 5.3 倍。② 从种类看,当时的干部种类已经非常之多,在军队、工业计划、科学技术、财经贸易、交通运输、农林水利、文化教育、统一战线、政法工作、党群工作等各条战线都产生了具体的干部类型。干部数量能够快速增长,各级各类干部能够快速补充,说明当时党具有较大凝聚力、号召力、组织力和激励力。从干事态度看,当时绝大多数干部是愿意干事、积极干事的,不少干部表现出了惊人的不畏艰险、吃苦耐劳、鞠躬尽瘁、死而后已的干事精神。比如,河南兰考县委书记焦裕禄,带领人民治理盐碱地和沙丘,积劳成疾,忍着晚期肝癌的病痛,仍然坚持在治沙第一线。

二、铸就了艰苦环境下进行社会主义建设的伟大精神

精神是支撑人战胜困难、克服障碍、披荆斩棘的根本动力,反映了人对未来奋斗目标所持的态度和奋斗的决心。社会主义革命和建设时期,我国一方面要不断进行巩固政权的斗争;另一方面,要在“一穷二白”的基础上加快建设社会主义,条件异常艰苦。尤其是在 20 世纪 50 年代末 60 年代初,国际上,社会主义运动陷入低潮,美苏两个超级大国都与中国为敌;国内,“大跃进运动”和“反右倾”的错误给国民经济埋下严重危机;另外,还发生了罕见的自然灾害。社会主义建设环境可以说是极其恶劣。但是,即使是在如此恶劣又艰苦的环境下,干部群众依然保持惊人的奋斗激情、建设热情,“涌现出了大批不畏艰难、勇于奉献的英雄模范和事迹,汇聚成鼓舞中国人民不怕困难、自力更生、艰苦创业、昂扬奋进的时代精神”③。这些精神具体包括:工业领域,以自力更生、艰苦奋斗为核心,以“三老四严”“四个一样”④ 为标志的“大庆精神”;农业领域,以“自力更生、艰苦奋斗、自强不息、藐视困难、热爱集体”为内容的“大寨精神”;军队领域,以“勤俭节约、助人为乐、始终保持艰苦奋斗优

---

① 中共中央组织部,中共中央党史研究室,中央档案馆. 中国共产党组织史资料:第 9 卷:下 [M]. 北京:中共党史出版社,2000:692.

② 中共中央文献研究室. 建国以来重要文献选编:第 18 册 [M]. 北京:中央文献出版社,2011:300.

③ 当代中国研究所. 中华人民共和国简史(1949—2019)[M]. 北京:当代中国出版社,2019:46.

④ 所谓“三老四严”指的是对待事业,要当老实人、说老实话、办老实事;对待工作,要有严格的要求、严密的组织、严肃的态度、严明的纪律。所谓“四个一样”指的是对待工作要做到黑天和白天一个样,坏天气和好天气一个样,领导不在场和领导在场一个样,没有人检查和有人检查一个样。

良传统"为宗旨的"南京路上好八连"精神；科技领域，以"热爱祖国、无私奉献，自力更生、艰苦奋斗，大力协同、勇于登攀"为内涵的"两弹一星"精神。此外，还有"艰苦创业、无私奉献、团结协作、勇于创新"的"三线精神"；甘当螺丝钉、勇于奉献、乐于助人的"雷锋精神"；亲民爱民、艰苦奋斗、科学求实、迎难而上、无私奉献的"焦裕禄精神"等。① 这些都是当时干部群众不畏艰难、艰苦奋斗、拼搏奋进的真实精神写照，表明了当时干部担当作为激励机制的强大作用。

三、创造了社会主义革命和建设的伟大成就

社会主义革命和建设时期，通过激励机制的作用调动了广大干部群众的积极性；通过广大干部群众的积极作为、艰苦奋斗、顽强拼搏，党在不过三年的时间里就完成了恢复国民经济的工作和一系列的民主改革任务。又仅仅用了三年时间完成了对农业、手工业和资本主义工商业的社会主义改造，建立了社会主义制度，进入了社会主义社会。此外，从 1953 年到 1978 年 12 月，我国制订了 5 个五年计划，通过这 5 个五年计划的实施，到 1980 年，全国工业固定资产按原价计算，比经济恢复的 1952 年增长了 26 倍多，棉纱产量增长 3.5 倍，原煤产量增长 8.4 倍，发电量增长 40 倍。② 这一时期还建成了长春汽车制造厂、飞机制造厂、沈阳机床厂、武汉包头等地的钢铁厂，武汉长江大桥、南京长江大桥，鹰厦、包兰、兰青、兰新、川黔、桂黔、成昆、贵昆、湘黔、襄渝等铁路，爆炸了第一颗原子弹、第一颗氢弹，从而"在旧中国遗留下来的'一穷二白'的基础上，建立了独立的、比较完整的工业体系和国民经济体系"③，奠定了我国工业化、现代化的基础，也为后续开展中国特色社会主义建设积累了经验。美国学者莫里斯·迈斯纳（Maurice Meisner）指出："毛泽东时代是中国现代工业革命的时代。20 世纪 50 年代初期，中国从比比利时还要弱小的工业化起步，到毛泽东时代结束时，长期以来被耻笑为'东亚病夫'的中国已经跻身于世界

---

① 当代中国研究所. 中华人民共和国简史（1949—2019）［M］. 北京：当代中国出版社，2019：46-49.

② 中共中央文献研究室. 三中全会以来重要文献选编：下［M］. 北京：人民出版社，1982：795.

③ 叶剑英. 在庆祝中华人民共和国成立三十周年大会上的讲话［N］. 人民日报，1979-9-30（1）.

前六位最大的工业国家之列。"① 可见当时的干部群众投入了多大的热情、付出了多么艰辛的努力，同时也印证了当时干部担当作为激励机制的运行成效。

---

① 迈斯纳．毛泽东的中国和后毛泽东的中国：下 [M]．杜蒲，李玉玲，译．成都：四川人民出版社，1989：540-541.

第八章

改革开放和社会主义现代化建设时期的激励机制

改革开放和社会主义现代化建设时期，一方面，拨乱反正工作的开展是当时干部激励机制形成的重要背景。面对"文革"期间，干部担当作为积极性、主动性、创造性遭遇毁灭性打击的境况，邓小平于 1977 年 7 月复出后开始着手整顿，着力恢复秩序，拨乱反正。在科学教育方面，提出尊重知识、尊重人才、"科学技术是第一生产力"的口号，并恢复高考制度，推动人才的正常选拔培养。在思想方面，重新确立实事求是的思想路线，破除了"两个凡是"的谬论，把广大干部群众从"左倾"思想束缚中解脱出来，党内外出现了研究新情况、解决新问题的生动局面。改革开放之后，大规模平反冤假错案的工作进一步保证了干部安心回到岗位上去推动工作、谋求发展。

另一方面，改革开放历史决策的实行也是当时干部激励机制形成的重要背景。其中，"对内改革"将凡是阻碍生产力发展，不利于增强综合国力和提升人民生活水平的体制机制都进行了变革，为广大党员干部充分发挥自身才智，调动自身积极性、主动性、创造性提供了前所未有的政治、物质驱动力；"对外开放"通过打开国门，使得广大党员干部开阔了视野，认识到了不足，也找到了发展经济科技的新门路，增加了斗志，变得更加积极主动作为了。综上，正是拨乱反正和改革开放的特殊社会背景孕育了当时的干部激励机制。

第一节　激励机制的主要内容

改革开放新时期，从客观形势发展对干部起激励作用的角度看，"抓住机遇尽快富裕"的夙愿使命、"权力自主空间扩大"的放权格局、"日新月异蒸蒸日上"的发展势头都在激发着干部的干事热情。同时，为实现发展任务目标，党综合采用工资持续增长激励等其他方式引导干部担当作为。

一、"抓住机遇尽快富裕"的夙愿使命鼓励干部积极行动

夙愿，即一向怀有的愿望，久存心中的希望，夙愿反映了人们日常生活及内心深处最持久、最热烈的需求或诉求。① 吃穿住用行等基本物质需要长时间没有得到满足，会导致人产生一种对物质的极大渴望，这种强烈的渴望就是一种强大的内驱力、推动力，使人不得不积极行动起来寻找可以满足自身基本需求的社会实践形式。使命，指主体应该承担的责任、应尽的义务，使命反映了主体的理想信念、价值目标、责任意识等。② 一个树立了某种崇高理想、有着某种坚定信念、承载了某种使命的人往往会有惊人的行动力、创造力。习近平总书记强调，初心和使命是"激励中国共产党人不断前进的根本动力"③。改革开放和社会主义现代化建设新时期，一方面，从干部需求看，由于受各种因素影响，一直以来我国社会生产力水平都比较低，人民都过着"一穷二白"的贫苦生活，所以到改革开放时，广大干部群众都极度渴望摆脱贫困，赶快富裕起来，以满足自己的基本物质需求。改革开放将发展国民经济与提高人民生活水平紧密结合起来，对内建立社会主义市场经济，对外全面开放，引进资金和先进技术，极大地解放了社会生产力，为广大干部群众实现自身夙愿，满足自身物质需求提供了前所未有的机遇机会，因而大家都争先恐后地想要抓住这难得的机遇，尽快富裕起来。另一方面，从党的使命要求看，改革开放和社会主义现代化建设新时期，党和国家充分考虑到干部群众的现实需要，始终将发展经济，让人民尽快富裕起来作为自己的使命担当，要求不断改革各种体制机制，最大程度地解放生产力、发展生产力，并制定了"三步走"发展战略，这完全契合当时干部的心理需求、价值理想，因而自然就转化为干部的责任担当，促使干部充分发挥自身潜质，不断开拓创新，为着改革开放和社会主义现代化建设的伟大事业鞠躬尽瘁、奋斗不息。从这个意义上说，"抓住机遇尽快富裕"的夙愿使命一直是该时期激励干部积极行动的核心动力。邓小平强调，"贫穷不是社会主义，更不是共产主义"，"我们奋斗了几十年，就是为了消灭贫困……把经济搞

---

① 中国社会科学院语言研究所词典编辑室. 现代汉语词典：第 7 版［M］. 北京：商务印书馆，2016：1247.
② 中国社会科学院语言研究所词典编辑室. 现代汉语词典：第 7 版［M］. 北京：商务印书馆，2016：1189.
③ 习近平. 决胜全面建成小康社会 夺取新时代中国特色社会主义伟大胜利：在中国共产党第十九次全国代表大会上的报告［M］. 北京：人民出版社，2017：1.

上去，把生产力搞上去"。①

二、"权力自主空间扩大"的放权格局激发干部发展动力

放权就是把权力交给下属或下级部门，扩大其权力空间，增加其自主权。从干部激励视角来看，其一，放权意味着"赋能"，即赋予干部如经营管理、人事决定、自主决策、调配资源等能力能量，便于干部具体问题具体分析，适时做出决策部署，降低委托代理成本，增加办事成功的概率。其二，放权意味着"让利"，即将全部或部分收益归当事当地干部支配，便于干部及时分享改革发展成果，增强内在动力。其三，放权意味着"信任"。一般情况下，组织只有相信干部会按照正确方向前进，做出有利于组织目标实现的行为时，组织才会放心放权。这也就是说，组织一旦放权，对干部来说就是一种莫大的信任支持，有来自组织的支持和依仗，干部做起事来自然更有信心和勇气，也更容易出成果。综合以上三点表明：放权既是对干部的一种政治激励，也是对干部的一种物质激励，还是对干部的一种精神激励。改革开放和社会主义现代化建设新时期，国家主要在三个方面进行放权：

首先，党和国家在发展对外经济和农村经济的过程中，不断放宽政策，鼓励地方、基层充分发挥主观能动性，进行自主探索和创新发展，最大限度地满足了干部群众的自主发展愿望，调动了他们的积极性。发展对外经济中放权。1979 年 4 月，针对广东、福建省委提出的"希望中央下放若干权力"允许沿海地区"在对外经济活动中有必要自主权"以及开辟出口加工区的诉求，② 党中央专门召开工作会议，表示支持。邓小平说，"中央没有钱，可以给些政策，你们自己去搞，杀出一条血路来"③。之后，在中央决策的推动下，深圳、珠海、汕头、厦门等地区设置了经济特区，各沿海省份在发展对外经济中的自主权显著增大。而这一放权也迅速产生了激励效应，使得"来自四面八方的特区建设者披荆斩棘、艰苦创业，短短几年间，将深圳、珠海这些昔日落后的边陲小镇、荒滩渔村，建设成为生机勃勃的崭新城市，创造了敢闯敢试、敢为人先、埋头苦干的特区精神"④。发展农村经济中放权。1978 年，安徽省凤阳小岗村的干部冒着风险，怀着无比担忧、忐忑的心情在合同书上摁下手印，擅自决定实行包

---

① 邓小平 . 邓小平文选：第 3 卷 [M]. 北京：人民出版社，1993：64，109.
② 本书编写组 . 中国共产党简史 [M]. 北京：人民出版社，中共党史出版社，2021：237.
③ 本书编写组 . 中国共产党简史 [M]. 北京：人民出版社，中共党史出版社，2021：237.
④ 本书编写组 . 中国共产党简史 [M]. 北京：人民出版社，中共党史出版社，2021：237.

干到组、包产到户的农业生产责任制以改变当地落后的面貌。然而，令他们没想到的是，中央知道后不仅没怪罪，反而予以大力支持，还在全国推广。1980年5月，邓小平在一次谈话中充分肯定了农民的改革创举，他说："实行包产到户，是联系群众，发展生产，解决温饱问题的一种必要的措施。"① 这相当于明确释放了各地可以根据自身实际进行创新发展的信号，对于当时的干部群众是一种极大的鼓舞。此后，各地干部群众纷纷开动脑筋，走出一条条能够切实发家致富的路子。

其次，党和国家在城市经济体制改革过程中，不断扩大国营工业企业自主经营、管理，甚至分配等权限，把企业干部的经济利益同他们所承担的责任和实现的经济效益联系起来，充分调动了企业干部的积极性。1984年5月，国务院印发的《关于进一步扩大国营工业企业自主权的暂行规定》（以下简称为《规定》）从生产经营计划、产品销售、产品价格、物资选购、资金使用、资产处置、机构设置、人事劳动管理、工资奖金和联合经营10个方面扩大了企业自主权。② 例如：在人事劳动管理方面，《规定》指出，"厂长（经理）、党委书记分别由上级主管部门任命，厂级行政副职由厂长提名，报主管部门批准，厂内中层行政干部由厂长任免；企业可以根据需要从外单位、外地区招聘技术、管理人员，并自行确定报酬；企业可根据需要从工人中选拔干部，在任职期间享受同级干部待遇；厂长（经理）有权对职工进行奖惩，厂长（经理）有权对职工进行奖惩，包括给予晋级奖励和开除处分；企业有权根据生产需要和行业特点，在劳动部门指导下公开招工，经过考试，择优录用"③。在工资奖金方面，《规定》指出："企业在执行国家统一规定的工资标准、工资地区类别和一些必须全国统一的津贴制度的前提下，可以根据自己的特点自选工资形式；厂长有权给有特殊贡献的职工晋级，每年的晋级面，可以从目前实行的1%增加到3%；企业对提取的奖励基金有权自主分配。"④ 实际上相当于把所有企业的事都交给企业自己负责了。为了明确这一点，1984年5月，中央办公厅和国务院办公厅还印发了《关于认真搞好国营工业企业领导体制改革试点工作的通知》。该通知

---

① 中共中央文献研究室．三中全会以来重要文献选编：上［M］．北京：人民出版社，1982：474.

② 中共中央文献研究室．十二大以来重要文献选编：上［M］．北京：人民出版社，1986：394-397.

③ 中共中央文献研究室．十二大以来重要文献选编：上［M］．北京：人民出版社，1986：396.

④ 中共中央文献研究室．十二大以来重要文献选编：上［M］．北京：人民出版社，1986：396.

的出台意味着新的工业企业领导体制的建立，也就是厂长负责制的建立，解决了过去"大家都负责，大家都不负责"的问题。在新的领导体制下，党委、厂长和工会的权限及关系都比较明确；厂长有职有权，对属于职责范围内的问题敢于拍板了，办事效率显著提高了；对车间下放权力，做到简政放权，实行权、责、利的统一；在工资奖金制度上实行工资、奖金、福利费捆绑使用，联利联产联责进行全浮动；在人事劳动制度方面打破"铁饭碗""铁交椅"，实行干部能工能干、能上能下、工人能进能出、选贤任能等。这彻底激活了企业经济，激发了工业企业干部的发展潜力。

最后，党和国家在改革干部管理体制过程中，在坚持党管干部的原则下，本着"管少、管好、管活"的精神，较大程度地下放了干部管理权限，发挥了中央各部门、地方党委和基层单位的积极性。① 1983 年 10 月，中共中央组织部出台《关于改革干部管理体制若干问题的规定》，将中央的干部管理权限由原来的"下管两级"改为了"下管一级"，同时要求各级地方党委也要贯彻在党委统一领导下，实行组织部门统一管理和分部分级分类管理相结合的原则，切实根据工作需要适当缩小管理干部范围，下放管理干部权限。② 依据 1984 年 7 月中共中央组织部印发的《中共中央管理的干部职务名称表》，中央直接管理的干部人数由原来的 1.3 万多人减少到 4200 多人，其余的近 9000 名干部交给了地方组织部门管理，初步改变了过去统得太死的局面，地方各级党委和组织部门也制定了新的干部职务名称表，直接管理的干部相应地减少了 2/3。③ 下放干部管理权限大大增加了下属或下级部门的人事自主权，有了人事资源依托，干部改革创新的信心和勇气也就更足了。

总之，在改革开放和社会主义现代化建设新时期，社会和政治领域形成了一种前所未有的"放权扩权让权"格局或形势，这极大地调动了广大干部持续推进改革开放和建设社会主义现代化经济的积极性、主动性和创造性。

三、"日新月异蒸蒸日上"的发展势头永葆干部生机活力

个人的发展状况、精神面貌时常会受到社会整体发展形势、发展面貌的影响。一般情况下，好的发展势头总是会激发人"百尺竿头更进一步"的信心勇

① 陈凤楼.中国共产党干部工作史（1921~2011）［M］.北京：党建读物出版社，2012：215-216.
② 王懂棋.新中国干部队伍建设制度史［M］.南京：江苏人民出版社，2019：163-164.
③ 王懂棋.新中国干部队伍建设制度史［M］.南京：江苏人民出版社，2019：164.

气，不好的发展势头则会让人失去信心，丧失勇气，变得颓废低迷。总体看，改革开放和社会主义现代化建设新时期，我国发展日新月异，人民生活蒸蒸日上。以第八和第九个五年计划时期的发展为例。"八五"计划时期，我国"国民经济持续快速增长，国民生产总值年均增长 12.3%，1995 年达到 61130 亿元，原定 2000 年比 1980 年翻两番的目标提前五年实现；城乡人民生活继续改善，城镇居民人均可支配收入年均增长 7.9%，农村居民人均纯收入年均增长 4.3%；我国各项事业全面发展，社会生产力、综合国力和人民生活上了一个新台阶"①。"九五"计划时期，我国"国内生产总值达到 99776 亿元，年均增长 8.6%；人均国民生产总值比 1980 年翻两番的目标在 1997 年提前 3 年完成；主要工农业产品产量位居世界前列，商品短缺状况基本结束；城乡居民收入大幅度增加，生活质量显著提升"②。经济社会持续发展，人民生活持续改善意味着当时的干部群众不仅能够经常品尝到改革开放的"甜头"，而且总是处于一种如日方升、欣欣向荣的氛围环境之中，这在客观上对干部是一种莫大的激励，让他们能够始终保持改革开放、创新创业的信心勇气以及进行社会主义现代化建设的生机活力。

四、综合采用工资持续增长激励等其他方式引导干部担当作为

从为实现发展任务目标而对干部采取的具体激励举措看，改革开放新时期，党和国家根据不同阶段的不同发展任务需要和干部实际需要，对干部进行了前所未有的物质激励和政治激励，同时还强化了奖赏激励。其中，在物质激励方面，主要是建立工资持续增长机制和实行全面式福利；在政治激励方面，主要是建立公开竞争性选拔机制和实行"晋升锦标赛"激励模式。

第一，工资持续增长机制和全面式福利的物质激励。

1982 年 9 月，党的十二大召开，开启了在建设有中国特色社会主义旗帜指引下全面开创社会主义现代化建设新局面的阶段。彼时，通过前期城乡经济体制改革，我国财政经济状况得到了根本好转，财政逐年增加为改革干部工资制度和对干部进行物质激励提供了坚实的物质基础。同时，人们的思想观念也发生了较大改变，克服了以往"平均主义"的思想，按劳分配思想原则深入人心，广大干部群众对物质的重视和依赖达到了前所未有的地步，这为改革干部工资

---

① 本书编写组. 中国共产党简史［M］. 北京：人民出版社，中共党史出版社，2021：290.
② 本书编写组. 中国共产党简史［M］. 北京：人民出版社，中共党史出版社，2021：312—313.

制度和对干部进行物质激励提供了坚实的思想基础。另外，随着国民经济的发展和各方面状况的变化，以往的工资制度越来越不合理，出现了诸如"职级不符""劳酬脱节""提职不提薪""薪资待遇滞后于社会经济发展"的突出问题，严重影响干部的积极性。所以为了推动发展，解决实际问题，在更大程度上激励干部，党和国家在这之后对干部工资制度进行了三次大的改革：1985 年实施结构工资制度、1993 年实施职级工资制度、2006 年实施职务与级别相结合的工资制度。在这些工资制度改革过程中，强调逐步建立干部工资持续增长机制，充分发挥了物质激励的强大功效。1985 年 5 月颁布的《国家机关和事业单位工作人员工资制度改革方案》要求，国家在财力上尽力增加干部工资，实行包括基础工资、职务工资、工龄津贴、奖励工资四个内容的结构工资制度，并且"建立正常晋级增资制度，今后每年根据国民经济计划的完成情况，适当安排国家机关、事业单位工作人员的工资增长指标"，在基本面上保证了工资绝对水平逐年提高。[①] 1993 年 11 月颁布的《机关工作人员工资制度改革方案》提出，改革干部工资制度，"机关工作人员（除工勤人员外）实行职级工资制；其工资按不同职能，分为职务工资、级别工资、基础工资和工龄工资四个部分；其中，职务工资和级别工资是职级工资构成的主体"[②]。同时，强调建立正常增资制度。一是要求"机关工作人员的平均工资水平要与企业相当人员的平均工资水平大体持平"；二是要求机关工作人员的工资水平随着国民经济的发展以及"职工生活费用价格指数的变动情况"进行有计划的增长和定期调整；三是要求"根据不同地区的自然环境、经济发展水平和物价等因素，实行不同的地区津贴，并对在特殊岗位上工作的人员实行岗位津贴"。[③] 从而运用工资调整机制激励干部到边疆、艰苦地区和艰苦岗位上工作。2006 年 6 月，国务院下发的《公务员工资制度改革方案》要求"定期进行公务员和企业相当人员工资收入水平的调查比较，再根据工资调查比较的结果，结合国民经济发展、财政状况、物价水平等情况，适时调整机关工作人员基本工资标准，形成科学合理的工资水平决定机制和正常增长机制，以保证公务员的工资水平与经济社会发展水平相

① 中共中央组织部干部调配局. 干部管理工作文件选编 [M]. 北京：党建读物出版社，1995：456-464.
② 中共中央组织部干部调配局. 干部管理工作文件选编 [M]. 北京：党建读物出版社，1995：506.
③ 中共中央组织部干部调配局. 干部管理工作文件选编 [M]. 北京：党建读物出版社，1995：506.

适应"①。除此之外,党和国家在这一时期还实行了全面式福利,进一步加强了物质激励的效果。与以往仅仅是维持社会救助水平的最低福利待遇不同,随着改革开放的推进,社会经济的发展,体制机制的完善,干部不仅能够获得工资性收入,而且能够获得诸如住房、教育、日常生活、再就业、工时、探亲、休假、女职工劳动保护、享受集体福利设施等较全面的福利待遇,大大提升了干部的生活质量。这种幅度的物质激励对于当时从"苦日子"生活过来的干部来说是一种莫大的激励,摆脱了贫困、过上了富裕生活的干部自然更加有动力积极投身改革开放和社会主义现代化建设事业。

第二,公开竞争性选拔机制和"晋升锦标赛"的政治激励。

1992 年 10 月,党的十四大确定了我国经济体制改革的目标是建立社会主义市场经济体制,并号召广大干部群众抓住机遇,加快发展,夺取有中国特色社会主义事业的更大胜利,到 20 世纪末,实现人民生活由温饱进入小康的目标。彼时,国家的经济体制改革、政治体制改革和干部人事制度改革都进入了深化阶段,在选人用人方面,传统的统一调配和单一干部选拔方式的弊端日益暴露,如存在"少数人选人""选少数人""用身边人""任人唯亲"等选拔视野不够开阔和用人腐败的现象,已经不能适应新发展要求,阻碍了干部积极性的发挥。② 鉴于此,党中央决定在干部选拔任用晋升中引入竞争机制,变原来的"相马"机制变为"赛马"机制,以便在较大程度上调动干部队伍建立社会主义市场经济体制和实现进入小康社会目标的潜力、动力。其中,比较典型的做法是建立了针对党政副职领导干部的公开竞争性选拔机制和针对党政"一把手"的"晋升锦标赛"激励模式。

公开竞争性选拔是指各级党组织采用面向社会或机关内部公开报名、考试与考察相结合的方式"选拔任用党委和政府工作部门、党政机关内设机构的领导成员及其他适于公开选拔、竞争上岗的领导职务"③。公开竞争性选拔通过设置体现组织要求的考试内容、公开考试程序,给体制内外的优秀人才脱颖而出提供了公平竞争的机会,因而对于广大的一般工作类干部是一种较大的激励。1992 年 6 月,中共中央组织部转发《关于采取"一推双考"的方式公开选拔副地厅级领导干部情况的报告》,"肯定公开选拔做法,并要求各地各部门积极探

① 贾洪波. 干部工资福利保险制度简述 [M]. 北京:党建读物出版社,2019:36-38.

② 郝明玉. 干部选拔任用制度发展历程与改革研究 [M]. 北京:经济科学出版社,2021:98.

③ 中共中央组织部研究室(政策法规局). 干部人事制度改革政策法规文件选编 [M]. 北京:党建读物出版社,2007:55.

索实践，改进干部选拔方式"①。2000年6月，中共中央办公厅印发《深化干部人事制度改革纲要》，要求"逐步提高公开选拔的领导干部在新提拔同级干部中的比例，规范程序，改进方法，降低成本；加快全国统一题库建设，完善公开选拔工作的配套措施，实现公开选拔党政领导干部工作的规范化、制度化"②。2002年7月，中共中央办公厅颁布的《党政领导干部选拔任用工作条例》明确"公开选拔、竞争上岗主要适用于选拔任用地方党委、政府工作部门的领导成员或者其人选，党政机关内设机构的领导成员或者其人选，以及其他适于公开选拔、竞争上岗的领导职务。"③ 2004年4月，中央印发《公开选拔党政领导干部工作暂行规定》和《党政机关竞争上岗工作暂行规定》，对公开竞争性选拔机制进行了详细规定，标志着公开竞争性选拔机制的真正形成。其中，《公开选拔党政领导干部工作暂行规定》共7章42条，分别从总则、公告、报名和资格审查、考试、组织考察、决定任用、纪律监督、附则八个方面对公开选拔党政领导干部方式做出了详细规定。《党政机关竞争上岗工作暂行规定》共7章31条，分别从总则、制定方案、报名和资格审查、笔试与面试、民主测评与组织考察、任职、纪律监督、附则八个方面对竞争上岗选拔方式做出了详细规定。由于我国党政机关单位或部门层级众多，职位众多，人员众多，可进行公开竞争性选拔的情形也比较多，按照《公开选拔党政领导干部工作暂行规定》，公开选拔在领导职位出现空缺，以及需要改善领导班子结构，需要选拔专业性较强和紧缺专业职位的时候都可以进行。因此公开竞争性选拔机制能够激励到的干部范围是非常广泛的，充分调动了广大一般工作类干部的积极性、主动性。竞争性选拔干部经过20世纪80年代的萌芽发展和20世纪90年代的规范管理，到2000年以来的完善提高，制度与实践不断向纵深发展，从中央部委厅局级领导干部到县乡科局级干部，甚至股级干部都开展了竞争上岗或公开选拔。据不完全统计，"从2008年到2011年，全国公开选拔和竞争上岗的干部有32.8万人，较5年前增长56.2%；2011年各省区市通过公开选拔的厅处级干部，占提拔干部总数的30.7%，中央部委办达到46%"④。公开竞争性选拔确实使一大批优秀干部

①　郝明玉. 干部选拔任用制度发展历程与改革研究［M］. 北京：经济科学出版社，2021：80-81.
②　中共中央组织部研究室（政策法规局）. 干部人事制度改革政策法规文件选编［M］. 北京：党建读物出版社，2007：4.
③　中共中央组织部研究室（政策法规局）. 干部人事制度改革政策法规文件选编［M］. 北京：党建读物出版社，2007：55.
④　郝明玉. 干部选拔任用制度发展历程与改革研究［M］. 北京：经济科学出版社，2021：102.

脱颖而出，在打破领导干部选拔"任人唯亲"、扩大选人用人视野方面起到了积极作用。

"晋升锦标赛"是上级针对下级领导班子成员设计的一种竞赛模式，竞赛标准由上级组织决定，主要是 GDP 增长、财政收入、基础设施投资等这些可以度量的指标，采取多层级、逐级淘汰的程序，竞赛优胜者获得晋升，竞赛失败者自动失去下一轮参赛的资格。①"晋升锦标赛"模式通过引入竞争机制激起干部的"好胜心"；通过胜出后能够担任更高的职务、拥有更大的权力地位、享受更好的政治待遇等激发干部的政治欲求，调动起干部的积极性；再通过制定符合组织要求的标准保证激励的方向，从而发挥其政治激励的功能。"晋升锦标赛"激励模式的形成依赖干部岗位责任制、实绩考核制、考核责任制的建立。改革开放新时期，一方面，党和国家将经济建设目标细化为岗位职责，建立起比较规范的责任制度，明确干部职责范围。1982 年，全国人大五届五次会议通过的新宪法第 27 条，把岗位责任制作为一项根本制度，明确规定，一切国家机关实行岗位责任制，不断提高工作质量和工作效率。同年，原劳动人事部出台《关于建立国家行政机关工作人员岗位责任制的通知》，要求"凡是未建立岗位责任制的单位都应在完成机构改革的同时，把机关工作人员的岗位责任制建立起来"，并提出四项原则性指示，强调"实行岗位责任制要同考核制度、奖惩制度以及工资制度的改革紧密结合"。岗位责任制的建立为开展"晋升锦标赛"模式奠定了基础，因为只有明确责任才能进一步确定参赛对象、比赛项目指标和评分依据。否则，竞赛根本无从谈起。另一方面，党和国家在建立干部考核制度的过程中突出了实绩考核的核心地位。1979 年 11 月，中共中央组织部发布《关于实行干部考核制度的意见》对于建立干部考核制度的重要意义、干部考核的标准内容、考核方式方法原则以及考核结果运用做了基础说明和意见指示。②1983 年，全国组织工作会议召开，突出强调干部工作实绩考核问题。之后一直到 20 世纪 90 年代末，干部考核都以工作实绩为重点展开，制定了具体的、可衡量的、可量化的考核指标体系。当时突出实绩考核的指导性文件有《中央组织部关于试行地方党政领导干部年度工作考核制度的通知》（1988 年 6 月）、《县（市、区）党政领导干部年度工作考核方案（试行）》（1988 年 6 月）、《地方政府工作部门领导干部年度工作考核方案（试行）》（1988 年 6 月）、《关

---

① 周黎安. 转型中的地方政府：官员激励与治理 [M]. 上海：格致出版社，上海人民出版社，2008：162-174.
② 王懂棋. 新中国干部队伍建设制度史 [M]. 南京：江苏人民出版社，2019：182.

于试行中央、国家机关司处级领导干部年度工作考核制度的通知》（1989 年 2 月）、《国家公务员考核暂行规定》（1994 年 3 月）、《党政领导干部选拔任用工作暂行条例》（1995 年 2 月）等。① 这些文件"不仅把实绩考核纳入了年度考核，而且对以工作实绩为重点的考核内容（如工业总产值、税收、农业产量等），以及考核程序、原则、方法等做了具体规定"②。在中央文件要求下，"各地陆续推行了'岗位目标责任制'或'年度主要工作目标责任'，对建立以工作实绩为主导的干部考核评价制度进行了积极探索"③。1998 年 5 月，中共中央组织部印发《党政领导干部考核工作暂行规定》，在工作实绩考核内容中，经济建设类指标，如经济发展的速度、效益，财政收入增长幅度，经济工作指标完成情况等排在社会发展和精神文明建设以及党的建设指标之前，表明其第一重要地位。进入 21 世纪之后，国家虽然强调建立体现科学发展观、正确政绩观的干部考核评价体系，但是由于实绩考核中像 GDP 增长、财政收入这些经济指标比较容易度量，所以还是占据了中心位置。总之，建立以实绩考核为重点的干部考核制度对于推动实施"晋升锦标赛"激励模式具有重大意义，意味着晋升竞赛可以有序展开。除此之外，只要保证考核过程的公开公平公正，考核结果的充分运用，"晋升锦标赛"激励模式就可以真正形成。改革开放新时期，党和国家在建立干部责任制、考核制的基础上也强调建立干部考核责任制，强化对干部考核过程以及考核结果运用的监督。例如：2000 年《深化干部人事制度改革规划纲要》提出"加强对党政领导干部选拔任用工作的监督"；2003 年《党政领导干部选拔任用工作监督检查办法（试行）》要求，监督检查"执行公开选拔和竞争上岗规定的情况"；2009 年《2010—2020 年深化干部人事制度改革规划纲要》要求建立健全干部选拔任用工作全程纪实制度等。对干部选拔任用工作的纪实监督相当于建立干部考核责任制，加强考核过程和考核结果的监督。这样做直接促成了"晋升锦标赛"激励模式的形成。可以说，实行"晋升锦标赛"激励模式比较适合初步实行社会主义市场经济体制的改革开放新时期。"晋升锦标赛"虽然存在一定弊端，但是对当时的干部来说，是激励其调动自身潜能，积极改革创新创业的强大动力。因为在当时背景下，只有一心一意支持改

---

① 陈东辉. 新中国干部考核评价机制的历史演变及启示 [J]. 上海党史与党建，2010 (5)：17.

② 陈东辉. 新中国干部考核评价机制的历史演变及启示 [J]. 上海党史与党建，2010 (5)：17.

③ 陈东辉. 新中国干部考核评价机制的历史演变及启示 [J]. 上海党史与党建，2010 (5)：17.

革、搞建设、发展经济、改善人民生活才有可能得到晋升，投机取巧和暗箱操作的行为在直观的经济指标面前是无处遁形的。

第三，强化奖赏激励。

党的十一届三中全会以后，我国各地各部门加强了干部奖励工作。1980 年11 月，"第五届全国人民代表大会常务委员会第十二次会议通过了《关于中华人民共和国建国以来制定的法律、法令效力问题的决议》，具体明确了 1957 年《国务院关于国家行政机关工作人员的奖惩暂行规定》仍然适用"，要求"在新的形势下做好奖惩工作，为四化建设服务"。[1] 1981 年 12 月，国家人事局发布了《关于报送国务院批准奖励和行政处分人员的材料的通知》，其中规定"报送国务院批准国家行政机关工作人员的通令嘉奖和国务院任命的工作人员的升级、升职奖励的材料，包括事迹整理材料和'奖励登记表'一式四份；给予国务院任命的人员的其他种类奖励的备案材料，只报送'奖励登记表'一式两份"[2]。1982 年 3 月，国务院通过了《企业职工奖惩条例》，从奖励工作原则、适用对象、奖励情形、奖励类型等方面做出基本规定。[3] 此后，各单位陆续出台通知文件，如《关于各级人民法院、人民检察院工作人员奖惩工作参照〈国务院关于国家行政机关工作人员的奖惩暂行规定〉办理的通知》（1982 年 9 月）。[4] 同时，国家还针对实际运行中出现的一些新问题出台了系列解释性文件，如《劳动人事部关于国家行政机关工作人员的奖惩暂行规定中几个问题的解答》（1982 年 10 月）、《劳动人事部关于奖惩审批权限等有关问题的复函》（1983 年 4 月）、《劳动人事部干部局关于奖惩问题的复函》（1983 年 12 月）等。[5] 这些文件的出台说明当时国家对干部奖励工作的重视，同时也为落实干部奖励工作提供了政策文件遵循。到 20 世纪 90 年代，国家根据实践中积累的经验，并且借鉴国外经验，对我国干部奖励工作进行了系统的总结优化。1995 年 7 月，《国家公务员奖励暂行规定》出台。该规定共 15 条，对公务员的奖励工作原则、奖励情形、奖励类型、奖励程序、奖励批准权限以及奖励撤销等做了较为详细的规定。[6] 其中第 4 条突出强调，对公务员的奖励包括"在本职工作中做出成就的"和"在

---

① 劳动人事部干部局.奖惩工作文件汇编［M］.北京：中国人事出版社，1984：15.
② 劳动人事部干部局.奖惩工作文件汇编［M］.北京：中国人事出版社，1984：21.
③ 劳动人事部干部局.奖惩工作文件汇编［M］.北京：中国人事出版社，1984：42-43.
④ 劳动人事部干部局.奖惩工作文件汇编［M］.北京：中国人事出版社，1984：25.
⑤ 劳动人事部干部局.奖惩工作文件汇编［M］.北京：中国人事出版社，1984：35-41.
⑥ 石家庄市人事局任免奖惩处.国家公务员制度法规文件汇编（1993—1999）［M］.石家庄：石家庄市委机关印刷，2000：42-45.

特定环境中做出突出贡献的"两种。① 进入 21 世纪后，中共中央组织部于 2008 年 1 月 4 日专门发布了《公务员奖励规定（试行）》，对干部奖励制度做了更进一步的调整和完善。该规定共 6 章 22 条，以《中华人民共和国公务员》（2005）为制定依据，吸收改革开放以来干部奖励工作实践经验，坚持"精神奖励与物质奖励相结合、以精神奖励为主"的原则，对公务员奖励工作原则，奖励的条件、种类、权限、程序等做了非常全面的规定，标志着具有中国特色的干部奖励制度基本定型和走向成熟。

第二节　激励机制的运行成效

一、培养了一批勇于改革创新的年轻干部队伍

改革开放新时期，中国共产党激励干部担当作为的突出成效是调动了中青年干部（在当时主要指新中国成立后新参加工作的干部）投身改革开放和社会主义现代化建设的积极性。之所以这么说，主要是因为改革开放初期，党和国家进行了一项较大规模的新老干部交替工作。通过在干部队伍建设方面树立"革命化、年轻化、专业化、知识化"的"四化"方针和建立老干部离休退休和退居二线制度。"从 1982 至 1984 年，约有 9 万名老干部退到二线、三线，到 1986 年年底，全国共有 137 万名新中国成立前参加工作的老干部离休或退休，在任的干部基本都是新中国成立后新参加工作的。"② 这些新的相对年轻的干部没有经过革命战争年代的风雨洗礼，自然激励起来比较困难，但是他们绝大多数人在改革开放新时期都是争先恐后、保持建设热情、勇敢拼搏和忘我工作的。例如，荣获"全国劳动模范""全国优秀共产党员""全国敬业奉献模范""改革先锋""最美奋斗者"等荣誉称号的江苏省江阴市华西村干部吴仁宝，"始终站在农村改革发展的最前列，率领华西村民'七十年代造田、八十年代造厂、九十年代造城、新世纪腾飞'，实现了从农业样板村到农村工业化、农村城镇化再到农村现代化的一次次跨越，走出了一条农村资源整合、优势互补、合作双

---

① 石家庄市人事局任免奖惩处．国家公务员制度法规文件汇编（1993—1999）［M］．石家庄：石家庄市委机关印刷，2000：43．

② 王懂棋．新中国干部队伍建设制度史［M］．南京：江苏人民出版社，2019：161．

赢、共同富裕的发展新路，开创了超大型村庄民主管理体制建设的先例"①。此外，被称为"新时期的雷锋""90年代的焦裕禄"，荣获"全国民族团结进步模范"称号，被追授"模范共产党员、优秀领导干部"称号，获得"改革先锋""最美奋斗者"荣誉称号的党的好干部孔繁森，于1979年开始，主动克服困难，扎根西藏工作，勤政为民，不到两年时间跑遍全地区106个乡中的98个，兢兢业业促进当地经济社会发展和民族团结。另还有奋战在纪检监察一线的干部王瑛，传承"大庆精神""铁人精神"的王启民，大力发展寿光蔬菜批发市场，创建了全国闻名、江北最大的蔬菜大棚试验的寿光县委书记王伯祥等。这些都是当时干部担当作为激励机制运行取得的成果。习近平总书记说，在改革过程中，包括干部在内的"掌握着自己命运的中国人民焕发出前所未有的积极性、主动性、创造性，在改革开放和社会主义现代化建设中展现出气吞山河的强大力量"②。

二、造就了伟大的改革开放精神

人无精神不立，国无精神不强。改革开放和社会主义现代化建设新时期中国共产党激励干部担当作为成效显著，调动了干部队伍的积极性，其中一个重要体现就是造就了伟大的改革开放精神。习近平总书记在《庆祝改革开放40周年大会上的讲话》中说："改革开放铸就的伟大改革开放精神，极大丰富了民族精神内涵，成为当代中国人民最鲜明的精神标识。"③ 在狭义上，改革开放精神主要说的是其精神实质或内涵，包括革故鼎新的超越精神、敢为人先的创新精神、只争朝夕的追赶精神、敢闯敢试的攻坚精神、脚踏实地的务实精神、直面难题的担当精神、包容互惠的开放精神等。从广义上，改革开放精神内容比较丰富，包括"万众一心、众志成城，不怕困难、顽强拼搏，坚韧不拔、敢于胜利"的抗洪精神；"特别能吃苦、特别能战斗、特别能攻关、特别能奉献"的载人航天精神；"自强不息、顽强拼搏，万众一心、同舟共济，自力更生、艰苦奋斗"的抗震救灾精神；"敢闯敢试、敢为人先、埋头苦干"的特区精神等。这些精神品质集中反映了改革开放新时期广大干部群众的精神面貌，同时也在一定程度上反映了当时党激励干部担当作为的成果。

---

① 华西村改革发展的带头人吴仁宝 [EB/OL]. 求是网，2019-05-01.
② 习近平. 在庆祝改革开放40周年大会上的讲话 [M]. 北京：人民出版社，2018：12.
③ 习近平. 在庆祝改革开放40周年大会上的讲话 [M]. 北京：人民出版社，2018：13.

三、创造了改革开放和社会主义现代化建设的伟大成就

改革开放和社会主义现代化建设新时期，在干部担当作为激励机制的有效运行作用下，广大党员干部表现出了惊人的自动力、行动力、创造力，在他们及广大群众的积极努力、勇敢拼搏下，"我国实现了从高度集中的计划经济体制到充满活力的社会主义市场经济体制、从封闭半封闭到全方位开放的历史性转变……实现了从生产力相对落后的状况到经济总量跃居世界第二的历史性突破，实现了人民生活从温饱不足到总体小康、奔向全面小康的历史性跨越，推进了中华民族从站起来到富起来的伟大飞跃"①。从 1978 年到 2012 年，我国城镇居民人均收入从 343 元增长到 24565 元，增长了 71 倍多；农村居民人均收入从 134 元增长到 7917 元，增长了 59 倍多。② 这在一定程度上说明当时干部担当作为激励机制的运行产生了巨大的积极效能。

---

① 习近平. 中共中央关于党的百年奋斗重大成就和历史经验的决议［N］. 人民日报，2021-11-17（1）.
② 本书编委会. 辉煌 70 年：新中国经济社会发展成就（1949—2019）［M］. 北京：中国统计出版社，2019：382.

第九章

激励机制演进的宝贵经验

中国共产党成立到党的十八大之前，中国社会历史几经变革发展，党的阶段性历史任务和干部实际随之变化，党适时建立健全干部担当作为激励机制，调动广大干部队伍积极性、主动性、创造性取得重大成效。考察干部担当作为激励机制的演进历史，留下了许多宝贵的经验：一是必须坚持党对激励工作的全面领导，二是必须充分发挥马克思主义激励作用，三是必须科学运用多种手段多管齐下进行激励。三者分别在干部担当作为激励实践中发挥着根本保证、基本保证和重要保证的作用。

第一节　坚持党对激励工作的全面领导

"中国共产党领导是中国特色社会主义最本质的特征，是中国特色社会主义制度的最大优势。"① 坚持党的领导，是中国革命、建设、改革事业取得成功的根本保证，也是干部担当作为激励工作保持正确方向和全面启动、顺利开展、取得实效的根本保证。

新民主主义革命时期，党充分认识到干部是党的宝贵财富，是贯彻执行党的思想政治路线的决定因素，是革命事业取得成功的关键。干部是否愿意跟着党走，为党的事业抛头颅、洒热血，主要取决于干部是否具有无产阶级觉悟，是否具有社会主义、共产主义远大理想，是否认同党的政策主张以及是否能够感受到党的民主气息和人文关怀。因此，党组织特别重视对干部进行精神激励：一是重视用崇高的理想信念、正确的政策主张、能打胜仗的事实吸引和激励干部；二是倍加珍惜、信任、爱护干部，坚持按照德才兼备的干部标准和任人唯贤的干部路线选拔任用干部，坚持发扬党内民主，用平等的同志的方式对待干

---

① 习近平. 习近平谈治国理政：第 4 卷 [M]. 北京：外文出版社，2022：8.

部，并且适时教育引导干部，合理宽容干部过错。这让干部充分感受到党的理想抱负、优良作风和人文情怀，与国民党的官僚统治形成鲜明对比。从而锻造了一批有理想信念、有钢铁意志，特别忠诚可靠，自愿为组织赴汤蹈火的干部队伍。

社会主义革命和建设时期，党强调干部是巩固新生政权和探索建设社会主义的骨干力量，对绝大多数党的干部而言，全心全意为人民服务，赢得人民群众的信任拥护就是最高的荣誉和最大的奖励。与此同时，党也在一定程度上认识到革命前和革命后，我国社会环境、党的任务、干部队伍实际都发生了较大变化，必须根据发展变化的实际适当满足干部生活需要以激发和保持干部积极进行社会主义建设的热情、激情。因此，党一方面通过政治动员、大力宣传先进典型事迹、荣誉表彰、边远艰苦地区特殊照顾等方式鼓励干部积极投身社会主义革命和建设事业；另一方面，建立干部工资制度，变原来的供给制为等级工资制，以实现对干部的物质激励。从而在新中国成立后的较长时间内保护了干部的革命建设热情和信心，形成了在艰苦环境下建设社会主义的伟大精神。

改革开放和社会主义现代化建设时期，党重申"政治路线确定之后，干部就是决定的因素"①，认为想要实行改革开放，进行和开创社会主义现代化建设新局面，就必须改革干部人事制度，培养"革命化、年轻化、知识化、专业化"的干部队伍，并在原先强调精神激励的基础上，更加突出物质激励和政治激励的作用，以调动广大干部的主动性、积极性、创造性。因此，党在这一时期通过建立工资持续增长机制和全面式福利一定程度上满足了干部对物质的极大需求。同时，通过下放政治权力、建立公开竞争性选拔机制和开展"晋升锦标赛"实现了对干部的政治激励。从而在新的社会背景下较大程度地激发了广大干部投身改革开放和社会主义现代化建设事业的热情，取得了改革开放和社会主义现代化建设的伟大成就。

综上表明，坚持党的全面领导是做好干部担当作为激励工作的根本保证。党的激励理念、激励政策、激励制度在干部担当作为激励工作的开展实施中发挥了思想指引、政策导向和制度保障的作用。同时，想要干部担当作为激励工作落地生根、取得实效也必须坚持党的领导，因为"党政军民学，东西南北中，党是领导一切的"②。

---

① 毛泽东. 毛泽东选集：第2卷 [M]. 北京：人民出版社，1991：526.
② 习近平. 决胜全面建成小康社会 夺取新时代中国特色社会主义伟大胜利：在中国共产党第十九次全国代表大会上的报告 [M]. 北京：人民出版社，2017：20.

第二节 充分发挥马克思主义的激励作用

充分发挥马克思主义对干部，特别是党员干部的激励作用是中国共产党干部激励的宝贵经验，是区别于西方资产阶级官员激励的特色所在，也是党的干部激励实践取得成功的基本保证。毛泽东说："如果我们党有一百个至二百个系统地而不是零碎地、实际地而不是空洞地学会了马克思列宁主义的同志，就会大大地提高我们党的战斗力量。"① 邓小平说："对马克思主义的信仰，是中国革命胜利的一种精神动力。"② 一百多年来，无论是革命战争年代还是和平建设时期，中国共产党都始终坚持和发展马克思主义，持之以恒地将马克思主义所追求的理想信念、所揭示的科学真理、所承担的历史使命、所体现的高贵品质内化为干部的精神力量，转化为干部的行动自觉，从而保证了党的干部在面对革命战争的枪林弹雨时浴血奋战、视死如归，在面对新中国建设的艰难局面时励精图治、百折不挠，在面对改革开放的风险挑战时信念执着、从容应对。因此，从这个意义上说，中国共产党的百年历史就是运用马克思主义激励党员干部前仆后继、担当作为、敬业奉献的历史。

第一，马克思主义激励党员干部为共同理想信念奋斗。马克思主义是由马克思、恩格斯创立，由列宁、毛泽东、邓小平、习近平等后来的马克思主义者不断丰富、发展和完善的科学理论体系。马克思主义的向心力、凝聚力、指引力和理论魅力首先体现在其理想价值追求之上：马克思主义追求的是无产阶级和全人类的解放，渴望的是人的自由全面发展，树立的是共产主义远大理想。马克思在《哥达纲领批判》中指出，共产主义可以分为两个阶段：第一个阶段是废除了私有制，建立"一个集体的、以生产资料公有为基础的社会"③。这个社会"是刚刚从资本主义社会中产生出来的，在经济、道德和精神方面都还带着它脱胎出来的那个旧社会的痕迹"④，因此存在很多弊病，并不是人类发展的目标。而真正的理想社会是共产主义社会高级阶段。在这个阶段，一是"迫使

---

① 毛泽东. 毛泽东选集：第 2 卷 [M]. 北京：人民出版社，1991：533.
② 邓小平. 邓小平文选：第 3 卷 [M]. 北京：人民出版社，1993：63.
③ 中共中央马克思恩格斯列宁斯大林著作编译局. 马克思恩格斯文集：第 3 卷 [M]. 北京：人民出版社，2009：433.
④ 中共中央马克思恩格斯列宁斯大林著作编译局. 马克思恩格斯文集：第 3 卷 [M]. 北京：人民出版社，2009：434.

个人奴隶般地服从分工的情形已经消失，从而脑力劳动和体力劳动的对立也随之消失"；二是"劳动已经不仅仅是谋生的手段，而且本身成了生活的第一需要"；三是个人获得全面发展，"集体财富的一切源泉都充分涌流"，人类能够"完全超出资产阶级权利的狭隘眼界"，达到"各尽所能，按需分配"的程度。①这一理想社会与中国传统文化中的大同社会愿景一致，是人类最美好、最理想的社会，是中国人民梦想中的世界，也是广大党员干部的理想社会建设目标。实践中，为了切实向这一理想社会目标靠近，中国共产党人将马克思主义基本原理与中国实际相结合，提出了中国特色社会主义共同理想。中国特色社会主义共同理想是阶段性理想，代表和反映了中国最广大人民群众的根本利益和共同期待，是实现共产主义远大理想的必经环节，与共产主义终极理想是辩证统一的关系。马克思主义关于共产主义和中国特色社会主义理想信念的思想构成了党的性质宗旨、理想信念、奋斗目标、初心和使命的理论基石，体现了广大党员干部、人民群众的愿望要求，在深层意义上将党、党的干部、人民群众的命运紧紧地联系在了一起，为党员干部积极担当作为提供了最美愿景支持和最大道义支持，成为激发广大党员干部砥砺奋进的根本动力。

第二，马克思主义激励党员干部为完成历史使命奋斗。马克思主义是科学的、实践的理论体系，马克思主义在揭示人类社会历史发展一般规律的基础上提出无产阶级历史使命思想，从而在深层意义上提升了无产阶级干部的使命意识、责任意识、自觉意识，调动了无产阶级干部的积极性。马克思、恩格斯在《共产党宣言》中指出，以往"一切社会的历史都是阶级斗争的历史"②，是"为少数人谋利益的运动"③，而无产阶级的历史使命是用暴力推翻资产阶级统治，"使无产阶级上升为统治阶级，争得民主"④，进而再通过无产阶级政治统治手段"消灭阶级对立的存在条件"和"阶级本身的存在条件"，从而实现无产阶级自身和全人类的解放。无产阶级革命"是为绝大多数人谋利益的独立的

① 中共中央马克思恩格斯列宁斯大林著作编译局. 马克思恩格斯文集：第3卷［M］.北京：人民出版社，2009：435-436.
② 中共中央马克思恩格斯列宁斯大林著作编译局. 马克思恩格斯文集：第2卷［M］.北京：人民出版社，2009：31.
③ 中共中央马克思恩格斯列宁斯大林著作编译局. 马克思恩格斯文集：第2卷［M］.北京：人民出版社，2009：42.
④ 中共中央马克思恩格斯列宁斯大林著作编译局. 马克思恩格斯文集：第2卷［M］.北京：人民出版社，2009：52.

运动"①，"是摧毁那些使人成为受屈辱、被遗弃和被蔑视的东西的一切关系"②的运动。这相当于将无产阶级的历史使命置于道德和社会实践的制高点，无论何时提起都令人振奋、催人奋进。现实中，无产阶级历史使命是随着革命演进情况不断发展变化的，是通过一个个阶段性目标呈现出来的。对中国共产党人而言，新民主主义革命时期的主要任务是推翻"三座大山"，实现民族独立、人民解放；社会主义革命和建设时期的主要任务是巩固新生政权，向社会主义社会过渡，探索中国建设社会主义的道路；改革开放和社会主义现代化建设时期的主要任务是突破各种体制机制障碍，实行社会主义市场经济，尽快让国家富裕起来，让人民富裕起来。每一时期任务目标的提出都是党在宣示自己的历史使命，告诫全体党员干部永远不能忘记自己的无产阶级干部身份，不能忘记自己肩上的责任，必须持之以恒、担当奉献完成自己所处时代的历史任务，否则就会成为历史的罪人，成为无产阶级远大理想目标实现的绊脚石。这对任何一位真正的中国共产党的党员干部来说，都不是玩笑，而是一种深层的责任意识激励。因此，马克思主义在激励党员干部为完成历史使命奋斗方面具有重要价值。

第三，马克思主义激励党员干部为广大人民利益奋斗。马克思主义认为，人民群众是历史的创造者，在社会历史发展中起着主要决定作用，只有相信依靠群众，"从群众中来，到群众中去"，全心全意为人民群众服务，满足广大人民的利益需求，个体才能在推动社会发展和历史进步中做出贡献，个人价值才能充分彰显，人才活得值得，否则就无法获得真正的幸福、永恒的荣誉和无畏的勇气。马克思说："人们只有为同时代人的完美、为他们的幸福而工作，才能使自己也达到完美"，因为"历史承认那些为共同目标劳动因而自己变得高尚的人是伟大人物；经验赞美那些为大多数人带来幸福的人是最幸福的人"，并且他还强调，如果人们"选择了最能为人类福利而劳动的职业"，就会无惧重担，甚至达到"为了克（恪）尽职守而牺牲自己幸福"和"不顾体弱去努力工作"的程度。③ 马克思的一生正是践行了这一思想，他为人类解放、人类幸福而牺牲自我的精神深深地影响了后来的马克思主义者，尤其是中国共产党人。从"全心

---

① 中共中央马克思恩格斯列宁斯大林著作编译局. 马克思恩格斯文集：第 2 卷［M］. 北京：人民出版社，2009：42.

② 中共中央马克思恩格斯列宁斯大林著作编译局. 马克思恩格斯文集：第 2 卷［M］. 北京：人民出版社，2009：11.

③ 中共中央马克思恩格斯列宁斯大林著作编译局. 马克思恩格斯全集：第 1 卷［M］. 北京：人民出版社，1995：455-459.

全意为人民服务"宗旨的提出到"始终代表中国最广大人民根本利益"思想的形成，再到"以人民为中心"的发展思想的提出，其深层逻辑都是强调个人的价值体现在集体价值、人民价值之中。没有集体的荣光，没有最广大人民群众的认可，个体的价值就无法实现。毛泽东说："我们一切工作干部，不论职位高低，都是人民的勤务员，我们所做的一切，都是为人民服务。"① 这充分体现了共产党人的觉悟境界，也说明了马克思主义具有巨大的激励党员干部为最广大人民群众利益奋斗的价值。

综上所述，马克思主义具有激励党员干部为理想信念、为历史使命、为最广大人民利益奋斗的价值，只有充分发挥马克思主义的激励作用才能最大程度地涵养干部正气、淬炼干部思想、升华干部境界、指导干部实践，才能"使全党始终保持统一的思想、坚定的意志、协调的行动、强大的战斗力"② 。这一宝贵的历史经验在思想文化价值日益多元化、多样化的今天应该也必须予以重视。

第三节　科学运用多种手段多管齐下进行激励

中国共产党将辩证思维、系统思维方法用于对干部的激励实践，并且取得了良好的效果。其中，最为集中的体现就是科学运用多种手段，多管齐下对干部进行激励。这些手段具体包括精神手段、政治手段、物质手段和情感手段。

第一，科学运用精神激励手段是重要保证。中国共产党作为使命型先锋政党，从一诞生起就立志吸引有共同信仰、崇高理想、有责任、有担当的人加入，并培养为骨干力量。所以，也从一开始就强调发挥党员干部积极性以精神性手段为主，这是其干部激励的优良传统，也是基本经验。毛泽东说，共产党人都是为着共同的目标、共同的"革命理想"走到一起的，③ 是为了理想而奋斗，而不是为了奖励而工作。邓小平即使强调物质激励，也依然坚持精神激励的主导地位不动摇。④ 社会主义革命和建设时期，崇高的政治荣誉感始终激励着干部，中国共产党还重视大力宣扬先进典型，也起到了很好的精神激励效果。改革开放新时期，抓住机遇尽快富裕的愿望诉求是一种精神激励，开展党的教育活动，向先进典型学习，颁发荣誉表彰等也属于精神手段。总之，党从来没有

---

① 中共中央文献研究室. 毛泽东文集：第3卷 [M]. 北京：人民出版社，1996：243.
② 习近平. 习近平谈治国理政：第3卷 [M]. 北京：外文出版社，2020：74.
③ 毛泽东. 毛泽东选集：第3卷 [M]. 北京：人民出版社，1991：1005.
④ 邓小平. 邓小平文选：第2卷 [M]. 北京：人民出版社，1994：102.

停止或放弃运用精神手段对干部进行激励。科学运用精神手段激励干部对于我们党具有非凡的意义和价值，是取得干部激励成效的重要保证，新时代也应高度重视。

第二，科学运用政治激励手段是重要保证。"不想当元帅的士兵不是好士兵"，得到组织认可、获得提拔重用或在政治上有所进步和发展是干部的主导需要。中国共产党在长期实践中始终关切、重视发挥政治激励的积极效能以回应和牵引干部的这一主导需要。新民主主义革命时期，党中央强调，不能"轻视干部政治生命"和"随便摆布干部"，"要真正爱护干部的政治生命，鼓励干部在政治上的进步"①。毛泽东创造性地提出，全面地、历史地、辩证地看待干部，按照"德才兼备"的干部标准和"任人唯贤"的干部路线选拔任用干部。现实中，迫于革命斗争需要，那些有理想有觉悟、能打胜仗、不怕流血牺牲的干部自然会脱颖而出。社会主义革命和建设时期，党中央提出"又红又专"的干部标准，大量提拔工农出身并有一定文化和技术的干部。改革开放和社会现代化建设新时期，党中央强调，要拓展干部来源渠道、拓宽干部选拔视野、规范干部选拔路径，按照"革命化、年轻化、知识化、专业化"的方针选拔干部，建立健全干部制度，让干部在公开公平竞争中被发现、提拔和重用，以充分挖掘干部潜力，调动干部改革创新的积极性。历史实践表明：科学运用政治手段对干部进行激励是中国共产党干部激励的宝贵经验。只有重视干部的政治前途、保护干部的政治生命，畅通干部"向上发展"的渠道，为优秀干部脱颖而出、担当作为、干事创业提供足够多的机会和足够好的平台，才能让干部在日复一日的繁重工作中获得宽慰、看到希望、彰显价值，才能满足干部的主导需要，保持干部的干事热情、激情。

第三，科学运用物质激励手段是重要保证。依据马克思主义需要理论，满足衣食住行等物质需要是人类一切活动的基本动因。恩格斯说："人们首先必须吃、喝、住、穿，然后才能从事政治、科学、艺术、宗教等等。"② 干部也不例外。生活在现实世界中的干部有着对物质财富的基本欲求，用于满足其生存发展需要。中国共产党在对干部激励的长期实践中，已经认识到了这一点。邓小平说："革命是在物质利益的基础上产生的，如果只讲牺牲精神，不讲物质利益，那就是唯心论。"③ 新民主主义革命时期，受限于战争环境下的艰苦条件，

---

① 陈云．陈云文选：第 1 卷［M］．北京：人民出版社，1995：217.

② 中共中央马克思恩格斯列宁斯大林著作编译局．马克思恩格斯文集：第 3 卷［M］．北京：人民出版社，2009：601.

③ 邓小平．邓小平文选：第 2 卷［M］．北京：人民出版社，1994：146.

只能在非常低的水平上给予干部统一的物质待遇，主要是保障干部有基本的吃食，能够生存下去。新中国成立后，随着"三大改造"的完成，社会主义制度的建立，社会主义建设事业的开展，原先的供给制已经不符合"按劳取酬"和"同工同酬"的原则，也不能满足干部的实际生活需要，因而国家实行了等级工资制度，在一定程度上拉开了工资之间的差距，对干部起到了一定的物质激励作用。改革开放之后，随着社会主义民主法治的建设和社会主义市场经济的发展，国家的物质财富有了一定的积累，建立干部工资持续增长机制和实行全面式福利，前所未有地满足了干部的物质需要，产生了巨大的物质激励效应。事实表明：科学运用物质手段对干部进行激励也是中国共产党干部激励的宝贵经验。只有重视干部的正当物质需要，建立科学合理的干部工资增长机制，实行有效的福利制度，保证干部物质待遇与国民经济增长同步，让真正担当作为的、优秀的、愿干事、敢干事、勤干事、干成事的干部获得更多更好的物质待遇，做到不让老实人吃亏、不让真正担当奉献的人贫苦，并形成社会效应，才能令干部信服、让干部满意，才能充分发挥物质激励的积极效能。

第四，科学运用情感激励手段是重要保证。运用情感手段激励干部担当作为，也是中国共产党的优良传统和宝贵经验。一是党的干部来自人民、为了人民、依靠人民，从一开始就与人民群众有着天然的联系，在革命战争年代培养了深厚的群众感情，在和平年代党也重视密切干群关系，注重从基层一线选拔干部，所以群众感情激励干部担当作为的效用一直发挥着作用。二是党把干部看作组织大家庭中的一员，在各个时期都强调信任干部、关心爱护干部。在革命战争年代，党对干部的关心无处不在、无时不有，从保护干部安全、信任干部、运用民主平等热情的方式对待干部，到适时指导干部、提高干部，再到帮助照顾生活上有困难的干部，将情感手段运用到了极致。新中国成立以来，党也始终强调要照顾在边远地区、条件艰苦地区或者基层一线工作的干部，对他们进行特殊地关怀帮扶。干部也是人，也有情感需要，所以运用情感手段进行激励在任何年代都有其价值所在，应该持续发扬。

综上所述，科学运用精神、政治、物质和情感的多种手段，多管齐下对干部进行激励是健全完善我国干部担当作为激励机制必须吸收的历史经验，缺一不可。

第四篇

04

现实路径

中国特色社会主义进入新时代，为了承当新使命、完成新任务，顺利实现"两个一百年"奋斗目标，实现中华民族伟大复兴，全面建成社会主义现代化强国，也为了保障党的各项工作落到实处、取得实效，特别是保证全面从严治党不仅能够实现约束规范干部的目的，同时可以达到激发干部活力的目的，党和国家前所未有地重视干部担当作为及其激励问题，明确提出"严管和厚爱结合、激励和约束并重"①，"完善担当作为的激励机制"②，"进一步激励广大干部新时代新担当新作为"③ 的要求。现今，新时代已经走过了十多年的历程，在这期间，党和国家出台了哪些干部激励政策？采取了什么样的激励手段方法？形成了怎样的干部激励机制？其运行效果如何？面向实现第二个百年奋斗目标的新征程，新时代干部激励机制需要在哪些方面继续完善？这些是系统研究干部激励机制必须探讨的问题。

---

① 习近平. 决胜全面建成小康社会 夺取新时代中国特色社会主义伟大胜利：在中国共产党第十九次全国代表大会上的报告 ［M］. 北京：人民出版社，2017：64.

② 本书编写组.《中共中央关于坚持和完善中国特色社会主义制度、推进国家治理体系和治理能力现代化若干重大问题的决定》辅助读本 ［M］. 北京：人民出版社，2019：009.

③ 关于进一步激励广大干部新时代新担当新作为的意见 ［M］. 北京：人民出版社，2018：4-11.

第十章

新时代激励机制的内容成效

　　新时代干部激励机制的形成及效果的呈现主要基于两大社会背景：一是新时代新使命的提出很好地激励了干部。2012 年 11 月 8 日至 14 日，中国共产党第十八次全国代表大会在北京召开，拉开了中国特色社会主义新时代的序幕。党的十八大提出，我们要坚定不移沿着中国特色社会主义道路前进，为全面建成小康社会而奋斗，争取"在中国共产党成立一百年时全面建成小康社会……在新中国成立一百年时建成富强民主文明和谐的社会主义现代化国家"①。2012 年 11 月 29 日，习近平在参观《复兴之路》展览时提出实现中华民族伟大复兴的愿望要求。2017 年 10 月，党的十九大提出，不忘初心、牢记使命，到 2020 年年底，既要全面建成小康社会、实现第一个奋斗目标，又要"乘势而上开启全面建设社会主义现代化国家新征程，向第二个百年奋斗目标进军"②。"2020 年 10 月，党的十九届五中全会对扎实推动共同富裕作出重大战略部署，首次提出到 2035 年全体人民共同富裕取得更为明显的实质性进展的目标要求。"③ 2022 年 10 月，党的二十大进一步指出，新时代新征程党的"中心任务就是团结带领全国各族人民全面建成社会主义现代化强国、实现第二个百年奋斗目标，以中国式现代化全面推进中华民族伟大复兴"④。这些梦想、任务、目标、要求的提出契合广大干部群众的愿望诉求，赋予新时代以神圣的责任使命，在全党全社会画出最大同心圆和寻求最大公约数，起到了很好的凝心聚力、提振精神、鼓舞斗志的作用。

①　中共中央文献研究室 . 十八大以来重要文献选编：上［M］. 北京：中央文献出版社，2014：13.

②　中共中央党史和文献研究院 . 十九大以来重要文献选编：上［M］. 北京：中央文献出版社，2019：20.

③　姜淑萍 . 在新的赶考路上着力促进全体人民共同富裕［J］. 马克思主义与现实，2022（11）：22.

④　习近平 . 高举中国特色社会主义伟大旗帜 为全面建设社会主义现代化国家而团结奋斗：在中国共产党第二十次全国代表大会上的报告［M］. 北京：人民出版社，2022：21.

二是新时代新气象的形成发挥了重要激励作用。中国特色社会主义进入新时代，中央领导集体进行了新老交替。新的中央委员会不仅做出庄严承诺，而且提出一系列新理念、新思想、新战略，"出台一系列重大方针政策，推出一系列重大举措，推进一系列重大工作，战胜一系列重大风险挑战，解决了许多长期想解决而没有解决的难题，办成了许多过去想办而没有办成的大事"①，使得新时代呈现出一片新气象新面貌，从而在整体上提振了干部的精气神，激发了干部队伍不断拼搏奋进的磅礴力量。

第一节　激励机制的主要内容

新时代，从客观形势变化对干部起激励作用的视角看，"初心和使命"意识、"发展不断取得新突破新进展"在总体上激励着干部。同时，中国共产党为适应现实需要，综合采用开展集中性教育活动等其他方式引导干部担当作为。

一、"不忘初心、牢记使命"转化为干部担当作为的力量行动

众所周知，为中国人民谋幸福、为中华民族谋复兴的初心和使命"是激励中国共产党人不断前进的根本动力"②。这一初心和使命体现了厚重的历史感、鲜活的时代感、庄严的使命感，深刻阐释了中国共产党人是谁、从哪里来、到哪里去的哲学命题，能够在思想认识上对干部进行深刻的精神洗礼。党员干部一旦产生了"不忘初心、牢记使命"的思想观念和自觉意识就会明白：无论身处什么年代都不能忘记自己的共产党人身份，不能丧失理想信念；无论走多远，都不能忘记来时的路，不能失去危机感和斗争意识，从而自觉在实践中把"不忘初心、牢记使命"转化为担当作为的行动力量，在新时代贡献出自己更大的智慧，做出无愧于时代、历史和人民的业绩。习近平总书记说："不忘初心、牢记使命，就不要忘记我们是共产党人，我们是革命者，不要丧失了革命精神。"③ 只有不忘初心、牢记使命、永远奋斗，才能让中国共产党永远年轻。中国特色社会主义进入新时代，党中央十分重视教育引导广大干部"不忘初心、

---

① 习近平．中共中央关于党的百年奋斗重大成就和历史经验的决议［N］．人民日报，2021-11-17（1）．

② 中共中央党史和文献研究院．十九大以来重要文献选编：上［M］．北京：中央文献出版社，2019：1．

③ 习近平．习近平谈治国理政：第3卷［M］．北京：外文出版社，2020：70．

牢记使命"。2017 年 10 月，党的十九大将"不忘初心、牢记使命"作为大会的主题词，号召全党"为决胜全面建成小康社会、夺取新时代中国特色社会主义伟大胜利、实现中华民族伟大复兴的中国梦、实现人民对美好生活的向往"锐意进取，埋头苦干，持续奋斗。① 2019 年 10 月，党的十九届四中全会强调，要"建立不忘初心、牢记使命的制度"，"把不忘初心、牢记使命作为加强党的建设的永恒课题和全体党员干部的终身课题，形成长效机制，坚持不懈锤炼党员、干部忠诚干净担当的政治品格。"② 2019 年 6 月到 2020 年 1 月，党中央在全党自上而下开展了两批"不忘初心、牢记使命"主题教育。此外，习近平总书记还在党的全国代表大会，马克思诞辰 200 周年大会，中国共产党成立 95 周年、100 周年纪念大会等重要会议上系统回顾我们党如何在马克思列宁主义思想引导下成立起来，如何浴血奋战取得新民主主义革命胜利，如何披荆斩棘建立了社会主义制度，如何改革创新破除障碍走出了一条中国特色社会主义道路等。这些举措在客观上增强了新时代干部的政治责任感、历史使命感，提升了新时代干部的党性意识、人民意识，激发了新时代干部的爱国情怀、革命精神，使大多数干部能够在新时代继续保持只争朝夕、奋发有为的奋斗姿态，更好地履职尽责、担当作为、干事创业。

二、"发展不断取得新突破新进展" 激励着干部持续担当付出

新时代干部干事创业、担当作为归根结底是为了保证经济社会持续健康稳定发展，人民生活更加美好，祖国更加繁荣昌盛，我国在国际社会上的地位更加稳固，能够彻底摆脱来自美国为主的西方霸权国家的军事威胁、话语压制等。反过来，如果我国经济社会保持了持续健康稳定发展，人民生活不断改善，祖国不断强大，我国在国际上的地位日渐提高，这对于广大的干部队伍就是一种莫大的激励，可以显著增强干部的成就感、荣誉感、价值感和获得感等，继而促使干部保持一往无前的信心和勇气。中国特色社会主义进入新时代，在以习近平同志为核心的党中央坚强领导下，我国全面深化改革取得重大突破、全面推进依法治国迈出坚定步伐、全面从严治党成效卓著、全面建成小康社会任务顺利完成，国家经济、科技、外交、国防、政治、思想文化、民生、生态文明

---

① 习近平. 决胜全面建成小康社会 夺取新时代中国特色社会主义伟大胜利：在中国共产党第十九次全国代表大会上的报告 [M]. 北京：人民出版社，2017：15.

② 本书编写组. 《中共中央关于坚持和完善中国特色社会主义制度、推进国家治理体系和治理能力现代化若干重大问题的决定》辅助读本 [M]. 北京：人民出版社，2019：7.

建设等各个领域都有了显著发展。可以说，每一次发展进步，每一领域取得的新突破新进展，都极大地鼓舞着广大干部的担当干事热情。以脱贫攻坚任务的完成为例。2020 年 11 月 23 日，我国最后 9 个贫困县实现贫困退出。经过 8 年的持续奋斗，我国"现行标准下 9899 万农村贫困人口全部脱贫，832 个贫困县全部摘帽，12.8 万个贫困村全部出列，区域性整体贫困得到解决，完成了消除绝对贫困的艰巨任务"①。这一伟大胜利使广大干部群众既确信了新时代党的领导的伟大、正确、有力，同时也确信自己可以像革命先辈一样艰苦奋斗、牺牲奉献，做出足以改变历史的功绩，因而产生了极大的自信心、自豪感、凝聚力、向心力，决心为取得更大的胜利继续披荆斩棘、奋勇前进。2021 年 2 月 25 日，习近平总书记在全国脱贫攻坚总结表彰大会上激动地说："这是中国人民的伟大光荣，是中国共产党的伟大光荣，是中华民族的伟大光荣"②，要"大力宣传脱贫攻坚英模的感人事迹和崇高精神，激励广大干部群众为全面建设社会主义现代化国家、实现第二个百年奋斗目标而披坚执锐、勇立新功"③。可以说，发展不断取得新突破新进展是激发新时代干部奋发有为、担当付出的持续动力。

三、综合采用开展集中性教育活动等其他方式引导干部担当作为

从为适应现实需要而采取的激励举措看，新时代党和国家综合运用了精神激励、政治激励和物质激励的手段调动干部担当作为积极性、主动性、创造性。精神激励方面，采取了诸如持续开展教育活动、加大荣誉表彰和强调为基层减负的多种措施；政治激励方面，明确选人用人正确方向，同时强调建立容错纠错激励机制；物质激励方面，通过推行干部职务与职级并行、职级与待遇挂钩的制度，强化了职级工资的激励作用。此外，党还完善了奖赏激励机制。

第一，关于开展集中性教育活动、加大荣誉表彰和强调为基层减负的精神激励。

一是开展集中性教育活动以激励干部。新时代，我国面临全面建成小康社会、以中国式现代化全面推进中华民族伟大复兴的新的历史任务，需要干部付出更为艰辛的努力予以完成。但是，现实中，受长期执政考验以及改革开放和市场经济条件下多元文化价值影响、多元利益冲击，新时代干部共同的思想价值基础弱化，理想信念滑坡，党性、公仆、责任等意识下降，严重影响担当作

① 习近平. 习近平谈治国理政：第 4 卷 [M]. 北京：外文出版社，2022：125.
② 习近平. 习近平谈治国理政：第 4 卷 [M]. 北京：外文出版社，2022：125.
③ 习近平. 习近平谈治国理政：第 4 卷 [M]. 北京：外文出版社，2022：132.

为自觉性的发挥。鉴于此，为了最大程度地凝心聚力、激发干部干事热情，党中央在不断强化任务目标，要求干部"不忘初心、牢记使命"的基础上，于2013 年 7 月至 2014 年 7 月，在全党范围内开展了以"为民、务实、清廉"为主要内容的党的群众路线教育实践活动；2015 年 5 月至 12 月，在全局党员干部中开展了"严以修身、严以用权、严以律己；谋事要实、创业要实、做人要实"的专题教育；2016 年，在全体党员中开展了"学党章党规、学系列讲话，做合格党员"的教育活动；2019 年，全党上下开展了"不忘初心、牢记使命"主题教育；2021 年，在全党开展了党史学习教育；2023 年 4 月，决定"以县处级以上领导干部为重点在全党深入开展学习贯彻习近平新时代中国特色社会主义思想主题教育"①；2024 年 4 月至 7 月，在全党开展党纪学习教育。通过持续开展教育活动，基本上保证了党员干部的思想认识始终保持与党中央一致，思想行为始终朝着党组织期望的方向努力，有了更多的主动性和自觉性。

二是加大荣誉表彰以激励干部。中国特色社会主义进入新时代，党和国家事业需要在多个领域、多条战线全面推进。为了能够拓展激励范围，党中央决定加大对党员干部的荣誉表彰。以"共产党员网"发布的中共中央组织部"组工文件"栏目为例，自 2012 年党的十八大至 2021 年年底，共发布 189 个"组工文件"，其中有 23 份文件与党员和干部的表彰有关，占比约为 12%。这些文件包括：《中共中央关于授予"七一勋章"的决定》《中共中央关于表彰全国优秀共产党员、全国优秀党务工作者和全国先进基层党组织的决定》《中共中央组织部关于表彰全国优秀县委书记的决定》《中共中央组织部 人力资源社会保障部 关于表彰全国老干部工作先进集体和先进工作者的决定》《中共中央组织部追授李保国同志"全国优秀共产党员"称号》《中共中央组织部追授阎肃同志"全国优秀共产党员"称号》《中共中央组织部决定追授卢玉宝同志"全国优秀组织工作干部"称号》《中共中央组织部 中共中央宣传部关于广泛开展向全国优秀共产党员罗阳同志学习活动的通知》等。通过这些荣誉表彰，肯定了各条战线、各个领域党员干部的辛苦付出，保护了他们干事创业的热情。

三是强调为"基层"减负以激励干部。"上面千条线，下面一根针"。中国特色社会主义进入新时代，随着监督问责的常态化和全中心多中心工作的开展，压力与日俱增，很多干部因为多头作业、全天候作业而陷入事务主义、形式主义怪圈，担当作为成效明显下降，引起群众不满。鉴于此，党中央强调要为干

---

① 习近平. 在学习贯彻习近平新时代中国特色社会主义思想主题教育工作会议上的讲话[J]. 求是，2023（9）：4.

部松绑减负，将其从事务主义、形式主义中解脱出来，真正把时间和精力放在为人民群众办实事、办好事，解决人民群众急难愁盼。2019 年 3 月，中共中央办公厅发出《关于解决形式主义突出问题为基层减负的通知》，明确提出，将 2019 年作为"减负年"，"着力解决党性不纯、政绩观错位"，"文山会海反弹回潮"，"督查检查考核过多过频、过度留痕"和"干部不敢担当作为"等问题，①更好为干部松绑减负，激励广大干部担当作为、不懈奋斗。2020 年 4 月，中共中央办公厅印发《关于持续解决困扰基层的形式主义问题为决胜全面建成小康社会提供坚强作风保证的通知》。党中央强调为干部减负，说明是真正关心爱护惦记干部，切实为干部着想的，这对干部是一种无形的激励。在党中央政策的支持下，有些地方确实通过具体举措的实施，为干部松了绑，使他们能够把时间和精力用在真正担当作为的事情上面，从而提升了干部担当作为的主动性。

第二，关于明确选人用人正确方向、建立容错纠错机制的政治激励。

一是明确选人用人正确方向的激励。正确选人用人是对干部最大的激励。中国特色社会主义进入新时代，以往竞争性选拔干部在实践中出现了不少问题，如唯 GDP 用人、唯票选人、唯分数取人、能上不能下等，引起干部不满，严重影响干部队伍的积极性、主动性、创造性。鉴于此，党中央明确了在新时代背景下选人用人的正确方向：其一，明确选用政治素质过硬、清正廉洁又敢于负责、敢于担当、善于作为、实绩突出的干部。2013 年 6 月召开的全国组织工作会议提出，新时代好干部的标准是"信念坚定、为民服务、勤政务实、敢于担当、清正廉洁"②。2018 年 7 月召开的全国组织工作会议上强调，建设"忠诚干净担当"的高素质干部队伍是贯彻新时代党的组织路线的关键。其中，"忠诚"强调的是政治标准，是红线要求；"干净"强调的是廉洁标准，是底线要求；"担当"强调的是做事标准，是最终要求。离开"忠诚、干净"讲"担当"就是一句空话，没有"担当"就不可能有真正的"忠诚"和"干净"，所以三者相辅相成、缺一不可。这集中体现了党在新时代对干部的突出要求，为新时代选什么人确定了方向。其二，明确按照综合考评、事业为上、人岗相宜、人事相宜、依法依规等原则选拔任用干部。2014 年 1 月修订印发的《党政领导干部选拔任用工作条例》强调对于地方党政领导班子成员的考察，不能单纯以经济发展速度评定工作实绩，而是要把有质量、有效益、可持续的经济发展和民生

① 关于解决形式主义突出问题为基层减负的通知 [M]. 北京：人民出版社，2019：1-6.
② 习近平. 建设一支宏大高素质干部队伍 确保党始终成为坚强领导核心 [N]. 人民日报，2013-06-30（1）.

改善、社会和谐进步、生态文明建设、党的建设、科技创新、教育文化等作为考核内容；对于党政工作部门领导干部，应当把执行政策、营造良好发展环境、提供优质公共服务、维护社会公平正义等作为考核内容；对于需要竞争选拔的干部，应该突出岗位特点，突出实绩竞争，注重能力素质和一贯表现，防止简单以分数取人，防止简单以推荐票取人。① 这在某种程度上明确了新时代选人用人的基本方向要求。2019 年 3 月修订印发的《党政领导干部选拔任用工作条例》首次明确把"事业为上、人岗相适、人事相宜、依法依规"作为选拔任用干部的重要原则，同时强调要精准考核评价干部，新增第 11 条，规定组织（人事）部门应当深化对干部的日常了解，坚持知事识人，把功夫下在平时，全方位、多角度、近距离了解干部。② 其三，明确推动干部能上能下，力求形成"能者上、优者奖、庸者下、劣者汰"的用人导向和从政环境。2015 年 7 月，中共中央办公厅印发《推进领导干部能上能下若干规定（试行）》，主要对严格执行干部到龄免职（退休）、任期届满离任、调整不适宜担任现职干部等做出制度规定。同时规定建立健全推进领导干部能上能下工作责任制，分别明确党委、党委书记和组织部门的责任。③ 2022 年 9 月，新修订的《推进领导干部能上能下规定》（以下简称为《规定》）出台。《规定》指出，推进领导干部能上能下，重点是解决能下问题。"应当结合实际分类施策，严格执行问责、党纪政务处分、组织处理、辞职、职务任期、退休等有关制度规定，畅通干部下的渠道"，并列出政治能力不过硬、担当和斗争精神不强、政绩观存在偏差等 15 种不适宜担任现职的情形，同时规定了调整不适宜担任现职干部的程序为核实认定—提出建议—组织决定—谈话—按照有关规定履行任免程序。④ 总之，通过以上规定，新时代应该选拔任用什么样的干部、如何正确选拔任用干部的方向已经非常明确。这对于真正踏实做事、担当作为的干部是一种莫大的激励；对于想要偷奸耍滑、躺平不干事的干部则是一种警醒，让其在思想上认识到这样做是不能够有所进步和发展的，甚至可能被淘汰出局，因此也就激发了这些干部想要积极干事以向上发展的斗志。

---

① 郝明玉. 干部选拔任用制度发展历程与改革研究 ［M］. 北京：经济科学出版社，2021：106-107.

② 郝明玉. 干部选拔任用制度发展历程与改革研究 ［M］. 北京：经济科学出版社，2021：107.

③ 郝明玉. 干部选拔任用制度发展历程与改革研究 ［M］. 北京：经济科学出版社，2021：111.

④ 中共中央办公厅印发《推进领导干部能上能下规定》 ［N］. 人民日报，2022-09-20 （1）.

  二是建立容错纠错机制以激励干部。中国特色社会主义进入新时代，我国社会对民主法治的要求不断攀升，党自觉加大了监督惩处力度，提高了对党员干部的素质工作要求，逐渐形成了高压态势，这使得有些干部不能很好地适应新形势、新要求，出现了畏惧逃避心理，产生了不愿担当作为、不敢担当作为的问题。为此，党中央高度重视，强调要"把干部在推进改革中因缺乏经验、先行先试出现的失误和错误，同明知故犯的违纪违法行为区分开来；把上级尚无明确限制的探索性试验中的失误和错误，同上级明令禁止后依然我行我素的违纪违法行为区分开来；把为推动发展的无意过失，同为谋取私利的违纪违法行为区分开来"①，建立干部容错纠错机制，特别是容错机制，为改革创新者撑腰鼓劲。2017 年 10 月，党的十九大报告指出，要"建立激励机制和容错纠错机制，旗帜鲜明为那些敢于担当、踏实做事、不谋私利的干部撑腰鼓劲"②。2018年 5 月，中共中央办公厅印发《关于进一步激励广大干部新时代新担当新作为的意见》，在其中第四部分"切实为敢于担当的干部撑腰鼓劲"中提出了建立健全容错纠错机制的基本要求，如坚持"三个区分开来"，坚持事业为上、实事求是、依纪依法、容纠并举等原则。③ 随后，各省（自治区、直辖市）陆续颁布激励广大干部新时代新担当新作为的实施意见、办法，如《中共江西省委关于进一步激励广大干部新时代新担当新作为的实施意见》《陕西省党政干部容错纠错办法（试行）》《江苏省进一步健全容错纠错机制的办法》等。这些意见和办法，一是规定了容错原则包括事业为上、实事求是、依纪依法、"三个区分开来"、客观公正等。二是规定了容错主体是党委（党组）、纪检监察机关或实施问责的机关以及组织部门。三是规定了容错客体是法律法规、党章党规没有明令禁止的，因大胆探索、先行先试出现探索性失误的，没有为个人、他人或单位谋取不正当利益的，经过民主决策程序的，积极挽回损失、消除不良影响的，因不可抗力、难以预见等因素，导致未达成预期效果的，符合中央大政方针和省委、省政府决策部署的等。四是规定容错方式包括"澄清正名"和"对于给予容错免责的干部在考核考察、选拔任用、职级职称晋升、评先评优、提名党代表及人大代表和政协委员时予以公平对待"。④ 总之，通过各级党组织的共同

---

① 习近平．习近平谈治国理政：第 2 卷［M］．北京：外文出版社，2017：225.
② 中共中央党史和文献研究院．十九大以来重要文献选编：上［M］．北京：中央文献出版社，2019：45.
③ 关于进一步激励广大干部新时代新担当新作为的意见［M］．北京：人民出版社，2018：7-8.
④ 何丽君．干部容错纠错制度文本分析及效能提升［J］．长白学刊，2020（5）：2-4.

努力，容错纠错机制已经在实践中建立了起来，这在一定程度上减轻了干部的心理负担，增加了干部担当作为的底气和勇气。

第三，关于实行"职级工资"的物质激励。

这里的"职级"指的是"与职务平行的一种职业发展通道"，"由一个等级系列组成，公务员随着职业能力的提高和资历的增加，由较低的职级晋升到较高的职级"。① 职级越高，工资越高。中国特色社会主义进入新时代前夕，在实行职务与级别相结合的工资制度下，我国很多公务员到退休还是低职务、低工资，这种状况持续很久未能得到改善，严重影响公务员的工作积极性。为了改变这一状况，国家探索实行了公务员职务与职级并行、职级与待遇挂钩的制度，在进一步拓展公务人员职业发展空间的同时较大程度地发挥了"职级工资"的物质激励作用，从而调动了广大干部的工作积极性。2015 年 1 月，中共中央办公厅、国务院办公厅印发《关于县以下机关建立公务员职务与职级并行制度的意见》，正式决定在县以下机关建立职务与职级并行制度，并规定对县以下机关公务员设置 5 个层级，由低到高依次为科员级、副科级、正科级、副处级和正处级，同时指出公务员晋升职级主要依据任职年限和级别，晋升职级后享受相应职务层次非领导职务的工资待遇。② 2019 年 3 月，中共中央办公厅印发《公务员职务与职级并行规定》，将职务与职级并行、职级与待遇挂钩制度的推行拓展到了所有公务员，并详细规定了职级序列、职数比例、职级确定与升降、职级待遇等内容。其中强调，职级是确定公务员待遇的重要依据，公务员根据所任职级执行相应的工资标准，享受所在地区（部门）相应职务层次的住房、医疗、交通补贴、社会保险等待遇。③ 现实中，职务与职级并行制度在事业单位也已经实施，可以说实行"职级工资"，享受职级待遇对于未有机会晋升领导职务的一般工作类干部产生了较大的物质激励作用，同时已经在某一领导岗位但是未有希望晋升更高职务的领导干部也可以通过提高自身政治素质、业务能力、资历贡献等享受更好的物质待遇。

第四，关于优化奖赏激励。

2017 年 10 月，党的十九大召开，我国处于决战脱贫攻坚、决胜全面小康以及完成"十三五"规划任务，开启第十四个五年规划的关键时期。为了能够更好地激励干部干事创业，担当作为，党和国家对奖赏激励进行了优化，分别于

---

① 贾洪波. 干部工资福利保险制度简述［M］. 北京：党建读物出版社，2019：66.
② 贾洪波. 干部工资福利保险制度简述［M］. 北京：党建读物出版社，2019：72-73.
③ 公务员职务与职级并行规定［M］. 北京：人民出版社，2019：1-18.

2018 年 12 月公布了《事业单位工作人员奖励规定》、2020 年 12 月修订了《公务员奖励规定》。其中，《事业单位工作人员奖励规定》（2018）要求，对事业单位工作人员的奖励要"坚持精神奖励与物质奖励相结合、以精神奖励为主"和"定期奖励与及时奖励相结合、以定期奖励为主"的原则；对于在贯彻执行党的理论路线方针政策、执行党和国家重大战略部署、维护国家安全和社会稳定、推进各项领域改革发展、长期服务、工作中有发明创造等方面表现突出、成绩显著的事业单位工作人员和集体可以予以嘉奖、记功、记大功、授予称号、颁发奖励证书、奖章、奖牌，并给予一次性奖金。① 《公务员奖励规定》（2020）也要求对公务员的奖励要"坚持定期奖励与及时奖励相结合，精神奖励与物质奖励相结合、以精神奖励为主的原则"② 。对于"忠于职守，积极工作，勇于担当，工作实绩显著的；遵纪守法，廉洁奉公，作风正派，办事公道，模范作用突出的；在工作中有发明创造或者提出合理化建议，取得显著经济效益或者社会效益的；为增进民族团结，维护社会稳定做出突出贡献的；爱护公共财产，节约国家资财有突出成绩的；防止或者消除事故有功，使国家和人民群众利益免受或者减少损失的；在抢险、救灾等特定环境中做出突出贡献的；同违纪违法行为做斗争有功绩的；在对外交往中为国家争得荣誉和利益的和有其他突出功绩的公务员和公务员集体"予以嘉奖、记三等功、记二等功、记一等功、授予称号、颁发奖励证书、奖章、奖杯，并发给一次性奖金。③

综上表明：新时代干部担当作为激励机制的内容颇为丰富。既有客观形势变化对干部整体起激励作用的内容，也有精神、政治、物质方面的具体激励举措内容；既吸收了中国共产党在历史上对干部进行激励的宝贵经验，也适应了新时代、新形势、新发展、新要求，体现了历史性与时代性内容相融合的特点。正是因为有这些激励机制的形成才保证了新时代广大干部队伍的积极性，保障了党和国家各项工作的有效落实和各项事业的稳步推进。

---

① 中央组织部 人力资源社会保障部关于印发《事业单位工作人员奖励规定》的通知［J］. 国务院公报，2019（9）：71-74.

② 法律出版社法规中心. 中国共产党常用党内法规全书［M］. 北京：法律出版社，2021：630.

③ 法律出版社法规中心. 中国共产党常用党内法规全书［M］. 北京：法律出版社，2021：630-631.

第二节　激励机制的运行成效

新时代干部担当作为激励机制的运行产生了显著效果，主要表现为：一是培育了新时代新担当新作为的干部队伍，二是生成了中国共产党人一脉相承的精神特质，三是取得了全面建成小康社会的伟大成就。

一、培育了新时代新担当新作为的干部队伍

新时代的干部担当作为激励机制尽管运行时间不久，但是已经产生了一定的效果，培育了一批新时代新担当新作为的干部队伍。最典型的是产生了几百万在脱贫攻坚一线披荆斩棘、栉风沐雨、跋山涉水、攻坚克难的驻村干部队伍。单从2015年党中央召开扶贫开发工作会议要求实现精准扶贫，因村派人到2017年年底就有43.5万名第一书记去到贫困村，有278万名干部成为驻村干部。① 这些干部队伍很多都是随着改革开放的步伐成长起来的，比较年轻，有的在城市长大，从来没有去过农村，也没有经受过苦难；有的刚刚完成学业，满腔热血，要回到农村带领乡亲脱贫致富，无论怎样他们都是党组织派去脱贫一线的，是带着党的信任与嘱托，怀着脱贫致富理想愿望和"不忘初心、牢记使命"的情怀信念去到艰苦地区的。他们到了之后，绝大多数表现出了积极热情、吃苦耐劳、攻关克难的精神面貌，充分体现了新时代中国共产党人的风采。2021年2月，习近平总书记在全国脱贫攻坚总结表彰大会上的讲话中指出："时代造就英雄，伟大来自平凡。在脱贫攻坚工作中，数百万扶贫干部倾力奉献、苦干实干，同贫困群众想在一起、过在一起、干在一起，将最美的年华无私奉献给了脱贫事业"，前后有"1800多名同志将生命定格在了脱贫攻坚征程上"，也"涌现出许多感人肺腑的先进事迹。35年坚守太行山的'新愚公'李保国……用实干兑现'水过不去、拿命来铺'誓言的黄大发，回乡奉献、谱写新时代青春之歌的黄文秀，扎根脱贫一线、鞠躬尽瘁的黄诗燕等"，生动诠释了共产党人的初心和使命。② 当然，在抗疫救灾、文化教育、生态保护、科技强国、纪检监察等各条战线上也涌现出了许多新时代新担当新作为的干部队伍，比如钟南山、张定宇、张桂梅、于海俊、南仁东、李夏、加思来提·麻合苏提等。这些优秀

---

① 本书编写组.中国共产党简史［M］.北京：人民出版社，中共党史出版社，2021：41.

② 习近平.习近平谈治国理政：第4卷［M］.北京：外文出版社，2022：131-132.

干部的出现在一定程度上表明新时代中国共产党激励干部担当作为的成果。

二、生成了中国共产党人一脉相承的精神特质

中国共产党人是在马克思主义思想指引下树立了崇高理想信念的人，是在革命、建设、改革实践中经受过大风大浪依然初心不灭、矢志未改的人，因而一路走来形成了独特的爱国主义、集体主义和社会主义精神，具体表现为吃苦耐劳、攻坚克难、改革创新、团结互助、集体利益至上等。那么，到了新时代这些精神还能不能继续传承发展，主要看新时代干部的表现，也取决于新时代干部担当作为激励机制的效用。事实上，进入新时代之后，在党中央的坚强领导下，广大党员干部充分发扬了历史主动精神、"钉钉子精神"，一如既往地担当奉献、攻坚克难，形成了"自我净化、自我完善、自我革新、自我提高"的自我革命精神，"上下同心、尽锐出战、精准务实、开拓创新、攻坚克难、不负人民"的脱贫攻坚精神，"一方有难、八方支援"的互助精神，"生命至上、举国同心、舍生忘死、尊重科学、命运与共"的伟大抗疫精神，"爱岗敬业、争创一流、艰苦奋斗、勇于创新、淡泊名利、甘于奉献"的劳模精神，"敬业、精益、专注、创新"的工匠精神，"胸怀祖国、服务人民、敢为人先、追求真理、严谨治学、潜心研究、集智攻关、团结协作、甘为人梯、奖掖后学"的科学家精神，"追逐梦想、勇于探索、协同攻坚、合作共赢"的探月精神等，构成了中国共产党人精神谱系的新标杆。习近平总书记指出，这些精神是"同中华民族长期形成的特质禀赋和文化基因一脉相承，是爱国主义、集体主义、社会主义精神的传承和发展，是中国精神的生动诠释，丰富了民族精神和时代精神的内涵"①。这些精神的产生表明：新时代的党员干部群众也是好样的、靠得住的，同时在一定程度上说明新时代干部担当作为激励机制是有效果的，能够激发广大干部担当作为、干事创业的热情。

三、取得了全面建成小康社会的伟大成就

全面建成小康社会是中华民族千百年来的夙愿，是中国梦的阶段性目标，是迈向实现中华民族伟大复兴的关键一步，也是新时代广大干部队伍需要完成的第一个重大历史任务。2012 年至 2020 年，在党的激励机制的有效运行作用下，众多党员干部夙兴夜寐、殚精竭虑、奔波劳碌，战胜各种艰难险阻，甚至

---

① 习近平. 习近平谈治国理政：第 4 卷 [M]. 北京：外文出版社，2022：101.

流血牺牲，终于完成了这一历史任务，实现了第一个百年奋斗目标，取得了全面建成小康社会的伟大成就。具体表现为"现行标准下 9899 万农村贫困人口全部脱贫，832 个贫困县全部摘帽……区域性整体贫困得到解决"①，我国经济实力、科技实力、综合国力和人民生活水平都跃上了一个新台阶。2020 年，我国国内生产总值达 101.6 万亿元，占世界经济比重预计达到 17% 左右，稳居世界第二位；人均国民总收入（GNI）突破 1 万美元，按世界银行标准，达到中高收入国家水平；研发经费投入强度达 2.24%，比 2015 年提高 0.18 个百分点，达到中等发达国家水平；科技进步贡献率达到 60.2%；全国居民人均可支配收入达到 32189 元，比 2015 年实际增长 313%；全国居民恩格尔系数为 30.2%，比 2000 年下降 12 个百分点；居民平均预期寿命从 1949 年的 35 岁提高到 2019 年的 77.3 岁。② 这一伟大历史任务能够顺利完成，第一个百年奋斗目标能够顺利实现，充分说明新时代干部总体上还是充满干事热情，积极担当付出的，同时也说明新时代干部担当作为激励机制发挥了一定的效用。

---

① 习近平.习近平谈治国理政：第 4 卷［M］.北京：外文出版社，2022：125.
② 本书编写组.中国共产党简史［M］.北京：人民出版社，中共党史出版社，2021：516-519.

第十一章

新时代激励机制需持续完善

任何激励机制都不可能完美无缺和一劳永逸，干部担当作为激励机制同样如此。就目前而言，激励机制是否亟须完善，在宏观层面主要通过三种方式予以判断：一是激励机制在整体上是否健全、完备，是否尽可能对应了影响干部担当作为的所有因素。例如：自我效能感低会影响干部担当作为，那么激励机制必须考虑到能够提升干部自我效能感的因素；否则，说明其并不完备，尚需补充完善。二是激励目标是否实现，干部是否表现出了积极担当作为、干事成事的风貌。实践中，如果出现不少干部不想担当、不愿担当、不敢担当、懒作为、慢作为、假作为、乱作为等问题，说明现有的激励机制运行效果并不理想，激励机制还需健全完善。三是部分干部管理制度的设置和运行是否展现了应有的激励功能。如果选人用人、职务职级晋升、考核评价这些日常的干部管理制度只是起到了规范作用，而不能调动干部的积极性、主动性、创造性，说明相应的激励机制存在不足。当然，在微观层面，各种具体激励机制的问题需要具体分析其产生的背景、原因、表现和影响。

依据前文所述，干部担当作为激励机制体系总体上包括干部担当作为的精神激励体系、政治激励体系、物质激励体系和情感激励体系，下面主要从这四个方面分别考察激励机制需持续完善的地方。

第一节　精神激励效用有待进一步增强

干部担当作为的精神激励效用是指"精神因素"在调动干部担当作为积极性方面的效力、作用。根据前文所述，这里的"精神因素"主要包括理想信念、责任使命感、道德操守、自我效能感。

一般，精神激励的效用只能通过不同参照比较做出判断。一是历史层面与现实层面的对比。干部理想信念、责任使命感、道德操守、自我效能感的形成以及践行需要一定的条件，在不同历史背景和社会条件下形成和践行的难易程度不同，所能发挥的激励效用自然也就不同。比如，干部理想信念的形成和践行在革命战争年代比较容易，而到了和平年代就变得困难，这导致理想信念激励担当作为的效用从历史维度看势必会下降。所以，通过历史层面与现实层面的对比可以在一定程度上反映当前干部精神激励效用状况。二是应然层面与实然层面的比照。法律法规以及道德习俗约定在应然层面会对干部理想信念、责任使命感、道德操守、自我效能感等做出具体行为规范。干部应该怎么做，法律法规有明文规定，每一位干部以及公众心理也有"一杆秤"。但是，现实中，干部的行为表现却是千差万别的，干部到底有没有按照法律法规和人们的期望办事，无论是组织还是公众都是可以做出一个基本判断的。如果干部违法乱纪、营私舞弊、推诿扯皮、慵懒退缩，在一定程度上是可以反映干部的理想信念、责任使命感、道德操守、自我效能感问题的。所以，通过应然层面与实然层面的比照也可以基本判断干部精神激励效用。

就当前而言，干部担当作为的精神激励效用有待进一步增强，具体包括：干部理想信念激励其担当作为的效能需加强，干部责任使命感激励其担当作为的效用需增强，干部道德操守激励其担当作为的效力需提升，干部自我效能感激励其担当作为的功用需突出。为了缩略表达，这四种表现分别简称为"理想信念的激励效能需加强""责任使命的激励效用需增强""道德操守的激励效力需提升""自我效能的激励功用需突出"。

一、理想信念的激励效能需加强

在近几年公开曝光的违纪违法党员干部忏悔录内容中，"理想信念出了问题"是出现频率最高的关键词。① 这在一定程度上说明："物必自腐而后虫生"，信仰缺失、初心迷失、理想消减、思想蜕变等主观因素是干部腐化堕落的根本原因。新时代，习近平总书记反复强调，理想信念是中国共产党人安身立命的根本，是激励广大党员干部前仆后继、英勇奋斗、牺牲奉献的根本动力。中国共产党在革命、建设和改革的各个阶段取得巨大成就，根本上得益于广大党员干部产生并坚守了对马克思主义、共产主义以及中国特色社会主义的崇高理想信念。但是，也要认识到"形成坚定理想信念，既不是一蹴而就的，也不是一

---

① 左翰嫡. 透视违纪违法党员干部忏悔录［EB/OL］. 中央纪委国家监委网站，2020-10-25.

劳永逸的，而是要在斗争实践中不断砥砺、经受考验"①。当前，随着社会经济、政治、文化环境的发展，国内外形势变化，广大党员干部形成共同理想信念的思想文化环境和经济基础条件发生了深刻改变，干部理想信念受到多元价值文化环境和市场经济负面因素的影响、冲击。

一是干部理想信念受市场经济负面因素冲击。改革开放之后，为了进一步解放生产力、发展生产力，我国进行了经济体制改革，大力发展社会主义市场经济，国家经济社会面貌发生了巨大变化。但是，广大党员干部思想理念和价值观念也越来越遭受市场经济负面因素的影响。一方面，市场经济等价交换原则进入了思想政治领域，对掌握较多政治资源的党员干部造成严重思想误导。②少数理想信念不坚定的干部在面对社会上那些动则身价千万、几亿、几十亿的企业家、商人时，内心产生了不平衡和动摇，不再甘心当"人民公仆"，而是大肆进行"权钱交易""权权交易""权色交易"。另一方面，市场经济衍生出来的个人主义、拜金主义、享乐主义以及腐朽生活方式，导致一些意志不坚定的党员干部经不起权力、金钱和美色诱惑，逐渐堕落成历史和人民的罪人。如何通过教育，帮助引导党员干部发展社会主义市场经济的同时始终坚守共产党人的价值观，形成风清气正的政治生态和政治文化，是当前党员干部理想信念教育的时代命题。③

二是干部理想信念受党长期执政环境的挑战。中国共产党在建设社会主义过程中的经验教训和苏联亡党亡国的教训都表明："任何一种政治制度在经过较长时期的发展之后，都会表现出惰性、暮气和僵化的现象。"④ 这种现象对广大党员干部而言，就是容易产生精神懈怠、脱离群众和消极腐败的问题，理想信念自然就弱化了。当前，中国共产党已经走过了一百多年的历史，在这一百多年的发展中，党带领人民取得了革命、建设、改革等伟大成就，迎来了从站起来到富起来再到强起来的伟大飞跃，我们党的干部积累了丰富的建设、发展、治理国家的经验。但是，不可否认的是，在长期执政环境下，有些党员干部已经丧失了革命的精神、斗志，以往那种在他国侵略、残酷战争、物资匮乏等巨

---

① 习近平. 信念坚定对党忠诚实事求是担当作为 努力成为可堪大用能担重任的栋梁之才 [N]. 人民日报, 2021-09-02 (1).

② 李曙光. 新时代党员领导干部理想信念教育研究 [D]. 长春：东北师范大学, 2019：33.

③ 李曙光, 康秀云. 新时代党员领导干部理想信念教育的问题及对策：以我国六个省份的抽样调查为基础 [J]. 理论学刊, 2018 (3)：43.

④ 刘智峰. 中国政治：当代中国政治若干问题分析 [M]. 南昌：江西人民出版社, 2007：36.

大挑战压力下所表现出的高度的自觉、顽强的斗争以及对实现共产主义远大理想的强烈渴望已经日渐暗淡。有的党员干部只想保住自己的"铁饭碗"和现在的"好日子"，不再想拼搏努力、付出奉献；有的党员干部"事不关己高高挂起"，眼里只有高官厚禄，没有人民疾苦，认为人民群众的愿望诉求只要不影响自己的仕途发展就不必在意，能压就压、能拖就拖、能磨就磨，甚至不惜动用武力解决；还有党员干部奉行及时行乐，趁着还在位，手里还有权能捞就捞、能收就收。这些都是党员干部在长期执政环境下出现的一些理想信念弱化、群众情感缺失、道德败坏的现象，本质上是理想信念的问题。

三是干部理想信念受多元价值文化环境干扰。干部理想信念的形成，关键是有一个相对集中的、稳定的价值文化环境，党员干部在这个共同的思想文化价值系统中出生、成长、发展，接受统一的思想政治文化教育，从而产生共同的理想信念价值追求。但是，目前党员干部处于一个相对多元化、差异化的价值文化环境之中，无时无刻不受到多种思想价值文化的影响。一方面，党员干部受网络多元价值文化的影响。"在信息传媒的传播和发酵下，许多原本简单的问题复杂化，原本确定无疑的观点变得日渐模糊"，网络上有人"甚至对传统文化和革命文化进行戏说、歪曲、丑化、诋毁"，搞"历史虚无主义"，[①] 从而严重影响了党员干部，特别是青年干部文化价值判断。另一方面，党员干部受西方多元价值观念的影响。同样得益于世界互联网的发展，人们都生活在一个"地球村"。各个国家之间信息交互快捷迅猛，世界多元价值文化每天都在相互碰撞，西方的思想观念和价值理念被精心包装后借助信息交流载体不可避免地冲击着党员领导的马克思主义信仰信念信心。[②] 有些党员干部不知不觉被带偏，以为西方的一切都是好的，其中一个生活表现就是不惜重金将子女送出国读书，将家人送出国享福。有的党员干部自己对于共产主义、社会主义的信仰也是飘忽不定，嘴上说着好、口号喊得响，私下里却对资产阶级那一套无比奉行。

总之，当前党员干部坚守理想信念受到市场经济、党长期执政、多元价值文化的多重考验。习近平总书记说："现实生活中，一些党员、干部出这样那样的问题，说到底是信仰迷茫、精神迷失"[③]，理想信念不坚定。具体而言，党员干部理想信念不坚定主要体现在：

① 李曙光，康秀云. 新时代党员领导干部理想信念教育的问题及对策：以我国六个省份的抽样调查为基础［J］. 理论学刊，2018（3）：43.

② 李曙光，康秀云. 新时代党员领导干部理想信念教育的问题及对策：以我国六个省份的抽样调查为基础［J］. 理论学刊，2018（3）：43.

③ 习近平. 习近平谈治国理政：第 1 卷［M］. 北京：外文出版社，2022：15.

第一，在思想认识方面，怀疑马克思主义，质疑中国特色社会主义，信奉个人主义。

怀疑马克思主义。部分干部怀疑马克思主义主要有两种声音：一是马克思主义"过时论"。在少数干部看来，我们今天生活的年代、遇到的问题与早期马克思主义者所处的时代、生活境况不尽相同，所以马克思主义并不能解决当下中国的问题，尤其不能解决比较具体的实际问题，所以是过时的。那么，用什么理论指导当下实践，他们也想不清楚，所以就出现了有些干部相信"鬼神"、迷信"大师"和风水等现象。"2014 年 10—12 月，国家社科基金重大项目'新时期党的工作作风与党群关系研究'课题组就有关问题发放问卷 1100 份，有效回收 998 份。"① 其中，"男性占 55.8%，女性占 44.2%；35 岁以下 24.7%，36—45 岁 29.0%，46—55 岁 31.0%，56 岁以上 15.1%；市级机关 24.9%、国有企业 21.9%、街道社区 20.5%、区县机关 15.6%、事业单位 8.9%；厅局级占 8%、处级 23.2%、科级 29.9%，科级以下 38.9%"②。结果显示，"一些党员干部对党的理想信念与宗教信仰的关系认识模糊、不信'马列'信'鬼神'现象突出"③。在调查过程中，"45.9%的人认为党员干部不信'马列'信'鬼神'、热衷于'求神问鬼'现象比较常见，高达 70%以上的人对'党的理想信念与宗教信仰的区别'认识模糊或态度暧昧"④。这说明传统的封建迷信思想仍然存在于一些干部的头脑之中，他们信奉的不是马克思主义的"唯物论"，而是"唯神论"。二是"共产主义空想论"。有些干部因为没有深入阅读和学习马克思主义经典著作、基本理论，不了解或者没有深入理解人类社会发展规律和"共产主义"理想目标的实现机理，同时受到网络上各种不良思想价值的影响干扰，所以产生了对"共产主义"的怀疑，甚至污蔑、讥笑、抹黑共产主义，其中不乏一些高知干部。在他们看来，共产主义只是一种美好的想象，永远不可能或者至少目前是无法实现，因此也没必要为之奋斗牺牲。对此，习近平总书记痛心疾首地指出："如果大家都觉得这是看不见摸不着的东西，没有必要为之奋斗和

---

① 刘红凛. 从严治吏与选人用人科学化：党的十八大以来从严治吏的基本特点与基本启示 [J]. 理论探讨，2015（6）：108.

② 刘红凛. 从严治吏与选人用人科学化：党的十八大以来从严治吏的基本特点与基本启示 [J]. 理论探讨，2015（6）：108.

③ 刘红凛. 从严治吏与选人用人科学化：党的十八大以来从严治吏的基本特点与基本启示 [J]. 理论探讨，2015（6）：108.

④ 刘红凛. 从严治吏与选人用人科学化：党的十八大以来从严治吏的基本特点与基本启示 [J]. 理论探讨，2015（6）：108.

牺牲，那共产主义就真的永远实现不了了。"①

　　质疑中国特色社会主义。有的干部对中国所走道路性质，以及能否成功存在疑虑。一方面，在一些干部看来，随着社会主义市场经济的深入发展，中国说是走的社会主义道路，实际上已经走上了资本主义道路，不仅资本主义的要素在中国盛行，而且资本主义发展过程中产生的诸如贫富分化、阶层固化等问题也在中国社会日益突显，因此是严重背离了马克思、恩格斯、列宁、毛泽东等经典马克思主义者所坚守的社会主义道路。另一方面，有部分党员干部因为看到了，或者在实际工作生活中遇到了一些一时无法解决的问题，进而上升到社会层面后就产生了对中国所走的社会主义道路的怀疑，实际上主要是不自信，对未来发展感到迷茫。

　　信奉个人主义。作为无产阶级干部，本应信奉集体主义、共产主义，做一个有无产阶级自觉意识的革命者、公共利益的捍卫者。但是，现实情况是不少干部已经沦为"精致的利己主义者"，凡事以个人私利为重，为了个人利益不惜损害集体、公共的利益，甚至为了钱财出卖国家。2021 年，河北师范大学硕士研究生高丹青在其毕业论文的研究过程中做了一个关于"农村干部马克思主义信仰现状"的调查（随机抽样方式回收有效问卷 273 份，乡镇党委和政府工作成员占 19.4%，村党组织成员占 54.8%，村民委员会成员占 25.8%，男性占55%，女性占 45%），结果显示："92.6%的调查者表示自己信仰马克思主义。"②但是，当被问到"您认为人生价值得到体现的要素有哪些"时，14.8%的选择"相应的物质回报"，18.5%的选择"值得尊敬的社会地位"，13.6%的选择"领导及长辈的认可"。③ 这说明从个人利益出发的功利性的信仰在一些干部身上体现得比较明显。事实上，从私下的交流中可以发现，干部信奉个人主义的情况并不少见，只是在被调查时隐藏了自己的真实想法。

　　第二，在实际工作方面，政治立场不坚定，工作上不担当，做事趋于功利化。

　　政治立场不坚定。"坚定的政治立场是衡量干部理想信念的重要标志，政治

① 习近平. 习近平谈治国理政：第 2 卷 [M]. 北京：外文出版社，2017：143.
② 高丹青. 当代农村基层干部马克思主义信仰建设研究 [D]. 石家庄：河北师范大学，2022：22.
③ 高丹青. 当代农村基层干部马克思主义信仰建设研究 [D]. 石家庄：河北师范大学，2022：26.

立场的动摇、糊涂、软弱、背叛是理想信念不坚定的突出表现。"① 实践中，一些干部背离了全心全意为人民服务，为人民谋利益、办实事的党性宗旨，不是站在广大人民的立场考虑问题，而是站在少数与自己有利害关系、利益往来的群体一边，成为为少数利益集团服务的人员，忘记了自己的干部身份；另一些干部"政治上是非观混乱，在重大理论、重大原则上是非不清、立场模糊"，有的甚至"向往资本主义世界，明里暗里推销西方价值观，甘愿为西方国家利益代言"②。

工作上不担当。一些干部态度消极、麻木不仁，慵懒躺平，不求有功但求无过，对中央精神照本宣科，"以文件落实文件"，完全丧失了改革创新、攻坚克难的精神勇气；一些干部不敢担当作为，要么左右躲闪，要么推诿扯皮，总之能拖就拖、能躲就躲；还有一些干部明哲保身，毫无底线原则，看到问题置之不理，热衷于溜须拍马，习惯当老好人；另有一些干部口号喊得响，工作却毫无实效，只喜欢做表面文章，作风严重不实。

做事趋于功利化。2021年9月，习近平总书记在《努力成为可堪大用能担重任的栋梁之才》中指出："受各种错误思想和糊涂观念影响，有相当数量的党员、干部丢掉了共产党人的理想信念，只讲功利不讲理想、只讲私欲不讲信仰了。"③ 现实中，一些党员干部做事急功近利，追求短期效益，不顾当地实际和长远发展，大搞"政绩工程""面子工程"，热闹一番，"拍屁股走人"，最后留下一个烂摊子就是典型的功利思想作怪，丝毫没有理想价值追求。

综上所述，受市场经济负面因素、党长期执政环境、社会多元价值文化环境等的影响，当前出现了一些党员干部理想信念弱化的情况，主要表现为有些干部在思想认识方面，怀疑马克思主义，质疑中国特色社会主义，信奉个人主义；在实际工作方面，政治立场不坚定，工作上不担当，做事趋于功利化。这在一定程度上说明理想信念激励干部担当作为的效能、效果严重不足。习近平总书记指出，党员干部"没有理想信念，或者理想信念不坚定，就经不起风吹浪打，关键时刻就会私心杂念丛生，甚至临阵脱逃"④。因此，必须将坚定干部

① 郭广平. 新时代党员领导干部坚定理想信念研究［J］. 沂蒙干部学院学报，2022（9）：111.

② 郭广平. 新时代党员领导干部坚定理想信念研究［J］. 沂蒙干部学院学报，2022（9）：111.

③ 习近平. 习近平谈治国理政：第4卷［M］. 北京：外文出版社，2022：522.

④ 习近平. 信念坚定对党忠诚实事求是担当作为 努力成为可堪大用能担重任的栋梁之才［N］. 人民日报，2021-09-02（1）.

理想信念作为一项根本性的、长期性的艰巨任务，以保证我们党员干部的党性和担当作为的自觉意识。

二、责任使命的激励效用需增强

责任使命是行为主体"自觉自愿地承担和履行的任务"①。个体一旦产生了某种强烈的责任感、使命感，就会形成巨大的内在驱动力，促使主体积极顽强地履行责任、完成使命，所以责任使命具有巨大的精神激励功能。中国共产党的干部就是因为具有强烈的责任感、使命感，才自觉担负起实现中华民族伟大复兴的历史使命。新时代，习近平总书记尤其强调干部要有新担当新作为，要"不忘初心、牢记使命"，发扬历史主动精神，自觉担负历史使命，自觉履行工作责任等。这实际上就是在突出责任使命在激励干部担当作为方面的作用。其中，充分体现党中央主动承担历史使命的一项战略举措就是坚持全面从严治党，以前所未有的勇气、胆识和魄力，花大力气、下大苦功整顿党风党纪、政风政纪，惩治贪污腐败分子。同时，出台一系列从严要求、从严管理、从严监督问责的法规文件，建立起完善的国家监督问责体系，强力推进监督问责工作。相较于以往而言，对干部的监督问责形势已经发生了较大改变，主要表现为：

一方面，监督的频次、广度和深度增加。从监督主体看，一是建立了"党中央统一领导，党委（党组）全面监督，纪律检查机关专职监督，党的工作部门职能监督，党的组织日常监督，党员民主监督的党内监督体系"②。同时将党内监督与党外监督相结合。《中国共产党党内监督条例》规定，"各级党委应当支持和保证同级人大、政府、监察机关、司法机关等对国家机关及其公职人员依法进行监督，人民政协依章程进行民主监督，审计机关依法进行审计监督"③，从而实现了党内外监督全覆盖。二是成立国家监察机关，设立国家和地方各级监察委员会，对所有公职人员进行监督、调查和处置。三是建立健全巡视巡察制度，实现了"一届任期内全覆盖"。《中国共产党巡视工作条例》规定，"党的中央和省、自治区、直辖市委员会实行巡视制度，建立专职巡视机

---

① 程东峰. 责任伦理导论［M］. 北京：人民出版社，2010：2.
② 法律出版社法规中心. 中国共产党常用党内法规全书［M］. 北京：法律出版社，2021：521.
③ 法律出版社法规中心. 中国共产党常用党内法规全书［M］. 北京：法律出版社，2021：524.

构，在一届任期内对所管理的地方、部门、企事业单位党组织全面巡视"①。具体指出"中央有关部委、中央国家机关部门党组（党委）可以实行巡视制度，设立巡视机构，对所管理的党组织进行巡视监督；党的市（地、州、盟）和县（市、区、旗）委员会建立巡察制度，设立巡察机构，对所管理的党组织进行巡察监督"②。四是舆论监督作用日益突出。现在是信息时代、网络时代、自媒体时代，人人都在上网、时时都在监督，干部的一举一动，时刻都受到大众舆论的监督。一个地方出了问题，迅速在网上蔓延，干部处在网民的时刻监督之中，胆战心惊。从监督内容看，过去综合检查考核虽然有政治考核，但主要是针对业务工作和促进业务工作，只有检查中出了法律、纪律问题，纪委才会介入。现在，监督问责全覆盖之后，监督内容也几乎全覆盖，对于各层级各部门各单位重点工作，纪监委、巡察组、督导组等都会给予过程介入，业务问题被上升为政治问题，干部承受着多重问责压力。从监督方式看，跨级督查和暗访督查增多。媒体经常报道省委书记、省长、市委书记、市长暗访。

另一方面，由"问责单位"变为"问责个人"。"以往监督检查考核，一般只针对作为整体的单位"，现在，"所有承担工作的个人因岗位不同、问题性质不同而要承担责任，问责对象主要是个人"。③ 通常，"单位主要领导承担主体责任，一岗双责"④，一般工作干部承担执行责任。并且，有问责就会有影响，干部被撤职降级处分后，各种薪酬福利待遇会跟着下降，还会影响提拔重用。⑤如果严重涉及犯罪的，则承担刑事责任。所以，干部特别害怕被问责，人人自危。

监督问责常态化、严厉化、实效化体现了我们党自我革命的伟大精神，对于传承党的优良传统，改进党的工作作风，改善干群关系，树立党的良好形象，保证党和国家工作始终在法治轨道上运行，切实推动各项工作向下落实等具有巨大的价值、意义、作用。同时，对违法乱纪者、不担当不作为者的严厉惩处、问责是对遵纪守法者、担当作为者的莫大激励。但是，事物往往是辩证的，矛盾无处不在。任何一项政策在执行过程中都有可能存在偏离轨道、背离初衷的

① 法律出版社法规中心．中国共产党常用党内法规全书［M］．北京：法律出版社，2021：524.
② 法律出版社法规中心．中国共产党常用党内法规全书［M］．北京：法律出版社，2021：525.
③ 杨华．县乡中国：县域治理现代化［M］．北京：中国人民大学出版社，2022：33.
④ 杨华．县乡中国：县域治理现代化［M］．北京：中国人民大学出版社，2022：33.
⑤ 张健康．层层加码的逻辑：县域治理之变［N］．经济观察报，2023-01-30（1）.

情形，而且惩处问责作为一种惩罚性措施，天然地带有负效应，干部会因为害怕被问责而选择卸责、避责和采取保守行为，不敢担当干事、积极作为。目前，监督问责制度在执行中就产生了一些负效应：在强力监督、严肃问责形势下，有些地方出现了问责泛化、问责泛滥现象，导致干部明哲保身思想加重，自我保护和逃避心理增强，很多干部不敢担当作为，工作中出现了大量推卸责任、规避责任的问题。根据武汉大学杨华教授的调研，这些卸责、避责的问题主要包括如下两种：

第一，上级①向下级②推卸责任。

在监督问责常态化、严厉化情况下，上级会出于自保，向下级推卸责任。（典型案例见表1）

表1　"上级"向"下级"推卸责任的典型案例摘录（部分）

事件梗概	
案例1	中部某省一位镇党委书记反映，最近，县公路局一位领导打来电话，要求乡镇设点拦车检查。他试探着问："乡镇干部并没有上路执法权，请问公路局能不能派人过来？我们全力配合。"然而，领导的回答简单粗暴："这是上面布置的工作，我已经传达给你们了，我们忙不过来，你们自己搞定。"于是，乡镇干部硬着头皮上路执法。有司机质疑他们没有执法权，不让拦车和检查，双方起了争执，司机拍了视频发到网上。舆情闹大后乡镇干部受了处罚，而本应承担牵头责任的公路局干部却无事
案例2	西北某省一名乡党委书记反映，他每周都要参加大量会议，上级通过会议把责任传导到基层没有错，但有的上级部门机械地"以会议贯彻会议""以文件落实文件"，把责任全部推给下级。比如："招商引资，按说是由县招商局牵头，我们参与，但开一个会就全部交给我们了，乡镇毕竟缺乏专业招商人才，主导这项工作很难出成绩，最后做得不好，又要问责我们。"

资料来源：叶俊东. 直击痛点：大变局中的治理突围［M］. 北京：新华出版社，2019：21-22.

"上级"向"下级"推卸责任具体体现在三个方面：

一是在责任划分的时候，故意将事情、责任划给下级，而权力、资源却不向下划拨，造成下级的"事权责利"不匹配。③ 理论上，对干部的管理应该是"因事设岗、因职赋权"，做到"权责匹配、责利相当"。但是，实际的情况是上级会借助手中的权力向下"压担子""甩锅"，把本来是自己职责范围内的事

---

① 这里的"上级"既指上级单位，也指上级干部。下同。
② 这里的"下级"既指下级单位，也指下级干部。下同。
③ 杨华. 县乡中国：县域治理现代化［M］. 北京：中国人民大学出版社，2022：31.

情分给下级去做。这样，按照属地管理原则，出了问题就是下级去承担责任。可是，对下级来说，如果自己有条件有能力去完成自然好，如果没有条件和能力去完成，就只能眼睁睁"背锅"。譬如，县级部门将国土、安全、环保等事项交给乡镇，乡镇没有相关执法权，只能"动动嘴皮子"，当地企业和村民出于自身利益考虑，一般不会听。这样，乡镇实际上是白费力，不可能保证会做好，只能是听天由命，祈祷别出事。一旦出事，乡镇相关负责干部只能自认倒霉。

二是将部门业务上升为政治任务，部门从执行者变成监督者。[①] 以往，各级党委和政府负责的中心任务比较集中，比如：计划生育任务、招商引资任务、信访维稳任务等，其他的事情交给业务部门去完成，出了问题，追究业务部门的责任。现在，"单中心"工作考核变成了"多中心""全中心"工作考核，各级党委和政府负责的中心任务越来越多，包括招商引资、经济发展、民生改善、社会和谐进步、生态文明建设、党的建设、科技创新、教育文化等。一般情况是：只要党委和政府直接负责的事情，大家都会当成政治任务，非常重视，争取优先完成，而业务部门的事情选择靠后考虑。所以，为了能让自己部门的事情被重视，更好地推动执行和出业绩，一般业务部门会想尽办法将自己的业务变成同级党委政府的中心任务。而一旦业务部门将自己的工作变成同级党委和政府的中心任务，部门就可以代表同级党委和政府负责监督、检查、考核，下级对上级部门业务负责就是对上级党委和政府负责，部门就由原来的执行者变成了监督者，下级则成了落实者和责任承担者。如此，上级业务部门也形成了向下推卸责任的态势。

三是一旦被更高层级的查出问题，直属上级会从快从重处分下级，以撇清关系。[②] 以前，在上级为数不多的考察检查中，以及出了问题主要问责单位情况下，各下级会在迎接上级检查的过程中形成利益共同体，一起出谋划策"迎检"。换言之，"当省级政府下来检查工作时，市、县、乡村会合谋应对检查；而当市级政府下来检查时，县、乡、村会合起来应对市级政府；当县级政府下去检查时，乡、村两级会共谋"[③]。现在，在跨级督查、暗访督查越发频繁，以及"问责到个人"的情况下，下级之间就由"共谋"关系变成了"卸责"关系。在跨级督查中，当更高层级的检查发现了问题，上级如果不想被牵连，承担领导责任、连带责任等，就会快速地做出回应，加大重量处分下级，以撇清

① 杨华. 县乡中国：县域治理现代化 [M]. 北京：中国人民大学出版社，2022：31.
② 杨华. 县乡中国：县域治理现代化 [M]. 北京：中国人民大学出版社，2022：31.
③ 杨华. 县乡中国：县域治理现代化 [M]. 北京：中国人民大学出版社，2022：28.

自己的关系、推卸责任。

第二，下级想方设法规避问责。

"下级行为模式与上级激励制度安排直接相关。"① 在监督问责常态化、严厉化，以及上级向下推卸责任的情况下，下级出于自保，只能想方设法规避问责。实践中，下级规避问责的情形主要有：

一是做事前划分责任，列好权责清单。在彼此信任、权力共享、责任共担情况下，下级一般不考虑分清责任、确认责任的问题，只管做事情，完成上级交代的任务，在此过程中提升个人能力，做出成绩。但是，现在的情况是上级会故意将事情推给下级，将责任划分给下级，所以下级干部就要处处留意，当听到上级安排时，不是立马想着如何去做，而是下意识地想这是不是一个"坑"，然后会通过各种办法，请教、咨询、汇报等，向上级确认事情的权责划分，最好是要得一个权力、责任清单，知道在这个事情中自己需要承担的责任有多大，事情有多严重，然后再去考虑如何执行的问题。

二是做事过程中死守程序，做到凡做事必"留痕"。在法治社会，凡事讲究依法依规和证据，如果只是口头事务、私下安排的任务，干部往往吃力不讨好，出了问题容易背"黑锅"，甚至倒打一耙。尤其在处于不利地位情势下，想要维权也是困难重重，所以对实际执行任务的干部而言，最好是严格按照上级的要求和文件里的要求办事，做到事事"留痕"，全过程"留痕"。现在"留痕"的方式很多，最普遍的就是到处拍照、录音、录视频，还有不定期的文字汇报、数据整理等。有的干部则保持了原来记日记的习惯，把每天的工作事宜、与领导的谈话等写入日记，甚至会录音保存。总之，坚守程序和处处"留痕"不是因为工作需要，也不是想要把事情做得更好，而是因为自我保护的需要，只要严格按照程序办事，"留痕"了，出了问题也怪不到自己头上。这就是现在很多干部的普遍心理。

三是"秉持多做多错、少做少错、不做不错的态度，尽量不主动谋事、做事，遇事就躲，明哲保身"②。在明知监督检查考核结果由个人承担，以及出了问题（被更高层级的查到、有一定社会影响）上级千方百计将责任推卸出去，下级是推卸责任的最好冤大头，一般会被从重处罚的情况下，下级必然要为自己的安全和前途着想，其行为策略主要是不主动做事，遇事就躲。因为一件事情的完成会受制于很多因素的影响，并不是个人能够完全决定的，所以只要做

---

① 贺雪峰，桂华. 行政激励与乡村治理的逻辑［J］. 学术月刊，2022（7）：127.

② 杨华. 县乡中国：县域治理现代化［M］. 北京：中国人民大学出版社，2022：32.

事就会有出错的可能，不做事反而不会有这种可能，所以下级就不做事，这样出事问责的概率就低。

上下级之间相互卸责会产生诸多不利影响。一是导致干部之间的相互猜忌提防。上级向下级推卸责任，下级想方设法规避问责的直接结果就是干部之间的猜忌大于信任，提防多于协作。由于监督问责主要是问责个人，所以干部行为的第一反应是"自保"，人人自保的结果就是相互猜忌、相互卸责、相互埋怨。如此，单位的人际关系就越发紧张了，干部为了一些小事情就可能大发雷霆，甚至大打出手。而上下级之间、部门之间的很多工作都是需要相互配合完成的，大家彼此不满，有些人就会故意搞小动作，结果是工作受到影响，真正做事的人心力交瘁。二是导致监督者越来越多，真正做事的干部越来越少。本来，多层级管理结构的一个弊端就是一项政策或工作安排要经过从中央、到省级、再到市级、接着到县级、最后到乡镇、村里多个层级的转递。一路上很多人都是传达者、要求者，也就是监督者，而不是真正的执行者、做事者。政策执行成本很高，而且容易扭曲。现在，各级党委和政府负责的任务变多，很多专职部门为了受到重视和向下推卸责任，也将自己的业务转化为同级党委和政府的核心工作，然后自己由执行者变成监督者，经常到下面去督查检查和问责。那么，相当于很多工作最后都到了乡镇，可是乡镇人员本来就有限，能调动起来的人又少，所以从整体看，监督者是越来越多，而真正做事的干部却越来越少。"站着说话不腰疼"，动嘴皮、发号施令容易，可是真正做事情是很难的，需要付出的时间、精力很多。如果都是监督者，原本做事的干部势必也不会再做事了。三是导致负担加重。负担重，有很多原因。一方面是因为上级的层层加码。事物之间总是相互影响、相互作用的。上级向下级推卸责任，出了问题让下级"背锅"，下级用不做事、故意拖延等相抵抗，结果是上级的任务无法完成。上级为了能够尽快完成自己的政治任务，获得更上级的奖赏，必然加重对下级的处罚和要求，向下级安排更多的事情，并且明确限定完成时间、处罚措施。这样的负担就越来越重了，因为任何上级都可以给自己安排工作任务，完不成就影响考核。另一方面是因为下级要被迫自己加码执行上级政策。责任到人之后，面对上级的要求，下级要么不做事，要么做事就要保证绝对安全，也就是要将事情做到位，乃至顶格，让上级挑不出毛病，否则就可能被问责处理。而具体的做法只能是自己给自己加码，乡镇干部都"内卷"了起来。四是导致机械化、形式化的工作增多。在监察监督和上级向下级推卸责任，出了问题甩锅下级的情况下，下级自然会严格按照上级要求和程序办事，即使是与当地实际不符，也不会冒险变通。并且面对层层加码，干部根本没时间考虑太多，只能将有限的"治理资源主要用于上级重视事项的完成",而"当地治理中真正重要的事项却被忽视了"①。所以,许多工作看起来就是非常机械和形式化了。例如:在秋天的时候,上级要求森林防火,到了村里就是让村民签保证书,甚至都不告诉村民签的是什么,反正就是说上头让签,赶紧签完了事。那些不识字的村民稀里糊涂签一堆保证书。这样森林防火既没有宣传警醒,也没有采取任何措施,就算交差了。这样的事情,对于一般中老年的村民已经习以为常了,但是相对年轻、有文化的村民就深感厌烦。这样工作怎么能让民众满意呢?可是,没办法,干部也很烦恼,他们还有很多写报告、做课件、迎接检查的工作要做,没功夫把时间花在防火宣传上。所以,事实上"对上""对下"都是形式主义,政策"局部空转"盛行,引起群众强烈不满。

综上所述,当前,在监督问责常态化、严厉化,甚至有些地方监督问责泛滥的形势下,干部明哲保身思想加重,自我保护和逃避心理增强,很多干部"不敢"担当作为,工作中出现了大量推卸责任、规避责任的问题。这些问题具体表现为"上级"向"下级"推卸责任和"下级"想方设法规避问责,从而产生了诸多不利影响。这在深层意义上反映了干部责任感、使命感践行困难,责任使命感在激励干部担当作为方面的作用未能充分发挥的问题。

三、道德操守的激励效力需提升

干部道德操守是指"干部所应有的与其身份相适应的有道德的良好品行,是一种融政治道德操守、职业道德操守和个人道德操守于一体的特殊形态道德操守"②。根据相关的中国共产党党内法规和公务员管理条例,政治道德操守的基本要求有"信念坚定、坚持党的基本路线、坚决维护党中央权威、严明党的政治纪律、忠于宪法、忠于国家、忠于人民、为民服务"等,核心价值是"忠诚",体现了一种"大德"意识;职业道德操守的基本要求有"清正廉洁、依法办事、事业为上、公道正派、勤政务实、恪尽职守、敢于担当"等,核心价值是"干净"和"担当",体现了一种"公德"意识;个人道德操守的基本要求很多,有"诚实、正直、善良、勇敢、谦逊、高尚情操、坚毅品质、健全人格"等,核心价值是"善",道德基础是"良心",体现了一种"私德"意识。

---

① 贺雪峰,桂华. 行政激励与乡村治理的逻辑 [J]. 学术月刊, 2022 (7): 127.
② 黄晓辉,高筱红. 新时代公职人员道德操守及其实现路径探析 [J]. 中州学刊, 2020 (1): 105.

习近平总书记强调，新时代干部要"明大德、守公德、严私德"①，以充分发挥道德操守在激励干部担当作为方面的积极作用。

干部道德操守激励"描述的是道德规范与行为方式的互动关系，是道德动机的对象化，是对社会预期行为的正向驱动和对违背道德规范行为的反向抑制的有机统一"，"知善行善"的过程实质就是道德操守激励的发生过程。② 干部坚守道德操守，在内部会受到"良心"的驱动，在外界会受到"道德舆论"的压力，更容易产生担当作为的行动自觉。反之就是毫无敬畏之心、毫无"公德"之心，做事全凭个人意愿和私人利益，任意妄为或无所作为。

在我国历史上，道德操守激励或道德激励曾起过主导作用。我国古代封建社会法制并不健全，人们主要是靠儒家所倡导的道德规范行事，道德的激励功能发挥到了极致；中国共产党在革命战争年代也主要依靠共产主义道德激励干部，党的领袖以身作则、党的战士英勇无畏、党的干部理想信念坚定，整个中国共产党在革命战争年代展现出了光辉的无产阶级政党品德，即共产主义的道德操守。这一道德操守通过不断涌现的榜样人物、先进典型得以彰显，那个时候共产主义道德的激励功能也发挥到了极致。然而，随着中国从传统社会向现代社会转变，从计划经济时代向社会主义市场经济时代发展，从封闭的较为单一的文化价值环境向开放的日益多元的文化价值环境演进，人们，这里主要说干部的道德观念受到极大冲击，道德实践面临不少困境，道德激励功能随之弱化。

第一，政治忠诚实践困境弱化了"大德"激励干部担当作为的效力。

"忠诚"是"对待某一对象尽心竭力，毫无二心"③，是人在处理与他人、与组织关系时诚实守信、严肃认真、大公无私的一种道德操守④。古往今来，"忠诚"一直是"官德"或"政德"的基础和核心，只要涉及政治生活领域，就一定首先强调"忠诚"；但是，忠诚的具体对象和内涵却随着历史的发展而发展。⑤ 在中国古代，官员忠诚一般强调忠于天子或皇帝，或者说忠君。《论语》

① 习近平. 在"七一勋章"颁授仪式上的讲话［N］. 人民日报，2021-06-30（2）.
② 陈海飞，曾建. 完善干部激励机制［J］. 党政论坛，2005（1）：37.
③ 鄯爱红. 政德论：心理结构与伦理行动的二重维度［M］. 北京：中国人民大学出版社，2019：199.
④ 黄晓辉，高筱红. 新时代公职人员道德操守及其实现路径探析［J］. 中州学刊，2020（1）：107.
⑤ 黄晓辉，高筱红. 新时代公职人员道德操守及其实现路径探析［J］. 中州学刊，2020（1）：107.

载:"定公问:'君使臣,臣事君,如之何?'孔子对曰:'君使臣以礼,臣事君以忠。'"① 中国共产党成立后,强调党员干部必须忠于党、忠于马克思主义信仰、忠于国家、忠于人民。

就具体实践而言,在革命战争年代和计划经济时期,广大党员干部的个人命运与国家、民族、人民和党的命运紧密地联系在一起。残酷的战争、"一穷二白"的国家经济、"大锅饭"体制、外部威胁、走社会主义道路、意识形态斗争等无时无刻不在提醒着干部要忠诚于党、忠诚于信仰、忠诚于国家、忠诚于人民,否则自己的利益也要受损,甚至可能丢掉性命。所以那个时候,即使是干部也能够"明大德",知道从党、国家、民族、人民的高度看问题,政治意识、大局意识、集体价值都比较强烈,能够主动担当付出、牺牲奉献。

随着社会经济政治文化的发展,受多种因素影响,干部政治忠诚意识日益淡化、对政治忠诚有了多种解读,导致出现政治忠诚实践困境和困难。一是干部政治忠诚意识日益淡化导致的道德实践困境。"伴随着市场化改革和中国公务员队伍的职业化、专业化,政治忠诚作为一种品德被关注并逐渐被领导能力所取代。"② 20世纪80年代,"我国行政管理学恢复重建,之后行政效率成为学科研究的重要主题,提升行政效率的相关技术,如目标管理、绩效考评等受到普遍关注;而干部选拔任用标准中,德才兼备中的'德'渐渐被虚化、弱化"③,到党的十八大之前,"党的领导弱化",政治忠诚意识弱化已经表现得非常突出。换言之,就是说干部更多关注效率、能力这些问题,而不是政治忠诚的价值问题。既然干部的政治忠诚意识比较薄弱,那么实践中自然就无法对其进行有效践行。二是干部对政治忠诚进行多种解读导致的道德实践困境。"伴随着价值多元化时代的到来,传统的价值观和文化体系不再居垄断地位,人们对忠诚的定义呈现出多元化。"④ 一些干部将忠诚看成不灵活,不会变通,"死心眼";一些干部将忠诚看作"小圈子""小团体",暗中相互扶持;一些干部将忠诚理解为无条件的服从"命令",服从领导安排;一些干部将忠诚看作"对自己价值观和良知的坚守"。无论怎样,忠诚有了多种解读都是不争的事实。⑤ 多种性质不

---

① 杨伯峻. 论语译注 [M]. 北京:中华书局,2012:41.

② 郜爱红. 政德论:心理结构与伦理行动的二重维度 [M]. 北京:中国人民大学出版社,2019:198.

③ 郜爱红. 政治忠诚的时代特征与道德实践 [J]. 伦理学研究,2018 (9):112-113.

④ 郜爱红. 政德论:心理结构与伦理行动的二重维度 [M]. 北京:中国人民大学出版社,2019:199.

⑤ 郜爱红. 政治忠诚的时代特征与道德实践 [J]. 伦理学研究,2018 (9):113.

同、表现形式各异的"忠诚"观念的存在，直接造成了干部政治忠诚的道德实践冲突：什么才是真正的"忠诚"，如何避免"忠诚"错位，成为现实问题。"近年来，由于贯彻执行上级违法'命令'而被判滥用职权罪的实践屡有发生，就是上级命令与法律要求相冲突引发的忠诚困境。"①

政治忠诚实践困境弱化了"大德"激励担当作为的效力。"大德"是干部处理其与所属政党、国家、民族以及所代表的人民的利益关系时所展现出的道德品质。"忠诚"是处理这些关系的道德规范。②"大德不逾闲"，对身居领导岗位、关键岗位、重要岗位的领导干部来说，"大德"激励永远是第一位的。如果"大德"激励不能发挥效用，这些领导干部将会大肆"以权谋私""权钱交易""权权交易"，"整个干部队伍就会被带上邪路，对组织产生破坏作用，甚至颠覆组织"③。所以历史上，特别是和平年代，对于主要官僚、主要领导干部的选拔向来是"德才兼备、以德为先"。领导干部具备"忠诚"的政治道德操守才会自觉从党、国家、民族、人民利益出发考虑问题，才会有政治意识、大局意识、核心意识、看齐意识，才会严格贯彻执行党的路线、方针、政策，全心全意为人民服务，努力实现"外内对外、对上对下、对人对己"的一致。当前，政治忠诚实践困境弱化了"大德"激励担当作为的效力，在现实层面的表现是有些干部不忠诚，是"两面人"。（典型案例见表2）

表2 干部不忠诚，是"两面人"的典型案例摘录（部分）

	事件梗概
案例1	大同市浑源县原县委书记张某某曾在媒体上侃侃而谈："秉持绿水青山就是金山银山的发展理念，集中优势、精准发力，对定下药、靶向治疗，脱贫攻坚连战连胜。"私底下他却默许纵容对恒山景区周边私挖滥挖，而且对全县脱贫攻坚工作也不上心
案例2	国务院第八次大督查第十五督查组在贵州省毕节市威宁彝族回族苗族自治县秀水镇新光村暗访时，有村民反映该村饮水设施沦为摆设，"平时一滴水没有，领导来了水才来"。督查组抽查10余户无一户水龙头能正常使用

资料来源：[1] 晏国政，王井怀. 给不作为干部"画像" [J]. 山东人大工作，2019 (12)：61；[2] "平时一滴水没有，领导来了水才来"：抽查10余户无一户水龙头能正常使用 农村饮水工程成"摆设" [N]，天津日报，2021-09-08 (4).

---

① 鄢爱红. 政德论：心理结构与伦理行动的二重维度 [M]. 北京：中国人民大学出版社，2019：202.

② 鄢爱红. 政德论：心理结构与伦理行动的二重维度 [M]. 北京：中国人民大学出版社，2019：48.

③ 鄢爱红. 政德论：心理结构与伦理行动的二重维度 [M]. 北京：中国人民大学出版社，2019：179.

　　总的来说，干部是"两面人"有三种类型：一是"表里不一"。"表里不一"突出体现为干部言行不一致，表态特别快、口号喊得特别响，行动却是非常缓慢，甚至与说的不一样。有的干部会上不说、会下乱说，当面一套背后一套，对中央的大政方针口是心非、阳奉阴违、大搞变通；有的干部嘴上说着要为了党、为了人民，大公无私、鞠躬尽瘁，实际上却喜欢在党内搞派系、搞团团伙伙、搞人身依附，把对党和人民的忠诚变为对个人的忠诚；有的干部做事外表浮华，毫无实质意义；有的干部口号喊得震天响，行动却是"庸、懒、散"；有的干部习惯说"正确的废话、漂亮的空话、严谨的套话、违心的假话"，"镜头感"十足，实际上却不讲诚信，对党、对人民承诺的事根本不放在心上，不加以落实。① 这种言行上的不一致反映了干部说的和想的也不一致，被人们戏称为"变色龙""万花筒""老油条"，有些干部不以为耻、反以为荣，真的是毫无道德良心可言。二是"人己不一"。有的干部对别人是马克思主义，对自己是自由主义；有的干部对别人是纪律严明、高标准严要求，对自己是宽松软，无视党纪国法，肆意挥霍堕落、优亲厚友。"一些党员干部为了在上学、就业、职务职级晋升等方面为自己或亲友谋取利益，对个人档案进行'包装'，篡改伪造学历、年龄、工作经历、奖罚情况等"，从而不仅说明其个人诚信出了问题，"更暴露出个别党员干部纪律意识淡薄、对党忠诚度低下"。② 三是"上下不一"。干部"上下不一"就是眼睛只盯着上头，只愿意做让领导满意的事情，对于现实的需要、人民群众急难愁盼的事情不管不顾。用习近平总书记的话说，只做"自以为领导满意却让群众失望的蠢事"③。其深层原因在于干部党性宗旨意识淡忘，形式主义、官僚主义横行。一些干部错误地认为自己的权力来源于上级组织而不是人民群众，所以做事只求领导满意，不顾群众感受；一些干部在官僚主义环境下，把自己的政治生命放在老百姓的利益之前，认为自己能不能在"官位"上继续待下去，主要看上级领导，而不是普通民众，因而总是唯领导"马首是瞻"。干部只对上、不对下，造成的直接结果就是脱离群众。"如果干部脱离了群众，就不能及时准确地了解群众需求，反映群众意见，代表群众利益；如果上级领导脱离了群众，就会不了解工作的特点和困难，制定不切

---

① 路大虎. 干法：坚决破除形式主义官僚主义的 12 种新担当新作为 [M]. 北京：东方出版社，2019：28.
② 仇丽萍. 建设"忠诚干净担当"高素质干部队伍的几点思考 [J]. 中共山西省直机关党校学报，2016（4）：93.
③ 关于巩固深化"不忘初心、牢记使命"主题教育成果的意见 [N]. 人民日报，2020-09-15（1）.

实际的目标要求，给干部增加很多不必要的负担。"① 因此，这些不一致正是干部对党不忠诚、对信仰不忠诚、对人民不忠诚的具体体现，也是干部在实践中面临忠诚冲突的具体表现，会造成严重不良后果。

第二，职业道德实践困境弱化了"公德"激励干部担当作为的效力。

干部职业道德，即"政德"中的"公德"，是指干部在公共生活中的德行，准确地说是干部在履行公职、执行公务或公共管理实践中应当遵守的道德规范。干部遵守职业道德，严守"公德"就是要维护和增进国家利益、公共利益和集体利益，在具体实践中要做到"清正廉洁、依法行政"和"恪尽职守、勤政务实"。遵守职业道德操守是干部行为的内推力，是干部立足岗位、履职尽责，服务人民、干事创业的基本精神动力。但是，现实中干部进行职业道德规范，遵守公共道德却不是一件容易的事，经常会因为利益冲突和角色冲突而面临职业道德实践困境。

一是利益冲突导致的职业道德实践困境。在计划经济时代，除了个人和家庭之外的利益都是国家利益、公共利益、集体利益，而且各种利益基本是一致的，干部践行公共道德规范比较顺利。但是，在市场经济条件下，公共利益与个人利益，公共利益与集体利益，企业利益、政府部门利益、公众利益之间总是存在着一定的利益冲突，导致干部公共道德实践出现困难。一方面，干部与"商人"之间"共谋"导致公共利益受损。在发展是第一生产力、企业是经济科技发展主体的情况下，各个地方、单位和部门的干部势必将主要精力用于招商引资、发展经济，由此公共利益概念出现模糊，干部为公共利益服务实际上主要是为企业服务，为经济发展服务。在作为政府代表的干部与作为企业代表的商人之间不断往来的过程中，干部"清正廉洁"的道德操守一再被挑战，干部的私欲不断膨胀，最后在"政府需要企业，企业也需要政府"的发展口号下，干部与商人之间很容易就"共谋"了，"以权谋利、行贿受贿、贪污腐化"问题就出现了，干部深入其中无法自拔，"公德"激励干部担当作为的效力自然消失无踪了。另一方面，干部行政利益与民众利益发生冲突。政府与公众的关系是服务与被服务的关系。但是在市场经济改革过程中，政府在相当长的时期内，主要职责是发展经济，发展经济的主体是企业，服务型政府建设的最初推动力也是为企业发展创造良好的环境。在这个过程中，政府与公民的关系难免会受到考验。一些组织在城市改造、房屋拆迁、解决劳资纠纷等工作中，一遇到问题就让警察打前阵。某些干部为了行政效率，喜欢找警察"帮忙"。"中国青年

---

① 董振华. "对上负责"与"对下负责"的统一 [J]. 人民论坛，2020（26）：81.

网 2013 年 5 月 14 日讯，山西省孝义市梧桐镇旧尉屯村一村民家中发生火情，据传火情是村主任带人强拆村民姚某某牛棚，姚某某夫妻在屋内抱着村主任浇上汽油点燃引起的；2018 年 7 月，江西上演惊人一幕'抢棺大战'，执法队浩浩荡荡进村入户，强行收走村民准备的棺材，然后统一捣毁，而那些没火化已经入土的去世者则被扒出强行火化。"① 这些都是因为利益不一致而导致的职业道德实践问题。

　　二是角色认知冲突导致的职业道德实践困境。这里的角色认识冲突是指民众对干部的角色定位存在矛盾和干部自身角色定位存在矛盾。在民众方面，随着社会公众民主意识、监督意识的增强，现在的民众已经不像传统社会的百姓那样，心甘情愿当"顺民"，对干部的服务也不再感恩戴德，而是接受了西方"人性恶"的理念，对干部持怀疑心态。现在的民众既希望有充分的民主权利、自主空间，干部只是履行好自己作为政治契约中的"代理人"角色即可，不要过度控制和干涉民众生活，又希望在自己遇到困难的时候，干部随叫随到，像传统的"父母官"角色那样，包揽一切，解决一切问题。在一些地方，民众对干部的过度行政不满，同时，遇到大事小事又都找干部，要求干部解决。在干部方面，党的十八大以来，政府职能从发展经济向市场监督管理与提供服务方面转变，与之相应，干部角色也应该从传统的"父母官"角色，即"为官一任，造福一方"向"公共服务者"转变。但是，在此过程中，有的干部只想保持原来当"父母官"时形成的"特权享有者"角色，而不想在服务百姓方面承担无限责任，不想安心做"公共服务者"。这种角色认知冲突背后的逻辑都是趋利避害，只想获利，不想担当。如此，干部职业道德自然不可能见之于行了。

　　职业道德实践困境不仅弱化了"清正廉洁、依法行政"的公共道德在激励干部担当作为方面的效力，而且弱化了"恪尽职守、勤政务实"的公共道德在激励干部担当作为方面的效力。其中，"清正廉洁、依法行政"的公共道德的激励效力不足，在现实层面的体现是有的干部"不干净"，做事就是为了谋取私利。在纪委监委通报的案例中，反映干部私欲膨胀，"专营小利，不顾大局"和利欲熏心、违法乱纪，贪污受贿的非常多。其中，私欲膨胀，"专营小利，不顾大局"主要体现为干部违规收受礼金、私车公养、违规操办宴席借机敛财等；"利欲熏心，违法乱纪，贪污受贿"主要体现为干部进行权钱交易、权色交易、违规任用、肆意破坏执法公正和生活奢靡堕落等。毫无疑问，相较于清正廉洁、

---

① 郜爱红. 政德论：心理结构与伦理行动的二重维度 [M]. 北京：中国人民大学出版社，2019：207.

为国为民，有些干部更想最大程度地攫取私人利益。所以，他们不是那种不思进取的"庸官"，也不是那种办事拖沓的"懒官"，他们是用尽心思、雷厉风行、事事都想"插一手""占一席"的"贪官"。典型案例见表3。

表3 干部"不干净"，贪污腐败的典型案例摘录（部分）

事 件		内 容
案例1	某乡财政所会计套取惠民惠农补贴249.37万元用于个人开支	时任云南永春乡财政所会计四级主任科员李丽盗于2016—2022年期间，假借代扣、代办、补贴名义骗取他人"一卡通"银行账户，采取私自编造面积、虚构发放花名册、擅自调整补贴标准等方式，利用他人"一卡通"账户套取草原生态补助等各类惠民惠农补贴249.37万元，用于个人开支。（2022年被查）
案例2	某村党支部书记骗取国家征地补偿款245.5万元	吉林公主岭市响水镇刘小窝堡村党支部原书记姜百林事先得知征地拆迁补偿信息后，利用职权便利开具虚假证明，以子女名义违规获取宅基地并建设房屋。2019年，通过该住房骗取国家征地补偿款共计245.5万元。（2021年被查）
案例3	某社区卫生服务中心出纳挪用公款137.94万元	甘肃平凉市崆峒区东关街道办事处过店街社区卫生服务中心原出纳杨爱芳于2020年2月—2020年10月期间利用职务便利，先后挪用社区卫生服务中心公共卫生经费、医疗收入等公款137.94万元，用于网络平台充值返利、网络赌博等非法活动。（2020年被查）
案例4	某县委书记受贿1200万元，家中搜查出230箱茅台酒	湖南原湘潭县委书记傅国平在湘潭县任职期间不正确履行工作职责，大肆违规收受红包礼金违规发行债券，并专门在乡下老家建了一栋房子用于存放赃款赃物，所收现金，银行工作人员用5台点钞机连续清点了5个小时，共计人民币1200余万元。其家里高档烟酒堆积如山，光茅台酒就有230箱，足足装了一货车。（2022年被查）

资料来源：根据各地纪委监委网站通报数据整理而成。

　　像这样的贪污腐败，当事干部即使再忏悔，觉得自己为国家做了很多事，也无法弥补造成的损失；像这样的贪污腐败，如果不大力整治，再强大的党、再富裕的国家也会被掏空。所以，贪污腐败是最大的"不担当不作为"，是干部缺乏"清正廉洁、依法行政"公共道德精神的集中体现。

　　"恪尽职守、勤政务实"的公共道德的激励效力不足，在现实层面的体现是有的干部"干净"，但不担当不做事。干部干净但不做事以电视剧《人民的名义》中的孙连城一类为典型。这些干部在党中央将主要精力放在大力惩治贪污腐败的情势下，自认为不贪不占就是"好官""清官"，同时也因为各种原因对官场表示失望、对升迁不抱希望，所以认为不贪腐不升迁，即使庸庸碌碌也没什么好怕的，结果就是上级交代的事情能推就推，不能推就拖，实在拖不下去就找各种理由推卸责任，反正任凭上级和办事群众多么着急，自己就是悠悠闲闲过日子、晃晃悠悠混工作，熟视无睹、装聋作哑。2017 年 3 月 24 日，《人民日报》撰文痛批这些干部是得了"慵懒病""逍遥病"，指责他们"过去'不给好处不办事、给了好处乱办事'，现在是好处不要，事也不办，玩起'门好进、脸好看、话好听、事难办'，在岗不在状态，在位不谋其事；有的上班玩游戏、看电影，甚至关起门打牌赌博"①。

第三，个人道德实践困境弱化了"私德"激励干部担当作为的效力。

个人道德，即"私德"，是指个人品德、操守、作风、习惯以及个人私生活中的道德规范。② 个人道德或"私德"主要通过良心、良知的形式体现出来，因人而异。干部如果特别重视个人道德修养，努力践行"私德"可以很好地激励其担当作为、干事成事；干部如果不重视"私德"，或者个人道德品质比较差，"私德"就不会产生激励功能，反而会制约干部担当作为。

当前，干部"私德"激励担当作为效力不足，主要原因是干部个人道德实践面临困境。一是规则与人情冲突造成的个人道德实践困境。一般情况下，当干部作为依法履职的公职人员时，其道德行为的价值选择是规则导向，按照"法律面前人人平等"的原则履职尽责，按照法律程序办事，不能徇私枉法；当干部是"私德"的践行者时，其是有血有肉的普通民众，有着对弱势群体的深切同情，其道德行为的价值选择是结果导向，只要行为结果是好的，不管是否违法。那么，问题在于当这两种情形不能同时兼顾时，干部的个人道德实践就面临困境。二是法律与行政命令冲突造成的个人道德实践困境。理论上，法律与行政命令具有一致的目标和价值追求，二者的践行也应该是一致的。但是，现实生活中出现了不一致的情况。比如，上级要求与法律要求相冲突，直接上级的指令与再上层级的上级的指令相矛盾，领导的指示与现实的情况不符、无法执行等。三是上下级政令冲突造成的个人道德实践困境。理论上，中央与地方、地方与基层政令应该是统一的。但是，实践中，由于层层加码，政令经常出现不一致的情况。以疫情防控期间的政令为例。当时，国家要求非高风险地区人员持 48 小时核酸检测证明可以通行，但是地方为了安全起见，一般会层层

① 黄先耀. 勿当五种"不为"官 [N]. 人民日报，2017-03-24 (1).

② 鄯爱红. 政德论：心理结构与伦理行动的二重维度 [M]. 北京：中国人民大学出版社，2019：210.

加码，不予通行，民众非常不满，这给基层防疫干部造成了很大的道德实践困境。四是权威与良知冲突造成的个人道德实践困境。作为公职人员的干部，服从上级、听从领导是其应该具备的道德责任。但是，基层干部作为有思想有意识能动性的个体，其必然有自己的价值判断和良知。如果服从上级、服从权威与自己的价值判断、自己的良知出现冲突时，干部也会陷入个人道德实践困境。因为如果遵从权威，他可能会违背自己的良知，做出违法乱纪和有损公众利益的事情；如果不服从权威，他自身可能会前途尽失，甚至面临组织审查和牢狱之灾。

个人道德实践困境弱化了"私德"激励干部担当作为的效力，主要原因是当干部在面临规则与人情、规则与命令、权威与良知冲突时，不得不触犯法律、违背良知做事情，以遵守并不符合人性的规则和领导者个人意志。不仅自己备受良心煎熬，而且导致事情朝着非担当作为方向发展。所以"私德"激励不足对干部在现实层面上的影响与"公德"激励不足一样，也是造成干部"非法作为"和"不作为"的原因。只是这种"非法作为"和"不作为"是被迫的，是让干部备受良心谴责的。

综上所述，受各种主客观因素的影响，我国干部的政治忠诚道德实践、职业道德实践、个人道德实践都面临困境。这些道德实践困境弱化了"大德""公德"和"私德"的干部担当作为激励效力，从而导致包括政治道德操守、职业道德操守和个人道德操守在内的干部道德操守的担当作为激励效力弱化。道德操守的担当作为激励效力弱化或不足会助长干部"非法作为""乱作为""庸懒散慢弱"等问题，必须着力解决之。

四、自我效能的激励功用需突出

自我效能感是指"人们发动完成任务要求所需行动的过程、动机和认知资源的能力信念"①。干部自我效能感，就是干部对自己所拥有的担当作为能力的信心和信念，是对干部实践活动所需能力的主观判断和自信程度，是干部应对困难和挑战的自我能力感知和主观评价。它不仅影响干部的主观感受、情绪体验，也会对干部的工作动机、行为选择和行为效率等产生重要影响，甚至是一种比干部的实际能力更重要的内驱性心理资源。② 通常，自我效能感高的人看起

---

① MADDUX J E. Self - efficacy, Adaptation, and Adjustment: Theory, Research, and Application [M]. New York: Plenum Press, 1995: 7.

② 柳传珍. 领导自我效能感的作用机制及提升方法 [J]. 中国领导科学，2022（3）：68.

来更自信，做事更容易成功，也更容易获得他人信任、认可。反之，自我效能感低的人会表现出自卑，做事畏首畏尾、犹犹豫豫，成功的概率会大打折扣，通常也不受他人信赖和拥护。干部自我效能感的高低与任务要求、任务难易程度、干事环境、资源状况，以及其个人成长经历、过往经验、知识储备、技术技能等多种因素息息相关。新时代，面对新使命、新形势、新挑战、新要求，干部一时无法适应，或者适应不良，出现了严重的"本领恐慌"。这种恐慌既与干部实际能力水平有关，也与干部的自我效能感有关。当下，很多干部对自己在目前环境下担当作为、干事创业表示不自信，不相信自己可以按照党和国家的要求、人民的期望办好事、办成事，而且还不出事。

第一，干部对完成"多中心"任务要求缺乏信心。

新时代，"我国社会主要矛盾已转化为人民日益增长的美好生活的需要和不平衡不充分的发展之间的矛盾"①。这种人民对美好生活的需要体现在经济、政治、文化、社会、生态各个领域、各个方面，社会发展不平衡不充分的问题也是在多个领域和层面爆发。鉴于此，党和国家适时调整、改变原先偏重经济发展的战略，提出了很多系统性、全面性、综合性的任务要求。比如："五位一体"总体布局、"四个全面"战略布局。再比如：既要注重经济发展，也要注重改善民生；既要"金山银山"，也要"绿水青山"；既要进行政治文化建设，也要进行党的建设；既要疫情防控，也要保持经济社会持续稳定发展；既要保供应，也要保安全；既要反面约束，也要正面激励等。

这些政策经过层层加码，落到干部身上，尤其对党政一把手而言，就是"多中心"任务要求。干部往往"多头作业"，"一个头两个大"，深感力不从心。一是对党政一把手而言，他们要对一个地区或单位的全部重要事宜进行规划、决策、安排、负责，"中心"工作越多，对他们政治判断能力、科学决策能力、组织协调能力、风险管控能力等的要求就越高，他们需要付出的时间、精力就越多，身心承受的压力就越大，自我效能感自然会下降。二是对乡镇等较低层级的干部而言，上级上层各个部门都可以发号施令、层层加码和设置考核指标，他们哪个也不敢得罪，只能悉数完成。可是，乡镇人力、物力、权力资源都十分有限，根本忙不过来，只能是一个人干几个人的工作，一个干部负责几种不同的任务，这对他们学习能力、知识运用能力、有效工作能力、时间管理能力以及身体素质能力和精神承受力等是一种很大的考验，只有那些真正有

---

① 习近平．决胜全面建成小康社会 夺取新时代中国特色社会主义伟大胜利：在中国共产党第十九次全国代表大会上的报告［EB/OL］．中国政府网，2017-10-27．

热情、有抱负、有本领的干部才能顶得住。所以干部的自我效能感也比较低。

第二，干部对熟悉法律法规，"不出事地干事"缺乏信心信念。

当前，随着全面从严治党、全面依法治国上升为国家重大战略，党和国家制定、修改、出台了很多法律法规。据统计，"截至2021年7月1日，全党现行有效党内法规共3615部。其中，党中央制定的中央党内法规211部，中央纪律检查委员会以及党中央工作机关制定的部委党内法规163部，省、自治区、直辖市党委制定的地方党内法规3241部；党内法规使用党章、准则、条例、规定、办法、规则、细则7类名称，现行有效党内法规中，党章1部，准则3部，条例43部，规定850部，办法2034部，规则75部，细则609部"①。

在短时间内出台众多法律法规文件，并强力执行，对于干部法律法规学习能力、政治领悟能力、政治判断能力、依法履职尽责能力等是一种巨大的考验。一是干部来不及学习掌握诸多法律法规，即使学习了也记不住，所以导致在想要做事的时候担心不小心触犯法律、纪律的"红线"而犹豫不决，迟迟不予行动。二是党中央和国家出台的法律法规大多数是原则性的、指导性的，具体落实还需要地方、单位和部门根据实际出台具体办法，需要执法人员深刻理解法律本意，做到公平公正、令人信服的执法。可是，制定具体办法以及执法也是需要时间、需要经验的，对于新制定的法律、新出台的文件，人们还不熟悉，执行起来难免出错。加之，实际中法律法规文件被"滥用"，问责"泛化"，上下级之间、平级之间经常互相推卸责任，有的干部还借此公报私仇、恶意中伤、诬告。如此情势下，面对党和国家要求干部干净做事、清白做事，很多干部感觉到担忧，不知道自己哪一步就违背了法律法规，也不知道哪里就得罪了人，被问责处理，所以大家没有信心能够遵纪守法，也没有信念做了事不被无故问责，索性就不做事了。这其实就是客观形势对干部自我效能感的影响，干部因为对外界的不确定、不信任，因而也产生了对自己能力的不自信，不知道自己是否有能够应对如此复杂的情况，也不知道自己做事的后果。

第三，干部对建设性地、创造性地开展工作，做到让群众满意缺乏信心。

当下社会，随着信息化、网络化生活方式的普及、国民受教育范围程度的提高、民众对美好生活的期待提升，民众的法治意识、民主意识、监督意识等增强，人民群众对干部的素质、能力等要求也在不断攀升。比如：一是要求干部掌握"线上作业"技术，通过网页展示、微信小程序等明确和简化办事流程，能网上办理的事情就不要让群众"线下奔跑"，能一次性跑完的就不要让群众

---

① 中共中央办公厅法规局. 中国共产党党内法规体系［N］. 人民日报，2021-08-04（1）.

"跑第二次"，能跨省办理就不要让群众跑回户籍所在地，能一张卡解决的就并不要让群众办多张卡。二是要求干部及时回复网民关切问题，给群众一个满意的答复；要求干部在突发事件发生后能够第一时间到达现场、做出回应，讲明事情原委、拿出证据、提出合理合法的解决方案。三是要求干部公平公正、积极热情地对待前去办事群众，做到一视同仁的同时又能照顾到一些特殊群体，比如老人、孕妇、小孩以及其他有特殊情况的民众。如果干部有工作没做好、没做到位、没让群众满意，民众就会找机会在网上述说，引发网民和更高级别的政府关注，进而通过舆论和上级给干部施压。这实际上反映了民众对干部建设性创造性工作的要求，是对新时代干部专业能力、群众工作能力、网络办公能力、舆情处理能力、多部门协调办事能力、应急处变能力、公正治理能力、情绪管控能力等的巨大挑战。有些干部在此情势下，深感自己能力欠缺，无法适应新要求，无法满足群众需要，特别沮丧和无助。"山西省一位50多岁的扶贫工作队队员对记者说，自己不知道发展什么产业能脱贫，也不会用电脑填材料，只能在村里劝劝架。"①

　　综上所述，新时代干部在多任务、高要求背景下面临"能力不足""本领恐慌"等问题，而这些问题在干部精神层面的反映就是"自我效能感"低下，信心匮乏。具体体现为干部对完成"多中心"任务要求，对熟稔法律法规，"不出事地干事"，对建设性地、创造性地开展工作，做到让群众满意等缺乏信心信念。鉴于此，必须将自我效能感激励纳入对干部进行精神激励的范畴，突出自我效能感在激励新时代干部担当作为方面的功能效用。

第二节　政治激励渠道有待进一步通畅

　　干部担当作为的政治激励渠道是指运用"政治因素"调动干部担当作为积极性的途径、门路。依据前文所述，"政治因素"包括干部在政治方面的权力、地位、荣誉、待遇、安全感、危机感等。这些"政治因素"会随着干部职务职级升降而发生变化，所以传统意义上的政治激励渠道主要指职务职级晋升。但是，今天，随着人们对政治激励的全面深入理解，政治激励途径、门路扩大，不只包括晋升激励，还包括选人用人导向激励、绩效考核激励、容错纠错激励、"能上能下、能进能出"激励（或退出激励）等。尤其到新时代，习近平总书

---

① 晏国政，王井怀. 给不作为干部"画像"[J]. 山东人大工作，2019（12）：61.

记突出强调正确选人用人的导向激励，将其看作最优先的政治激励途径，同时也强调干部考核激励和退出激励的作用。习近平总书记说："对干部最大的激励是正确用人导向，用好一个人能激励一大片"，"我们要在选人用人上体现讲担当、重担当的鲜明导向"。①　因此，今天所说的政治激励渠道总的包括担当作为选人用人、职务职级公平晋升、担当作为绩效考核、容错纠错激励和"不担当不作为"干部退出五个方面。分别从这五个方面出发分析现实问题，会发现：当前干部担当作为的政治激励渠道有待进一步通畅，因为担当作为选人用人导向尚未凸显、职务职级晋升还存在一些不公平的情况、担当作为绩效考核激励明显欠佳、容错纠错激励担当作为执行困难、"不担当不作为"干部退出遇到梗阻。

一、担当作为选人用人导向尚未凸显

选人用人是"风向标"。新时代，党和国家突出强调发挥选人用人的"风向标"激励作用。在习近平总书记重要讲话、党的组织工作会议、党的代表大会中都可以看到突出担当作为选人用人导向的要求。党的二十大强调："树立选人用人正确导向，选拔忠诚干净担当的高素质专业化干部……激励干部敢于担当、积极作为。"②　实践中，经过不懈努力，在选人用人领域"唯GDP、唯分数、唯票数、唯资历"问题得到一定好转，"拉票贿选""买官卖官"等腐败问题得到一定程度地打击、遏制，选人用人政治生态得到明显好转。但是，因为我国在选人用人方面，主要是明确了担当作为的导向、方向，而对于如何精准测评、把握担当作为标准还只是停留在理论层面，操作层面尚需要长期实践摸索总结，比如：在干部选拔任用方式上，对于一般工作类干部的选拔主要还是依赖考试，对于党政领导干部的选拔实际上还是在于上级领导干部。此外，在思想认识方面，一直存在"官僚主义""老好人主义""论资排辈"以及其他一些不良认知干扰。所以，在实际中，担当作为选人用人导向还没有完全凸显，主要表现在两个方面：一是在选用方式上，存在"五唯"问题；二是在选用结果上存在"逆淘汰"问题。二者都会造成真正敢干、能干、会干、愿意干的干部未能脱颖而出，从而挫伤了更多干部担当作为的积极性，消减了干部通过担当作为"向

---

① 中共中央党史和文献研究院. 十九大以来重要文献选编：上 [M]. 北京：中央文献出版社，2019：566.

② 习近平. 高举中国特色社会主义伟大旗帜 为全面建设社会主义现代化国家而团结奋斗：在中国共产党第二十次全国代表大会上的报告 [M]. 北京：人民出版社，2022：66-67.

上发展"的动力。

第一，从选用方式看，干部选拔任用中存在"五唯"问题。

选用方式是选用原则和标准的体现，直接影响用人导向。选拔任用干部想要突出"担当作为、注重实干和实绩"的导向就必须全面、历史、辩证地看待干部，综合考量干部，采取能够证明其是真正担当作为、干实事的方式。这种方式力求简便易行，但是绝不能为了方便省事而避重就轻。显然，干部选拔任用中"五唯"现象并不利于担当作为干部脱颖而出，受到重用。这里所谓的"五唯"，指的是唯"考试分数"取人、唯"显绩"取人、唯"票数"取人、唯"资历"取人、唯"关系"取人。众所周知，问题不是出在考试分数、显绩、票数、资历，甚至"关系"上面，而是出在"唯"上面。考试分数、显绩、票数、资历是在选拔任用干部中需要综合考量的因素，但是如果把它们中的一项单独拿出来，作为选拔任用干部的唯一标准，就容易出问题。说明没有贯彻落实全面地、历史地、辩证地看待干部的原则，而是只看到干部的一面，只是机械地执行程序，不管干部品质能力，不管人岗匹配，实际上是一种选人用人上的不负责任、形式主义。

一是唯"考试分数"取人。唯"考试分数"取人主要是出现在公务员考试、事业编考试、选调生考试等选拔一般工作类干部和在"公开竞争性选拔"领导干部的过程中。为了突出考试选拔的公平性、范围的广泛性，进行公开选拔招聘。但是有些考试的内容设计不科学、不严谨，过于知识化、理论化，与岗位要求不相符合，导致选拔上任的干部出现"高分低能"问题。一些长期专研考试规律，擅长于考试的干部被选拔出来，而另一些有丰富经验、擅长于实践操作，但是不擅长考试的干部未能成功"上岸"，挫伤了这些干部的积极性。小李是贵州某县水利局工作的一名副科级干部，在水利局工作近 8 年，总是脚踏实地、兢兢业业，颇受领导好评。但是他一直有一件非常烦恼的事情，那就是每次有机关统一组织的竞争上岗考试，他都会因为笔试英语成绩不过关而惨遭淘汰。另外，在如今就业形势比较严峻的情况下，唯"考试分数"取人已经造成了一大批"考试专业户"，很多干部，尤其村一级和乡镇一级的干部将时间、精力过多地放在准备复习和钻研考试上面，而耽误了实际工作。笔者有一位同学大学毕业后考到山东某乡镇工作，在工作期间，他一直都在准备更高层级单位的各种考试，先后 7 年内 10 次报名参加，其中 6 次入围面试。再看看那些毕业后不找工作，专门考公的人员更是数不胜数。总之，似乎人一辈子都在考试，工作了原本应该把更多的精力放在积累实战经验，为社会服务、解决问题、干事创业上面，但是在唯"考试分数"取人的情况下很多干部却还是将更多精力花在考试上，实际上是对我国人才资源、干部资源的极大浪费。

二是唯"显绩"取人。干部是否担当作为既要看"显绩"，也要看"潜绩"。通常，"显绩"是在短时间内就出成果的、比较容易看到的，比如上了什么项目、开发了什么软件、获得了什么奖项、赢得了什么比赛、有多少贫困户脱贫、地方生产总值增长了多少、绿化面积多少等。而"潜绩"是长远的、基础性的、短期内不容易见到成效的工作，也是人们觉得吃力不讨好的事情，比如教育、医疗、养老、节能减排、一个单位的风气、科学的工作机制等。2018年3月，习近平总书记在参加十三届全国人大一次会议山东代表团的审议时讲话指出，我们既要做"老百姓看得见、摸得着、得实惠的实事"，也要做"为后人作铺垫、打基础、利长远的好事"，既要"显绩"，也要"潜绩"。① 但是，因为看"潜绩"不容易操作，很多地方在选人用人时只看"显绩"，甚至只看"显绩"中的"显绩"，也就是那些"花架子"和"数字"，不管有没有实际成效。"花架子"搭得漂亮，"数字"搞得好看就有机会晋升，潜心做"潜绩"的干部则完全不予考虑。这导致很多干部将"显绩"作为仕途的"敲门砖"，大建"政绩工程"或"形象工程"，结果是劳民伤财、得不偿失。例如："某县委书记周某某，为了能够让领导车辆路过时看到该县招商引资成就，不顾当地经济发展的实际和群众反对，拍板在县城临近高速路的地方建设产业聚集区，造成大量良田被毁；又因为拆迁量过大，县政府无钱支付拆迁费用和安置被拆迁群众，引发群众多次聚集上访。"② 这样的案例是不胜枚举的。只要出去走走看，各地到处是这样的形象工程，一点经济效益都没有，反而导致财政赤字，入不敷出。

三是唯"票数"取人。依照我国干部选拔任用民主程序，选人用人中的民主推荐票极为重要，在村干部的选举中，选民票数决定干部是否有资格进入候选，在中高层干部的选拔任用中，单位的民主推荐票必须过关，才能有资格进入下一轮评议。所以，很多地方和单位在对干部的选举、选拔中为了突出民主、公平的价值取向，只重视"票数"这一环节，只要"票数"过关，就能当选、上任，其他则一律淡化。这就造成有些干部把注意力都集中在拉选选票、贿赂选民以及在单位当"老好人"，没事"请客吃饭"，拉拢人心上面。结果是默默干事、不会讨好他人的干部得了低票数，丧失了晋升资格，而不干事，却擅长

---

① 转引自路大虎．干法：坚决破除形式主义官僚主义的12种新担当新作为［M］．北京：东方出版社，2019：12．
② 本书编写组．隐形"四风"和腐败典型案例剖析［M］．北京：中国方正出版社，2020：75．

收买人心的干部获得了高票数，顺利晋升，形成了"老实人吃亏"的局面。

四是唯"资历"取人。唯"资历"取人就是"论资排辈"。这种现象在我国古代官吏选拔中就有，明代为了堵住官员"跑官买官"的不良风气，官员提拔按任职年限，甚至发明了官员"任职抽签"制度，谁抽到签谁就去上任。现在，唯"资历取人"主要表现在唯"高学历"取人、唯"任职年限"取人等方面。有些刚毕业的硕士、博士生干部被放到基层锻炼，实际上就是去"镀金"、当"跳板"，"身在曹营心在汉"，有的当"空中飞人"，两边来回跑，沉不下、待不住；有的还没熟悉情况、经验没攒足、群众感情没有培养起来就火速被提拔重用了，结果是"纸上谈兵"，做不出实绩。对另一些单位而言，选拔真正敢想敢说敢干、有担当有作为的干部太麻烦，还容易得罪人，不如就按任职年限进行推荐，资格老就可以说成是经验丰富，至于实际工作态度和能力如何，根本不重要，所以有些干部是躺着就晋升了，自己都觉得不可思议。

五是唯"关系"取人。干部选拔任用有法律法规规定的、合法公开的途径，也有法律法规未曾规定以及明令禁止的、非合法隐性的规则。这个规则就是"人情"规则。在一个"熟人社会"，受地域共同生活、工作交集和传统文化、习俗等的影响，干部选拔任用很难不面临"人情关"的考验。这些"人情"有源自血缘关系的"亲情"，源自"同窗""同门"生活的"同学同门情"，源自金钱和互助关系的"友情"，源自情感纠葛的"爱情"，源自同一"靠山"的"兄弟情"，甚至源自麻将圈、奢侈品牌圈的"姐妹情"等。干部选拔任用存在唯"关系"取人的问题，一方面是因为部分想要获得提拔重用的干部会把心思花在"找关系""托朋友""攀亲戚"这些上面，导致其他本来不想走这条路的干部也"不甘落后"或害怕失去机会而被迫也走了这条路。于是，大家纷纷"找关系"，"找关系"就变成了一种风气。"不找关系"反而成了"另类"、成为"不懂规矩"和"死脑筋"。另一方面是因为部分靠"关系"而不是优秀品德才能干部被提拔重用了。这相当于告诉其他干部"关系"是提拔重用的必备条件，从而助长了唯"关系"取人的风气。一段时间内，有些官员被一些自称"朝中有人"的官场骗子盯上，被骗得倾家荡产、铃铛入狱，就是因为这些干部迷信"关系说"。实际上，干部选拔任用中唯"关系"取人是一件"百害而无一益"的事情。很多干部为了拉关系、找"靠山"、送钱财、"攀亲戚"、维护"朋友圈"等花尽心思、跑断了腿、喝坏了胃、受尽了委屈，苦不堪言，最后要么一起"贪污腐败"，要么被孤立、淘汰，被迫"躺平"。所以想要发挥担当作为选人用人导向的激励作用必须下大功夫整治这种不正之风。

第二，从选用结果看，干部选拔任用中存在"逆淘汰"问题。

　　看选拔任用制度，既看选用方式，也看选用结果。如果选用结果大体与干部心中的期待一致，他们就会被激励；反之，如果选用结果与干部的期待大相径庭，干部就会对组织产生失望、埋怨的心理，进而出现胡乱和消极作为的情况。而干部在选拔任用方面的期待从来都是与中央提出的要求相吻合的，即"选贤任能""重实干重实绩""全心全意为人民服务""忠诚干净担当"等。然而，美好的愿望总是难以实现，当前，在人们心理认知中，干部选拔任用"逆淘汰"问题依然突出。2014 年 9 月 10 日至 17 日，人民论坛问卷调查中心在人民网强国论坛、人民论坛网等多家网站推出网络调查问卷和通过人民论坛理论调研点随机发放纸质问卷两种方式，对 7856 人（随机干部 2552 人，网友 5304人，干部占权重约 40%，网友占权重约 60%）进行了调查。[1]"在'您认为是否存在官场逆淘汰现象'这一问题中，53.5% 的受访者认为'普遍存在'，30.1%的认为'存在，但不严重'，8.7% 的认为'很少'，4.7% 的认为'不存在'，3.0%的表示'不好说'。"[2] 负面的回答超过了 80%。（见图 2）

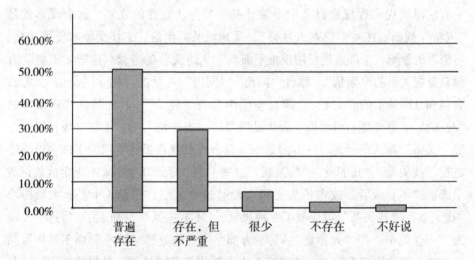

图 2　"您认为是否存在官场'逆淘汰'现象"调研结果

　　数据来源：刘建，刘瑞一．"逆淘汰"程度与根源：对官场逆淘汰的调查分析 [J]．人民论坛，2014（27）：17.

---

① 刘建，刘瑞一．"逆淘汰"程度与根源：对官场逆淘汰的调查分析 [J]．人民论坛，2014（27）：17.

② 刘建，刘瑞一．"逆淘汰"程度与根源：对官场逆淘汰的调查分析 [J]．人民论坛，2014（27）：17.

数据表明：干部选拔任用中确实存在"逆淘汰"的问题。现实中，经常被干部群众诟病的"逆淘汰"问题有五种：

一是"清廉的"不如"腐败的"。腐败的干部通过权钱交易获得金钱，再通过金钱疏通，步步高升；① 清廉的干部要么由于不认同、不遵从这一潜规则被排挤、被淘汰，要么由于囊中羞涩，无法用金钱打点关系，逐渐被排挤出重要岗位、重要部门，甚至干部队伍。

二是"不站队的"不如"站对队的"。在官场有各种各样的"小圈子""小团体"，比如，"同学圈""亲属圈""门生圈""老乡圈"等。在各个圈子中，通常有一些权力比较大的核心人物，其他人以这些核心人物为原点向外扩散，越是接近核心人物的，越能够获得关照，平步青云。同时，总体上只要在这个圈子内，大家彼此关照、互通信息、相互利用，一荣俱荣、一损俱损。所以，"人们经常会听到'某某是某某的人'这类论调，而在很多反腐案中，常常会出现'拔出萝卜带出泥'的现象，这也无疑坐实了'为官者站队'说法"②。2014年茂名市领导干部重大违纪违法案件中，揪出的涉案官员就多达159人。③ 那么，不被圈子接纳，或者不站队，不想进圈子的干部势必就会被各种排挤、为难，多番打压之后，很难出人头地，进而造成"不站队"的不如"站队的"现象。

三是"眼睛向下"的不如"眼睛向上"的。"眼睛向下"的就是做事以民众的利益为出发点，实事求是地想问题、办事情，往往是吃力不讨好；"眼睛向上"的总是以个别领导人的喜好、偏好作为想问题、办事情的出发点，为了迎合个别领导喜好，为了让个别领导满意，不惜损害人民利益。现实中，"眼睛向上"的更容易得到领导喜欢，获得领导肯定，进而仕途发展顺利；"眼睛向下"的反而被说成是没事找事，不听话，甚至被扣上各种政治帽子，很难获得晋升。

四是"亲民为民"的不如"霸道蛮横"的。"亲民为民"的喜欢与普通民众打交道，经常到民众中去做深度调研、走访，关心普通民众生活，为普通百姓发声和争取利益。这些干部一般生活朴素、作风扎实，因为了解民众，知道

---

① 袭亮，龚凡鑫. 官场"逆淘汰"：表现及其治理 [J]. 山东行政学院学报，2017（4）：11.

② 袭亮，龚凡鑫. 官场"逆淘汰"：表现及其治理 [J]. 山东行政学院学报，2017（4）：11.

③ 袭亮，龚凡鑫. 官场"逆淘汰"：表现及其治理 [J]. 山东行政学院学报，2017（4）：11.

民众的不容易和智慧力量，对民众有深切的感情，所以显得更加谦卑、通透、善良，比较有人文情怀，爱民、亲民、为民；"霸道蛮横"的只想着自己的"官位""官威"，胸无点墨却想让别人听命于自己，所以显得格外霸道、蛮横，越是无力越是强权，试图通过强硬手段给自己树立"官威"，保证自己的饭碗。这种干部做事喜欢"官僚主义"那一套，不管使用什么手段，只要能把事情摆平就行，做了很多别人做不到或不愿意的事情，深受某些领导喜欢，所以也容易得到个别领导庇护，帮助升迁。①

五是"讲真话干事的"的不如"讲空话作秀的"。俗语云"忠言逆耳"。真话、实话往往不中听，谄媚逢迎、溜须拍马的话百听不厌，所以现实中那些敢说敢做的干部不受待见，喜欢说空话讲假话、面子工程做得好的干部往往颇受欢迎。此外，真正做事的干部要沉下心来思考如何解决问题，长期习惯了之后，就变得擅长思考和做事，不擅长讲话吹嘘；而那些整日混迹各种场合、出入各种饭局的干部深谙人心和说话之道，知道如何说、如何做既能得到领导喜欢，还能不费工夫，短时间内出成绩，获得晋升"筹码"。所以，他们大多是还没做事就吹嘘着宏伟蓝图、做一分说五分，怎么热闹能够吸引关注怎么来，什么东西看着新鲜就拿来做"花架子"，全然不顾实际效用，"嘴上政绩""数字政绩""形象工程"就是靠这些人做出来的，做完了自己获得升迁，拍屁股走人，留下一堆烂摊子，民众遭殃。

如果错误的思想到处蔓延，正确的思想就得不到彰显；"潜规则"越是管用，"显规则"就无人遵守。同样，干部选拔任用中"逆淘汰"机制是对"正淘汰"机制的背离，严重阻碍正确选人用人机制的健康运行和效用发挥。

综上所述，当前，干部选拔任用中存在的唯"考试分数"取人、唯"显绩"取人、唯"票数"取人、唯"资历"取人、唯"关系"取人，以及"逆淘汰"的问题，在一定程度上说明担当作为选人用人导向尚未凸显。如果想要发挥干部选拔任用的"风向标"激励作用，必须破除影响担当作为选人用人的诸多不利因素，让真正担当作为的干部脱颖而出。

二、职务职级晋升存在不公平的情况

职务职级晋升是当前对干部进行政治激励的核心机制。尤其是干部职务与职级并行制度实施之后，干部层级增多，职级晋升路径被打通，原先对晋升职

---

① 袭亮，龚凡鑫. 官场"逆淘汰"：表现及其治理［J］. 山东行政学院学报，2017（4）：11.

务没有希望的干部可以通过晋升职级，享受更好的待遇。因此，很多干部的积极性被调动了起来。但是，干部职务职级制度依然不够健全，当前很多干部会感觉晋升空间狭小、信心不足，公平晋升激励的效用未能发挥到最大。这一方面是因为干部职务职级晋升机会比较少，看到晋升机会渺茫后，干部难免失望和闹情绪，乃至消极应对；另一方面，是因为干部职务职级晋升中存在"暗箱操作"问题，导致干部对公平晋升更加不抱希望，使得职务职级晋升制度难以发挥应有作用，反而成为影响担当作为干部积极性的重要因素，从而不得不引起组织的重视。

第一，担当作为干部职务职级晋升机会比较少。

公平晋升的一个重要体现主要依据"真实表现"，让真正担当作为、干事成事的干部获得公平竞争的机会，而不是通过各种条件限制把他们排除在晋升资格之外。当前，担当作为干部职务职级晋升机会比较少，存在不公平问题，分别体现在两个方面：

一是受年龄等条件的限制，很多干部在年轻的时候就已经失去了晋升更高职务的机会。根据《中华人民共和国公务员法》第 18 条和 2020 年 3 月中共中央组织部发布的《公务员职务、职级与级别管理办法》第 5 条，"我国公务员领导职务层次自下而上分为乡科级副职、乡科级正职、县处级副职、县处级正职、厅局级副职、厅局级正职、省部级副职、省部级正职、国家级副职、国家级正职"[1] 共 10 个层级。同一层级有数量不等的岗位，层级越高的岗位数越少，层级越低的岗位数相对越多。总之，从理论上来说，只要干部"政治关""廉洁关"硬朗，踏实肯干、勇于担当、善于作为，并且做出成绩、做出实绩，就有机会一直"向上发展"，担任更高的职务。但是，就现实情况而言，干部职务晋升时常面临年龄"天花板"困境。在我国，领导职务的晋升一般是逐级晋升，也就是在下一层级的岗位任职满一定期限才有资格竞争更高一级的领导职务。就任职年限条件而言，根据《公务员职务、职级与级别管理办法》第 9 条，"晋升乡科级副职领导职务的，应当任一级科员及相当层次职级 3 年以上；晋升乡科级正职领导职务的，应当任乡科级副职领导职务及相当层次职级 2 年以上"[2]。根据《党政领导干部选拔任用工作条例》第 8 条，"提任县处级领导职务的，应当具有五年以上工龄和两年以上工作经历；提任县处级以上领导职务的，一般应当具有在下一级两个以上职位任职的经历；提任县处级以上领导职

---

① 法律出版社法规中心．中国共产党常用法规全书［M］．北京：法律出版社，2021：426．
② 法律出版社法规中心．中国共产党常用法规全书［M］．北京：法律出版社，2021：427．

务，由副职提任正职的，应当在副职岗位工作两年以上；由下级正职提任上级副职位的，应当在下级正职位工作三年以上"①。按照这个要求，一名本科大学生毕业后顺利进入乡镇公务员系统，从办事员做起，必须在 28 岁之前晋升正科级，在 35 岁之前晋升县处级，在 48 岁之前晋升厅局级，如此才有希望继续晋升下一层级。如果超过这个年龄，基本晋升无望。这实际上意味着一名公务员想要一直往上升，就必须到了可以晋升的年龄就又抓住每一次职务晋升机会，一旦错过了就很难再有机会。然而，那么多干部，加之有"空降"、名额数量、"岗位空缺"、专业、任职经验、学历等不确定因素的影响，竞争几乎可以用惨烈形容，每次都能晋升，几乎没有可能。所以在这个过程中，很多干部就因为年龄条件不符合，达到一定年龄后无论怎么担当作为、干事创业都再也不可能有职务晋升的机会了，甚至有些乡镇干部一辈子都在副科级这个最低的职务上。这实际上是一种不公平，中国古人讲"不拘一格降人才"，每个人的特点、经历不同，成熟期也不同，不能只是强调"年轻有为"，也要相信"老当益壮""厚积薄发""大器晚成"的干部，给他们更多机会，尤其是在现今社会人们越来越长寿，不仅是年轻干部，中老年干部也是精力满满的。因此，应该给所有年龄层次的干部职务晋升的机会，以激发所有干部的担事干事热情，而不是过早地把干部限制在某个层级上，否则严重挫伤干部的积极性，使他们年纪轻轻就意志消沉、碌碌无为，等待退休。

二是受"领导干部兼任职级"和"重资历轻表现"问题的影响，很多非领导职务干部晋升职级希望渺茫。作为职务晋升的补充，职级设置的初衷是解决职务数额有限的问题，以激励那些同样比较优秀，奈何因职务数量有限而无法进行职务晋升的干部。《公务员职务与职级并行规定》第 7 条，综合管理类公务员职级序列自下而上有"二级科员、一级科员、四级主任科员、三级主任科员、二级主任科员、一级主任科员、四级调研员、三级调研员、二级调研员、一级调研员、二级巡视员、一级巡视员"12 个层级。② 按理说，如果这些职级数额都用来激励非领导职务的干部，让这些干部凭借优异的表现，出众的才能获得职级晋升的机会，则可以调动很多非领导岗位干部的积极性、主动性和创造性。但是，现实的情况是：

其一，很多职级数额都被领导挤占，非领导职务的干部根本没有职级晋升的机会。这主要是因为目前的职务职级并行制度允许领导干部兼任职级。一般，

---

① 法律出版社法规中心. 中国共产党常用法规全书［M］. 北京：法律出版社，2021：331.
② 法律出版社法规中心. 中国共产党常用法规全书［M］. 北京：法律出版社，2021：383.

"在初次套转中，领导干部不占职数，但在进行晋升的时候，领导干部和职级干部同时具备晋升资格"①。比如："一个单位有 6 名科长，8 名二级主任科员，但一级主任科员和二级主任科员职数只有 11 名。初次套转时 6 名科长不占职数，但在从二级主任科员晋升一级主任科员的时候，这 6 名科长要占职数。而这 6 名科长在晋升过程中更容易因为领导职务而占据优势，整个单位的工作业绩都可以算作领导的，所以其自然更容易获得晋升。最终 3 个一级主任科员职数均是科长，他们就成为科级领导干部且兼任一级主任科员。"② 在这个过程中，实际上存在明显不公平，相当于很多非领导职务的职级晋升机会没有了。如果职务职级并行实际上激励的还是领导干部的话，很多非领导职务的干部的积极性将会受到打击，显然，只有领导干部积极是无法完成各项事务的。

其二，职级晋升中存在明显的"重资历轻表现"问题。《公务员职务与职级并行规定》第 18 条指出，"公务员晋升职级应当根据工作需要、德才表现、职责轻重、工作实绩和资历等因素综合考虑，不是达到最低任职年限就必须晋升，也不能简单按照任职年限论资排辈"。③ 但是，实际执行中，由于考核机制不健全，干部德才情况，以及工作实绩等难以量化的问题，很多单位还是依照资历进行职级晋升，一般工作年限长、资格老的干部组织会对其特殊照顾，优先晋级，而年轻干部则要等待机会，至于干部个人努力程度、积极程度，以及工作负担、工作成绩等影响不大。2020 年，西南大学研究生何灵专门针对职级晋升中是否存在论资排辈问题，向有关公务员访谈调研，结果有不少公务员反映"职级晋升就是靠熬年头"。"由于没有统一的考核标准和考核制度，一些地方政府为了方便起见，直接将任职年限和职级作为唯一量化标准进行考核"④，最后导致职级晋升中的"论资排辈"。可见，职级晋升制度的公平性还有待加强，激励作用还有待强化。

第二，干部职务职级晋升过程中存在"暗箱操作"问题。

晋升是否公平除了看晋升机会有没有向真正担当作为干部倾斜之外，还要看晋升过程是否公开透明。只有公开透明的合法晋升才能起到激励担当作为的

---

① 何灵. 重庆市 B 区职务与职级并行后乡镇公务员晋升问题研究 ［D］. 重庆：西南大学，2020：31.
② 何灵. 重庆市 B 区职务与职级并行后乡镇公务员晋升问题研究 ［D］. 重庆：西南大学，2020：31.
③ 法律出版社法规中心. 中国共产党常用法规全书 ［M］. 北京：法律出版社，2021：385.
④ 何灵. 重庆市 B 区职务与职级并行后乡镇公务员晋升问题研究 ［D］. 重庆：西南大学，2020：28.

作用，否则就是在助长"关系户""弄虚作假"等"暗箱操作"者。当前，在从严监督背景下，干部职务职级晋升的公开透明性越来越高，晋升结果令人信服的情况也越来越高。但是，依然有一些干部是通过不法手段，通过弄虚作假、营私舞弊等"暗箱操作"的不合法途径获得晋升的（见表4），严重打击了干部对通过合法途径获得晋升的信心，挫伤了真正担当作为干部的积极性。

表4　干部通过"暗箱操作"获得晋升的典型案例摘录（部分）

	事　件	内　容
案例1	通过父亲的关系从一般工作类干部升至副处级	2017年5月，某市公安局拟民主推荐一批副处级领导干部，省公安厅副厅长张某某，给该市公安局局长赵某某打电话，请其对女儿张小某予以关照，赵某某指示人事部门，将选拔条件放宽，好让张小某能够符合条件，并暗箱操作使张小某从普通干警破格提拔为副处级领导干部。（2019年被审查）
案例2	通过档案造假从副科级升至正科级	2016年，杨某某拟随爱人调到省工商联工作，当时杨某某只是副科级，为了能够调到省城后任更高职级的职务，杨某某通过市残联干部科科长刘某某，修改了其个人干部履历，伪造了任职文件，并将年龄改小三岁，省工商联根据残联提供的档案材料，按照正科级干部身份将杨某某调入。（2019年被处分）
案例3	通过私自篡改民主推荐票从副处级升至正处级	2016年4月，某文化厅下属的某事业单位副主任汪某在本单位进行民主推荐时，赞成票数没有达到规定比例，按照规定不能进入下一个环节，但汪某利用其与文化厅人事处处长沈某某的关系，使其通过支开一同监票计票的刘某，私自修改数张推荐票的方式，使推荐票数达到了规定比例，从而顺利进入考察名单，最后被组织提拔为正处级领导职务。（2017年被处分）
案例4	通过老领导关系从正科级升至副处级	2018年6月，某省委组织部常务副部长唐某，接受其曾经任职的某市委组织部正科级干部张某的请托向该市委组织部部长孙某某打招呼，推荐张某担任该市委组织部区县干部处处长（副处级）一职，市委组织部本来对该职位已有初步人选，但碍于唐某说情，不得不临时召开办公会议重新研究人选，将张某也列为考察人选，最终张某担任了该职务。（2019年被处分）

续　表

事　件	内　容
案例 5　利用领导职务施压骗取科技成果奖后获得高级职称	2017 年 5 月，某林业厅下属的科研所向上级机关申报了关于林木病虫害防治的科研课题，由科研所高级工程师王某某负责带领科研人员进行课题研究。2019 年 2 月，科研所拟向上级申报科技成果奖，周某某从未参与课题工作却与副所长刘某某商议将自己悄悄地加在名单之中，获得省部级科技成果一等奖。之后，其又凭借这个奖项，获得高级职称。（2019 年被处分）

资料来源：本书编写组. 隐形 “四风” 和腐败典型案例剖析 ［M］. 北京：中国方正出版社，2020：103-223.

从上述案例可以看出：干部在职务职级晋升中 “暗箱操作” 主要是通过 “找关系” 和 “弄虚作假” 的欺骗手段获得的。其中，无论是 “找关系” 还是 “弄虚作假” 都与部分领导人的干预脱不了关系。正是因为部分身居要职的领导自我约束过低，“公权私用” 才导致晋升不公平现象的产生。实际上，干部在晋升过程中 “暗箱操作” 的具体手段还有很多。比如，在职级晋升过程中，有的干部会花大价钱购买评级所需要的成果；还有的通过私下贿赂评委，强势获得高分而晋升；也有干部窃取他人成果评职称。据笔者了解，西部某区县级党校就存在个别老师剽窃学员的论文，将其当作自己的进行发表，从而在评级中使用。这样的例子不是少数。反映了职级晋升中的不公平现象。也许有人会说，这种现象古来有之，已经司空见惯了，甚至还有人将其看作理所当然、可以理解的事情。但是，“古来有之” 和 “司空见惯” 并不能减少其负面影响，“潜规则” 代替了 “显规则”，“暗箱操作” 代替了 “正规程序”，会导致政治生态 “乌烟瘴气”，会无端消耗干部的精力，会严重挫伤专心干事、干实事的干部的积极性，会导致晋升激励效能锐减。

综上所述，当前干部在职务职级晋升过程中会受到年龄、“领导干部兼任职级”、“重资历轻表现”、“暗箱操作” 等因素的影响，从而造成晋升不公平情况的出现。这会严重消减公平晋升激励干部担当作为的效力，应该予以解决。

三、担当作为绩效考核激励明显欠佳

绩效考核 “是指通过工作业绩、成绩和工作结果与效果来考核评价工作承担人员履职尽责程度或情况的一种考评方式”[①]。绩效考核，在内容上，更加突

---

① 王文琦. 我国地方官员考评制度研究 ［M］. 广州：华南理工大学出版社，2021：28.

出工作的实绩、实效，也就是不仅看承担工作的数量，更看工作质量、结果和效果；在价值上，强调干部所做的事情是对历史和人民负责的，而不仅仅是完成领导交代的任务，让领导满意。所以绩效考核更加能够体现干部担当作为的一面。通过绩效考核，可以及时准确地肯定干部担当作为的成效，为提拔重用干部提供切实依据，让干部产生工作价值感、成就感、荣誉感、获得感，从而更加积极主动，担当作为；同时，还可以警醒意欲"躺平"而导致考评不佳的干部，因为对一些干部而言，在一次考评中发现自己落后了，丢了"脸面"，之后就会加倍努力想要争取回来。

我国对干部的考核可以分为对主要领导干部，即班子成员，特别是"一把手"干部的考核和对单位内一般工作类干部的考核两类。对主要领导干部的考核受关注较多，出台的文件也多；对一般工作类干部的考核则较少被人关注。从当前绩效考核实践看，绩效考核激励还存在不足。

第一，对主要领导进行综合绩效考核的激励功能弱化。

综合绩效考核是上级对主要领导干部的年度考核，考核的项目是本地区本单位的中心工作和重点工作。上级组织会将辖区内"一些重要的治理事务从部门业务中遴选出来"，通过一些重要的会议或文件的形式将它们上升为上级重视的事务，对下级主要领导来说，就是政治任务。① 一般，"这些中心工作或重点工作既有部门的专业性事务，也有涉及多部门的综合性事务"②。对它们进行考核的主体有考核委员会、考核小组、考核领导小组、专门性考核小组、巡视组等。其中，考核委员会是非常设机构，具有领导和协调职能；考核小组是临时性的工作组，主要负责年度考核任务；考核领导小组负责制定办法、监督管理、解决争议等；专门性考核小组是针对某一领域工作考核的小组，比如环境考核组、农事考核组等；巡视组主要针对干部工作中的违反党纪问题。③ 巡视工作与考评工作有交叉重叠，巡视结果可直接作为考核结果使用。通常，综合绩效考核每年进行一次。但是，一些特别重要的工作，比如环境卫生整治，会在年中或者季度进行考核评比，考评的结果纳入综合绩效考核。对于上级特别重视的工作，还会安排巡视巡察，以及要求纪委组织专项督察，督察结果会反馈给上级组织及考核小组，影响综合绩效考核结果。综合绩效考核，一是为了引起下级主要领导重视，促进中心工作的贯彻落实。二是为了区分下级主要领导的政

① 杨华.县乡中国：县域治理现代化［M］.北京：中国人民大学出版社，2022：327.
② 杨华.县乡中国：县域治理现代化［M］.北京：中国人民大学出版社，2022：328.
③ 王文琦.我国地方官员考评制度研究［M］.广州：华南理工大学出版社，2021：32-35.

治业绩、工作成效、担当作为状况，对他们进行客观评价，区分优劣，从而为提拔重用提供主要依据。因此，综合绩效考核对主要领导干部来说，具有很强的政治激励功能。①

"综合绩效考核自党的十八大以来有一个较大的变化，那就是从'单中心'工作考核向'全中心''多中心'工作考核转变。"② 在过去"单中心"工作考核时，上级重视和提出的重要工作较少，而且比较集中，呈现阶段性特征，比如：计划生育、招商引资、GDP 发展等，部门的一般业务难以上升为中心工作。因此，对下级而言，"工作主次分明，有轻重缓急，集中主要力量在中心工作上"③，其他工作合格即可，不需要面面俱到、事事争先。党的十八大之后，党和国家对各项工作的落实要求全面提升，党建、经济、环境、民生等各项工作都很重要，没有明显的主次。在此背景下，一些部门害怕自己被忽视、被遗忘，导致自己的业务无法推进，部门难以发展，于是争先恐后把自己部门的业务也上升为中心工作。即使没有纳入中心工作，也要争取进入考核小组，借着考核之名向下级施压，使下级对待部门的业务和对待中心工作一样重视，不然就给其打低分，影响综合绩效考核结果。如此，当各个层级都有部门工作塞进中心工作时，综合考核内容越来越多，甚至是无所不包。与之相应，对主要领导干部的考核也就由"单中心"工作考核变成了"多中心"，甚至"全中心"工作考核。④

"单中心"工作考核和"多中心""全中心"工作考核产生的激励强度不同。在"单中心"工作考核时，主要领导有没有将主要精力放在中心工作或重点工作上面是一目了然的，而且不同领导在同一重点工作上面的表现不可能相同，就有一个明显的优劣等级之分，所以彼时的综合绩效考核能够发挥较强的激励作用。然而，一旦"单中心"工作考核变成"多中心""全中心"工作考核后，主要领导势必在多个中心工作上面均衡用力，如此很难说有的领导重视了，有的领导没重视，注意力方面就无法进行区分；同时，既然都是中心工作或重点工作，那么就要全面实施，哪个都不能落后，否则一项不达标可能会被"一票否决"。同一层级主要领导都知道这个道理，所以大家表现都差不多，都在合格线以上。但是，如果哪个领导还想做到"拔尖"，可以说比登天还难，除非是"铤而走险"做一些花样文章，但是这也是被禁止打击的。这种形势造成

① 杨华. 县乡中国：县域治理现代化 [M]. 北京：中国人民大学出版社，2022：328.
② 杨华. 县乡中国：县域治理现代化 [M]. 北京：中国人民大学出版社，2022：329.
③ 杨华. 县乡中国：县域治理现代化 [M]. 北京：中国人民大学出版社，2022：329.
④ 杨华. 县乡中国：县域治理现代化 [M]. 北京：中国人民大学出版社，2022：329.

的直接结果就是上级很难再通过综合绩效考核来激励主要领导干部，综合绩效考核的激励功能自然是弱化了。

第二，对一般工作类干部的绩效考核激励不足。

对一般工作类干部的绩效考核主要取决于具体的单位和部门，单位性质不同，部门业务不同，考核内容、考核方式方法理应不同。同时，还要考虑同一单位、部门内干部具体负责事项的不同，有的是行政岗、有的是专业技术岗。只有明确岗位职责、科学划分工作内容，按照不同岗位与工作内容设置考核指标和考核方法，才能做到精准考核、公平考核，让干部信服，被考核所激励。

目前还存在一般工作类干部岗位职责划分不科学，工作内容划分不清晰，"所考非所做"的问题。例如，有的干部工作是"双肩挑"，考核却只能选择其中一种；有的干部本来是技术岗，上班干的却是行政事务；还有的干部是行政岗，技术岗的事务也在干；另有一些干部基本都是在干领导私下交代的事情，给领导做课件、做研究、写论文，自己的岗位工作要么安排给别人，要么加班加点干。这就导致对一般工作类干部进行考核指标和考核方式制定的时候无法做到令干部满意，无论怎么设置，总有干部考核内容与日常工作内容不一致，"考核和工作相分离"、"所做非所考"和"所考非所做"。

另外的情况是，大多数单位为了方便，简单将对党政领导干部的考核指标和程序用于一般工作类干部的考核。日常考核要么不考，要么走走形式，年底考核就按照党政领导干部的考核程序，发一张德能勤绩廉的考核表和民主测评表，让大家随便打打分，个人提交一份述职述廉报告，最后还是领导说了算。实际上，领导也不重视，往往会根据个人喜好、亲疏远近打分。一般一个单位内除了违法乱纪被调查和受到法律纪律处分的，其他都是合格以上。大家分数差不多，待遇按级别和资历，晋升的时候主要看领导个人推荐和组织部门考察，日常的考核与干部待遇、晋升等关联不多。这样造成的结果就是考核领域的形式主义、考核结果运用不充分和考核失真失实，考核激励效用微乎其微。这些问题通过人民论坛问卷调查中心 2020 年 12 月初至 2021 年 2 月底对干部考核问题的调研可以获得证实。该调研方式有两种：一是遍访北京、陕西、江苏、山东、湖北、四川、云南、广西、贵州、安徽、江西等地党员干部；二是通过人民论坛官方微博等平台进行线上问卷调查。① （线上调研结果见图3）

---

① 常妍，李一丹. 影响干部担当作为的关键因素：当前干部考核存在的问题及治理［J］.
  人民论坛，2021（9）：15.

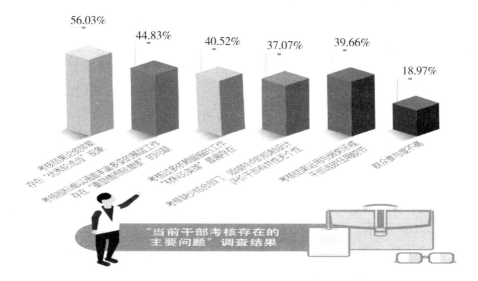

图3 "当前干部考核存在的主要问题"调研结果

资料来源：常妍，李一丹．影响干部担当作为的关键因素：当前干部考核存在的问题及治理［J］．人民论坛，2021（9）：15.

综合线下和线上的调研，当前对一般工作类干部的考核存在的问题如下：

一是在考核制定方面，内容"简单趋同"，方式单一陈旧。人民论坛问卷调查中心的线上调查发现，"近四成受访者认为，考核针对性不强，缺少结合部门、领域特点的机制设计，'格式化'问题泛化"。① 线下走访调研发现，当前一般工作类干部考核"千人一面"，有共性，无个性，总体忽视了干部的岗位职能特点，定量考核严重不足。具体而言，在考核标准设置方面，未能体现干部个体"工作难易度、个人努力度和实绩优劣度"；"在考核方式上，大多采用个人填表、述职、民主测评、领导评价等传统办法，缺少实地跟踪的动态考评手段"②；在考核主体方面，服务对象、群众的参与度很低。

---

① 常妍，李一丹．影响干部担当作为的关键因素：当前干部考核存在的问题及治理［J］．人民论坛，2021（9）：16.
② 常妍，李一丹．影响干部担当作为的关键因素：当前干部考核存在的问题及治理［J］．人民论坛，2021（9）：16.

二是在考核过程方面，"论资排辈""人情票""平均主义""重显绩轻潜绩""形式主义"等问题不同程度存在。关于"论资排辈"。不少干部反映："无论干多干少、干好干坏，一般干部的年终考核优秀人选只以工作年限来排位。"① 关于"人情票"。干部指出，一方面，存在考核者与被考核者之间互不熟悉的现象，考核人云亦云，胡乱打分；另一方面，存在打招呼、拉关系、领导做"指示"等暗箱操作问题，真正干事谋事的干部得分不如所谓"人缘好"的，考核失真失察。② 关于"平均主义"。部分干部认为，当前考核基本都是"一勾到底""逢考必过"，大家都差不多，很难真正区分担当作为者和慵懒懈怠者。关于"重显绩轻潜绩"。线上调查显示，44.83%的受访者认为"'重显绩而轻潜绩'是目前考核存在的突出问题"③，考核更加倾向于可以量化和周期短、见效快的事情，而打基础、锦上添花、立足长远的事情则很少纳入考核项目，导致干部急功近利，只追求局部和眼前的利益。关于"形式主义"。40.52%的受访者指出，"当前以'痕迹论英雄'和'材料论英雄'是考核存在的主要问题"④，考核者主要采取听汇报、翻台账、看表格的途径，被考核的干部就会将主要精力放在整理、美化数据上面。"缝缝补补又一年"和"干得好不如总结得好"的现象比较突出。

三是在考核结果方面，运用不充分，考用脱节。人民论坛问卷调查中心的线上调查结果显示，"有近四成受访者认为，当前，干部考核'雷声大、雨点小'，考核结果运用与褒奖惩戒、干部选拔任用脱节"⑤。线下的走访发现，这是当前干部反映最为强烈、最为不满的考核问题。考核只是手段，激励才是目的，如果耗费不少人力、物力、财力进行考核只是用来增加档案的厚度，考核的激励作用就会大打折扣。

---

① 常妍，李一丹. 影响干部担当作为的关键因素：当前干部考核存在的问题及治理 [J]. 人民论坛，2021 (9)：15.
② 常妍，李一丹. 影响干部担当作为的关键因素：当前干部考核存在的问题及治理 [J]. 人民论坛，2021 (9)：15.
③ 常妍，李一丹. 影响干部担当作为的关键因素：当前干部考核存在的问题及治理 [J]. 人民论坛，2021 (9)：16.
④ 常妍，李一丹. 影响干部担当作为的关键因素：当前干部考核存在的问题及治理 [J]. 人民论坛，2021 (9)：16.
⑤ 常妍，李一丹. 影响干部担当作为的关键因素：当前干部考核存在的问题及治理 [J]. 人民论坛，2021 (9)：15.

综上所述，当前，在"多中心"或"全中心"工作考核背景下，以往对主要领导干部进行综合绩效考核的激励功能弱化。对一般工作类干部的考核则由于考核内容"简单趋同"，考核方式单一陈旧，考核过程"论资排辈""人情票""平均主义""重显绩轻潜绩""形式主义"，考核结果运用不充分，考用脱节，"一考了之"等问题的存在而未能如愿。因此，整体而言，干部绩效考核激励明显欠佳，实践中，干部因绩效考核激励而备受鼓舞，主动担当作为的情况并不理想。

四、容错纠错激励担当作为执行困难

容错纠错激励是提升改革创新者，以及愿干事、真干事、多干事干部在政治方面的安全感，从而保证其担当作为的重要举措。容错纠错激励包括容错激励和纠错激励两方面的内容。容错激励是合理宽容干部的失误错误，让干部相信只要真正担当作为、改革创新，即使出现了失误和错误，组织也不会追求其政治责任，反而会保证其政治方面的正当权益。纠错激励是让干部相信在担当作为过程中，如果被错误对待或诬告陷害，组织会予以澄清，保证干部在政治方面的正当权益、名誉和安全。容错纠错激励都是为了解除改革创新、担当作为干部的后顾之忧，力求解决现实中干部因害怕被问责而不敢改革创新、不愿意多干事的问题。容错纠错激励是中国共产党的宝贵经验，在容错激励方面，新民主主义革命时期，党以珍惜干部的原则出发，对于干部因为认识不足、经验不足等原因犯的错误尽量通过说服教育方式解决，宽容干部的失误错误。在纠错激励方面，改革开放新时期，大规模平反冤假错案充分体现了党勇于纠正错误，为干部澄清正名，激发干部动力的决心。进入新时代，党中央明确要求，并重复强调："建立健全容错纠错机制，宽容干部在改革创新中的失误错误，坚持有错必纠、有过必改，严肃查处诬告陷害行为，切实为敢于担当的干部撑腰鼓劲"，澄清正名、消除顾虑。"[1] 目前各省、市、县以及组织已经出台了近500份有关容错纠错的政策文本。[2]（部分政策文本见表5）

① 关于进一步激励广大干部新时代新担当新作为的意见［M］.北京：人民出版社，2018：7-8.
② 陈廷栋，盛明科.基层容错机制低效运转的致因机理与整合治理：基于决策过程的分析框架［J］.中共天津市委党校学报，2022（5）：44.

表5　有关容错纠错的政策文本（部分）

发布者	容错纠错政策文本
省　委	《江苏省进一步健全容错纠错机制的办法》 《关于进一步推动容错纠错机制落地见效的通知》（浙江） 《关于激励干部担当作为实施容错纠错的办法（试行）》（山东） 《陕西省党政干部容错纠错办法（试行）》 《新疆维吾尔自治区干部容错纠错暂行办法》 《关于建立容错纠错机制激励干部担当作为的办法（试行）》（吉林） 《关于激励干部担当作为实施容错纠错的办法（试行）》（河北） 《安徽省党政干部容错纠错办法（试行）》 《容错纠错办法（试行）》（广西） 《云南省容错纠错办法（试行）》 《关于推行容错纠错机制的实施办法（试行）》（江西） 《关于进一步激励广大干部新时代新担当新作为的实施意见》（福建） ……
市　委	《关于建立容错免责机制的暂行办法》（淮安市） 《关于建立党员干部干事创业容错免责机制的实施办法（试行）》（盐城市） 《关于建立改革创新容错免责机制的实施办法》（无锡市） 《台州市鼓励改革创新激励干事创业容错纠错实施办法》 《关于落实"十个区别开来"规定的操作办法（试行）》（荆门市） 《激励干部干事创业的意见》（荣昌市） 《干部容错纠错暂行办法》（襄阳市） 《黄石市容错免责减责激励干部干事创业实施办法（试行）》 《容错免责机制的实施办法（试行）》（武汉市） 《关于落实容错纠错机制的实施办法（试行）》（东营市） ……
县　委	《襄城区党员干部容错纠错实施办法（试行）》 《漳河新区容错免责办法（试行）》 《大化瑶族自治县容错纠错实施办法（试行）》 《澄迈县推进公职人员容错纠错澄清正名和重新使用工作有效衔接的实施办法（试行）》 《苍南县容错纠错机制细化落地操作办法（试行）》 《定安县容错纠错实施细则》 ……

发布者	容错纠错政策文本
基层组织	《生态环境系统者履职尽责容错纠错实施办法（试行）》（某省生态环境厅） 《科技创新容错纠错实施办法（试行）》（某省科学技术厅） 《容错纠错机制实施办法》（某县审计局） 《行政执法容错纠错实施办法》（某县行政机关） 《社会救助工作容错纠错实施细则（试行）》（某县民政局） 《容错纠错实施办法》（某司法局党组） 《建立容错纠错机制激励干部担当作为的实施办法》（某镇党的机关） 《关于建立容错纠错机制激励干部担当作为暂行办法》（企业） 《公司容错纠错实施办法（试行）》（公司） 《国企公司容错纠错实施办法》（公司） ……

资料来源：根据各层级组织公布的信息绘制。

这些政策文本有的规定比较详细，有的比较笼统；有的是在前期的政策文本基础上进行补充，有的是原始文本；有的结合了本地区、本部门、本单位实际，体现了一定的差异性，有的则"同质化"特征突出。说明在总体上我国容错纠错激励机制还处于探索阶段，并不成熟。就具体内容来说，目前几乎所有容错纠错的政策文本都涉及了"政策价值引领、容纠之错甄别、容错清单厘定、容错过程处置、参与主体分布、配套制度保障六个方面的内容"[1]，具体包括容错纠错机制建立的目的、容错纠错处置原则、适用条件、容错情形、容错流程、结果运用、实施主体等。这些规定为容错纠错激励机制的建立提供了制度性框架和基础，[2] 也为部分容错纠错激励实践提供了依据。现实中，已经有不少单位进行了有益探索，取得了一定成效。但是，就容错纠错机制的整体运行和激励效果而言，依然存在不少问题，特别是"如何更加有效地执行是当前制约容错纠错机制发挥激励作用的难点问题"[3]。究其原因，一是具体操作性规定不完善造成的，二是相关配套制度不健全造成的，三是相关主体思想认识不到位造成的。

第一，具体操作性规定不完善，导致容错纠错激励执行困难。

具体操作性规定不完善体现在四个方面：

一是容错纠错实施主体规定过于含糊、笼统，实施客体规定范围过窄。一

---

[1]　胡世文．干部容错纠错政策：扩散特征、核心议题及完善路径：基于 2016—2020 年省级政策文本的实证分析［J］．智库理论与实践，2022（6）：47.

[2]　邓帅．容错纠错机制实施困境及提升路径分析［J］．理论学刊，2021（2）：116.

[3]　邓帅．容错纠错机制实施困境及提升路径分析［J］．理论学刊，2021（2）：116.

方面，实施主体涉及"谁去容错纠错"的问题，意味着要对容错纠错行为负责，所以必须明确、具体，责任到人。可是，现有大多数相关文件，要么只是笼统地规定为"相关主体"，要么规定了党委、组织部门和纪检监察机关多个实施主体。这给实际执行带来了困难，大家相互推诿，容错纠错就不了了之了。另一方面，实施客体涉及"容谁的错"和"纠谁的错"的问题。一般，容错是对当事者的直接激励，纠错是通过纠正一方错误而激励另一方的一种间接激励。不管是容错还是纠错，其对象都不仅仅是干部个体，还可能是集体，所以容错纠错的实施客体理应包括个体和集体。但是，目前相关的文件只是强调了容错对象是作为个体的干部或者公职人员，而没有强调对单位或组织集体进行容错纠错。这就导致一些集体没有得到宽容，另一些集体的错误没有得到纠正，从而容错纠错未能在较大范围内为担当作为干部撑腰鼓劲，也就未能更大程度地激励干部。

二是容错纠错界限规定不够具体、全面。容错纠错界限涉及"宽容和纠正什么错，在什么情况下容错纠错"的问题。容错和纠错中的"错"是不一样的，容错中的"错"并不是真正的错，纠错中的"错"却是真正的错。所以应该分别规定说明。目前相关文件只是针对容错中的"错"进行规定，而并未对纠错中的"错"进行规定。同时，另一些文件对于容错中的错进行划分，也过于笼统、单一。比如："某些地方虽然明确提出可容之错主要是改革创新中非主观性的错误、因外在复杂因素诱发的错误、努力工作形成的无心之错。但是，并未以制度的形式对各种错误的主要情形、具体情况、尺度标准、粗细详略和边界范围做出清晰划分。"① 容错纠错界限规定不够具体、全面，会造成"大量的案件不能够嵌套进现有政策文件"②，容错纠错实际执行无据可依，就会停滞不前。

三是容错纠错实施流程具体内容规定不足。容错纠错实施流程涉及"容错纠错如何进行"的问题。目前，大多数政策文本规定容错纠错实施流程为启动、调查核实、做出认定、结果反馈等基本环节，有的省份还增加了澄清公开、跟踪回访、资料归档等环节。但是，在如何启动、谁来启动、如何调查核实、调查核实需要遵循哪些原则、结果如何反馈、如何跟踪回访、时间限制等具体内容方面的规定要么不与细说，要么程序复杂、门槛甚高，真正成熟的操作流程

---

① 陈朋. 容错机制"局部空转"的多重诱因及其有效治理 [J]. 人民论坛, 2020（24）：52.

② 邓帅. 容错纠错机制实施困境及提升路径分析 [J]. 理论学刊, 2021（2）：120.

还没有形成。这也给容错纠错政策的切实贯彻落实带来了困难。

四是容错纠错结果运用的规定尚需完善。容错纠错结果运用一是涉及"被容错免责后的干部个体或集体要如何对待"的问题，二是涉及"被平冤后的干部个体或集体要如何对待"的问题，三是涉及"做出错误行为或打击报复冤枉他人的干部个体或集体要如何对待"的问题。现有相关文本在容错纠错结果运用方面仅仅指出，容错免责后的干部组织要"客观评价、公正合理对待"，在"提拔任用、职级职称晋升、评优评先、表彰奖励等事项方面不受影响或不作负面评价"，而且就"工资、绩效、奖金、津补贴等不受影响"方面，"仅内蒙古、江西、陕西以及新疆等提到，其余地区则并未涉及"。① 具体操作性规定不完善，在"谁去容错纠错""容纠谁的错""容纠哪些错""如何容错纠错""如何进行容错纠错激励效果反馈"等问题上就会有犹疑，具体执行自然就难了。

第二，配套制度不健全，导致容错纠错激励执行困难。

容错纠错激励的配套制度不健全主要体现在干部权利救济保障制度、调查回避制度、容错纠错责任制、容错纠错监督制度等关系干部容错纠错激励成效的机制还没有真正建立起来。首先，是否容错纠错是关系当事干部切身利益的事情，在容错纠错启动、调查核实、做出决定、结果反馈方面都应该充分保障干部本人及其利益相关人的申诉、知情、信息反馈权等。可是，目前很多单位对容错纠错中的申诉机制、信息反馈机制等的建立完善还不够重视，往往是忽视干部本人及其利益相关人的参与而进行被动的容错纠错，很容易"吃力不讨好"。其次，组织在调查核实情况时，回避制度是不可或缺的，否则客观性、公平性就难以保证。那么，在容错纠错事件的调查核实中，哪些人应该回避，如何回避也需要做出规定说明。而目前，"仅有天津市纪委和组织部联合印发的《天津市干部干事创业容错免责操作规程》中提及应在容错免责工作中推行回避制度"，其他地区还未涉及。② 再次，容错纠错既然是一种公共行政行为，就应该建立相应的责任制度，以保证责任到人，同时防止容错纠错演变为纵容包庇等公众担心的行径。但是，目前相关政策文本极少有涉及容错纠错责任制度建立的问题。最后，容错纠错也可能有"徇私舞弊""违法乱纪"的情况出现，所以也需要监督制度予以保障，目前在容错纠错监督制度的建立方面还未有提

① 胡世文. 干部容错纠错政策：扩散特征、核心议题及完善路径：基于 2016—2020 年省级政策文本的实证分析 [J]. 智库理论与实践，2022（6）：56.
② 胡世文. 干部容错纠错政策：扩散特征、核心议题及完善：基于 2016-2020 年省级政策文本的实证分析 [J]. 智库理论与实践，2022（6）：57.

及。总之，配套制度不健全就像一个人"缺胳膊少腿"，容错纠错激励机制自然无法顺利运行。

第三，实施主体思想顾虑未解决，体制内外认识不一致，导致容错纠错激励执行困难。

实施主体存在思想顾虑主要体现在担心容错纠错得不到上级认可和支持，害怕主动容错纠错反而被问责，所以在心理上表现为"观望心理"，在行为上表现为"按兵不动"和政策"局部空转"。当前，一方面，在容错范围认识上，上层强调"容错免责"主要针对干部在改革创新、推动发展中出现的失误错误。而实践主要是就一般性日常工作进行容错。这就导致"少量出现的典型案例缺少更高权威部门的认定与汇总"①，进而让容错实施主体产生了担忧，是不是上级不认同自己的容错纠错行为。所以，工作变得保守起来。另一方面，在容错纠错具体操作性规定不完善的情况下，上下级之间很容易在"是否可以纳入容错范畴、在多大程度上予以容错、容错意见该如何做出等具体细节问题上存在不同意见或严重偏差"②。这种客观情况也会导致容错纠错主体产生容错纠错反而可能被问责的担忧。容错纠错实施主体思想上存有顾虑，就不会积极主动容错纠错，从而导致容错纠错机制只是停留在"口头上"和"文件上"。据陈朋等学者的调研和本人的访谈，容错纠错"局部空转"现象突出，在"当前容错机制面临的最大障碍是什么"的调研中，有近53.7%的受访者认为是"空转情况多，执行难"。③

体制内外认识不一致体现在：体制内干部对容错免责和纠偏纠错的呼声很高，而公众对干部的"错"却并不宽容。体制内干部渴望被宽容对待，渴望组织为自己撑腰鼓劲主要因为在全面从严治党背景下，干部被问责的风险增加，压力变大，处处留痕之后的形式主义问题已经影响到正常的工作生活，干部在政治方面的安全感陡然下降。想要改变这种状况，势必依赖组织的合理容错免责。而社会公众对干部的"错"并不宽容出于很多原因，一是因为部分民众对容错纠错中的"错"没有认识清楚，认为"只要是错误就应该受到惩罚"，而不应该对错误进行具体区分；二是"受近年来反腐运动和官民冲突的叠加影响"，民众对政府"合理容错"和"正当纠偏纠错"持怀疑态度，认为"容错

① 邓帅. 容错纠错机制实施困境及提升路径分析 [J]. 理论学刊, 2021 (2)：120.

② 陈朋. 容错机制"局部空转"的多重诱因及其有效治理 [J]. 人民论坛, 2020 (24)：52.

③ 陈朋. 容错机制"局部空转"的多重诱因及其有效治理 [J]. 人民论坛, 2020 (24)：51.

就是包庇自己人，是为犯错误的干部找借口，会在一定程度上纵容干部胡乱作为"，"纠偏纠错也是有选择性的，真正的错误并没有予以纠正"。① 而公众的这种怀疑态度既与公众自身的认识偏差有关，也与目前已经公布的部分容错案例主观性过强、说理简单牵强不无关系。例如，吉林省松原市某乡镇干部在泥草房资金申报过程中，多次申报，重复领取资金，本该被处罚，但是该镇却进行了容错。给出的理由是"鉴于非主观故意，且能够主动承认错误、挽回损失，并在当年全县泥草房改造工作中表现良好"②。显然，这样的容错过于草率，并不能令公众信服，会加剧公众对容错免责可能导致纵容行为的担忧。社会公众对干部错误的不宽容，对容错纠错的不理解和怀疑态度在一定程度上制约了容错纠错机制的充分实行和容错纠错激励效能的生成，使当事干部和容错纠错执行主体"谈错色变"，整个社会也难以形成理性看待干部失误的风气，从而不可避免地使容错纠错激励"局部空转"。

综上所述，由于目前容错纠错的具体操作性规定尚不完善、相关配套制度不健全，容错纠错实施主体思想顾虑未解决，体制内外对干部容错的认识不一致，所以容错纠错激励执行困难，未能在消除改革创新干部后顾之忧和解决"干多错多"问题方面发挥其应有作用。为此，必须进一步健全完善容错纠错激励机制，解除干部干事创业的顾虑，提升干部在政治方面的安全感。

五、不担当不作为干部退出遇到梗阻

干部退出指的是从现职现岗"向下流动"或"向外流出"。"不担当不作为"干部退出本身具有警醒激励功能，同时利于拓展担当作为干部"向上流动"的空间，能够起到很好的政治激励作用。依据中华优秀传统文化中的辩证思想和马克思主义唯物辩证法，有"下"才能有"上"，有"出"才能有"进"，没有"下"和"出"就不会有"上"和"进"。让"不担当不作为"的干部"向下流动""向外流出"，给想担当作为、愿担当作为、敢担当作为、能担当作为、善担当作为的干部挪位、让出空间，是对担当作为干部的较大激励。

早在20世纪60年代，邓小平就在《执政党的干部问题》的讲话中强调干部要"能上能下"，他主要从党的干部开支管理和民主作风养成的视角，提出

① 陈廷栋，盛明科. 基层容错机制低效运转的致因机理与整合治理：基于决策过程的分析框架［J］. 中共天津市委党校学报，2022（5）：47.
② 殷书建. 容错机制典型案例：功能、问题及机制构建［J］. 理论与改革，2020（4）：181.

"先从基层做起。要逐步从制度上，习惯上，风气上，做到能上能下"①。改革开放之初在干部人事制度改革过程中，在邓小平等老一辈革命家的极力主张和表率作用下，建立了领导干部"退居二线"制度，使得老一辈的干部从领导岗位上退了下来，实现了党和国家干部的新老交替。随着干部人事制度改革不断推进，公务员制度的建立健全，干部试用期制度、任期制度、任期考察制度、问责制度、退休制度等的建立加速了干部退出机制的完善。20世纪90年代，以中共湖北省枝江县委、中共四川省邻水县委为典型，各地探索建立干部"能上能下"的制度。其中，中共四川省邻水县委列出9种干部不称职的表现，要求"对不称职的领导干部，既可以将正职调为副职，调整到下级岗位，也可以批准辞职，就地免职、调做其他工作；乡镇领导属于不称职者一律不能进县城安排工作，调整后不按规定时间到位的，停发工资，三个月不到位的，取消任职资格"。②

进入新时代之后，干部队伍中不想担当作为、不敢担当作为、不能担当作为的问题凸显。为了能够有效调动干部队伍担当作为的积极性，党和国家又重新强调干部"能上能下"，尤其是对于那些不愿意担当作为或"庸懒散慢弱"干部的退出问题着重强调。2015年6月，习近平主持中央政治局会议，通过了《推进领导干部能上能下若干规定（试行）》，会议针对性地指出，推进干部能上能下，重点是解决"能下"问题。会议要求，要通过一整套制度安排把那些存在问题或者相形见绌的干部调整下来。③ 随后，各省市纷纷出台推进领导干部能上能下实施细则或办法，如《北京市贯彻〈推进领导干部能上能下若干规定（试行）〉的实施办法》《河南省推进领导干部能上能下实施细则（试行）》《甘肃省推进领导干部能上能下实施细则（试行）》《海南省推进领导干部能上能下实施细则（试行）》《商洛市推进市管党政领导干部能上能下实施办法（试行）》等。这些实施细则和办法都是围绕解决干部"能下"问题的，其中，省一级的规定内容大同小异。以《河南省推进领导干部能上能下实施细则（试行）》为例，内容指出，推进领导干部能上能下遵循的原则有党要管党、从严治党，实事求是、公道正派，人岗相适、人尽其才，依法依规、积极稳妥，突出讲政治、敢担当、重操守等；领导干部"能下"的渠道有到龄免职（退休）、

---

① 邓小平. 邓小平文选：第1卷 [M]. 北京：人民出版社，1994：329-330.

② 熊兴元. 邻水县全面推行干部能上能下制度 [J]. 党建研究，1994（11）：47-48.

③ 法律出版社法规中心. 中国共产党常用法规全书 [M]. 北京：法律出版社，2021：372-374.

任期届满离任、问责追究、调整不适宜担任现职、调整不能正常履职、违纪违法免职等；调整不适宜担任现职干部的程序有组织人事部门考察核实、党委（党组）或者组织人事部门提出调整意见、党委（党组）召开会议集体研究、做出调整决定、党委（党组）或者组织人事部门有关负责同志与调整对象进行谈话、履行任免程序。① 市一级的规定内容以细化"调整不适宜担任现职"为重点。以《商洛市推进市管党政领导干部能上能下实施办法（试行）》为例，内容规定，调整不适宜担任现职坚持党要管党、从严治党，实事求是、客观公正，权责一致、党政同责，于法周延、于事简便的原则；调整依据年度目标责任考核结果、扶贫绩效考核结果、生态环境工作不力责任认定结果、维稳综治工作不力责任认定结果等；调整的程序是各县（区）、市直各部门书面报告，市委组织部审核报批，组织决定。② 《关于进一步激励广大干部新时代新担当新作为的意见》第二条第五点明确提出："对不担当不作为的干部，根据具体情节该免职的免职、该调整的调整、该降职的降职，使能上能下成为常态。"③ 2022 年9 月，中共中央办公厅发布《推进领导干部能上能下规定》将重点放在解决领导干部"能下"的问题上，总结地方经验，列出了 15 种不适宜担任现职的情形（具体内容见表6），④ 成为当前"不担当不作为"干部退出工作的指导性文件。总的来说，让"不担当不作为"的干部退出现职现岗，甚至是退出公职，已经是形势所迫、大势所趋了，关键的问题是落实是否到位。

表6　干部不适宜担任现职的 15 种情形

	情形内容
第 1 种情形	政治能力不过硬，缺乏应有的政治判断力、政治领悟力、政治执行力，在不折不扣贯彻落实党中央决策部署、结合实际推动落地见效上存在明显差距的
第 2 种情形	理想信念动摇，在涉及党的领导、中国特色社会主义制度等重大原则问题上立场不坚定、态度暧昧，关键时刻经不住考验的

① 河南省推进领导干部能上能下实施细则（试行）［N］. 河南日报，2017-08-06（4）.

② 商洛市推进市管党政领导干部能上能下实施办法（试行）［N］. 商洛日报，2016-09-07（2）.

③ 关于进一步激励广大干部新时代新担当新作为的意见［M］. 北京：人民出版社，2018：6.

④ 中共中央办公厅印发《推进领导干部能上能下规定》［N］. 人民日报，2022-09-20（1）.

	情形内容
第3种情形	担当和斗争精神不强，在事关党和国家利益、人民群众生命财产安全等紧要关头临阵退缩，在急难险重任务、重大风险考验面前消极逃避或者应对处置不力的
第4种情形	政绩观存在偏差，不能坚持以人民为中心的发展思想，不能准确把握新发展阶段、完整准确全面贯彻新发展理念，在构建新发展格局、推动高质量发展上不积极不作为，搞"形象工程""政绩工程"乱作为的
第5种情形	违背党的民主集中制原则，独断专行或者软弱涣散、自行其是，不执行或者擅自改变组织作出的决定，在领导班子中闹无原则纠纷，或者任人唯亲、拉帮结派，破坏所在地方、单位政治生态的
第6种情形	组织观念淡薄，不严格执行重大事项请示报告、个人有关事项报告等制度，无正当理由拒不执行组织的分配、调动、交流等决定的
第7种情形	事业心和责任感不强，精神状态差，对职责范围内的事项敷衍塞责，对群众急难愁盼问题不上心、不尽力，工作推拖绕躲、贻误事业发展的
第8种情形	领导能力不足，不能有效履行职责、按要求完成目标任务，重大战略、重要改革、重点工作推进不力，所负责的工作较长时间处于落后状态或者出现较大失误的
第9种情形	违规决策或者决策论证不充分、不慎重，造成公共资金、国有资产、国有资源损失浪费，生态环境破坏，公共利益损害等后果的
第10种情形	作风不严不实，执行中央八项规定精神不严格，形式主义、官僚主义问题突出，造成不良影响的
第11种情形	品行不端，行为失范，违背社会公德、职业道德、家庭美德，造成不良影响的
第12种情形	因存在配偶、子女移居国（境）外，配偶、子女及其配偶经商办企业等情况，按照有关规定需要组织调整的
第13种情形	年度考核被确定为不称职，或者连续两年被确定为基本称职，以及民主测评优秀和称职得票率达不到三分之二，经认定确属不适宜担任现职的
第14种情形	因健康原因无法正常履行工作职责1年以上的
第15种情形	其他不适宜担任现职的情形

　　资料来源：根据2022年9月中共中央办公厅发布的《推进领导干部能上能下规定》绘制。

　　就"不担当不作为"干部退出落实情况而言，由于社会上和干部队伍内部对于"不担当不作为"干部退出问题思想认识不到位，干部退出的思想文化环境没有形成，干部退出主要是针对领导干部，对于一般工作类干部退出问题没有得到解决，退出实施工作尚处于初始阶段，难免不到位、不细致，引发相关干部"不服气",并且相关的配套制度也不够健全,所以"不担当不作为"的干部"向下流动、向外流出"还需要不断优化。

第一,干部退出的文化氛围较薄弱,影响整体工作落实。

干部"能上能下、能进能出"本来"是一个极为普通的政治常识问题,其主要着眼点在于维系政治系统的新陈代谢、保持其持久生命力"。① 而且干部"上下""进出"的方向原本也是很清楚的,即"优者能者上""庸者下""劣者汰"。但是受"复杂人性""官僚思想"以及实际操作等各种因素影响,我国干部退出的文化氛围并不浓厚,人们有各种考量和顾虑,形成了诸多影响干部退出工作落实的思想观念。一是"能上不能下、能进不能出"的观念。当前,包括一些干部在内的社会上很多人持有这样的想法:要么认为"进了公家门就是公家人",除非犯了严重错误,否则就是"铁饭碗";要么认为领导干部即使犯了错,也是平级调动,异地"做官",或者风头过后又"官复原职","太平官"照做;要么认为"上荣下辱",从重要岗位上退下来和从公职中退出是"天大"的事情,不仅"地位"和"饭碗"不保,而且丢了"面子",会被人议论和笑话;要么认为体制内的工作就是"混日子""做样子",自己聪明点,面上过得去,重要关系维护一下,就可以"该摸鱼摸鱼""该躺平躺平"了,即使有干部看不下去也不会想要得罪别人,给自己找麻烦。这些思想的核心都是"能上不能下、能进不能出",造成的直接后果是政治生态系统中存在诸多"庸""懒""散""浮""拖"等顽症痼疾。二是"既不上,也不下"的想法。当前,有的干部身处重要岗位、重要部门,要么权力比较大,要么"好处"比较多,组织要求其晋升到更高的职位,他发现新职位"捞不着好处"就各种找借口不愿意晋升;有的干部只想安逸舒适,不想担当作为,害怕职位越高、责任越大、风险越大,所以不愿意被提拔重用;还有的干部是出于照顾家庭方便考虑,不想被异地提拔。当然,让他们"向下向外"退出,他们也不愿意、不乐意,甚至会找组织说理,找舆论说事。这些干部占着职位、岗位长期不流动,导致下边的干部无法晋升,上边的干部也没法向下流动,影响干部"能上能下"机制的整体运行。三是"上下都是领导说了算,与个人努力能力无关"的认识。有的干部说:"上下"还不是靠领导"一张嘴",领导想让你"上",你工作不行、能力不行,最后还是会"上";领导想让你"下",你工作表现再突出、能力再强,最后还是会"下",所以干多干少、干好干坏不重要,重要的是和领导搞好关系。这种认识导致干部即使"下去了"也不服气,认为是某些领导背后

---

① 陈朋."能上能下"机制的非均衡性及其影响分析 [J]. 南京社会科学,2019 (4):66.

操作。如此，对有些单位领导而言，能不让干部"下"就不会让其"下"，以免落人口实。

第二，干部退出的"致因不均衡"，影响担当作为激励效果呈现。

"原因和结果是各种事件的世界性的相互依存、（普遍）联系和相互联结的环节，是物质发展这一链条上的环节。"[①] 任何现象的发生必然有其内在原因，没有无原因的结果。对干部退出这一现象或结果而言，也有其背后的原因。从致因角度看，当前，因"违法乱纪"退出的干部多，因"庸懒散慢弱"退出的干部少。在学者指出："当前诸多官员之所以'下'，其主要原因仍在于有触犯法纪法规的'硬伤'，比如，行贿受贿、滋生重大腐败、破坏纪律规矩等；相比之下，懒政、惰政等不作为情形受到严厉惩处的尚不多见。"[②] 究其原因：一是让"违法乱纪"干部退出易于操作。党的十八大之后，我国出台了很多干部违法乱纪处理条例，干部问责条例等，加之纪检监察建立，监督制度日臻完善，对于"违法乱纪"的干部搜集证据，遵照法律法规办案，按照程序退出都不是难事。二是让"庸懒散慢弱"干部退出不仅难于操作，还涉及人情纠葛。目前，《推进领导干部能上能下规定》的 15 种情形中，除了第 12、13、14 种情形外的其他情形，比如：政治能力不过硬、理想信念动摇、担当和斗争精神不足、政绩观存在偏差、事业心和责任心不强、组织观念淡泊、作风不严不实、品行不端，行为失范等情况，规定都比较笼统，日常判断也比较难，而且涉及"熟人政治"下的人情纠葛。有的干部善于伪装；有的情形解释空间比较大，容易落人口实；有的干部与其他干部之间有着千丝万缕的联系，让其退出可能会得罪其他更高级别干部，实施困难。"庸懒散慢弱"干部退出问题不解决，干部退出机制就无法对这些干部产生鞭策激励效果，而且如果有大量"庸懒散慢弱"干部占着位子，其他真正担当作为的干部就无法流动，所以总的来说是会影响干部退出机制的激励效果的。

第三，干部退出的后续安排缺乏设计，引发系列问题。

由于干部作为体制内的人，端的是"铁饭碗"，除了因违法犯罪被惩处和个人原因辞职外，组织很难对干部做出辞退决定。而且，本着"惩前毖后、治病救人"和关心关爱干部的原则，党组织一般采取的是对"不担当不作为"干部进行说服教育，而不是直接辞退。《推进领导干部能上能下规定》第六条指出："各级组织（人事）部门应当把功夫下在平时，深化对干部的日常了解，定期分

---

① 列宁．列宁全集：第 55 卷 [M]．北京：人民出版社，1990：134．

② 陈朋．"能上能下"机制的非均衡性及其影响分析 [J]．南京社会科学，2019（4）：69．

析研判考核考察……动态掌握干部现实表现，对存在苗头性、倾向性或者轻微问题的，及时予以提醒、谈话、函询、批评教育、责令检查或者诫勉，对不适宜担任现职的及时启动调整程序。"① 既然干部退出只是从原来的职位上退下来，而不是彻底退出体制，那么退出后的干部也是占用体制资源，享受体制待遇的，所以不得不考虑对他们的安排问题。当前，一种现象是干部退出后无人管理，彻底"摆烂"。按照《推进领导干部能上能下规定》第九条，对不适宜担任现职的干部，组织采取的措施：一是"根据其一贯表现和工作需要，区分不同情形，采取平职调整、转任职级公务员、免职、降职等方式予以调整"②，相当于将其从领导岗位退下来；二是"对非个人原因或者健康原因不能胜任现职岗位的，应当从事业需要和关心爱护干部出发，予以妥善安排"③，实际上就是带薪休养；三是"调整不适宜担任现职干部，原则上在职数范围内安排"④。"暂时超职数的，应当报经上一级党委组织部门和机构编制部门同意，并明确消化时限，一般应在1年内消化"⑤，相当于保证了干部的编制和待遇。综合表明：即使是被调整的干部，除了不再担任领导岗位，其他损失无多。尤其是在当前很多干部都感叹"为官不易""压力过大"，甚至不愿意担任领导岗位情况下，对这些本来就不愿意担当作为的干部而言，调离领导岗位反而是好事，他们不用再承担风险，还能享受不错的待遇，有的就过起了养老的生活，整日悠闲自在。然而，这些因为不称职、不胜任而从领导岗位退下来的干部，整日游手好闲，还享受着比普遍干部好的待遇，这对于其他担当作为的干部，对于一般工作类干部是一种莫大的刺激，他们会感觉不公平，时间久了，一个单位内"忙闲不均""待遇不公"问题就会变成大问题，一个单位的担当作为、干事创业风气就会败下去，人人能偷懒就偷懒、能拖延就拖延，谁还会干事！另一种现象是领导干部退出后挤占了职级。无论是中央政府制定的《推进领导干部能上能下若干规定》还是各地出台具体实施细则办法，都提出"调离岗位、改任非领

---

①　中共中央办公厅印发《推进领导干部能上能下规定》［N］．人民日报，2022-09-20
（1）．

②　中共中央办公厅印发《推进领导干部能上能下规定》［N］．人民日报，2022-09-20
（1）．

③　中共中央办公厅印发《推进领导干部能上能下规定》［N］．人民日报，2022-09-20
（1）．

④　中共中央办公厅印发《推进领导干部能上能下规定》［N］．人民日报，2022-09-20
（1）．

⑤　中共中央办公厅印发《推进领导干部能上能下规定》［N］．人民日报，2022-09-20
（1）．

导职务、免职、降职、引咎辞职、责令辞职"等退出通道。"但是，在实际操作过程中，大多以'调整至非领导岗位'居多，引咎辞职、责令辞职、免职、降职等情况虽然存在，但是总体数量不多，主要存在于省级及以上行政区。"① 然而，众所周知，非领导岗位职数是非常有限的，如果被"下"的干部挤占，终有殆尽的一天。"一旦被完全挤占，则不仅容易使其他理应被正常调整至此岗位的人面临无岗位可以去的尴尬，而且也会阻塞后续'下'的通道。"② 调研中，一位区纪委书记说："岗位本来就不多，如果都被这些人所占据，那么本来可以安排正常转岗的人，就面临无地可去的问题。"③ 因此，对"不担当不作为"干部退出后的管理安排是一个"大问题"，必须引起重视。

综上所述，当前干部退出还存在文化氛围不足、只局限于"违法乱纪"干部、后续管理安排缺乏或不当的问题。这些问题阻碍了干部正常退出机制的运行，导致干部退出机制无法对"庸懒散慢弱"等不担当不作为干部形成鞭策激励，也不利于"不担当不作为"干部退出职位岗位，为担当作为干部挪位，进而激发担当作为干部的积极性。

第三节　物质激励动力有待进一步提升

干部担当作为的物质激励动力是指运用"物质因素"调动干部担当作为积极性的力量、力度。根据前文所述，这里的"物质因素"指的是薪资福利待遇及其发放模式等。运用物质因素调动干部担当作为积极性，一是要求所提供的物质待遇能够满足干部及其家庭的基本生存需要；二是要求有正常的薪资调整机制，无论是增长还是下降，干部有一个心理预期，不至于造成较大的"人心浮动"；三是要求按照"多劳多得、少劳少得、不劳不得"原则进行分配，提升干部物质方面的获得感、公平感；四是要求落实"同工同酬"原则，进一步确保干部物质公平分配。就当前实际而言，干部担当作为的物质激励动力有待进一步提升，具体表现为：乡镇年轻干部物质待遇需提高、干部薪资"机会式"调整需克服、不同担当作为干部收入待区分、干部"同工不同酬"现象待改善。

---

① 陈朋. "能上能下"机制的非均衡性及其影响分析 [J]. 南京社会科学, 2019 (4)：69.
② 陈朋. "能上能下"机制的非均衡性及其影响分析 [J]. 南京社会科学, 2019 (4)：70.
③ 陈朋. "能上能下"机制的非均衡性及其影响分析 [J]. 南京社会科学, 2019 (4)：70.

一、乡镇年轻干部物质待遇需提高

乡镇年轻干部的物质待遇有待提高主要因为当前他们的经济生活，即"正常薪资收入支撑下的家庭生活水平"比较拮据，[①] 付出与收入失衡，收入与支出失衡。

第一，乡镇年轻干部是单位里较为积极付出的群体，但薪资福利待遇却最低。

在乡镇，年轻干部是真正干事的主力军，也是积极作为的群体。这是因为：一方面，除去班子成员的一般中年干部由于已经过了被提拔重用的年龄，政治上得不到激励，工资也不高，加之，他们自身又没有多大追求，成了乡镇干部中最闲、最难动员的群体。所以，很多工作自然就落到了年轻干部身上。在乡镇，年轻干部既要将多岗位工作做好，对接四五个分管领导和数个县级部门；也要"承担书记、镇长、分管领导交办的临时性任务"，包括多而杂又不定时的撰写领导讲话稿、个人总结、汇报材料，"乡镇改革创新、制造'亮点'工程的事前调研、可行性分析、方案设计、向上汇报材料"，以及那些其他岗位工作人员做不好或不会做的重要工作，比如乡镇迎检、突击性中心工作等；还要积极下村干活，主动承担包村工作，承担村镇的文字、电脑、档案、宣传工作。[②] 另一方面，在乡镇，年轻干部文化水平相对较高，有自我提升和实现自我价值的追求，还不想过早地躺平，荒废人生，并且年轻干部政治上晋升机会较大，只要积极主动担当作为，有望晋升副职。所以乡镇年轻干部尽管日常事务繁杂、任务艰巨，不被群众和舆论理解，不时面临政治问责风险，但是他们中的绝大多数还是保持了积极干事成事的热情和主动创新创业的闯劲。比如：L镇35岁及以下的年轻干部有20人，公务员13人，事业编7人，其中积极的有14人，公务员10人，事业编3人，共占70%。[③]

鉴于以上情况，根据"按劳分配、多劳多得"的原则，年轻干部应该获得一个不错的报酬，至少能保证他们的生活过得去，收支能够基本平衡，在经济上有一定的获得感。然而，在以级别工资为主导的工资制度下，乡镇年轻干部想要提升薪资待遇，只能靠晋级，可是他们是干部队伍中的最底层，也是资历最浅的，自然不可能人人都能快速晋升，所以总体看薪资待遇自然就是最低的。

---

① 杨华. 县乡中国：县域治理现代化 [M]. 北京：中国人民大学出版社，2022：381.
② 杨华. 县乡中国：县域治理现代化 [M]. 北京：中国人民大学出版社，2022：340-342.
③ 杨华. 县乡中国：县域治理现代化 [M]. 北京：中国人民大学出版社，2022：338.

特别是在广大中西部地区和东部欠发达地区，由于县（市）财政吃紧，能够给予乡镇年轻干部的薪资待遇比较有限，导致这些地区乡镇年轻干部每每谈及薪酬福利待遇就神情沮丧、表情落寞、唉声叹气、无奈摇头。一个受访的县委书记说，他"每天凌晨起来想的第一件事就是全县两万多公职人员吃饭的问题"。这在一定程度上反映了中西部地区乡镇干部的打卡工资收入明显不尽如人意。在中西部地区，一般，"刚入职的公务员月打卡工资（含车补，下同）是2800—3200元，加上年底绩效和奖金，年打卡工资收入大概在5万元；刚入职的事业编人员月打卡工资（没有车补）为2600—2800元，年打卡工资收入在4万元左右；刚晋升的副科级干部的打卡工资在3500元左右，年打卡工资收入在5.5万—6万元；工作上十年的副科级实职干部每月打卡工资可以达到4500—4700元，年打卡收入在7万元左右"，而且工资还时常会因财政紧张问题被拖欠。① 当然，这是说的党的十八大之后，乡镇干部各种灰色收入被禁止，各种隐性福利被削减，工资性收入成为统一的单一性收入来源形势下的待遇。

第二，乡镇年轻干部处于最需要用钱的年纪，但收入却不济。

乡镇年轻干部最需要用钱体现在两个方面：一是未婚的年轻干部要考虑谈恋爱的开支，要准备结婚用的车子、房子，男生还要准备彩礼等。以最普通的标准，恋爱开支每个月算500；房子一般都要买在县里或者市里，包括装修需要80万—100万，首付需20万—30万；车子一般在10万—15万，首付3万左右；彩礼婚礼最少算6万。一位年轻干部如果只靠工资收入，即使不吃不喝，也得好多年才能凑足，稍有耽搁，可能就错过了适婚年龄。二是已经结婚的年轻干部要还房贷、车贷，要赡养父母，要养育孩子，生活压力陡增。"在中西部地区，一个刚晋升乡镇副科级实职的年轻干部算了一笔账，其每月打卡工资是3200元，个人支出包括：伙食费300元、汽车燃油费500元、电话费100元、抽烟费用300元、人情支出600元、每月给父母费用300元，总共2100元；家庭其他支出：老婆电话费50元、儿子上幼儿园费用500元、买菜300元、水电费50元，总共900元；总收入减去支出：3200元－（2100＋900）元＝200元，即正常开支后，到手工资只剩下200元。"② "如果家里只有他一个人有收入，那么其家庭成员就不可以发展任何兴趣爱好，无法支付购置衣物、旅游、走亲戚、买化妆品、买零食、买玩具、小孩兴趣班和辅导班、生病医治等费用，更无法支付在餐馆请客吃饭及其他社交活动费用"，并且"该副科级年轻干部的情

---

① 杨华．县乡中国：县域治理现代化 ［M］．北京：中国人民大学出版社，2022：382-383．
② 杨华．县乡中国：县域治理现代化 ［M］．北京：中国人民大学出版社，2022：385-386．

况在中西部乡镇具有代表性，说明乡镇年轻干部经济生活总体上较为拮据"。①

　　乡镇年轻干部收入不济，生活拮据会引发系列问题。一是乡镇年轻干部恋爱迟滞、结婚迟滞，有的甚至不结婚。特别是研究生学历及其以上的乡镇年轻干部，他们的自尊心强、自我要求高，本来在乡镇就难找到合意的对象，经济基础又没有跟上，加之受当下社会一些"单身文化"价值观的影响，很容易就产生了不结婚的想法，从而在客观上成了加速我国人口老龄化步伐的人员。二是乡镇年轻干部将很多精力用于寻找其他收入来源。即使是在当前禁止停薪留职的背景下，乡镇年轻干部迫于生活压力还是会选择将部分，甚至主要精力用于寻找其他收入来源。像笔者所认识的乡镇年轻干部，他们有的是在朋友圈做微商，有的当婚庆主持，还有的外出跑生意，政务工作反而成了业余。武汉大学杨华教授的调研则发现，"一些乡镇干部为了获取额外收入，从农民那里流转土地后再用稍高价格流转出去，以获得微薄差价"；还有一些乡镇干部，因为"月工资只有 2600 元，老婆没有正式工作，在家带小孩，家庭经济压力大，所以无奈之下尝试做'滴滴'司机"。② 三是农村乡镇人才流失。当前，大多数年轻干部虽然工作在农村乡镇，但是安家在城里，有的县城与乡镇距离较远，所以他们日常用在通勤上的耗费要比城关镇的干部多不少；如果遇到经常去村里下乡的任务，更是雪上加霜，因为对事业编干部而言，他们是没有交通补助的。因此，综合交通成本、照顾家庭等因素，他们会想方设法离开乡镇，即使"乡镇副职调任到县里任一般干部也乐意，而城关镇的副职女干部连升任农村乡镇的正职都不干"③，从而造成乡镇人才流失，年龄断层等问题。四是家庭条件越好越容易晋升。在当前年轻人结婚需要买车、买房的社会背景下，家庭条件好不仅可以帮助"解除年轻干部的后顾之忧，让他们安心安身本职工作而非更多地考虑家庭生活问题，从而使他们工作做得更好"，更有机会晋升，而且可以帮助年轻干部"维系和拓展社会关系网络"，从而在间接意义上帮助其尽快升职加薪。④ 总之，"无论是从工作本身看，还是从社会交往角度看，有家庭或家族支持的年轻干部都占优势，从而在晋升竞争中也占有优势"⑤。

　　综上所述，当前，乡镇年轻干部是单位里干活的主力军，除去班子成员，他们是单位最忙、最辛苦、最具有创造潜力和最积极付出的群体，但是他们的

---

　　① 杨华. 县乡中国：县域治理现代化［M］. 北京：中国人民大学出版社，2022：386.

　　② 杨华. 县乡中国：县域治理现代化［M］. 北京：中国人民大学出版社，2022：390.

　　③ 杨华. 县乡中国：县域治理现代化［M］. 北京：中国人民大学出版社，2022：389.

　　④ 杨华. 县乡中国：县域治理现代化［M］. 北京：中国人民大学出版社，2022：391.

　　⑤ 杨华. 县乡中国：县域治理现代化［M］. 北京：中国人民大学出版社，2022：391.

薪资福利待遇却最低。"工作上最繁忙、政治上没地位、经济上窘迫"已经成为乡镇年轻干部，特别是落后地区农村乡镇年轻干部的真实写照。这对处于最需要花钱年纪的乡镇年轻干部来说，无疑是一个难题，使得他们中不少人被迫恋爱迟滞、婚姻迟滞，想方设法寻求其他收入来源或者尽快离开乡镇，从而不能将主要精力放在乡镇的工作上面，也不能安心安身在乡镇工作。因此，提高乡镇年轻干部物质待遇是帮助乡镇留住人才，保持乡镇年轻干部担当作为、干事创业积极性的必要举措。

二、干部薪资"机会式"调整需克服

干部薪资"机会式"调整，在这里特指干部薪资发放和调整中违背党和国家等上级机关制定的薪资制度和标准，不按照薪资待遇的相关规则，或者利用尚不完善的薪资规定，只考虑眼前，不考虑长远，对干部薪资进行不合理发放的"投机取巧""随意而为"乱象。也就是说，干部薪资变动缺乏客观科学依据和不够公开透明的问题。

党的十八大以来，为了缓解薪资发放乱象造成各地区干部实际收入差距过大的问题，党和国家对干部工资津贴补贴乱象出重拳进行整治，先后出台一系列政策文件。例如：《关于改进工作作风、密切联系群众的八项规定》（2012）、《关于规范公务员津贴补贴问题的通知》（2013）、《违规发放津贴补贴行为处分规定》（2013）、《关于严禁自行出台政策发放工资津贴补贴有关问题》（2018）等。这些政策文件对干部工资调整做了如下禁止性规定："不得自行出台工资津贴补贴政策；不得自行新设项目发放工资津贴补贴；不得违反规定借重大活动筹备或者节日庆祝之机，变相向职工普遍发放现金、有价证券或者与活动无关的实物；不得违反规定使用工会会费、福利费及其他专项经费发放津贴补贴；不得以有价证券、支付凭证、商业预付卡、实物等形式发放津贴补贴；不得在实施职务消费和福利待遇货币化改革并发放补贴后，继续开支相关职务消费和福利费用；对于已经违规发放的奖励性补贴、改革性补贴、加班费、值班费和未休年休假补贴、超标准补贴要一律停止或取消，否则将进行严肃问责处理。"① 目前，随着政策文件的落实执行，特别是一些发达地区的一度滥发工资津贴补贴的现象得到有效遏制，切实规范了机关事业单位人员收入分配秩序，缩小了发达地区与落后地区、强势部门单位与弱势部门单位干部实际收入的巨

---

① 纪委，审计监察处．中共中央办公厅 国务院办公厅《关于严禁自行出台政策发放工资
津贴补贴有关问题的通知》［EB/OL］．个人图书馆，2018-06-16．

大差异，缓解了落后地区、弱势部门单位干部的心理落差，增强了同级别、同类型、不同地区部门单位干部物质待遇方面的公平感。

然而，从激励视角看，由于我国还没有建立起严格的薪资福利调查比较制度，干部薪资增长还是下降，增长多少、下降多少，以及不同地区工资关系如何处理都没有科学的依据，也没有法律文件支持。因此，有些禁止性规定就无法执行或者执行了之后会产生新的问题，比如："不得自行出台政策"，那么应该依照的政策是什么？再比如："不得违反规定"，那么这些规定又是指什么？是否完备？此外，突然取消了长期实行的各种工资津贴补贴之后，干部实际收入下降，生活水平也跟着下降，出现了大面积消极"罢工"，甚至有的还"拉横幅抗议"的问题，又该怎么办？因为有这些客观问题的存在，以及部分既得利益干部群体的私心，导致干部薪资出现"机会式"调整问题，具体表现为"投机取巧"和"随意而为"。而这样只想着解决掉眼前的问题，而不顾长远影响的薪资调整，又导致干部群体内部出现了新的"人心浮动"现象，严重影响部分干部担当作为的积极性、主动性和创造性。

第一，干部薪资"机会式"调整表现为"投机取巧"和"随意而为"。

"投机取巧"和"随意而为"是当前在面对上述复杂问题时的两种应对策略，是干部薪资"机会式"调整的具体表现。

一是干部薪资调整中的"投机取巧"现象。所谓"投机取巧"就是指钻法律法规的空子，"玩文字游戏"，先应付眼前的问题，并且尽力从新的工资调整中谋取私利。目前，面对政策文件中强调不得违反规定发放现金、有价证券、津贴、奖励补贴、福利等要求，有的地方不甘心就此取消掉原先的待遇，也为了不影响干部的积极性，所以就采取将原来发放，但是后来被禁止的津贴补贴福利以一种合法的方式发放。且不说这种想法本身是一种"投机"想法，如果发达地区都这样"变相"发放，党和国家想要缓解地区间干部薪资差异的目的就无法达到。当然，也有逼不得已的情况，比如，有的地方确实"禁止性规定"实施后，干部薪资下降严重，已经影响到正常的工作生活了，所以不得已才进行变相调整发放。这种情况另说。现在的问题是，有的地方在这种"变相"薪资调整中，肆意提高了年度工作绩效奖金中职务职级所占的比重，将原先的津贴补贴以年度工作绩效奖金的方式发放，并且越是职务高、级别高，奖金的比例越高，年轻干部的工作绩效奖则要么减少，要么直接取消。以西部某省市2022年度的薪资调整为例。在这次薪资调整后，工龄在3~5年（各单位有所差别）以下的干部年度工作绩效奖金普遍减少，有的单位工作3年的干部发现自己的年度工作绩效奖直接没有了。但是，同单位有职务、有职级的干部年度工作绩效奖显著增加，最高的达到了 5 万多。在部分年轻干部看来，这种薪资调整中的"投机取巧"行为就是既得利益的领导在为自己谋取私利，无故加剧了同一单位内部人员的收入差距，而且还是对"工作绩效奖"这一奖项设置初衷的严重背离，将"工作绩效奖"变成了"职务职级奖"，对于单位内积极干事、担当付出的年轻干部无疑是一种讽刺和打击。

二是干部薪资调整中的"随意而为"现象。所谓"随意而为"指的是薪资是否调整，什么时候调整，调整多大幅度等没有科学依凭，也没有法律依据，而是陷入一种盲目和被动之中。当前，在有些地方看来，干部薪资调整不是自己该考虑的问题，自己说了也不算，主要是根据国家政策调整。上面的政策是禁止发放津贴补贴福利和年终奖，那么只要遵照执行即可。至于单位内部干部是否有意见，工作生活是否受到影响，则选择性忽视即可。如果有的干部不满意，找领导讨要说法，他们就把问题推给财务、推给上级、推给国家。有的说"那是财务计算的，我不懂"；有的说"这是上级决定的，我能怎么办"；还有的说"这是国家禁止发放的，你找国家去"。当然，另有一些是"避风头"的心态，禁止性规定出台了先停发，等上级或国家不注意或者不作为重点强调了，换个由头，照发不误。

第二，干部薪资"机会式"调整会造成"人心浮动"，影响担当作为。

干部薪资"机会式"调整的客观状况作用于干部个体，就表现为一种薪资增长和下降的不确定性、无序性、神秘性，进而让干部在物质上滋生出了更多的"动荡感"和"迷茫心理"，从而导致"人心浮动"。具体来说，一是会导致年轻干部"过早躺平"、优秀年轻人才流失，甚至加剧"贪腐低龄化"问题。获取物质利益是年轻干部的基本诉求，所以他们对薪资调整格外敏感，一旦发现薪资调整后自己的生活水平下降了，他们就会做出较为明显的反应。通常，自觉能力一般，没有更好出路的会选择就地"躺平"，不再像之前一样付出，不是自己分内的事情坚决不再干了；自觉能力强，不想"躺平"的就会选择辞去公职。以禁止乱发津贴补贴乱象后对陈某某的影响为例。陈某某于 2016 年以第一名的成绩考入中部某地级市检察院，被分到反贪局，积极上进，吃苦耐劳，经常没日没夜地干，曾为突审犯罪嫌疑人，40 个小时不眠不休。2017 年纪检监察体制改革后，他顺利转入纪委监委党风政风监督室工作，勤学苦干，业绩突出。2019 年又在遴选公务员考试中上岸，去到了自己比较心仪的南方某经济发达市市纪委监委工作。经过组织多年的培养和他自己的努力，应该说已经是一名比较优秀的纪检监察办案人员，能够为纪检监察事业贡献自己的专业水平和担当精神。但是，他却在 2022 年年初选择辞职，去到一家律师事务所上班。据他自己说，之所以辞职与他自己的心志兴趣有关，不想一眼看到头，但是根本上还是因为津贴补贴乱象被禁止后，他原本就少的收入更加不足以应付生活开支了，除去房贷、车贷所剩无几，上不能赡养父母，感到很愧疚，下不能安居乐业，经常为柴米油盐焦头烂额，所以干脆辞职。并且他也不是个案，他们律所就有好几个和他一样是从体制内辞职出来的，如果是全国的话可能就更多一些了；还有一些留在体制内却并不甘心拿低工资的会选择铤而走险，走上贪腐之路。无论年轻干部做出哪种选择，对于单位都是很大的损失，都与激励干部担当作为背道而驰。二是会使干部陷入对薪资变动的诸多猜疑、猜测、打听、议论等之中，分散掉履职尽责的精力。薪资变动对任何干部来说，都比较敏感，是他们关心的话题。所以，越是频繁地进行薪资调整，干部就越是会将时间、精力用在上面，各种猜测、打听、议论、担心、期待、失望，无端消耗着干部，使他们卷入无休无止的自我折磨之中，势必影响履职尽责、担当作为的效果。

综上所述，由于我国没有建立起严格的薪资调查比较制度、薪资调整信息公开制度，薪资调整制度不健全等原因，目前，干部薪资调整过程中出现了"投机取巧""随意而为"的现象，呈现出一种"机会式"调整特点。而干部薪资"机会式"调整会导致干部"人心浮动"，严重影响他们担当作为的积极性、主动性、创造性，具体表现为年轻干部"过早躺平"、优秀年轻人才流失、"贪腐低龄化"，花更多时间精力打听薪资调整信息等。鉴于此，必须尽快完善干部薪资正常调整机制。

三、不同担当作为干部收入待区分

当前，很多单位内部，干部"忙闲不均"和"干多干少一个样，干与不干一个样"问题已经越来越引起干部不满，负面情绪蔓延，大家索性都躺平，严重影响整个干部队伍的积极性。

第一，单位内部"忙闲不均""鞭打快牛"现象盛行。

综合职务和年龄因素看，一般在一个单位中，往往是班子成员最忙，其次是新进的年轻干部比较忙，而一般中年干部比较闲，"转非"干部最闲。

班子成员最忙。一是因为党委书记要统筹全局、协调各方，行政一把手要负责全面工作，其他班子成员都有分管任务，每个人头上的工作本身就很多；二是因为班子成员政治觉悟较一般干部高，他们会主动地将分内事情和上头安排下来的活干好；三是因为班子成员都还有较强的政治预期，包括提拔重用、职级晋升等，需要在工作上做出成绩和积极表现；① 四是因为问责制普遍执行后，班子成员往往是第一问责对象，所以大家都不敢松懈，生怕哪里出问题被问责。新进年轻干部比较忙。一是因为年轻人精力旺盛，比较有冲劲和自我提升追求；二是因为作为新人，领导和前辈交代的事情不敢不做，所以除了自己分内的事之外，经常要做领导临时安排和其他同事未完成的事；三是因为年轻干部政治上发展空间比较大，积极干事，有望获得晋升；四是因为年轻干部文化水平和素质相对较高，比较自觉。一般中年干部比较闲。一是因为"一般中年干部普遍到了四五十岁，过了被提拔重用的年纪"，政治上基本没有发展空间了；二是因为一个单位内职级有限，总是优先考虑领导干部和成绩突出的优秀年轻干部，一般中年干部晋升职级困难，薪资待遇一般；② 三是因为单位工作机制不科学，经常还出现形式主义、官僚主义的事情。比如：工作内容和职责划分不明确；一个单位内无论是什么岗位都要为时常应付督导、检查、考核、调研、观摩做准备，占用正常工作时间做杂务，下班回家才开始做自己的主业；有些领导想一出是一出，安排做事毫无章法，逮着人就安排事，也不管是否合理妥当等。一般中年干部是单位的"老油条"，遇到这样的事他们能躲就躲，能推就推，实在推不了就甩给老实本分的年轻干部去做，甚至直接拒绝，和领导对着干。"转非"干部最闲。"转非"干部是指因身体、年龄、岗位、压力等原因从领导岗位转到非领导岗位、由"实职"改为"虚职"的"退居二线"干部。③ 据半月谈记者采访了解，"转非"干部数量庞大，"在西部许多县直机关的科级领导干部队伍中，'退二线'的干部大约占总数的30%，有的县比例甚至更高"④。但是，这些干部一般"转非"之后，就处于"离线状态"：有的长期脱岗，班不上、会不开，工作不做。例如，广西某县教育局局长，实职改虚职之后，长期滞留北京；西部某贫困县扶贫办主任申请"实改非"之后长期待在农村老家等。有的未经组织批准擅自出国旅游，有的一门心思投入第二职业，有的休闲娱乐"混日子"。⑤ 究其原因，一是因为"单位管不了，上级管不到"。这些干部以前都是职能部门的"一把手"，现在的领导很多都是他们原来的下属，有的还受过恩惠提拔，根本不敢管。对党委和政府而言，他们一般不参与干部日常管理，所以也就"管不到"。"转非"干部正是钻了这样的空子。二是

---

① 杨华. 县乡中国：县域治理现代化［M］. 北京：中国人民大学出版社，2022：340.
② 杨华. 县乡中国：县域治理现代化［M］. 北京：中国人民大学出版社，2022：347-348.
③ 叶俊东. 直击痛点：大变局中的基层治理突围［M］. 北京：新华出版社，2019：4.
④ 叶俊东. 直击痛点：大变局中的基层治理突围［M］. 北京：新华出版社，2019：4.
⑤ 叶俊东. 直击痛点：大变局中的基层治理突围［M］. 北京：新华出版社，2019：5.

因为"转非"干部存在"卸下担子就混日子"的倦怠心理。很多"转非"干部觉得自己以前在领导岗位时辛辛苦苦，忙忙碌碌，压力重重，现在好不容易退下来，就应该享清福。所以不愿意干活，特别是当惯了领导，指挥惯了别人，现在要重新适应一般工作岗位，还要听人差遣，那是万万不可能的。可是，"转非"干部的工资绩效等一般不会变，还是原先担任领导岗位时的待遇，也就是说他们基本上是不干活，却拿着高工资，别的干部看着感觉不公平、不平衡。

综合个人能力、志向、被单位领导器重的情况看，一般一个单位内，工作能力突出、个人比较积极上进，渴望在政治上有所成就的干部和被单位领导器重、有意识培养的干部往往较为积极主动，有干事的激情、热情。体现在两个方面：一是只要领导交代，不管是否属于自己分内的事都会积极去做；二是即使领导没有要求他做，他也会适时包揽一些容易出成果和被领导看见的活，以证明自己能力、增加自己的业绩和为"向上发展"铺路。反之，工作能力一般、个人没有什么政治追求，或不被单位领导器重的干部往往在单位里是比较边缘的人员，他们只管做好自己分内的事，其他的则避而远之，对工作比较冷淡。这是因为：有的干部能力有限，无法应付繁杂事务，只能"摸鱼"等退休；有的干部只想过清净日子，志趣不在当官，也不缺钱花，所以不想走出自己的舒适圈；还有的干部比较清高，有自己的独立想法，个性较突出，不愿意奉承领导，也不愿意应付复杂的人际关系，更不愿意为了一个晋升名额和别人争得面红耳赤，不被领导赏识，也就或主动或被动的边缘了。

一个单位内"忙闲不均"导致的直接结果就是"鞭打快牛"。党的十八大以来，我国对干部的考核已经由以经济发展为主要指标的"单中心"工作考核变成了既包括经济发展，又包括党的建设、环境治理、社会公平、民生改善、社会和谐进步、科技创新、教育文化等在内的"多中心"工作考核，单位日常工作事务急剧增加，干部的工作质量要求也极大提升。面对如此多的工作任务和高质量要求，自然需要有人去完成。那么，让谁去干呢？自然是那些单位中愿意做事、领导能够说得动的干部，也就是上文所说的班子成员、新进年轻干部，还有工作能力比较突出，个人追求进步，又受到单位领导器重的干部。他们由于各种各样的原因，一般会积极主动地做事，并且把事情做好，至少能够交代过去，所以领导就习惯将事情交给他们去做。而那些严重缺乏激励，不愿意干事的干部即使领导将工作交给他们，他们也会百般推脱，或者随意应付了事，领导还要额外花时间纠错，时间久了自然也就不安排工作给他们了。所以，在这种任务多、要求高、愿意干事的人又少的情况下，"鞭打快牛"现象自然就产生了。"能者多劳""能干者多干"已经成为很多单位内不争的事实。

第二，晋级工资增长机制下，干部"干多干少""干与不干"在薪资福利待遇上基本没有差别。

在谈论干部晋级工资增长机制时，首先需要对目前我国干部实际工资结构进行分析。当前，我国干部工资主要是由基本工资、艰苦边远地区津贴、特殊岗位津贴、奖励性津贴、福利性补贴组成的工资结构。

基本工资。"我国干部的基本工资包括职务工资和级别工资。"① 其中，"职务工资体现干部的工作职责大小"②。根据《中华人民共和国公务员法》，我国公务员领导职务共10个层次，每个层次有对应的职务工资（按月计算）（见表7）。而职级工资、级别工资主要体现"公务员的工作实绩和资历"③。《中华人民共和国公务员法》规定，公务员职级在厅局级以下设置，综合管理类公务员职级序列共有14个层次（见表8），每一职级对应不同的工资标准。另外，还规定"公务员的领导职务、职级应当对应相应的级别"④。（见表7）目前，从办事员、科员到国家级正职一共划分了27个级别，每一级别又设置了若干个工资档次（见表8），"公务员根据所任职务、德才表现、工作实绩、资历等确定级别和级别工资档次"⑤，执行相应的职级工资。在实际执行中，级别工资档次调整主要看工龄，也就是资历。所以，干部想要获取更多的基本工资，要么依赖职务和职级晋升，这在晋升"天花板"限制条件下，非常困难，而且影响晋升的因素很多，不一定积极担当作为就能晋升；要么就是熬年头，等待资历提升。

表7 综合管理类公务员职务、职级以及与级别的对应关系

领导职务	职务工资	职级序列	工资级别
国家级正职	7835	—	1
国家级副职	6090	—	4-2
省部级正职	4765	—	8-4
省部级副职	3685	—	10-6
厅局级正职	2855	一级巡视员	13-8
厅局级副职	2290	二级巡视员	15-10

① 贾洪波. 干部工资福利保险制度简述［M］. 北京：党建读物出版社，2019：39.
② 贾洪波. 干部工资福利保险制度简述［M］. 北京：党建读物出版社，2019：39.
③ 贾洪波. 干部工资福利保险制度简述［M］. 北京：党建读物出版社，2019：39-40.
④ 见《中华人民共和国公务员法》第21条.
⑤ 贾洪波. 干部工资福利保险制度简述［M］. 北京：党建读物出版社，2019：40.

续　表

领导职务	职务工资	职级序列	工资级别
县处级正职	1835	一级调研员	17—11
		二级调研员	18—12
县处级副职	1455	三级调研员	19—13
		四级调研员	20—14
乡科级正职	1145	一级主任科员	21—15
		二级主任科员	22—16
乡科级副职	925	三级主任科员	23—17
		四级主任科员	24—18
		一级科员	26—18
		二级科员	27—19

资料来源：根据《公务员职务与职级并行规定》（2019）和《公务员职务、职级与级别管理办法》（2020）绘制。

表8　2014年10月起实行的公务员级别工资标准对应表（单位：元/月）

级别	档次													
	1	2	3	4	5	6	7	8	9	10	11	12	13	14
1	6496	6957	7438	7790	8380	8851	—	—	—	—	—	—	—	—
2	5984	6390	6796	7202	7608	8014	8420	—	—	—	—	—	—	—
3	5517	5883	6249	6615	6981	7347	7713	8079	—	—	—	—	—	—
4	5077	5412	5747	6082	6417	6752	7087	7422	7757	—	—	—	—	—
5	4673	4988	5303	5618	5933	6248	6563	6878	7193	7508	—	—	—	—
6	4304	4598	4892	5186	5480	5574	6068	6362	6656	6950	7244	—	—	—
7	3977	4251	4525	4799	5073	5347	5621	5895	6169	6443	6717	—	—	—
8	3690	3945	4200	4455	4710	4965	5220	5475	5730	5985	6240	—	—	—
9	3431	3667	3903	4139	4375	4611	4847	5083	5319	5555	5791	—	—	—
10	3190	3408	3626	3844	4062	4280	4498	4716	4934	5152	5370	—	—	—
11	2965	3167	3369	3571	3773	3975	4177	4379	4581	4783	4985	5187	—	—
12	2755	2943	3131	3319	3507	3695	3883	4071	4259	4447	4635	4823	5011	—
13	2559	2735	2911	3087	3263	3439	3615	3791	3967	4143	4319	4495	4671	4847
14	2376	2541	2706	2871	3036	3201	3366	3531	3696	2861	4026	4191	4356	4521
15	2206	2361	2516	2671	2826	2981	3136	3291	3446	3601	3756	3911	4066	4221

续 表

级别	档次													
	1	2	3	4	5	6	7	8	9	10	11	12	13	14
16	2048	2193	2338	2483	2628	2773	2918	3063	3208	3353	3498	3643	3788	3933
17	1902	2037	2172	2307	2442	2577	2712	2847	2982	3117	3252	3387	3522	—
18	1768	1893	2018	2143	2268	2393	2518	2643	2768	2893	3018	3143	3268	—
19	1645	1760	1875	1990	2105	2220	2335	2450	2565	2680	2795	2910	—	—
20	1533	1638	1743	1848	1953	2058	2163	2268	2373	2478	2583	—	—	—
21	1431	1526	1621	1716	1811	1906	2001	2096	2191	2286	—	—	—	—
22	1339	1424	1509	1594	1679	1764	1849	1934	2019	—	—	—	—	—
23	1257	1332	1407	1482	1557	1632	1707	1782	—	—	—	—	—	—
24	1185	1250	1315	1380	1445	1510	1575	1640	—	—	—	—	—	—
25	1122	1178	1234	1290	1346	1402	1458	—	—	—	—	—	—	—
26	1067	1116	1165	1214	1263	1312	—	—	—	—	—	—	—	—
27	1020	1062	1104	1146	1188	1230	—	—	—	—	—	—	—	—

资料来源：贾洪波．干部工资福利保险制度简述［M］．北京：党建读物出版社，2019：42.

艰苦边远地区津贴。艰苦边远地区津贴是对工作地属于地理位置比较边远偏僻、海拔高、气候酷热或寒冷等地理环境较差区域的公务员而设立的津贴项目。[1] 根据《完善艰苦边远地区津贴制度实施方案》（2006），调整后的艰苦边远地区的津贴标准如下：一类区月人均 70 元，二类区月人均 130 元，三类区月人均 230 元，四类区月人均 400 元，五类区月人均 680 元，六类区月人均 1000 元。[2] 目前，领取艰苦边远地区津贴的县级行政区中，新疆 99 个，青海 39 个，宁夏 26 个、甘肃 83 个、贵州 66 个、广西 51 个、四川 56 个、陕西 8 个、山西 44 个、重庆 10 个、湖北 8 个、内蒙古自治区 92 个、黑龙江 104 个、吉林 11 个。其中，一类区 379 个、二类区 342 个、三类区 131 个、四类区 85 个、五类区 35 个、六类区 12 个。除去香港、澳门、台湾，当前领取艰苦边远地区津贴的县级行政区共有 984 个，约占全国县级行政区的 35%。

特殊岗位津贴。特殊岗位津贴，也叫岗位性津贴，是依据干部所处的工作岗位的特殊性质和条件而设立的补偿项目，如工作常处于艰、难、险、急、重、

---

① 贾洪波．干部工资福利保险制度简述［M］．北京：党建读物出版社，2019：42.
② 贾洪波．干部工资福利保险制度简述［M］．北京：党建读物出版社，2019：43.

累、脏、忙、外的状态，需要公务员付出更多的辛苦和奉献，国家对处于这类岗位的工作人员支付附加的报酬或补偿。① 特殊岗位津贴主要包括繁重类岗位津贴、危险类岗位津贴、有毒有害类岗位津贴、特殊激励类岗位津贴等。② 比如设立警衔津贴制度。"警衔津贴适用于各级公安、安全、监狱劳教管理部门以及各级人民法院、人民检察院中评定授予警衔的在职人民警察。"③ 津贴随着警衔的晋升而晋升，随着警衔的降低而降低，随着警衔的取消而取消。

奖励性津贴。奖励性津贴包括"年终一次性奖金和获得荣誉后给予的一次性物质奖励"，其中，"年终一次性奖金是公务员薪酬的一种辅助形式"④。《中华人民共和国公务员法》规定，公务员在定期考核确定为优秀、称职的，按照国家规定享受年终奖金，⑤ 一般奖金标准为本人当年 12 月份的基本工资。实际执行中，对一般工作类干部而言，这个标准会有所提高，乡镇一般工作类干部的年终奖可能和他们全面的工资持平，大概有 26000—28000 元。县级单位，年终奖也差不多是这个标准，有的达到 32000 元。但是，目前很多单位的年终奖减少和暂停发放了，这一方面是因为国家要求禁止发放超标准工资津贴补贴，另一方面是因为有些地方财政入不敷出，不再能按时足额发放。这对一般工作类干部可谓是一种很大的打击，因为他们很多人是指望着年终奖生活的。获得荣誉后给予的一次性物质奖励，是指统一规定的上述各项津贴补贴外，根据工作业绩及有关规定向少数做出突出贡献的公务员发放的奖励性津贴。2018 年 12 月公布的《事业单位工作人员奖励规定》，事业单位工作人员在贯彻执行党的理论和路线方针政策、在执行党和国家重大战略部署、热爱公共服务事业、长期服务、工作中有发明创造等 8 种情形的"可以予以嘉奖、记功、记大功、授予称号，颁发奖励证书、奖章、奖牌，并给予一次性奖金"。⑥ 2020 年 12 月修订的《公务员奖励规定》，公务员有忠于职守、遵纪守法、在工作中有发明创造、同违纪违法行为作斗争有功绩等 10 种情形的"予以嘉奖、记三等功、记二等功、记一等功、授予称号，颁发奖励证书、奖章、奖杯，并发给一次性

① 贾洪波. 干部工资福利保险制度简述［M］. 北京：党建读物出版社，2019：43.
② 贾洪波. 干部工资福利保险制度简述［M］. 北京：党建读物出版社，2019：43-44.
③ 贾洪波. 干部工资福利保险制度简述［M］. 北京：党建读物出版社，2019：44.
④ 贾洪波. 干部工资福利保险制度简述［M］. 北京：党建读物出版社，2019：45.
⑤ 见《中华人民共和国公务员法》第 12 章第 80 条.
⑥ 中央组织部人力资源社会保障部关于印发《事业单位工作人员奖励规定》的通知［J］. 中华人民共和国国务院公报，2019（9）：72-74.

奖金"。① 先不说有多少干部可以获得这些殊荣，单说一次性奖金的标准是多少，并没有明确规定，一般主要取决于授奖单位的资金情况，如果资金充足就多发点，如果资金不足就不发了。

福利性补贴。"福利性补贴，也叫改革性津贴补贴，主要是根据推行福利待遇货币化的要求把原来用于支出福利待遇的资金转化成向干部直接发放的货币补贴"②，包括住房补贴和交通补贴等。住房补贴是在住房货币化改革过程中，国家为了解决干部住房问题而给予的补贴资助，即将单位原有用于建房、购房的资金分次或者一次性发放给干部，再由干部到住房市场上购买或者租赁住房以解决自己的住房问题。实际上，在很多地方和单位，只有那些有一定职务的领导干部和新引进的高层次人才，一般要求研究生学历及以上才能享受。比如：李某研究生毕业后考入西部某地级市工作，可以享受 3 年的租房补贴，平均每月 800 元。交通补贴是在公车制度改革过程中通过实施资金补偿形式来替代单位直接配车，以节约公款支出和对公务员因公而发生的交通费用进行补偿的制度。目前公务员每月有 600 元的交通补贴，事业编没有。

从干部激励视角看，当前，单位内"忙闲不均""鞭打快牛"已经成为普遍现象，按照"多劳多得、少劳少得"的"按劳分配"原则，忙的干部应该获得更多的薪资报酬，享受更好的物质待遇。但是，当前我国干部工资构成中的基本工资主要是依据职务、职级和级别发放的；艰苦边远地区津贴和特殊岗位津贴是依据特定地区和特定岗位发放的；奖励性工资中的年终一次性奖金是平均发放的；获得荣誉后所发放的一次性奖金是不确定的；住房补贴一般只有领导干部和引进的高层次人才才有；交通补贴是只有公务员才有。在这种工资构成情况下，干部想要获得更高的物质待遇几乎只有一条途径，那就是晋升职务和职级。而如前文所述，在我国干部数量多、职务和职级数量有限的情况下，晋升是极其困难的，而且受到多种因素影响，并不是只要能力突出、积极担当作为、干事创业、多干事干成事就可以获得晋升的。所以，这种晋级工资增长机制，并不能让一个单位内多干活的干部获得更好的物质待遇。也就是说，对一个单位内同级别的干部而言，"干多干少""干与不干"在薪资福利待遇上基本没有差别。

在薪资福利方面，干部"干多干少一个样""干与不干一个样"带来的负

---

① 法律出版社法规中心．中国共产党常用党内法规全书［M］．北京：法律出版社，2021：630-631.

② 贾洪波．干部工资福利保险制度简述［M］．北京：党建读物出版社，2019：44.

面影响是非常大的。一是造成不公平，导致原本积极的年轻干部变得不再积极。在物质待遇不变的情况下，"忙闲不均"使得"能者多劳、能干者多干"成为"默认"规则。"忙的人要花费大量的正常工作时间之外的休息和社交的时间和精力去忙工作，还没有任何物质奖赏；闲的人可以在正常工作时间内去干其他的事情，却没有受到相应的惩罚。"① 甚至，有些单位还出现非常吊诡的事情：干事的人整天埋头苦干，永远有干不完的活，还丝毫得不到任何好处；不干事的人反而花大量时间拉关系、套近乎、拍领导马屁，好处尽收，一路高升。长此以往，这种"闲人"效应在单位发酵，积极做事的干部，尤其是年轻干部将不再任劳任怨和积极主动干事了。如此，单位的活只能领导自己完成，有些单位，领导指挥不了下属，只能自己累死累活地干、拼命地干，苦不堪言。二是败坏一个单位的风气，导致单位干部整体缺乏做事的积极性、主动性。一个单位就是一个小家庭，大家互相熟知，信息畅通，如果都积极向上，单位风气就是积极向上的，即使有想偷懒、不想干活的人也会不自觉地被带动，跟着大家一起干。而现实的情况是，单位内只有一小部分人在忙碌，其他人则是当"看客"。尤其是那些闲着的中老年干部，他们不仅自己不干活，而且还挑事，对年轻人冷嘲热讽、挑毛病，惯爱打小报告，导致积极干事的人不仅要承受做事的压力，还要承受单位内老人的人际压力。例如，据笔者了解，中部某市水利局一中层管理干部，自觉已经晋升无望就自我放弃了，上班时间不是刷手机就是玩游戏，还抽烟，对待他职责范围内的事情直接甩给下属去干，连会议都是下属代开。而且，他脾气非常大，动不动就骂人，遇到事情一问三不知，新进的年轻干部在他手下干活，整日忙得团团转，他却在旁边说风凉话，遇到该协调的事也不去协调，导致很多工作迟滞，领导知道他是"老油条"，家里又有点背景，也不管。有一次，上面任务要得紧，他的下属在忙着整理材料，他自己在刷手机游戏，还让下属去给他打印休闲阅读材料，打印机就在旁边，自己不动手，并且不断催促，导致下属和他吵起来。这样的事情经常发生，下属苦不堪言，几乎快抑郁了。一般，一个单位内有几个这样的干部，整个单位的风气就会被带坏，年轻干部就不再愿意积极付出了。一方面是因为不想给这样的人做嫁衣，自己把事情都做了，他把功劳都拿了，而且还不说你好；另一方面是不愿意被说傻，干的活越多，在这些干部眼里就越是傻，会被说成"老实人""受气包"等。三是诱发形式主义，工作难以落实落细，导致干部工作价值感降低，倦怠心理严重。担当作为的很多工作是无法考核、考评的，"需要将工作做到日

---

① 杨华. 县乡中国：县域治理现代化［M］. 北京：中国人民大学出版社，2022：350-351.

常中、做到细节上、做到群众心坎里"，这就需要全体干部发挥主观能动性。[①]
如果一个单位中，只是一部分人在忙，很多人都在偷懒，都没有被动员起来，
那么上级交代的很多事情就难以面面俱到、落实落细，群众的很多问题就得不
到关注和解决，从而"对上应付，对下无视"现象就会产生、形式主义就会泛
滥、干群矛盾就会上升、干部和党的公信力就会受损。干部本身也会因为工作
缺乏价值感、获得感而心力交瘁，产生职业倦怠，变得消极麻木。四是不利于
干部的身心健康，进而影响工作。一个人再能干，其时间、精力和体力也是有
限的。通常，单位内那些自我要求高、做事非常认真负责，又同时承担很多任
务，面临多方压力的干部，如果没有特殊的自我疏解秘方，身心很容易出问题。
近几年，因过度劳累而倒在工作岗位上的干部不少。比如，河北省石家庄市长
安区跃进街道办事处社区卫生服务中心主任兼书记李献忠，于 2021 年 1 月 11 日
凌晨因劳累过度不幸去世，享年 55 岁；四川省阿坝州黑水县人民政府办公室副
主任、色尔古镇党委第一书记（挂职）陈闵健，于 2021 年 6 月 3 日因连日工作
过度劳累突发疾病去世，享年 41 岁；江西省吉安市吉水县冠山乡浒岭村委副主
任余冬根，于 2021 年 10 月 17 日因劳累过度而突发疾病，享年 48 岁；等等。实
际上，还有很多干部因为过度劳累身体出现问题，由重要岗位转为一般岗位，
不仅自己前途尽失，郁郁寡欢，而且单位好不容易培养一名干部，生病了不能
工作，只能财政养着。例如，据笔者了解，西部某省地级市组织部部长，一直
自我要求高，做事精益求精，时常加班加点，通宵写材料，本来前途一片大好。
但是，到 43 岁的时候查出肝癌，只能从领导岗位上退下来，整日养病度日，愁
容满面。按理说，中国人口这么多，干部人数这么多，一个单位内闲人这么多，
如果有科学的工作机制，大家都可以获得休息休假的时间，"过劳"的事情或许
就可以避免了，如果不能，也会大大减少，而不是有的干部"闲死"，有的干部
"累死"。

　　综上所述，无论从单位内部"忙闲不均""鞭打快牛"现象看，还是从现
有干部工资构成以及晋级增长机制看，又或者从维护分配公平、提振单位风气、
优化干部作风、保证干部身心健康看，当前，对单位内不同担当作为干部的收
入进行区分都是十分必要的，否则将难以调动广大干部干事创业、担当作为的
积极性。

---

① 杨华. 县乡中国：县域治理现代化［M］. 北京：中国人民大学出版社，2022：351.

四、干部"同工不同酬"现象待改善

"同工不同酬"在这里主要指同一地区、同类或同一单位、同岗位，付出等量劳动，却由于编制不同，有的是公务员编，有的是事业编，而造成干部之间薪资待遇的较大差异。从公平理论看，"同工不同酬"违背的是物质公平分配原则，实际中会严重影响干部担当作为的积极性。新中国成立后，计划经济时代，我国的制度设计在人员管理上是城乡分割，在人员使用上是以计划、编制为代表的身份管理，用工形式主要有全民、集体所有制固定工、合同工，辅以计划内、计划外临时工。虽然用工形式不同，但是薪资待遇差别不大；改革开放之后，在实行市场化改革过程中，在城乡劳动力市场逐步整合过程中，由于社会劳动力供需不平衡、法律制度不健全、既得利益维护等原因，在机关事业单位、国有企业内部出现了固定工、合同工、临时工和劳务派遣工不同形式。其中，"固定工"就是指有编制的人员；合同工、临时工和劳务派遣工就是指没有编制的人员。一般，编制外人员的工作内容是辅助性、替代性、临时性的，不像编制内人员一样从事领导和管理类工作，具有干部身份。所以，学者们将这些不同用工形式分为"编制内用工"和"编制外用工"两大类，以刘尔铎、王继承、周其洪等为代表的学者对这两类用工不同而导致的"同工不同酬"问题进行了研究。而对于因不同编制而导致的"同工不同酬"现象则很少有学者关注。

实际上，当前，在单位内部，主要是机关单位内部，公务员编与事业编干部同时存在的现象也比较普遍。一般，公务员编是少数，事业编是多数。比如，某市区编制办公室，有公务员编5人，事业编15人，事业编是公务编的3倍。他们都是行政岗，日常工作内容基本一样，但是薪资福利待遇却不同。这种现象在事业编干部看来是极其不公平的，会严重挫伤他们干事创业的积极性。据笔者了解，在一些单位，就有事业编干部因自己与公务员编"同工不同酬"而大动肝火，找到领导讨要说法，局面很是失控。所以本书将这个问题称为干部"同工不同酬"问题。

第一，干部"同工不同酬"既是利益问题，也是公平问题。

干部"同工不同酬"首先是个利益问题。在同类单位或者同一单位内，因为公务员编待遇全方位高于事业编，从而导致事业编干部利益受损。一是公务员编干部更容易获得晋升。公务员编中的选调生从进入单位起就被当作后备干部培养，一般在锻炼两年就有机会遴选到领导岗位或者更高层级的单位工作；其他类型的公务员也会在组织选拔中被优先考虑，一般晋升名额比事业编多出不少。笔者了解到西部某县级部门有公务员编6人，事业编10人，其中公务员

编有 5 人或者直接被提拔重用，或者进入中青年干部培训班，被当作后备干部培养，另有 1 人也是因为个人廉洁问题未被提拔；而事业编只有 3 人被提拔。这说明相比较公务员编，事业编即使能力再出众，晋升的机会还是会少很多，无法晋升，自然就无法享受晋升带来的各种"好处"。二是公务员编干部的薪资福利待遇普遍高于事业编干部。这体现在四个方面，各地区各单位会有差异。首先，公务员编干部每个月都有车补，一般是 600 元，事业编没有；其次，公务员编的年终奖比事业编多出 7000～20000 元不等；再次，公务员编有第 13 个月的工资，也就是比事业编多发放一个月工资；最后，有的地区或单位，公务员编的绩效考核奖比事业编要多出一半还多，一年大概有 10000～20000 元的差距。这样算下来，公务员编比事业编一年的收入会多出 30000～60000 元不等。

干部"同工不同酬"还是个公平问题。因为公务员编身份高于事业编，给事业编干部造成各种不适、不满。在生活中，干部是公务员编还是事业编不仅意味着薪资待遇不同，而且意味着身份地位不同。公务编比事业编的身份地位更高，不仅在选拔任用上受到优待，而且平时也更受人尊重，有的公务员以此为傲，看不起事业编，这给事业编干部带来极大的不公平感。主要表现为：一方面，事业编干部自觉自己干的活不比公务员编少，甚至更多，为什么同样的岗位，工作内容一样，薪资福利待遇却有如此大的区别，他们心里很委屈，感觉自己的价值被无视，自己的劳动没有获得应有的尊重和报酬。另一方面，在事业编干部看来，公务员编在考试的时候比事业编难的那点差距已经在优先晋升环节得到了补偿，所以薪资待遇方面不应该再享受优待了，否则就是一种极大的不公平。这种理由几乎是无法反驳的。

第二，干部"同工不同酬"会带来诸多不利影响。

一是会严重挫伤事业编干部的担当作为积极性。长期"同工不同酬"不仅会使广大事业编干部因感觉到不公平、不被尊重而选择不再担当作为，而且会使他们滋生不满情绪，到处抱怨，相互影响，整个事业编群体的积极性都会下降。当前，一些地方事业编干部因为与公务员编干部的薪资福利待遇差距过大而心生不满，已经到了不得不重视的地步，有的事业编干部直接去找领导讨要说法。据人力资源和社会保障部和国家公务员局门户网站公布的数据，我国事业编人数是公务员人数的 4 倍。如果这么多的干部都因为薪资待遇不公平而变得消极怠工，则是一件非常严重的事情，会造成国家行政效能低下，也不利于中国共产党执政能力的提高。所以必须想办法改善公务员编与事业编干部"同工不同酬"的现象，以调动广大事业编干部队伍的积极性、主动性、创造性。

二是会影响单位长远发展。"同工不同酬"在短期内看似为单位节省了用工成本，节省了开支。但是从长远看，"同工不同酬"不但影响个人发展，同时对用人单位发展的影响也是显而易见的。一方面"同工不同酬"减弱了事业编干部的认同感。当合法权益遭到侵犯时，在他们的内心深处，就难免会产生强烈的不公平感，非但没有工作的激情和动力，更不会为单位的长远利益着想；另一方面，"同工不同酬"会让公务员编干部滋生优越感，干着同样工作却拿着较高报酬，时间久了，有些公务员编干部竟觉得自己比事业编干部更有能耐，高人一等，开始骄傲自满和滋生"官僚作风"。这种情况不仅不可避免地造成单位内部干部关系的不和谐，而且也必然造成干部的工作效率低下，单位的长远发展因而受到影响。

三是会造成人为"身份"歧视，不利于带动社会公平正义。作为中国共产党的干部，不论职位多高、岗位多么不同，都是平等的，理应一视同仁；作为社会主义国家的执政党，对干部的用工管理理应遵循"按劳分配"的社会主义原则，做到"同工同酬"，给企业用工做出榜样，带动社会的公平正义。但是，"同工不同酬"将干部按身份划分等级，构成对事业编干部的歧视，侵犯了他们获取应得劳动报酬的权益。这种按照身份标签分配收入，不是按岗位、技能、业绩等个人素质和对单位的贡献分配，是典型的等级社会的做法，人为制造了贫富差异，违背了社会的公平正义，同时侵犯了事业编干部的人格尊严，使受歧视的干部产生低人一等的挫折感，对前途失去信心。试想，如果连体制内都不能做到用工公平，那么在私人企业内部又如何保证公平公正，整个社会公平正义必然受到损害。

综上所述，干部"同工不同酬"现象既是一个利益问题，导致部分事业编干部利益受损，还是一个公平问题，让在同一单位内部，同样岗位、同样工作的干部，有的占尽"好处"，有的总处于劣势。这种现象带来的负面影响非常广泛，不仅会严重挫伤单位中占比多的事业编干部的积极性，而且会影响单位长远发展，甚至会造成人为"身份歧视"，不利于带动社会公平正义。所以，干部"同工不同酬"现象亟待改善。

第四节 情感激励功能有待进一步发挥

干部担当作为的情感激励功能是指"情感因素"在调动干部担当作为积极性方面发挥的有利作用。根据前文所述，这里的"情感因素"主要包括干部的"为民情怀"、组织对干部的授权信任、组织与干部谈心谈话、组织关爱干部心理健康。当前的问题是：干部为民情怀激励其担当作为的作用有待增强，组织对干部的授权信任激励需加强、谈心谈话激励制度需落实走心、对干部的心理健康问题需切实关注。

一、为民情怀的激励作用有待增强

为民情怀激励，也可以称为"群众感情激励"，指的是干部本身对群众有深厚感情，从而激励其为了群众利益而担当作为。群众感情是由群众路线延伸出来的词汇，是指广大干部与人民群众之间的心里联结、情感纽带。最重要的是，干部心系群众、深入群众、了解群众、尊重群众、关心群众、同情群众，想群众所想、急群众所急，向群众学习，真正为人民群众办实事、办好事，得到人民群众的肯定认可、支持拥护。2022年3月，习近平总书记在中央党校（国家行政学院）中青年干部培训班开班式上的讲话中强调："贯彻党的群众路线，首先要对群众有感情，真正把自己当作群众中的一员、把群众的事当作自己的事。"① "感情是一个非常本质的东西，有感情，看得见、摸得着、体会得到，那是一种温暖，'一枝一叶总关情'。"② 同时，"感情是把认识转化为行动的重要媒介，对群众的感情、对事业的热爱，一直是我们党奋勇向前的动力之源和行动指南"③。党的历史上很多优秀、做出榜样的干部，比如焦裕禄、孔繁森、谷文昌、杨善洲、柴生芳、马善祥等，他们扎根基层、敬业奉献、担当作为，最主要的精神动力来自对党、对人民群众的深厚感情。

当前，一些干部衣食无忧，长时间不接触群众、不与群众生活在一起，对老百姓的喜怒哀乐没有感同身受，没有与群众的共情，生不出对群众的同理心；一些干部"由于工作时间过长、工作量过大、工作强度过高等原因而引发身心不适表现"，产生如"情绪消极、亚健康状态、暴躁和无成就感等职业倦怠问题"，④ 在自身情感获取不足情况下，对群众也没有什么感情可言；另有一些干部党性宗旨丧失，任何时候只从自己的利益出发考虑问题，对群众没有感情；还有一些干部"官僚"思想依然很重，"官僚"做派依然很突出，摆不正位置，不认为群众是"主人"，自己是"仆人"，所以对群众没有同情心，只有故意为

① 习近平.筑牢理想信念根基树立践行正确政绩观 在新时代新征程上留下无悔的奋斗足迹［N］.人民日报，2022-03-02（1）.
② 石平.扫除"四风"需要好好"补钙"［J］.求是，2013（23）：60.
③ 石平.扫除"四风"需要好好"补钙"［J］.求是，2013（23）：60.
④ 成为杰.新时代干部担当作为的激励机制研究［M］.天津：天津人民出版社，2021：57.

难和刻意刁难。可以说，这些干部不同程度上都得了"群众感情缺失症"，具体表现为：

第一，在思想上，认为群众利益无足轻重。

认为群众利益无足轻重的干部往往是从自身利益出发考虑问题的。他们一方面将自己的仕途发展、心情好坏看的比群众的利益更重要，认为自己的考核评价、职务晋升、职级提升主要在于上级领导，领导一句话，行也是不行，不行也是行，所以应该把更多时间和精力放在与领导的交流沟通、溜须拍马上。另一方面，他们认为，群众的利益再大，和自己也没有直接的联系，而且给群众办事很麻烦，吃力不讨好，影响自己的心情。这样的干部党性宗旨丧失，已经忘记了自己的"人民公仆"本质，忘记了自己手中的权力根本上来自人民，因此不把群众利益当回事。这对于党的执政根基的侵蚀是非常严重的，如果不加以纠正，后患无穷。

第二，在态度上，以非常冷漠和居高临下的姿态对待群众，瞧不起群众。

态度是通过言语、表情、肢体动作等表现出来的人们的心理倾向。现实中，群众主要是在办事的过程中与干部接触，在较短的时间内从干部的言语、表情、肢体动作、态度等去认识和评价干部。可是，有些干部就是在这短暂的交往中将自己的"官僚"本性、自己对待群众的恶劣态度暴露无遗。这些干部内心始终觉得自己是"官"，群众是"民"，当官就应该有"官样"，不能和群众走得太近，不能把群众捧得太高，不然群众不仅不会感激自己，而且还会得寸进尺，找事闹事。所以，他们的办法是不给群众好脸色，冷漠待之，故意拖一拖、整一整，让群众因为着急而低三下四求自己，然后自己在心理上获得某种"官威"带来的满足。长期下去，这些干部在没有领导在的任何场合都是一副高高在上、作威作福、颐指气使、趾高气扬的模样，不关心群众死活，甚至辱骂群众，看不起群众。李克强总理强调，"少数干部不担当、不作为、乱作为"，有的漠视、严重侵害群众权益问题。① 但是，每当有更高级别的领导出现的时候，他们又是一副非常谦卑、笑脸逢迎、唯唯诺诺的模样。这让群众的心理感到无比受伤，有时又觉得甚是可笑、可悲，所以选择不再相信干部、不再相信党，有机会就吐口水、有事情就闹，干群关系、党群关系因而撕裂，党的群众基础也因此受损。

第三，在行为上，无视群众诉求，不走群众路线，与民争利。

干部群众感情缺失，在行为上，一是表现为无视群众诉求（见表9）。对群

---

① 李克强. 李克强作的政府工作报告（摘登）[N]. 人民日报，2022-03-06（3）.

众的困难视而不见、对群众的疾苦漠不关心、对群众反映的事情消极对待，做群众工作不上心不尽力，敷衍塞责，能躲就躲、能拖就拖。

表9 干部无视群众诉求的典型案例摘录（部分）

	事件梗概
案例1	某派出所的干部在扫毒时，误将一名无关群众资料录入吸毒人员信息库。派出所接到群众反映后，不但未及时更正错误，反而一直以"删除记录要走程序"为由，历经四年不予办理，导致这名群众工作难找、有房难租。（2017年广东省纪委暗访发现）
案例2	武夷山市星村林业站站长罗某2017年将本应发放给武夷街道黄柏村的补助款错发给其他村。2018年以来，黄柏村村干部多次上门咨询补助款发放事宜，罗某却敷衍应对、消极应付，未经核实就回复补助款未划拨到林业站，导致该村村民一直没领到补助款。直到2020年11月，武夷山市纪委监委监督检查发现该问题，并督促推动整改，该笔补助款才发放到位。（2021年8月福建省纪委监委通报）
案例3	梅州市梅江区应急管理局党委委员、副局长罗某某在办理群众保险理赔证明过程中多次以各种理由推诿，使得本该在2019年10月就办理的证明一直拖到2020年6月才办理，而且是在梅州市委巡察组指出该问题后才办的。（2021年6月广东省纪委监委通报）
案例4	德州市陵城区城市管理行政执法局某一局长面对群众反映的家属院地势低洼、污水内灌，厕所无法使用，希望对院内已封堵的公厕进行改造的问题推诿扯皮、消极应付，迟迟不予解决。（2019年6月山东省纪委监委通报）

资料来源：根据中央和地方纪委监察网站通报的数据绘制。

面对群众极为关切，并且很容易办到的事情，这些干部竟然能够做到如此地步，可见对群众的感情是多么淡漠。而一个对群众没有感情的干部，又怎么可能想要为群众办事或者想要担当作为呢！

二是不走群众路线，与民争利。干部本应该是人民的公仆，尽力发扬人民民主，为人民服务、谋福利。但是，在纪委监委通报的案例和新闻媒体曝光的事件中，经常可以看到一些干部在涉及民众切身利益的事情上，不与民众商量，甚至站在人民的对立面，与民争利，严重损害伤害人民群众感情，损害党的形象，削弱党的公信力。比如，有的干部强征地、强拆迁、强搬迁，为了个别领导人的政绩，不惜损害百姓利益。一段时间媒体曝光部分地区让农民远离自己所依赖的土地，搬进楼房居住，但是各种生活配套设施，像电梯、水电、取暖设备等却迟迟不予安装，原本答应的补偿款也不发放。这表面上看着光鲜，实际上给农民带来很大不便，甚至是损失：老人上下楼爬楼梯很艰难；农民种地十分不便，收了的粮食没地方晾晒；农民的存款在盖楼房和搬迁过程中被掏空，生活难以为继，造成民怨沸腾。有的村干部侵占集体土地，挪用农民的修路、占地、林木补偿款等。有的干部将低保、危房改造、开发养殖补贴的指标都用来给自己人，优亲厚友。还有的干部一门心思搞副业，"吃空饷"。更有一些干部为了自己人的利益，擅自出台政府文件，从民众手中搜刮钱财。

综上所述，无论从思想上认为群众利益无足轻重，态度上居高临下冷漠对待群众，瞧不起群众，行为上无视群众诉求，与民争利，都暴露了当前一些干部"群众感情缺失症"的问题。同时也说明在对干部的激励中，像情感激励这样的柔性激励比较匮乏。正是因为情感激励不足，所以干部本身变得冷漠、机械、感情缺失，难以成为一个有血有肉、有情怀、有大爱的人，进而也无法付出爱，无法对民众产生感情。所以通过情感激励让干部有爱，进而对群众有爱，产生为民情怀和担当作为的情感动力是当前十分重要的事情。

二、对干部的授权信任激励需加强

信任激励是组织关心关爱干部，对干部进行情感激励的重要方式，也是中国共产党对干部进行激励的宝贵经验。信任激励主要是通过授权方式，其发挥作用的途径是给予干部一定的自主空间，包括政策转化空间、机制创新空间和村（居）民自治空间。在革命战争年代和改革开放新时期，中国共产党曾运用授权信任激励取得显著效果。根据杨华教授的研究，当前，对干部的授权信任激励不足主要体现在治理自主空间被不同程度地压缩，或呈现萎缩趋势，导致在政策转化、机制创新和村（居）民自治方面的自主空间狭窄。

第一，授权信任激励不足体现在政策转化的自主空间有限。

《中国共产党章程》第 32 条指出，"党的组织是党在社会组织中的战斗堡垒，是党的全部工作和战斗力的基础"，其首要任务是"宣传和执行党的路线、方针、政策，宣传和执行党中央、上级组织和本组织的决议"。[①] 那么，如何宣传和执行？一方面，党的路线、方针、政策以及上级的决议"具有方向性、原则性和底线式的特点"[②]，是对普遍性、一般性或共性问题的要求；另一方面，各个单位都有自己的实际情况，具有特殊性、多样性或个性特征。所以宣传和执行首先面临一个政策转化问题，也就是要将中央和上级组织统一的政策、任务与实际结合起来，以便能够具体操作和契合诉求。2023 年 1 月 9 日，习近平

① 法律出版社法规中心. 中国共产党常用党内法规全书 [M]. 北京：法律出版社，2021：10.
② 杨华. 县乡中国：县域治理现代化 [M]. 北京：中国人民大学出版社，2022：238.

总书记在二十届中央纪委二次全会上发表重要讲话强调，"要推动党的二十大精神、党中央决策部署同部门、行业、领域实际紧密结合"①，也就是意味着需要进行政策转化。然而，需要是一回事，有没有时间转化、能不能转化又是另一回事。就当前的实际情况而言，一方面，中央的很多政策、任务经过层层加码，到了各个单位之后就变成了"大满灌"，各个单位几乎没有时间和精力思考如何进行政策转化的问题，就必须马不停蹄地去执行了。至于执行得是否到位，是否领悟到中央和上级的精神精髓，是否符合实际，则来不及考虑了。另一方面，在突出"政治考核"，以及全面、全过程监督和问责频繁、责任到人形势下，政策转化空间风险增加。也就是说，一旦政策转化不成功、出了差错，或者执行效果不理想，问责时很可能会被当作"政治问题"对待。这样在利弊权衡下，各个单位往往选择机械地执行、形式主义地应付，即使群众不满，也要先保住"饭碗"。可见，政策转化自主空间不足主要是上级的授权信任不够。

第二，授权信任激励不足体现在机制创新的自主空间狭窄。

机制创新指的是"针对具体治理事务，通过制定相关制度和规范对体制资源进行优化组合，一定程度上改变体制资源具体流动的轨迹、程序和方向，以使体制资源更好地对接具体事务，实现体制资源的集约与优化利用，达到事半功倍的效果"②。需要机制创新的空间，一方面是因为有些单位，如乡镇、村民自治组织、居民自治组织等"不是一级完整政权，部门设置不齐全，特别是没有独立财政"，不能像省市县政权组织那样设置自己的政策议程。③ 这种体制资源的缺失客观上要求其在不打破国家管理体制格局的情况下，通过机制创新对有限的资源进行整合，以发挥其最大效力。另一方面，越是到基层，治理事务越是复杂多变，尤其是当前，市场要素增多，社会组织增加，各种新的公共治理事务涌现，群众有新需求，组织就得受理、办理，这也在客观上要求组织通过机制创新去应对变动不居的事务。然而，目前有些组织的机制创新空间明显在缩小。因为随着国家机构编制管理的日益规范化、政策的刚性化，很多干部资源被限制在了固定的部门、科室、岗位上，以对接上级部门安排的专业事务，实际需要一定的机制创新，问题可能就迎刃而解了。"编办原则上不允许乡镇增设机构（层级），组织部不承认增设的中层干部，纪委对乡镇相关创制进行监督

---

① 习近平．一刻不停推进全面从严治党 保障党的二十大决策部署贯彻落实 [N]．人民日报，2023-01-10（1）.

② 杨华．县乡中国：县域治理现代化 [M]．北京：中国人民大学出版社，2022：242.

③ 杨华．县乡中国：县域治理现代化 [M]．北京：中国人民大学出版社，2022：240.

等这些都会导致乡镇体制的僵化，从而难以灵活地应对复杂多变的社会。"① 而一旦乡镇发现自己无法处理本地的事务，其基本的应对策略就是向下一级，也就是村一级推卸责任，把本来属于自己职责范围内的事情交给村委会去办理，结果就是造成乡镇和村一级相互扯皮，导致群众不满，激化了矛盾，消减了组织的公信力。反之，上级如果授权根据实际需要进行一定的机制创新，问题可能就能迎刃而解了。

第三，授权信任不足体现在村（居）民委员会自治空间萎缩。

村（居）民委员会是指农村的村民委员会和城市的居民委员会。村（居）民委员会是村（居）民进行自我管理、自我教育、自我服务的群众性自治组织，应该拥有自治空间，这既是国家法律规定的，也是实际需要的。法律方面，《中华人民共和国村民委员会组织法》《中华人民共和国居民委员会组织法》赋予村（居）民委员会民主决策、民主管理、民主选举、民主监督、民主协商等民主自治权利，特别是《中华人民共和国村民委员会组织法》第2条明确指出："村民委员会向村民会议、村民代表会议负责并报告工作"，"村民委员会办理本村的公共事务和公益事业，调解民间纠纷，协助维护社会治安，向人民政府反映村民的意见、要求和提出建议"，"实行民主选举、民主决策、民主管理、民主监督"。第29条指出："村民委员会应当实行少数服从多数的民主决策机制和公开透明的工作原则，建立健全各种工作制度。"这些及其相关的规定实际上已经非常明确，村民委员会的工作人员，也就是村干部的主要职责是组织村民进行自我管理、教育和服务，发展本村的经济、文化、教育等事业。他们的主要精力应该用在村务上面。城市居民委员会干部的主要精力则应该放在居民事务上。实际需要方面，村民、居民的事务"分布较为零星、分散，具有偶发性、个别性、细小琐碎的特点，规律性不强，很难进行分类治理"，同时，在性质上嵌入熟人社会，具有复杂性、多样性等特点。② 如果将村民、居民之间的一些小事、历史遗留纠纷，还有一些突发性的事务都交给乡镇是不现实的，而且解决起来不仅成本高，还不一定有效果，像村里的很多事情是依靠人情调解的，所以势必需要村（居）民委员会有自治空间。这种自治空间对应到日常的工作中，应该体现有相对灵活的工作时间、机动的工作模式，无须坐班或专职化；在处理群众问题时遵循群众工作路线，手段允许多样化，而不需要事事遵循某种程序，以及强调专业化、技术化、规范化等。总之，只要合法合理，村（居）民能够

① 杨华. 县乡中国：县域治理现代化［M］. 北京：中国人民大学出版社，2022：243.
② 杨华. 县乡中国：县域治理现代化［M］. 北京：中国人民大学出版社，2022：243-244.

通过自己的方式解决的，就不应该过多进行行政干预。这样可以逐步建立、培养社会主义公民的主人翁意识和自我管理、自我教育、自我服务能力。但是，当前的实际是村（居）委会组织日益走向行政化，上级将很多行政事务分配给村干部、居委会干部去完成，以此对其进行考核和薪资待遇激励，从而将自治组织变成了行政组织，村干部和居委会干部也将时间和精力主要放在与上级组织的交流、关系维护上面，对于村民、居民的事务有余力就解决一下，没有余力就放任不管。同时，有的村委会、居委会还实行了坐班制，干部被束缚在办公室事务中，与民众的接触减少，机动式处理民众纠纷的情况也减少了。以往是村民、居民有什么事，干部上门解决，现在是村（居）民自己想办法解决，需要找干部，就去办公室，经常还会被敷衍和忽悠，说了一堆，回家后问题还是原来的问题，在农村，村民与村干部的关系也渐渐疏远了。另外，目前财务制度、土地制度等管得也比较严，村（居）委员会确实难以有自主支配和调动相关资源的能力，手中没资源、没权力，村（居）民的很多问题自然就无法解决了。

综上所述，在当前政策越来越刚性，监督问责日益全面化、过程化、严厉化，机构编制管理走向规范化、群众自治组织行政化特征日渐突出情势下，政策转化的自主空间、机制创新的自主空间以及村（居）民委员会的自治空间明显变得狭窄。而自主自治空间不足，说明上级对干部的授权信任激励不足，这会造成干部机械式完成上级交代的任务，而不顾社会的公共治理需要和民众复杂多样的现实诉求，从而在该担当作为的地方无法担当作为。长期下去，干部担当作为积极性会被消磨殆尽。所以，有必要增强对干部的授权信任激励。

三、谈心谈话激励制度需落实走心

开展谈心谈话是组织关心关爱干部，对干部进行情感激励的一种，也是党的优良传统和党组织的常规工作。早在1929年12月召开的古田会议上，毛泽东就要求把集合讲话和个别谈话结合起来，"对有偏向的、受了罚的、伤兵、新兵、对工作不安的、思想动摇的战士，和他们作个别谈话"①。并且强调"谈话前须调查谈话对象的心理及环境，谈话时须站在同志的地位，用诚恳的态度和他说话，谈话后须记录谈话要点及影响"②。邓小平曾经指出："在党委会里，

① 中共中央文献研究室．毛泽东文集：第1卷［M］．北京：人民出版社，1993：105.
② 中共中央文献研究室．毛泽东文集：第1卷［M］．北京：人民出版社，1993：106.

应该有那么一段时间交交心，真正造成一个好的批评和自我批评的空气。"① 习近平总书记也指出："对干部经常开展同志式的谈心谈话，既指出缺点不足，又给予鞭策鼓励，这是个好传统，要注意保持和发扬。"②

谈心谈话是对正式制度的补充，目前已成为一种制度安排。2016 年出台的《关于新形势下党内政治生活的若干准则》第 9 条明确规定："坚持谈心谈话制度。党组织领导班子成员之间、班子成员和党员之间、党员和党员之间要开展经常性的谈心谈话，坦诚相见，交流思想，交换意见。领导干部要带头谈，也要接受党员、干部约谈。"③ 谈心谈话在实践中形成了很多经验和方法。谈心谈话是在科层制度之外的一种偏重于情感化的沟通方式。一方面，谈心谈话不是与自己平时联系多的干部进行沟通，而是应该主动找平时联系少，甚至有意见分歧的同志进行谈心。另一方面，领导干部在与一般干部的谈心谈话中应该秉持平等诚恳的态度，注意倾听对方意见，用真心和真情去关心人、打动人、温暖人、凝聚人，多听逆耳话、牢强话、真心话，达到解开心结、消除隔阂、凝聚共识、增进团结的目的。谈心谈话在很多时候能够起到其他科层式制度安排起不到的作用，比如党员干部自身或家庭成员生活发生变故时，可能出现思想波动、情绪低落。应及时进行谈心谈话，做好心理疏导，体现人文关怀，送去上级组织的温暖，帮助干部调整情绪，走出心理困境，起到激励作用。当前，党员干部普遍反映，谈心谈话激励机制的运行存在问题，主要表现在以下三个方面：

第一，谈心谈话制度成为摆设。

在有的单位，谈心谈话制度只是写在文件里，挂在墙面上，很少真正落实执行；有的单位开始比较重视，越到后边就越敷衍，草草了事；还有的单位把谈心谈话制度当作"点缀"，想起来谈谈，想不起来就算了。究其原因，一是因为有的单位领导对谈心谈话制度的重要性认识不足，认为当前的干部都是功利性的，谈心谈话相比于获得晋升和物质奖励而言，只是点缀，起不到关键性的激励作用，所以就不去执行。二是因为有的领导干部实在太忙，大事、要事、上级安排的事情一大堆，自己已经筋疲力尽在应付了，根本没有时间和精力再去关心了解下属的工作和生活。三是因为有的领导干部缺乏与人谈心的技巧、

---

① 邓小平. 邓小平文选：第 1 卷［M］. 北京：人民出版社，1994：310.
② 习近平. 习近平谈治国理政：第 1 卷［M］. 北京：外文出版社，2022：418.
③ 法律出版社法规中心. 中国共产党常用党内法规全书［M］. 北京：法律出版社，2021：301.

方法，不擅长和别人交心，不知道该谈什么、如何去谈。

第二，谈心谈话不真诚不走心。

谈心谈话贵在真诚走心，用真诚的态度鼓舞人、用真挚的情感感动人、用平等的同志的方式激励人。但是，现实中，有的领导习惯了高高在上、盛气凌人的态度对待下属，也习惯了用命令、吩咐的口吻与下属交流，所说的话更是不容置疑和反驳，否则就是"大不敬"和"破坏了规矩"。所以，这些领导在与下属谈心谈话的过程中，"仍然用命令式或不容商量的语气指示下属，直接把谈心谈话变成了布置任务或行政指令"①。谈话过程只有领导讲，下属要么不说话，要么连连点头微笑表示认同。结果，有的干部说："与领导谈话就是在上刑，谈完就是解放。"还有的谈话，领导表面说让下属说真话、讲实话，结果没说两句就被打断、被训斥，给下属扣上不该抱怨、思想不端正等"帽子"，一顿教训之后打发回去。这样做，不仅伤害了下属的自尊心，而且让下属担惊受怕，担心自己说错话被领导记住，影响后续的工作和职业发展。由此，谈心谈话不仅没有激励到下属，反而让下属感到不安，甚至恐惧，加重了下属心理负担，与上级的关系更加僵化。

第三，谈心谈话后没有实质性的帮扶措施和谈心谈话被有心的干部利用为自己谋福利的现象同时并存。

谈心谈话后没有实质性的帮扶措施是指领导在与下属谈话之后，明知下属有困难，而没有予以帮助，或者嘴上承诺帮忙，实际上没有采取措施。这导致下属对领导产生了不信任，认为领导"表里不一""言行不一"，白白浪费了自己的感情。所以之后领导再找他谈话，他都会想办法拒绝；对于领导交代的事情，也会多加留心，担心领导给自己"下套"。由此，上下级之间的关系越来越疏远和冷漠，甚至在一些时候会直接产生冲突。与此种现象相反的情况是，有的下属会经常地、主动地找领导诉苦，表面上是"汇报工作"，实际上就是套近乎和哭诉，希望领导给自己"开绿灯"。尤其是在有些单位，有的女同志因为家里的事情影响工作，结果去找领导诉苦，还哭哭啼啼，几次之后，领导都被其忽悠，不顾单位其他同志的想法而直接对其进行优待，导致单位其他干部心生不满、情感受挫。据笔者了解，某县级单位一女同志就因为离婚后自己带着孩子生活，所以多次找单位领导哭诉。领导出于善心，容许其到上班时间不打卡，甚至部分上班时间不在岗；而且，别人都是只有一次外出进修的机会，有的人还有没有去进修，她就已经去了几次，只因为进修的单位离她家里近，而且进

---

① 周昌明. 领导与下属谈心谈话的禁忌 [J]. 领导科学，2017（28）：24.

修时间自由，她可以一直待在家里，相当于不用上班。结果是单位里其他同志都对她意见很大，集体孤立她，领导的能力也被单位同志质疑。

综上所述，谈心谈话激励制度在落实中依然存在不少问题，想要发扬谈心谈话的优良传统，发挥谈心谈话在情感激励方面的作用，必须有意识地建立健全谈心谈话制度，真正让谈心谈话制度有效发挥情感激励作用。

四、干部心理健康问题需切实关注

关注干部心理健康问题，提高其心理素质、化解其心理危机、保障其心理健康是组织关心关爱干部的重要举措，也是满足干部心理需要，激励干部担当作为、干事创业的重要举措。2011 年印发的《关于关心干部心理健康提高干部心理素质的意见》，对"关心关爱干部心理健康，提高干部心理素质"[①] 提出明确要求。2017 年 1 月印发的《关于加强心理健康服务的指导意见》，要求"加强重点人群的心理健康服务，把心理健康教育作为各级公务员教育培训的重要内容，着力提升公务员的心理素质"[②]。2018 年 5 月印发的《关于进一步激励广大干部新时代新担当新作为的意见》，明确了"加强对公务员心理上的关怀、促进公务员的心理健康"的具体措施。2018 年 11 月，为进一步将公务员心理服务体系纳入社会心理服务体系，并加以推进，多部委联合印发《全国社会心理服务体系建设试点工作方案》，明确"健全机关单位心理服务网络，建立心理健康服务团队，积极开展心理健康进机关"等工作的要求。[③] 但是，实践中，关于干部心理健康服务的政策要求并没有引起高度重视，没有得到很好的贯彻落实。鉴于此，本书认为组织需要切实关注干部心理健康问题，主要因为：

第一，压力体制和环境下干部容易出现心理危机。

作为使命型先锋政党，中国共产党对干部的要求和管理是比较严格的，形成了从中央到地方再到基层的压力型体制。所谓压力型体制，是指政令政策从中央开始往下传导，经过省市县三级再到乡村，主要是以责任制为网络、以全面监督为手段、以政治经济奖惩为动力杠杆将压力层层向下渗透、扩散。[④] 在压力型体制下，干部主要面临三重压力：一是行政命令压力。行政命令压力也是

---

① 《关于关心干部心理健康提高干部心理素质的意见》——中纪委、中组部、监察部 [EB/OL]. 中国心理网，2017-10-09.

② 关于加强心理健康服务的指导意见 [EB/OL]. 长江大学医学部，2017-10-09.

③ 关于印发全国社会心理服务体系建设试点工作方案的通知 [J]. 中华人民共和国国家卫生健康委员会公报，2018（11）：9-14.

④ 杨雪冬. 压力型体制：一个概念的简明史 [J]. 社会科学，2012（11）：4-12.

工作任务压力，中央及上级确定了某些重要任务之后，会经过层层分解后下达给下级部门，为了尽快完成任务，也为了向上级邀功，或者在多个同级组织中脱颖而出，获得晋升机会，任务就会层层加码，导致越往下任务越重、任务完成时间越紧迫，质量及创新方面的要求越高，从而导致干部压力越大。二是考核考察压力。有任务的发放就会有相应地考核考察，这种考核考察主要是督促下级更好地完成任务，同时也是为了调研需要，上级为了能够出台更好、更符合实际的政策，必须了解情况，所以经常通过考察的形式进行了解。当前针对工作任务的考核有部门考核、综合考核、专项考核等，考核时间有平时考核、季度考核和年底考核。考察形式和时间不是很固定，主要看上级领导安排。对下级来说，每一次上级的考核考察都是他们表现的机会，必须精心准备，最低的标准是合格、不出错，高标准就是要给领导留下好印象，考核获得高分，这样本单位的干部更容易获得晋升。所以每次考核考察任务下达，单位都要全体动员，加班加点的压力是一回事，为了迎检做表面文章会给干部心理造成很大压力。三是监督问责压力。当前，全面从严治党背景下，干部面临的监督问责压力也不小。自从中央和地方各级纪委监委成立之后，一届任期内全覆盖，对干部工作进行全过程监督和结果监督就成为现实，同时随着社会公众民主意识增强、网络技术发展，舆论监督也日益趋紧，干部处于一个监督网络之中。并且有监督就会有问责，作为专职问责的机关，纪委监委监督问责干部的效力大大提升。这给干部带来了很多无形的压力。有些干部并不适应在全监督状态下工作生活，还有的干部担心被无故问责，内心很是挣扎。

事实上，我国干部不仅处于体制压力下，而且还面临着其他压力环境。一是公共事件压力。比如，之前在新冠疫情防控常态化背景下干部面临的公共事件压力陡增。一方面，担心本地出现疫情扩散问题；另一方面，疫情发生后不知道何时结束，担心民众生活物资供应，担心影响本地经济发展，担心出现突发事件等。这种不确定性导致身心煎熬，压力倍增。二是舆论压力。当前社会公众压力也很大，内心浮躁，情绪不稳定，经常通过网络途径发泄，其中很多人将不满归结为干部的不作为、慢作为、乱作为。一旦发现干部有某些不符合自己心理预期的言行就会不自觉放大开来，在网络上大肆"吐口水"，甚至引发网络暴力。这给干部造成了很大的舆论压力。三是家庭压力。有些干部不能较好地兼顾工作和家庭，经常加班，或者单位和居住地较远，长期驻扎单位，从而在家庭方面的压力也比较大，经常产生矛盾冲突、争吵等；有的干部家庭条件差，开支大，劳动力少，或者有人生病等也会造成很大的家庭压力。四是人际压力。在机关企事业单位，如果想顺利开展工作和获得晋升，人际交往方面的压力也比较大，"有些干部花费大量的时间和精力建立和维系人际关系，造成心理疲劳状态"①；有些干部即使已经完成了手头上的工作也不敢按时下班，就害怕给领导留下不好印象；有的干部在跨部门协调和直接面对群众工作时，经常遇到不了解、不理解、不信任、不配合、不协调、故意为难等情况，人情、面子、心情等对开展工作的影响较大，"为了完成任务，不得不花大量的心思去迎合或协调各种人际关系"，为了公家事自己受委屈的情况时有发生。② 五是其他压力。有的干部有经济方面的压力，有的干部有职业发展方面的压力，还有的干部有情感压力等。总之，压力体制环境下，干部长期遭受"被个体评价为超负荷的或者是超过个体资源的，威胁到个体健康的刺激"③，必然导致干部身心健康方面受到损害，出现诸如注意力不集中、认知功能下降、抑郁、焦虑等心理危机症状。

第二，现实中干部出现了不少心理健康问题。

在上述压力体制和环境长期作用下，现实中干部心理健康问题频发，学者们对不同地区、不同类干部做的多项实证调研结果都表明：当前干部心理健康问题比较突出。主要有以下几个方面的表现：

一是职业倦怠心理。所谓职业倦怠是指由于工作时间过长、工作量过大、工作强度过高等原因而引发身心不适表现，比如情绪消极、亚健康状态、无成就感等。④ 职业倦怠是一种典型的心理健康问题。2018 年，华南理工大学公共管理学院文宏教授及其指导的硕士生对 A 省党政机关的全体干部进行了全样本抽样调查（抽样总数为 1035。其中，科员 619 人、副科级 173 人、正科级 160 人、副处级 57 人、正处级 23 人，副厅级以上 3 人），数据显示：有 25.2% 的党政干部存在职业倦怠现象，具体表现为有情绪衰竭现象的占 48.5%、有玩世不恭的心态的占 28.9%、有成就感低落情绪的占 4.9%。⑤ 2021 年，华北水利水电大学公共管理学院硕士生魏晗雪对郑州市 Z 区正科级及以下干部的心理健康问题进行调查（调查形式包括实地访谈和政务内网问卷调查两种，最终回收有效问卷 1677 份，其中科级干部 327 人，中层人员 539 人，一般人员 811 人），结果

① 陈永华. 公务员心理健康状况及服务体系的构建 ［J］. 理论月刊，2013（8）：156.

② 胡月星. 基层干部心理不适感的诱因及表现 ［J］. 人民论坛，2020（Z1）：24.

③ 拉扎勒斯，福尔克曼. 压力：评价与应对 ［M］. 曲晓艳，译. 北京：中国人民大学出版社，2020：52.

④ 成为杰. 新时代干部担当作为的激励机制研究 ［M］. 天津：天津人民出版社，2021：57.

⑤ 文宏，陈路雪. 全面从严治党视阈下干部职业倦怠的形成机理及治理策略 ［J］. 湖南社会科学，2018（6）：100-102.

显示："共有 871 名干部认为自己符合'工作让我身心俱疲'这一描述，占参与问卷调查总人数的 51.94%，这主要是指由于繁重的工作任务而导致的身体和心理上的疲惫感，其中症状较轻的有 380 人，占 43.63%；症状中等的有 232 人，占 26.63%；症状比较明显的有 161 人，占 18.48%；症状非常明显的有 98 人，占 11.25%。"① 还有干部反映想换部门工作、准备躺平等。

二是焦虑烦躁心理。焦虑烦躁心理是人时常会有的心理情绪，但是长期如此就会成为一种心理问题。干部面对繁重的工作任务以及问责压力、人际关系压力、舆论压力、公共事件压力等，常常会感觉如履薄冰，进而产生焦虑烦躁的心理反应，容易发火、动怒，甚至做出非理性的行为。现实中，很多干部备受失眠的困扰主要就是焦虑情绪引起的，焦虑已经成为时下具有一定共性的负面社会心态。

三是紧张抑郁心理。"抑郁是一种感到无力应付外界压力而产生的消极情绪，常常伴有厌恶、羞愧、自卑等情绪体验。"② 处于抑郁状态的人"看到的一切仿佛都是灰暗的，对什么事情都提不起兴趣，同时自我评价偏低，对生活缺乏信心，体验不到生活的快乐，并伴有食欲减退、失眠等生理症状，有的产生自杀念头或有自残行为"③。当今社会，人们物质水平提升了，但是心灵、精神方面却没有及时获得滋养、成长，从而导致很多人出现紧张抑郁等问题。比如：有的干部在遇到上级领导时紧张冒汗，在遇到任务时夜不能寐、失眠多梦，在遇到需要开会讲话时紧张头疼、精神不振，从而影响工作成效。

四是孤独压抑心理。作为特殊的群体，干部往往是孤独的，也是压抑的，不仅日常工作中要压抑自己的情绪，做到喜怒不形于色，遇事沉着冷静，有什么困难自己扛，自己克服，而且平时生活中也处处慎独慎微，对自己和家人严要求，很多压力和坏情绪长时间得不到宣泄，压在心里，时间久了就会导致失落、郁闷、孤独、压抑等。

五是其他不健康心理。在部分干部身上出现的其他不健康心理，比如：偏执心理、敌对心理、嫉妒心理、争强好胜心理、强迫心理等。其中，偏执、敌对和嫉妒心理容易出现在内心比较敏感、多疑和思想行为固执己见的干部身上，他们经常不信任自己，也不信任别人，怀疑别人对自己的忠心，担心别人在背后说自己坏话等，会因为一些小事而大动干戈，迁怒别人，甚至大打出手。

① 魏晗雪. 基于政策视角的郑州市 Z 区基层干部心理健康问题研究 [D]. 郑州：华北水利水电大学，2022：18-19.
② 陈永华. 公务员心理健康状况及服务体系的构建 [J]. 理论月刊，2013（8）：157.
③ 陈永华. 公务员心理健康状况及服务体系的构建 [J]. 理论月刊，2013（8）：157.

2021 年 1 月，极目新闻报道了一件骇人听闻的事件，时任河南济源市委书记张战伟公然在单位食堂掌掴市政府秘书长，原因竟然是对方没有站起来给自己鞠躬打招呼，这位书记怀疑对方对自己有意见，不尊重自己。新闻一经报道，引起舆论哗然，网友纷纷表示这样的事情并不是个案，说明时下一些领导干部心理已经严重扭曲了。此外，还有一些年轻干部比较容易出现急功近利、争强好胜的心理，为了做出业绩和尽快获得晋升，无所不用其极，一旦遭遇挫折又容易灰心丧气，各种无法接受。还有干部有强迫症，无论对别人还是自己，工作力求尽善尽美本来是好事，可是过度苛求容易造成情绪紧张和引发身体疾病。笔者认识的一位在组织部门工作的干部就因为有强迫症，过度要求自己，最后身体出了问题，不得不退出领导岗位。干部出现这样那样的心理健康问题必须引起组织重视，否则将会造成不良后果。

第三，干部心理出现问题不利于其担当作为。

人的心理和身体、心理和行为是相通的。干部心理出现了问题，必然会对身体和行为造成不良影响。2017 年，有学者对浙江省 236 名处级干部（党政机关和人民团体 172 人，占比 72.9%；事业单位 45 人，占比 19.1%；街道社区 1人，占比 0.4%；国有企业 18 人，占比 7.6%）进行问卷调查，结果显示：有65.3% 的人选择"亚健康"，4.2% 的人选择"不健康"，28.8% 的人选择"比较健康"，仅有 1.7% 的人选择"很健康"。[①] 这说明这些干部身心状态欠佳。就全国而言，处于"亚健康"状态的干部绝对不在少数。而干部在身心不适，病痛折磨下，工作质量和工作效率定然也是无法保证的，更不用说主动担当作为了。

综上所述，组织通过情感激励调动干部担当作为的积极性、主动性和创造性必然要从实际出发，切实关注干部心理健康问题。如果组织连干部的心理健康都不关心、不重视，不通过一定措施保障干部心理健康，又怎么能说是真正关心关爱干部呢？如果组织做不到对干部的关心关爱，那么情感因素激励担当作为的效能就可能大打折扣。

---

① 严国红. 新常态下处级干部心态基本情况及对策建议：基于 Z 省 236 位处级干部调查问卷的分析 [J]. 领导科学，2017（8）：49.

第十二章

新时代激励机制的完善路径

新时代我国干部担当作为激励机制的健全完善应从马克思主义经典作家有关干部激励的思想出发，借鉴中华优秀传统文化中的激励思想，并以中国化的马克思主义激励智慧，特别是习近平关于激励干部担当作为的重要论述为指引，通过论述激励机制历史演进与建设经验，结合新时代党的干部队伍建设需要以及激励机制所面临的现实问题，做出科学合理的选择。具体而言，新时代新征程，我国干部担当作为激励机制的完善要从增强精神激励效用、畅通政治激励渠道、提升物质激励动力、发挥情感激励功能、厘清激励约束关系五个方面着力。

第一节　增强精神激励效用，持续铸魂赋能

列宁指出，作为无产阶级干部，一定要有为无产阶级事业着想和牺牲奉献的自觉性。① 这种"自觉"是基于马克思主义科学理论和客观事实的精神上的自觉自愿。毛泽东说："必须发扬这种'自觉的能动性'。"② 至于如何发扬，主要靠精神上的激励。邓小平说，物质鼓励是从旁辅助，精神鼓励才是主要方面。③ 习近平总书记强调："中国共产党人的初心和使命，就是为中国人民谋幸福，为中华民族谋复兴。这个初心和使命是激励中国共产党人不断前进的根本动力。"④

---

① 列宁. 列宁专题文集：论无产阶级政党 [M]. 北京：人民出版社，2009：74.
② 毛泽东. 毛泽东选集：第2卷 [M]. 北京：人民出版社，1991：477.
③ 邓小平. 邓小平文选：第2卷 [M]. 北京：人民出版社，1994：102.
④ 习近平. 决胜全面建成小康社会 夺取新时代中国特色社会主义伟大胜利：在中国共产党第十九次全国代表大会上的报告 [M]. 北京：人民出版社，2017：1.

　　现实中，党和国家已经采取了多种措施对干部进行精神激励，但是受各种因素影响，激励效果还需要进一步强化。具体而言，可以通过构建干部理想信念教育长效机制、完善干部担当作为责任养成机制、建设干部道德实践困境化解机制、建立干部"一人一策"精准赋能机制，不断提升干部理想信念、责任使命、道德操守、自我效能的精神激励效用，为干部担当作为持续铸魂赋能。

一、构建干部理想信念教育长效机制

　　理想信念是党员干部的信仰之基、精神之"钙"，是激发党员干部担当作为、干事创业的根本动力。但是，干部理想信念会受到市场经济负面因素的削弱，会随着党长期执政环境变化和社会文化价值变迁而出现弱化，甚至消亡。中国共产党的干部在革命战争年代主要依靠理想信念激发革命热情，激励牺牲奉献，而随着世情、国情、党情的变化，当前干部运用理想信念激励担当作为的效用明显不如以前了，很多干部对马克思主义、对共产主义，甚至对中国特色社会主义产生怀疑，原本的集体主义价值消减，个人主义、功利主义的价值观念进入干部系统。鉴于此，党的十九届四中全会明确提出"建立不忘初心、牢记使命的制度"①和"推动理想信念教育常态化、制度化"②，"形成长效机制"③。其中，"推动理想信念教育常态化、制度化"是"建立不忘初心、牢记使命的制度"的重要组成部分，侧重"不忘初心"部分，"推动理想信念教育常态化、制度化"的关键和目的都是"形成长效机制"，而"形成长效机制"必然要求"推动理想信念教育常态化、制度化"，二者相辅相成。此外，形成干部理想信念教育的长效机制首先需要突破当前教育内容不具有针对性、教育形式不具有新颖性的现实问题，否则即使实现理想信念教育的常态化、制度化也是无济于事的。因此，综合而言，应该从以下四个方面着力构建干部理想信念教育长效机制。

① 本书编写组.《中共中央关于坚持和完善中国特色社会主义制度、推进国家治理体系和治理能力现代化若干重大问题的决定》辅助读本［M］.北京：人民出版社，2019：6.
② 本书编写组.《中共中央关于坚持和完善中国特色社会主义制度、推进国家治理体系和治理能力现代化若干重大问题的决定》辅助读本［M］.北京：人民出版社，2019：25.
③ 本书编写组.《中共中央关于坚持和完善中国特色社会主义制度、推进国家治理体系和治理能力现代化若干重大问题的决定》辅助读本［M］.北京：人民出版社，2019：7.

第一，教育内容方面：有针对性地选取干部理想信念教育内容。

没有教育内容方面的针对性，就不可能有教育效果方面的长效性。想要保证干部理想信念教育内容的针对性，就要坚持问题导向、需要导向原则，依据客观存在的问题和干部的实际需要进行内容选取和设计，有针对性地对干部进行理想信念教育，不能"眉毛胡子一把抓""大水漫灌"和为了教育而教育。现实中，有些单位开展干部理想信念教育就是看哪个专家有空闲、哪些干部有时间就凑到一起进行教育，完全不问干部的教育需求是什么、思想困惑在哪里，这样做不仅没有效果，还浪费大量资源。所以，当前有针对性地对干部进行理想信念教育，要切实了解干部教育需求；要着力破除"马克思主义过时论"和"共产主义空想论"的想法；要加强政治教育，运用习近平新时代中国特色社会主义思想武装干部头脑，坚定干部政治立场，教育引导干部在大是大非面前进行"亮剑"、在矛盾面前进行化解、在艰难险阻面前进行出击，以坚定自己的共产主义理想和马克思主义信念；要加强集体主义教育，引导干部甘于牺牲、乐于奉献，能够辩证看待个人与集体、索取与奉献、眼前利益与长远利益之间的关系，做出正确价值判断和选择，不要因小失大、因一时误终身，不要过于庸俗、低俗。

第二，教育形式方面：不断拓展干部理想信念教育形式。

一要不断拓展载体形式。所谓载体就是指能够承载其他事物的事物。干部理想信念教育载体就是指能够承载干部理想信念教育内容的事物，既包括大众读物、专业教材、讲稿这样的传统教育载体，也包括 PPT、小视频、动漫动画、微信、直播、门户网站、APP 等这样的新媒体网络教育载体，还包括红色文化教育载体、榜样人物教育载体等。不断拓展理想信念教育载体形式可以满足不同党员干部的需要，尤其像短视频、慕课等新型载体对于年轻党员干部在工作生活之余阅读了解马克思主义理论大有裨益。二要不断拓展教学形式。传统的理想信念教育侧重主讲人的理论灌输，党员干部被动学习，"左耳朵进右耳朵出"，不去融会贯通，效果自然要大打折扣。鉴于此，一方面，可以采用理论宣讲与实践调研相结合的教学形式，在"邀请行业专家进行专题讲座，学习最新的思想理论成果，探讨最前沿的问题的同时，开展主题活动，让干部深入一线，特别是农村田间地头体察民情，主动找人民群众交流，有效解决人民群众所反映和期待的问题"[1]，在实地考察、与人民群众的接触中，以及解决问题中提升

---

① 毛文璐，黄元霞，高思远. 新时代推进党员干部理想信念教育常态化制度化研究 [J]. 中共云南省委党校学报，2022 (4)：44.

信仰信念。2023 年 3 月 19 日，中共中央办公厅印发《关于在全党大兴调查研究的工作方案》，明确要求将"在全党大兴调查研究，作为在全党开展的主题教育的重要内容"，并对开展调查研究的总体要求、调研内容、方法步骤等做了安排。① 另一方面，要将研读经典、讲解知识与情景教学、专题讨论相结合。党员干部对理想信念的坚定源于对马克思主义哲学、政治经济学和科学社会主义真理的全面了解和深刻认识，所以对干部进行理想信念教育也要研读经典，要对深奥的、有争议的问题进行讲解论证。同时，党员干部理想信念的形成依赖直观的感受、经验知识，所以"要搭建党员干部情景教学基地，让党员干部走进党性教育馆，身临其境地感受伟大精神的力量"，还要"针对社会热点难点问题，采用班级研讨会、总结交流会等，直接与小组成员面对面思想交流"，让干部展开讨论，多层面分析问题、解决问题。② "1936 年，毛泽东在陕北的窑洞里同美国记者斯诺谈话回忆自己的成长经历时，认为正是读了《共产党宣言》《阶级斗争》《社会主义史》这三本书以后，才开始树立起对马克思主义的信仰。"③ 20 世纪 50 年代中后期，以刘少奇为代表的党内干部，深入学习《政治经济学（教科书）》（第三版），注重进行学习讨论，"客观评价苏联社会主义经济学理论和实践的利弊得失"，从中学会反思苏联经验，探索"中国自己的社会主义建设道路，并且坚定了对马克思主义、社会主义的信念"。④ 这两个例子表明：深入研读经典和进行专题讨论学习是对干部进行理想信念教育十分有效的形式，干部也要在研读经典中坚定自己的信仰信念。

第三，教育时长方面：着力进行常态化干部理想信念教育。

一要持续开展集中性教育活动。中国共产党在坚定干部理想信念教育实践中，一直以开展集中性教育活动为主，已经成为优良传统。集中性教育活动是指在特定历史时期、特定发展阶段、特殊形势背景下，党中央确定一个主题，要求围绕主题在全党或者部分党员干部中开展集中性教育活动，也包括整党整风运动。比如：改革开放前有延安整风运动、整风整党运动、1957 年整风运动、社会主义教育活动等；改革开放和社会主义现代化建设时期，有整党教育活动、"三讲"教育活动和"三个代表"重要思想学习教育活动、保持党员先进性教育活动、深入学习实践科学发展观活动、创先争优活动；中国特色社会主义新时代有党的群众路线教育实践活动、"三严三实"专题教育、"两学一做"学习

① 中办印发《关于在全党大兴调查研究的工作方案》[N]. 人民日报，2023-03-20（1）.
② 李春茹. 干部教育培训理论与实践 [M]. 北京：科学出版社，2018：48.
③ 李春茹. 干部教育培训理论与实践 [M]. 北京：科学出版社，2018：12.
④ 李春茹. 干部教育培训理论与实践 [M]. 北京：科学出版社，2018：13.

教育、"不忘初心、牢记使命"主题教育、党史学习教育、学习贯彻习近平新时代中国特色社会主义思想主题教育。（见表10）

表10　中国共产党开展集中性教育活动一览表

时　期	活动名称	教育内容	活动时长
改革开放前	延安整风运动	大规模学习马克思主义理论	3年多（1941—1945年）
	三查三整	马克思列宁主义的阶级教育	1年多（1947年10月—1949年春）
	整风整党运动	马克思列宁主义教育、思想政治教育	4年左右（1950—1954年）
	1957年整风运动	思想政治教育	1年左右
	社会主义教育运动	反修防修、防止和平演变教育	3年左右（1963—1966年）
改革开放和社会主义现代化建设新时期	整党教育活动	党性宗旨教育、农村政策教育等	3年半（1983年下半年—1986年）
	"三讲"教育活动	讲学习、讲政治、讲正气教育	5年（1995—2000年）
	"三个代表"重要思想学习教育活动	始终代表中国先进生产力的发展要求、始终代表中国先进文化的前进方向、始终代表中国最广大人民的根本利益的教育	1年3个月（2000年12月—2001年6月；2001年10月—2002年5月）
	保持共产党员先进性教育活动	与"三个代表"教育内容一致	1年半（2005年1月—2006年6月）
	深入学习实践科学发展观活动	坚持"以人为本"，全面、协调、可持续的发展观	1年5个月（2008年9月—2010年2月）

续 表

时　期	活动名称	教育内容	活动时长
中国特色社会主义新时代	党的群众路线教育实践活动	"为民、务实、清廉"教育	1 年（2013 年 7 月—2014 年 7 月）
	"三严三实"专题教育	"严以修身、严以用权、严以律己、谋事要实、创业要实、做人要实"教育	7 个月（2015 年 5 月—12 月）
	"两学一做"学习教育	"学党章党规、学系列讲话，做合格党员"教育	2016 年开始后，已经被纳入党支部"三会一课"等基本制度，长期坚持
	"不忘初心、牢记使命"主题教育	"为中国人民谋幸福、为中华民族谋复兴""党史""习近平新时代中国特色社会主义思想"等内容	半年（2019 年 6 月—12 月）
	学习贯彻习近平新时代中国特色社会主义思想主题教育	习近平新时代中国特色社会主义思想	8 个月（2023 年 4 月—8 月；2023 年 9 月—2024 年 1 月）

数据来源：根据张鹏博士论文《改革开放以来中国共产党集中教育活动历史演进研究》等绘制而成。

开展集中性教育活动有利于在一段时间内对党内存在的"理想信念动摇，宗旨意识淡薄，精神懈怠；贪图名利，弄虚作假，不求实效；脱离群众，脱离实际，不负责任；铺张浪费，奢靡享乐，甚至以权谋私、腐化堕落"[①] 等问题进行集中整治，对干部整体进行集中教育，也是号召广大党员干部坚持共产主义远大理想和中国特色社会主义共同理想，坚定政治立场，坚决贯彻执行党中央决策部署，积极担当作为，干实事干好事的重要举措。如果持续开展集中性教育活动就是在推动干部理想信念教育常态化。

二要重视开展日常性理想信念教育活动。所谓日常性理想信念教育就是指不再等待中央出台干部教育文件，也不限定教育时间，只要实际需要随时开展理想信念教育。一方面，在日常工作中，单位一旦发现干部整体士气低迷、精神不振等问题，就应该自觉开展理想信念教育，及时为干部醒脑提神，不给干

---

① 中共中央文献研究室．十八大以来重要文献选编：上 [M]．北京：中央文献出版社，2014：283-284.

部"精神走神"的机会。另一方面，对于被纪检监委通报批评、问责处理，以及群众反映理想信念不坚定、作风不实的问题干部，各单位应该加强对其进行理想信念教育，或者可将这类干部集中送到党校、干部培训学校等地方进行理想信念教育，直到他们在思想上有所转变、在行动上有所改变为止。

第四，教育保障方面：加强干部理想信念教育制度建设。

制度更带有根本性、长远性，任何举措，一旦成为制度，被固定下来，就更容易被人们所遵守，也更容易出成效。对干部的理想信念教育也不例外，也要通过制度建设予以保障。一要建立干部理想信念教育责任制度。各级党委应负主体责任，负责所辖区域内干部理想信念教育活动整体方案的制定；各级组织部门应负管理责任，负责干部理想信念教育活动的开展、实施、效果检验等事项的适当参与和总结归档；各单位党组织应负执行责任，负责本单位干部理想信念教育活动具体开展适宜，可以自己进行教育，也可以联系党校进行教育；各单位纪委监委负监督检查责任，对单位内部干部理想信念状况进行调查抽查和接受党员干部、群众的监督举报，将结果反馈给党委。二要建立干部理想信念教育考评制度。考评制度是一种硬性的强激励，有利于保证干部理想信念教育的实效。建立干部理想信念教育考评制度的关键是要坚持实事求是原则，建立人性化、合理化的量化考核指标体系，能够切实反映党员干部理想信念教育实效，而不是简单以某种学习积分的多少作为衡量标准。目前，有的学者指出，其一，应该"以党员干部理论学习情况作为考核评价标准，考察他们对马克思主义理论的理解程度和解决现实问题的能力"；其二，应该"以人民群众的反馈作为考核评价标准，主要考察党员干部与人民的密切程度，是否把人民放在优先的位置和为人民做实事、谋实利"；其三，应该"以党员干部之间的相互评判作为考核评价标准，通过组织谈心、学员相互评价等方式，全方位地考察干部的工作实际，确保结果公正、程序公正和及时跟踪记录"。① 三要建立干部理想信念教育监督制度。开展理想信念教育活动贵在坚持问题导向、需要导向，如果一个单位内干部整体积极向上、理想信念坚定，则不需要进行理想信念教育，否则就是劳民伤财，所以为了防止干部理想信念教育活动走向形式化、机械化泥潭，应该建立针对干部理想信念教育是否有必要，是否坚持问题导向、需求导向的外部监督制度。之所以要强调外部监督是为了防止单位内部形成利益共同体，相互包庇。外部监督主要是充分发挥派驻监督、巡视巡查监督和舆论监

---

① 毛文璐，黄元霞，高思远. 新时代推进党员干部理想信念教育常态化制度化研究 [J]. 中共云南省委党校学报，2022（4）：44.

督、群众监督、民主党派监督的作用，为他们进行合法监督开辟通道。

综上所述，加强干部理想信念激励其担当作为的效能，必须构建干部理想信念教育的长效机制，坚定干部理想信念。具体而言，在教育内容方面，要有针对性地选取干部理想信念教育内容；在教育形式方面，要不断拓展干部理想信念教育形式；在教育时常方面，要着力进行常态化干部理想信念教育；在教育保障方面，要加强干部理想信念教育制度建设。

二、完善干部担当作为责任养成机制

作为使命型先锋政党，责任使命意识一直是激励中国共产党的干部担当作为、敬业奉献的不竭动力。革命战争年代，毛泽东说，共产党员应在民族战争中"自觉地担负起团结全国人民克服各种不良现象的重大的责任"①。改革开放新时期，邓小平强调，"我们肩膀上的担子重，责任大啊"②，要求"通过加强责任制，通过赏罚严明，在各条战线上形成你追我赶、争当先进、奋发向上的风气"③。进入新时代，习近平总书记更是在多个重要场合，对各级各类干部讲道，"好干部必须有责任重于泰山的意识"④，"要脚踏实地、真抓实干，敢于担当责任，勇于直面矛盾，善于解决问题"⑤，"自觉把使命放在心上、把责任扛在肩上"⑥。然而，当前在干部队伍中却出现了责任使命意识不强，不愿意担当负责；自保意识过度，到处卸责、避责，不敢担当负责；担当作为者反而吃"老实亏"，不再乐于担当负责的问题。鉴于此，必须重新审视和完善我国干部担当作为的责任养成机制，让干部真正甘于担当负责、敢于担当负责和乐于担当负责。一直以来，我国对干部责任的养成主要依赖两点：一是靠教育，二是靠监督问责。教育主要是让干部产生责任意识，自觉担当作为；监督问责则是反向鞭笞，利用干部害怕被处罚的心理，反向约束其履行职责。这两种做法本身没有问题，但是却未能完全解决当前干部担当负责精神差的问题。本书认为干部责任养成是在一系列有利条件下"润物细无声"的过程，需要综合施策、"对症下药"才能取得实效。

① 毛泽东. 毛泽东选集：第2卷 ［M］. 北京：人民出版社，1991：521-522.
② 邓小平. 邓小平文选：第3卷 ［M］. 北京：人民出版社，1993：383.
③ 邓小平. 邓小平文选：第2卷 ［M］. 北京：人民出版社，1994：151-152.
④ 习近平. 习近平谈治国理政：第1卷 ［M］. 北京：外文出版社，2022：416.
⑤ 习近平. 习近平谈治国理政：第1卷 ［M］. 北京：外文出版社，2022：381.
⑥ 习近平. 在纪念胡耀邦同志诞辰100周年座谈会上的讲话 ［N］. 人民日报，2015-11-21 (2).

第一，"不忘初心、牢记使命"主题教育和"事岗责权"匹配相结合，让干部甘于担当负责。

一般来说，干部不甘心、不愿意担当负责是因为责任意识淡漠、岗位职责不明确，干部不知道自己的职责所在，或者认为自己承担了不该承担的责任，所以心有不甘，怨气横生。这种情况下，完善干部担当作为的责任养成机制，一要加强"不忘初心、牢记使命"主题教育，让干部牢记自己的身份职责。干部身份实际上意味着一种职责，这种职责来源于中国共产党的党性，加强"不忘初心、牢记使命"主题教育就是为了唤醒这种源于党性的身份责任意识。"不忘初心、牢记使命"要求干部为中国人民谋幸福、为中华民族谋复兴，这是因为中国共产党是使命型先锋政党，中国共产党的干部是背负中国人民幸福生活、实现中华民族伟大复兴责任的骨干力量。如果党的干部没有这种身份自觉，不能发扬历史主动精神，不愿意背负党的使命责任，那么，他就不配称之为党的干部，不配得到党和人民的信任，他的权力就应该被撤掉，待遇就应该被取消。因此，"不忘初心、牢记使命"主题教育的核心就是要讲清楚党性、讲明白干部的身份职责，让干部产生担当负责的身份自觉、党性自觉。开展"不忘初心、牢记使命"主题教育的途径很多，既可以在讲中国共产党的历史、新中国史、改革开放史、社会主义发展史中进行，也可以在选树典型、榜样人物宣传中进行，还可以在红色文化宣传中进行。二要贯彻落实"因事设岗""职权匹配""责权相当"的原则，让干部立足岗位职责。立足岗位、履职尽责是干部的共识，但是实际执行却很困难，因为很多岗位设置不合理、岗位职责不明确、责权不匹配。在一些机关单位中，领导安排工作不看岗位职责归属，只看人，不管这个人的岗位是什么，职责是什么，只要逮着了就把事情交给他，导致单位内部忙闲不均。有的干部经常做着一些不属于自己岗位职责范围内的事情；有的干部身处岗位，但是没有事情可做；有的单位考核内容与干部平时的工作内容不一致；有的任务本应该是上级完成的，硬塞给下级，下级没有相应的职权，效果不理想，被问责。总的来说，这些问题形成的原因都是没有严格贯彻执行"因事设岗""职权匹配""责权相当"的原则，混乱的事务安排导致干部几乎忘记了自己的岗位职责是什么，自然也就不会认真履行职责，担当作为了。所以，想要提升干部岗位责任意识，让干部甘于担当负责，必须严格贯彻执行"因事设岗""职权匹配""责权相当"的原则，领导安排工作要尽量在岗位职责范围内安排，不要随意安排；干部也要回归自己的主责主业，把自己岗位上的事情做好，不要为了讨领导欢心和"套近乎"而大包大揽，导致自己职责范围内的事情没有做好，让别人替自己履责，遇到上级考核的时候，又想着让领导给自己开"绿灯"。这样做势必会扰乱正常的工作秩序，致使干部责任养成机制难以形成。

第二，"规范问责"和"担当作为者容错免责"相结合，让干部敢于担当负责。

当前干部卸责、避责现象出现的主要原因是实践中问责泛滥、不当问责、担当作为者可能被诬告陷害、"多干多错、少干少错、不干没错"等不良生态造成的。这种情况下，光靠理论教育根本起不到作用，重点是解决问题，"对症下药"，培养干部敢于担当负责的精神。一方面，要规范问责，整治"问责乱象"。"问责乱象"一般有三种情形：一是监督部门为了完成任务指标，胡乱问责；二是问责失误，不应该问责的被问责了；三是诬告陷害、肆意抹黑担当作为者，要么让其为自己背"黑锅"，要么阻挡其干事成事，获得提拔重用。相应地，规范问责也要针对这三个问题进行，一是要监督监督者，禁止监督部门实行任务指标考核制度，一旦发现胡乱问责现象就要严惩监督者。因为监督不是目的而是手段，不能为了监督而监督，为了问责而问责，否则会导致人人自危，监督部门应该充分认识到这一点，审慎使用问责权。二是要及时解决问责失误问题，建立纠错机制，给受到错误问责的干部澄清事实，化解其心理负担，消除不良舆论影响。三是要严惩诬告陷害者。如果有干部诬告陷害其他干部，或者指使他人诬告陷害其他干部，必须严厉惩治，"以儆效尤"。具体可根据情节轻重和对被诬告陷害干部的影响大小分别予以严重警告、撤职、开除党籍等惩处。另外，为了实现对监督者的监督、保护担当作为者、惩治诬告陷害者，应该健全干部申诉制度，充分保障被牵连干部的申诉控告权利，让他们为自己辩护，容许喊冤叫屈，不能为了尽快平息事态而委屈干部，否则谁还愿意担当负责。另一方面，要严格落实"三个区分开来"，为担当作为者容错免责。这是针对"多干多错、少干少错、不干没错"必须采取的措施。既然"干事犯错""干多错多"是无法避免的，那么就应该对积极主动担当作为的干部予以容错免责。允许干部犯错是我们党的光荣传统。毛泽东说，即使是在"正确路线的领导之下也会有缺点错误，如黄河之水滚滚而流中间还会有几个小泡"[1]。他进一步说，对于干部所犯的错误分析原因，会发现"主要是领导机关所规定的政策缺乏明确性，未将许可做的事情和不许可做的事情公开明确地分清界限"[2]，因而不能简单将错误归于干部个人。最后，毛泽东又强调，即使是对于犯了严重错误的

---

[1]　中共中央文献研究室. 毛泽东文集：第 5 卷 [M]. 北京：人民出版社，1996：29.

[2]　中共中央文献研究室. 毛泽东文集：第 5 卷 [M]. 北京：人民出版社，1996：74.

干部，也要采取"团结—批评—团结"的方针和"惩前毖后、治病救人"的原则。[1] 习近平总书记也指出："每个干部都有这样那样的缺点和不足，对此要实事求是、正确对待，不能不问青红皂白、一棍子打死。"[2] 于是他提出，严格落实"三个区分开来"，为担当作为干部容错免责。可是，就当前各地容错实践看，为担当作为者容错免责的机制运行并不理想，主要表现为"容错规范性欠缺、容错主体与性质不明、容错方式不合理、容错动力不足"[3] 以及免责沦为空谈等。为了进一步发挥容错免责机制在形成干部敢担当负责精神方面的作用，接下来应该严格落实"三个区分开来"，为担当作为者容错免责。

第三，为主动担当负责的干部提供多种支持，让干部乐于担当负责。

在急难险重面前，如果有干部愿意主动担当负责，不仅解了燃眉之急，而且鼓舞了士气，还产生了榜样行为示范效应。这样的干部是党的"骨干"中的"骨干"，"财富"中的"财富"，应该好好善待之、嘉奖之，尤其应该为其工作提供多种支持。因为这些干部往往不是为了名利工作，而是有远大的理想抱负、有深切的为民情怀、有坚毅的品格和惊人的毅力，为这些干部提供人力、物力、财力支持，他们往往能做出一番经天纬地的事业来，可以较大程度地推动党的事业向前发展，解决实践中遇到的大问题、大麻烦，迎接大挑战，展现党的良好形象和作风。正所谓"良禽择木而栖""士为知己者死"，组织的善待、优待和支持更能够激发这些干部的责任意识、奉献精神，对于其他相关人才也是一种激励和鼓舞，大家都相信组织能够为其施展才能提供最大支持，自然就乐于担当负责了。

综上所述，增强干部责任使命意识激励其担当作为的效能，关键要完善干部担当作为的责任养成机制，提升干部责任使命意识。具体而言，要坚持综合施策、"对症下药"原则，通过"不忘初心、牢记使命"主题教育和"事岗责权"匹配相结合，让干部甘于担当负责；通过"规范问责"和"担当作为者容错免责"相结合，让干部敢于担当负责；通过为主动担当负责的干部提供多种支持，让干部乐于担当负责。

三、建设干部道德实践困境化解机制

道德操守激励是对干部进行精神激励的重要组成部分。当前，道德操守激

[1] 中共中央文献研究室. 毛泽东文集：第5卷［M］. 北京：人民出版社，1996：265.
[2] 中共中央党史和文献研究院. 十九大以来重要文献选编：上［M］. 北京：中央文献出版社，2019：565.
[3] 周佑勇，牧宇. 论干部容错机制问题及应对［J］. 北京行政学院学报，2022（5）：1.

励不足的主要问题在于干部在现实中面临一系列的道德实践困境，不能够正常地进行道德实践，从而导致道德激励功能无法发挥效力，具体包括政治忠诚道德实践困境、职业道德实践困境和个人道德实践困境三个方面。然而，深入挖掘造成这三重困境的原因，可以发现：无论哪种道德实践困境都是由主观和客观两个方面的因素造成的。其中，主观方面的原因是干部道德发展水平不高，"道德认知力"和"道德创造力"比较差，从而导致道德实践能力欠缺；客观方面的原因是干部道德文化环境不良，阻碍了干部的道德实践。因此，应该从主观和客观两个方面着力建设干部道德实践困境的化解机制，提升干部担当作为的道德激励效力。

第一，主观方面，要提升干部"道德认知力"和"道德创造力"。

一是提升干部道德认知力。"道德认知力"是道德主体认识有关道德的规范、价值、理念、原理、推理等知识，识别道德问题情境，并"站在利益相关者的立场上发掘和评价行为的可能性及其影响与后果"① 的能力。干部只有具备一定的道德认知力，才能清楚自己的道德立场；才能对现实工作和生活中的道德问题情境有敏锐觉察力；才能快速而理性地分析道德问题情境，对周围人的道德利益问题做出判断；才有可能找到化解道德难题的办法或途径。否则，只能凭借"惯性"做事，或者在道德困境面前陷入慌乱。就当前而言，干部道德认知力的提升要建立在新时代党和国家对干部提出"忠诚、干净、担当"的道德操守要求的深刻理解之上。在新时代，"忠诚、干净、担当"是一个有机联系的整体，三者互为前提，缺一不可。"忠诚"是干部道德操守的政治前提，"干净"是干部道德操守的基础要求，"担当"是干部道德操守的基本要求，也是"忠诚"和"干净"的具体表现。干部只有同时在政治操守上忠于党、忠于国家、忠于人民，在个人生活上正心修身、廉洁自律，在工作岗位上勤政、实干、担当作为，才符合新时代对干部的基本道德操守要求。② 所以，干部不能认为自己不贪污、不腐败就是有道德了，实际上不贪污腐败，只是新时代干部应该具备的基本品德而已。此外，对干部道德认知力的培养要打破传统道德教育只是"培养人们的道德观念与对道德规范的遵从"③ 的做法，可以通过角色扮

---

① CALDWELL D F, MOBER D. An Exploratory Investigation of the Effect of Ethical Culture in Activating Moral Imagination [J]. Journal of Business Ethics, 2007（2）：194.

② 黄晓辉，高筱红. 新时代公职人员道德操守及其实现路径探析 [J]. 中州学刊, 2020（1）：105.

③ 鄯爱红. 政德论：心理结构与伦理行动的二重维度 [M]. 北京：中国人民大学出版社, 2019：231.

演的形式，让干部"在道德情境和道德实践中增强道德认知、判断和选择的能力，增强对他人之处境、需要、利益以及内心状态（思想、感受、知觉和意向）的认知，以应对由于道德想象力和体验力的缺失而产生的道德冷漠"①。当然，还可以通过案例教学的方式，选取干部处理道德困境的正反两方面的典型案例，"以案论理"，让干部通过他人的故事反思自我，见贤思齐，见不贤而自省，潜移默化地提升道德认知力。②

二是提升干部"道德创造力"。"道德创造力是一种建立在对政治、法律、政策和道德等方面知识的深刻理解之上的综合能力。"③ 道德创造力的重点是"创造"，意味着干部在面对道德困境的时候，要有创新思维，不能只是根据现有的某一种道德规范做出判断和选择，而是要从更高层级的道德理念、道德价值方面重新审视道德问题，做出有利于问题解决的创造性的行为。比如：城管干部在执法过程中，遇到小摊主生活困顿，不理解、不配合的情况，不仅通过耐心劝说的方式让小摊主主动离开，而且通过向上级反映，为小摊主摆摊争取到了划出固定区域的福利。这样的做法既践行了依法办事的职业道德，也践行了帮扶弱小的私人美德，体现了城管干部的"道德创造力"水平，比"强制执法""暴力执法"胜出许多。再比如：干部在面对上级领导要求自己做出非法行为的道德困境面前，应该先提醒领导这件事的违法性，确认领导的想法，并且在此过程中留下证据，如果领导执意让自己去做，干部可以向纪委监委等相关部门求助，而不是自己做出执行或不执行的选择，饱受煎熬。当然，这样的情况比较复杂，首先需要确保纪委监委能够帮助干部解决该问题，并且尽量不会对干部接下来的工作造成影响。所以，干部"道德创造力"的培养不仅在于对干部进行教育、培训，更重要的是要建立干部道德实践协助机构，帮助干部更好地进行创造性的道德实践。目前来看，该项职能应由纪检监察机关履行比较合适。《中华人民共和国监察法》第 11 条规定，监察委员会履行监督职责就是"对公职人员开展廉政教育，对其依法履职、秉公用权、廉洁从政从业以及道德操守情况进行监督检查"④。既然监察委员会有对干部道德操守情况进行监督检

---

① 鄢爱红. 政德论：心理结构与伦理行动的二重维度 [M]. 北京：中国人民大学出版社，2019：232.
② 鄢爱红. 政德论：心理结构与伦理行动的二重维度 [M]. 北京：中国人民大学出版社，2019：232.
③ 鄢爱红. 政德论：心理结构与伦理行动的二重维度 [M]. 北京：中国人民大学出版社，2019：231.
④ 中华人民共和国监察法 [N]. 人民日报，2018-03-27（1）.

查的权力，自然也可以增加道德实践协助职能，为干部在工作中的道德实践难题提供多方面帮助。

　　第二，客观方面，要优化行政道德文化环境。

　　道德文化区别于专业的道德知识和正式的道德规范，它存在于人们的思想、观念和行为习惯之中，表现为一种文化现象。干部道德操守根植于行政道德文化实践中。良好的行政道德文化环境可以滋养干部道德操守，为干部进行道德实践提供文化支持；反之，不良的行政道德文化环境会阻碍干部道德实践，成为干部道德实践困境形成的重要原因。当前，根据北京市委党校鄈爱红教授的研究，想要化解干部道德实践困境，必须优化行政道德文化环境，摒弃一些陈腐落后的思想观念，比如，"忠于权力""官本位""法律工具主义""集团利己主义"等。

　　一要摒弃"忠于权力"的陈腐观念，树立正确的"忠诚观"。"忠于权力"就是将官员意志凌驾于法律和行政法规之上，认为"权大于法"。"忠于权力"体现了对权力的崇拜，在我国有深厚的文化土壤。在封建社会，"人治"是国家治理的核心特征，"普天之下，莫非王土"，作为封建君主的皇帝拥有至高无上的权力，皇帝的意志就是国家意志和法的意志，不容许有人质疑和反对。因此，渐渐地，在中国人的思想中就有了"忠于权力""权大于法"的思想。这种思想至今存在于中国人的头脑中，存在于干部的思想观念之中，造成干部对政治忠诚做出错误的理解，进而产生了政治忠诚道德实践困境，即当权力与法律、行政命令与法律发生冲突时，有些干部自然地选择了遵循权力、行政命令，甚至是领导者的个人意志，结果违背法律、酿成大错，悔不当初。所以，化解干部道德实践困境必须摒弃这种"忠于权力"的陈腐观念，建立以"法治"为依托的正确"忠诚观"。

　　二要摒弃"官本位"的封建思想，回归"人民公仆"本质。"官本位"是"以拥有权力的大小来衡量一个人社会地位"①，是一种以官为本、以官为贵、以官为尊的价值观。封建社会，按照"士农工商"进行等级划分，官员属于"士"这一层级，在社会中享有除皇帝之外的最高地位和荣誉，世人皆以"入朝为官"为人生目标和"光耀门楣"的事情。所以，逐渐地，人们对官员就产生了崇拜，以官位之高低评价人的价值、身份和社会地位，长此以往，影响了人们的精神自主和人格独立，影响了人们对客观事实和"真理"的追求、坚持。所以，在干部道德实践中，一旦出现民众利益与领导者意志相冲突的情况，有

---

　　① 陈永森. 民本位与官本位论析 [J]. 广东社会科学，2001（2）：67.

些干部就会毫不犹豫地选择遵照"领导指示"办事，甚至为了保住"官位"，不惜损害人民利益。所以，化解干部道德实践困境必须摒弃这种"官本位"的封建思想，回归"人民公仆"本质。

三要摒弃"法律工具主义"的错误价值，将法律置于优先地位。"法律工具主义"就是将人情、金钱、权力等置于法律之上，将法律看作实现政治统治的工具。由于不认同法律的优先地位，不承认法治的至上性，所以有的干部遇事不是找"法"，而是找"人"；还有的干部老是拿找公安机关"抓人"去威胁当事群众，而不是真正为群众着想、帮群众办事和依法依规行政。这种错误的价值思想也会影响干部道德实践，当法律与人情、金钱、权力等发生冲突时，干部很难真正维护法律权威，依法办事。所以，化解干部道德实践困境，必须摒弃"法律工具主义"的错误价值，增强法治意识，依法治国、依法执政和依法行政，在思想深处把法律置于优先地位。

四要摒弃"集团利己主义"的狭隘思想，践行真正的集体主义道德。"与传统以亲情为基础的道德要求一脉相承的有以地缘为基础的道德要求。以家族、地缘为基础的道德规则与改革开放以来经济领域的利益至上以及政治领域的政绩工程结合在一起，共同侵蚀着新中国成立以来逐渐确立起来的集体主义道德，确切地说，是集体主义道德被集团利己主义所消解。在道德理念中，集团利己主义又被'为官一任，造福一方'的传统观念给予合理化，在行政实践中集中表现为地方保护主义和国家利益部门化。"① 从理念层面讲，干部有着为人民服务的情怀，也有着维护集体利益的道德。但是，在现实的土壤中，为人民服务演化成为所在地区的人民服务，维护集体利益就是维护所在地区的集体利益，导致有些干部将追求集团或地方利益最大化作为道德追求，而不顾国家整体利益。鉴于此，优化行政道德文化环境就要摒弃"集团利己主义"的狭隘思想，让干部践行真正的集体主义道德，在不损害国家整体利益和其他集体利益情况下争取自身利益。

综上所述，提升干部道德操守激励其担当作为的效力，必须针对现实中干部道德实践面临困境的问题，有针对性地建设干部道德实践困境化解机制，增强干部道德实践的顺畅性。具体而言，一是要在主观方面，提升干部"道德认知力"和"道德创造力"，为干部创造性地解决道德困境提供知识和本领支撑；二是要在客观方面，优化行政道德文化环境，为干部践行道德操守提供文化环境支持。

---

① 郜爱红. 依法行政与行政道德发展［J］. 山东社会科学，2015（12）：18.

四、建立干部"一人一策"精准赋能机制

当前,"本领恐慌"、自我效能感低已经成为制约干部履职尽责、担当作为的重要因素。这种"本领恐慌",自我效能感低的表现虽然在整体上体现为干部对完成"多中心任务"要求缺乏信心,对熟稔法律法规、保证"不出事地干事"缺乏信念,对创造性地开展工作、让群众满意缺乏信心,但是具体到每一个单位每一位干部身上就是因人而异、千差万别了。比如:有的干部是网络作业能力不足、有的干部是应急处变能力不足、有的干部是群众工作能力有限、有的干部是缺乏实战经验、有的干部是缺乏理论知识、有的干部是缺乏耐力等。鉴于此,为了针对性地对干部进行赋能培养,同时为了让有限的组织激励资源发挥最大的效力,有必要探索建立干部"一人一策"精准赋能机制,着力提升每一位干部的"工作本领",增强每一位干部的自我效能感,以精准赋能激励干部更加积极主动担当作为、干事成事。

如何建立干部"一人一策"精准赋能机制?近年来,四川省绵阳市盐亭县纪委监委,为了进一步加强纪检监察干部队伍能力建设,立足单位内部纪检监察工作实际和干部配备需要,综合干部成长经历、发展潜质、个人意愿、组织需求等因素,开展了"一人一策"精准赋能计划①(见表11),取得了良好的激励效果,值得借鉴。

表11 绵阳市盐亭县纪委监委开展"一人一策"为干部精准赋能的主要做法和成效

"一人一策"精准赋能基层组织	主要做法	主要成效
绵阳市盐亭县纪委监委	1. 通过开展"一对一"谈心谈话,了解干部优缺点、岗位意向、培训需求等,为干部量身定制培养时间表、任务书和路线图奠定基础; 2. 为每一位干部建立精准档案。内容包括干部的自我评价、组织评价、培训需求、培养方向、成效评估等	1. 机制运行方面,目前,该县已精准建档85份,提出个性化培养措施122条,开展干部轮岗14人次,跟案锻炼51人次,选派到上级纪委监委挂职锻炼9人

① 刘思明. 盐亭:"一人一策"为干部精准赋能〔J〕. 廉政瞭望, 2022(9):82.

"一人一策" 精准赋能 基层组织	主要做法	主要成效
绵阳市盐亭县纪委监委	3. 综合干部成长经历、发展潜质、个人意愿、组织需求等因素，开展"一人一策"精准赋能计划。在常态化开展"综合培训+专题培训+知识讲堂+研讨交流+调查研究+文体活动"六位一体培训体系的基础上，坚持"一对一"为干部定制个性化培养套餐，根据干部个人意向有针对性地进行轮岗、上下级纪委监委"双向互派"活动，促进干部在多岗位历练中自我净化、自我提高	2. 干部反馈方面，一是通过实战锻炼，干部对纪检监察工作认识有了全面提升；二是通过个性化培训，干部对如何监督检查工作有了清晰的思路；三是通过全面赋能，干部底气更足了，干工作的主动性、灵活性、实效性增强了

数据来源：刘思明. 盐亭："一人一策"为干部精准赋能［J］.廉政瞭望，2022（9）：82.

借鉴绵阳市盐亭县纪委监委开展"一人一策"精准赋能计划的主要做法，探索建立针对所有干部的"一人一策"精准赋能机制，应该包括"精准了解—精准建档—精准培养—效果反馈—机制优化"五个方面的内容。

第一，精准了解。精准了解是建立干部"一人一策"精准赋能机制的第一步。重点是了解干部的强项、短板、培训需求、学习工作经历、工作兴趣、岗位意愿等，听取他们对组织培训的意见建议，便于有针对性地制定个性化培养方案。精准了解干部的方法应该多样化，一是开展"一对一"谈心谈话，让干部做自我评价和自我分析，并进行文字信息汇总；二是可以在同单位同部门干部之间开展互评活动，与自我评价结果进行对比分析；三是查阅干部人事档案信息，以及有参考价值的民主生活会记录，力求对干部的了解是全面、客观、精准的。

第二，精准建档。精准建档是在精准了解干部基础上，综合干部培训需求、个人意愿、学习工作经历、岗位兴趣、岗位工作特点等因素，制定每一位干部的个性化培养方案，为每一位干部建立特色化的个人档案。档案内容应该包括基本信息、现状信息、培养方案信息三个部分。其中，基本信息主要包括干部的姓名、性别、学历学位、学习经历、工作经历、奖惩情况等客观的、不易变化的信息；现状信息主要包括干部当前（每年一汇总）的年龄、工作单位、工作岗位、强项、短板、培训意愿、岗位意向、自我评价、他人评价等这些容易变化的信息；培养方案是组织在对干部精准了解基础上，为干部制定的个人培养计划表，包括培养时间表、任务书、路线图等。

第三，精准培养。精准培养是根据干部个性化培养方案或计划表，有针对性地开展"一人一策"精准赋能计划。精准培养的关键是组织为个性化培养干部创造有利条件，拓展培养路径。一是加强与党校、行政学院、干部学院、干部培训基地等专职培养干部的单位部门之间的联系，及时将本单位干部的培训需求予以告知，同时针对已有的符合干部培训需求的课程进行对应安排，摒弃以往"谁有时间谁去培训"和"培训内容和岗位需求不匹配"的做法。二是加强同类型上级单位与下级单位之间互派干部的力度，让下级单位的干部有机会到上级单位学习锻炼，增长见识；也要让上级单位的干部到下级单位挂职锻炼，工作历练。必须注意的是，一定要派那些真正需要历练的干部去，而不能徇私舞弊。三是可以轮岗训练，让干部在不同岗位上进行多元化实战训练，加速成长。四是开发专业技能培训、体能训练、心理训练等富有特色的项目。比如：邀请有丰富经验的老干部为年轻干部传授领导经验、科学决策经验、群众工作经验、解决突发事件的经验等；邀请掌握网络办公技术的专业人士，或者比较年轻的擅长线上办公的同志教中老年干部如何使用办公软件；邀请专业人士集中对干部进行相关法律法规知识培训、时间管理能力培训、体能训练、心理调适能力培训等。总之，干部在能力提升方面需要什么，组织就应该尽量满足干部培训需求，及时提升干部能力，增强干部自我效能感。

第四，效果反馈。任何一项干部培养措施的实施，都需要知道其赋能激励效果如何，所以必然要求进行效果反馈。效果反馈应包括及时反馈和延时反馈。及时反馈是对每一项培养措施实施效能的反馈，也就是看该项措施是否符合干部需求，能够让干部满意。延时反馈是对所有措施作用于干部之后产生的激励效能进行反馈，也就是经过一段时间的培养后，要对干部的精神面貌、行为变化，以及自我效能感变化进行分析，看干部是否因为实施了个性化培养方案而变得更有自信，更加积极主动担当作为、干事成事。效果反馈的方式也有很多种，包括发放问卷、"一对一"交谈、日常观察、工作绩效考核等。比如："盐亭县纪委监委工作人员胡丽君自从接受针对性的业务培训之后，开展专项监督底气十足，在派驻县教体局纪检监察组后很快对一名在培训机构兼职的公职人员进行了批评教育处理，并责令其退缴违规兼职所得 1000 元。"[①] 说明开展"一人一策"精准赋能计划的效果可以看到。

---

① 刘思明. 盐亭："一人一策"为干部精准赋能［J］. 廉政瞭望, 2022（9）：82.

第五，机制优化。马克思主义唯物辩证法强调，事物是不断发展变化的，要坚持发展的观点看问题。干部的自我效能感会随着其工作变动、业务变化、能力提升不断改变，譬如，原先不会电脑办公的干部经过一段时间的培训之后已经掌握了基本的办公技术，那么其就不会因为该技术欠缺而不自信，相应的自我效能感也就提升了，之后再对其培养就需要根据其实际变化进行。由此，必须及时了解干部实际变化，对干部档案进行动态管理，对干部的个性化培养方案必须不断优化，这样才能适应变化，不断进步，永续发展。实际上，优化举措的实施就是强调对干部精准了解、精准建档、精准培养、效果反馈措施的往复循环，形式上不变，内容发生了变化。关键是在实践中逐步掌握推动这一循环过程的时间，可根据各单位实际确定循环周期为一个月、一季度或者一年不等。

综上所述，针对干部能力不足、"本领恐慌"导致的自我效能感低，进而出现干部自我效能激励担当作为效果差的问题，可以创造性地建立干部"一人一策"精准赋能机制。该机制是对干部进行精准了解、精准建档基础上，建立个性化培养方案，对干部进行精准培养，并且实施效果反馈，促进整个激励机制的动态优化，变"大水漫灌"为"精准滴灌"，从而精准提升干部能力素养，提高干部自我效能感，突出干部自我效能激励其担当作为的功用、效能。

第二节　畅通政治激励渠道，做到能上庸下

政治激励在我国干部担当作为激励系统中处于关键地位，发挥着不可替代的作用。中国共产党向来重视对干部进行政治激励。革命战争年代，毛泽东提出"德才兼备"的干部标准和"任人唯贤"的干部路线，[①]为共产党的优秀干部脱颖而出提供了基本遵循。改革开放新时期，公开性考试和竞争性选拔机制的建立，极大地调动了干部改革创新、开拓进取的积极性。新时代，党和国家将正确选人用人导向激励、职务职级并行激励、考核评价激励和干部"能上能下"激励作为对干部进行政治激励的主要途径，取得了不少成果。但是，不可否认，政治激励途径还有进一步完善的空间。所以党的二十大重申："树立选人用人正确导向，选拔忠诚干净担当的高素质专业化干部……完善干部考核评价体系……推动干部能上能下、能进能出，形成能者上、优者奖、庸者下、劣者

---

① 毛泽东. 毛泽东选集：第2卷 [M]. 北京：人民出版社，1991：526-527.

汰的良好局面。"① 总之，当前完善我国干部担当作为激励机制，必须将畅通政治激励渠道，真正形成"能上优奖庸下劣汰"局面作为重点内容。具体而言，一要着力推动担当作为干部脱颖而出，二要不断优化干部职务职级公平晋升路径，三要构建"分任务考核后集中激励"模式，四要持续完善落实容错纠错激励机制，五要健全不担当不作为干部退出机制。

一、着力推动担当作为干部脱颖而出

充分发挥正确选人用人的导向激励作用，是习近平新时代突出强调的干部激励方略，也是针对现实中存在的不当选人用人问题提出的应对之策。实践中，干部选拔任用唯"考试分数"取人、唯"显绩"取人、唯"票数"取人、唯"资历"取人、唯"关系"取人，让真正担当作为的干部被埋没被排挤，同时导致大量干部将时间精力消耗在"搞关系""弄虚作假""政绩工程"等上面。这无异于将干部引向了"歧路"，进而在干部队伍中出现了"劣币驱逐良币"的"逆淘汰"现象，严重挫伤了干部担当作为的积极性。鉴于此，习近平总书记非常重视选人用人导向问题，多次强调要破除阻碍担当作为选人用人的不利因素，让真正担当作为的干部脱颖而出。习近平总书记指出，"对干部最大的激励是正确用人导向，用好一个人能激励一大片。"② 为此，必须匡正用人导向，让敢于负责、勇于担当、善于作为、实绩突出，想干事、敢干事、能干事、干成事的干部脱颖而出，让热衷于形式主义、严重脱离群众、溜须拍马、蝇营狗苟、平庸无能的干部受到警醒和惩戒。至于如何让担当作为干部脱颖而出，"匡正用人导向"，主要应该从以下三方面着力：

第一，科学识人：采用科学思维方法分类识别担当作为者。

科学识人强调组织在考察评价干部的时候必须采用科学的思维方法，避免主观因素干扰和片面化。所谓"千里马常有，而伯乐不常有"，想要让担当作为者脱颖而出，组织必须善于发现人才，找到真正担当作为者，即科学识人。现实中，有些对干部的考察评价只看分数，不看能力；只看显绩，不看潜绩；只看结果，不看过程；只看说了什么，不看做了什么，导致真正有才能、干实事、清廉正直的干部不被看好或重用，浪费了不少人才。这种现象归根到底是组织

① 习近平. 高举中国特色社会主义伟大旗帜 为全面建设社会主义现代化国家而团结奋斗：在中国共产党第二十次全国代表大会上的报告［M］. 北京：人民出版社，2022：66-67.
② 中共中央党史和文献研究院. 十九大以来重要文献选编：上［M］. 北京：中央文献出版社，2019：566.

没有做到科学识人造成的。关于如何科学识人，我国古代先哲和以毛泽东、邓小平、习近平等为代表的中国共产党人论述颇多，而且实践中也积累了不少经验。总的来说，要运用辩证思维方法，全面历史地看待人才，识别干部，要扩大识人视野，不拘一格选人，同时区分综合表现良好的"一般性人才"和"特殊人才"。毛泽东说："不但要看干部的一时一事，而且要看干部的全部历史和全部工作。"① 习近平总书记指出，"我们要以识才的慧眼、爱才的诚意、用才的胆识、容才的雅量、聚才的良方，广开进贤之路，把党内和党外、国内和国外等各方面优秀人才吸引过来、凝聚起来"②。如何识别担当作为的干部？一般而言，有担当作为特质的干部可以分为三类：第一类是立足岗位，默默付出者。这些干部不喜欢迎合领导、拉拢关系，有自己独立的想法，能够将主要精力用于履行岗位职责，长期研究主业，能够立足岗位采取一些创新性做法，提升工作效率，提升便民服务水平。比如：有一位在窗口工作的年轻干部将官方文件翻译成通俗易懂的方言，并且简化流程，通过公告栏等广泛告知当地不太懂普通话和看不懂官方文件的民众，大大提高了窗口办事效率，得到了群众的表扬和认可。像这样的干部应该得到奖励，让其获得晋升，而不能因为其不与领导亲近就被埋没了，更不能讥讽为"老实人"。第二类是雷厉风行，带头干事者。这类干部思维活跃，性格外向，做事果断，很多重要的工作都要靠他们推动、带动才能完成，他们善于和领导打交道，和同事处关系，但是也有自己的原则，能够既把关系处好，还能把工作做好，是比较优秀的人才。这类干部的工作表现容易发现，也容易被组织提拔重用。第三类是关键时刻"豁得出去"，艰难时刻"扛得住"的干部。这类干部也许有比较明显的缺点，比如脾气不好，也许平时表现一般，但是关键时刻能够发挥大作用，起到力挽狂澜和榜样示范的奇效，是组织最为宝贵的财富，也是值得所有党员学习的榜样人物。习近平对这些干部进行了高度概括，即"面对大是大非敢于亮剑，面对矛盾敢于迎难而上，面对危机敢于挺身而出，面对失误敢于承担责任，面对歪风邪气敢于坚决斗争"③。比如，赵世炎、张太雷、杨靖宇、左权、叶挺、雷锋、焦裕禄、孔繁森、谷文昌、黄文秀、张桂梅、钟南山、于海俊等。在革命战争年代，由于危机困苦比较多，这样的干部容易涌现，但是和平年代，表现的机会少，这样的干部就变得难以发现了。《党政领导干部选拔任用工作条例》（2019）第 9 条规

---

① 毛泽东. 毛泽东选集：第 2 卷 [M]. 北京：人民出版社，1991：527.
② 习近平. 在庆祝中国共产党成立 95 周年大会上的讲话 [M]. 北京：人民出版社，2016：19.
③ 习近平. 习近平谈治国理政：第 1 卷 [M]. 北京：外文出版社，2022：413.

定，"政治过硬、德才素质突出、群众公认度高"，且"在关键时刻或者承担急难险重任务中经受住考验、表现突出、作出重大贡献；在条件艰苦、环境复杂、基础差的地区或者单位工作实绩突出；在其他岗位上尽职尽责，工作实绩特别显著的"可以破格提拔。① 这相当于提供了一种识别这类特别优秀干部的方法。总之，通过采用科学思维方法，分类识别真正担当作为的干部是让优秀者脱颖而出的关键举措。

第二，竞争选人：让干部在公开公平竞争环境中展现其德才。

竞争选人是为干部提供公开公平竞争环境，让干部在竞争中充分展现自己的德才，组织根据干部在竞争中的表现和结果选出相对优秀的干部。竞争选人的本质是变"相马"为"赛马"，谁是真正担当作为者不是靠组织去发现，而是靠干部自己去表现。如果干部在竞争中表现出勇于担当、善于作为、开拓创新、甘于奉献、忠诚敬业、依法依规等优良品质，那么该干部应当被提拔重用；反之，如果干部在竞争中唯唯诺诺、瞻前顾后，不敢担当作为，不愿意担当作为，或者胡乱干事，弄虚作假、营私舞弊、违法乱纪，这样的干部则应该被淘汰而不是重用。因此，在竞争选人中组织需要提出明确要求，不断优化比赛规则和流程，监督和分析比赛过程和结果，确保比赛的信度、效度。2019年新修订的《党政领导干部选拔任用工作条例》第3条补充"选拔任用党政领导干部必须将政治标准放在首位，树立注重基层和实践的导向，大力选拔敢于负责、勇于担当、善于作为、实绩突出的干部"②，第2章列出6条具体要求；2016年8月，中共中央办公厅印发《关于防止干部"带病提拔"的意见》，从落实工作责任、深化日常了解、注重分析研判、加强动议审查、强化任前把关、严格责任追究六个方面防止干部"带病提拔"，不断提高选人用人质量；③ 2020年9月，中共中央办公厅发布的《推进领导干部能上能下规定》将重点放在解决领导干部"能下"的问题上，并列出了15种不适宜担任现职的情形。这些规定从正反两方面明确了新时代在竞争选拔中应该提拔重用什么样的人才和必须淘汰什么样的干部。至于采用什么样的竞赛模式，《党政领导干部选拔任用工作条例》（2019）第十五条规定，在研判和动议时，可以根据工作需要和实际情况把

① 法律出版社法规中心. 中国共产党常用党内法规全书［M］. 北京：法律出版社，2021：331.
② 法律出版社法规中心. 中国共产党常用党内法规全书［M］. 北京：法律出版社，2021：330-331.
③ 法律出版社法规中心. 中国共产党常用党内法规全书［M］. 北京：法律出版社，2021：378-379.

公开选拔和竞争上岗作为产生副职领导人选的一种方式①，具体竞赛模式并没有明确，还需地方单位根据实际情况设定。一般，竞争选人的方式很多，改革开放之后，我国各地区、各部门展开"公开考试""竞争上岗""混合投票""量化淘汰""两推一选""差额比选""差额直选""公推差选""公推竞选""公推直选""公推公选"等多种形式或名称的竞争性选拔。② 其中，有些选拔方式流程规范，执行到位，通过实施后选出了不少优秀人才，比如"差额比选""差额直选"；有的选拔方式在初期运行正常，到了后期则出现了"走偏""僵化"问题，反而成为当前阻碍担当作为干部脱颖而出的因素，比如"公开考试""竞争上岗"中过分强调"分数""票数""GDP"，引发干部专营各种考试而不安心工作、"拉票贿选"、"数字造假"等问题。为了纠正这些问题，党的十八大之后，党和国家要求改革和完善干部竞争性选拔方式，"强化党组织在干部选拔任用工作中的领导和把关作用"。③ 根据历史经验和教训，当前在采取竞争选人的时候，一方面，要结合各地区各单位实际需要探索建立竞争选人的不同方式；另一方面，要在严格遵照程序进行的同时，突出组织在竞争选人中领导把关作用。《党政领导干部选拔任用工作条例》（2019）第十五条，规定"公开选拔、竞争上岗"应当结合岗位特点，坚持组织把关，突出政治素质、专业素养、工作实绩和一贯表现，防止简单以分数、票数取人。④ 具体就是加强动议审查、分析研判、监督问责等，对于竞争之后的政绩业绩成果不仅要看数量，还要看质量；不仅要看表面，还要看实际；不仅要看成果本身，还要看取得这些成果的过程。一旦发现干部取得的成果是通过弄虚作假、"营私舞弊"而来，是"政绩工程""伪造的数据""花架子"等，这样的干部不仅不可以选用，而且要严厉惩处。如此，干部在竞争中自然会规规矩矩，做出经得起历史和人民检验的政绩、业绩。

　　第三，正确用人：确保"人尽其才"的基础上深入挖掘干部潜力。

　　正确用人就是让正确的人在正确的位置上做正确的事，"人尽其才"的同时深入挖掘干部潜力。正确用人的第一步应该要"用人所长""人尽其才"。干部

① 法律出版社法规中心. 中国共产党常用党内法规全书 [M]. 北京：法律出版社，2021：332.
② 郝玉明. 干部选拔任用制度发展历程与改革研究 [M]. 北京：经济科学出版社，2021：238.
③ 郝玉明. 干部选拔任用制度发展历程与改革研究 [M]. 北京：经济科学出版社，2021：102-103.
④ 法律出版社法规中心. 中国共产党常用党内法规全书 [M]. 北京：法律出版社，2021：332.

既然被选拔出来就必然有其价值和优势所在，组织应该把干部放到能够发挥其才能的岗位上去，或者安排干部做其擅长的工作，这样干部已有的才能方可以充分施展，同时还可以在一个领域内深耕，做出突出成绩。否则，让干部去做自己不擅长的，要么工作做不好，要么需要额外耗费不少精力学习，同时还容易荒废掉原有的长处。比如：一个单位内有的干部本来就是技术岗，是研究型人才，但是领导偏偏让他去行政岗，每天处理杂事，美其名曰锻炼，实际上导致该干部原有的学术积累也被荒废了，几年下来，整个人无所成就。《资治通鉴》讲："人不可以求备，必促进其所短，取其所长。"① 习近平总书记也强调，"用人得当，就要科学合理使用干部，也就是说要用当其时、用其所长。"② 为了能够充分说明这个道理，习近平还做了形象的比喻："骏马能历险，力田不如牛。坚车能载重，渡河不如舟。"③ 一是表明使用干部要用他所擅长之处，让专业的人干专业的事情；二是表明使用干部不能求全责备。当然，干部在一个岗位上待久了容易产生职业倦怠，长期处于"舒适区"容易不求上进，因此，在"用人所长""人尽其才"基础上也要根据实际需要给干部"压胆子"，让干部在一线、斗争一线，在不同岗位上深入挖掘自身潜力，提升自己的本领、增长自己的学识、积累丰富的实践经验，以备担当重任。一线是"试金石"，把干部放到条件艰苦、情况复杂、困难很多的地方去，很快就能锤炼出真正能力和水平。习近平总书记指出，"年轻干部有培养前途的要放到基层去锻炼。下去要真下去，而不是去'镀金'"④。

综上所述，运用辩证思维方法，全面地历史地看待人才，善于发现人才，将立足岗位、默默付出，雷厉风行、带头干事和在关键时刻"豁得出去"、艰难时刻"扛得住"的干部识别出来；通过设置公平公正竞争选拔方式，让有良好政治品德和真才实学、突出业绩的干部突显出来；将识别、选拔出来的干部正确使用，既让其在适合自己的岗位上"发光发热"，又注意将干部放到一线锻炼培养，充分挖掘干部潜力，让干部不断成长，做到选用结合。如此真正担当作为的干部势必就能脱颖而出了，选人用人方面的不正风气自然就"匡正"了，

---

① 司马光．资治通鉴全译：第 5 册［M］．李国祥，顾志华，等译注．贵阳：贵州人民出版社，1994：487.

② 中共中央文献研究室．十八大以来重要文献选编：上［M］．北京：中央文献出版社，2014：344.

③ 习近平．习近平谈治国理政：第 1 卷［M］．北京：外文出版社，2022：419.

④ 中共中央党史和文献研究院．十九大以来重要文献选编：上［M］．北京：中央文献出版社，2019：572.

选人用人的导向激励通道也就通畅了。干部在正确选人用人导向激励下，自然会积极表现，竞相施展才能，形成一派风清气正、欣欣向荣的景象。

二、优化干部职务职级公平晋升路径

职务职级并行制度实施背景下，公平晋升激励依然是政治激励的核心路径。无论是职务晋升还是职级晋升，不断优化路径，拓展晋升空间，为担当作为干部提供公平晋升机会是完善晋升激励的必要举措。从当前的情况看，不断优化干部职务职级公平晋升路径可以从以下三个方面着力：

第一，开辟多样化正向流动路径，为干部提供更多职务公平晋升的机会。

通常，职务晋升激励主要依托组织的职务层级设计，[①] 职务层级越多，晋升空间越大，机会越多，干部"向上"流动越快，激励效果越好；反之，职务层级越少，晋升空间越小，机会越少，干部"向上"流动越慢，激励效果越差。现在的问题是正式的领导职务层级是固定的、有限的，从乡科级副职到国家级正职，自下而上不过 10 个层级，加之年龄等因素限制，有大量干部一辈子也很难晋升到正科级，更不用说更高层级，因而削弱了职务晋升激励效应。那么，如何让干部有更多"向上流动"的机会，以调动他们的积极性？实践和研究中发现，主要有两种方式，一种是破除"隐性台阶"，另一种是推动干部在同一级别不同重要岗位上进行流动。

一是破除"隐性台阶"。破除"隐性台阶"主要是强调破除分数、年龄、资历、平衡照顾、关系等台阶，让真正敢担当、善作为，在一线干事奉献、做出成绩的干部，特别是年轻干部获得优先晋升的机会。2019 年以来，山西、甘肃、江西、陕西、内蒙古等省份在调动年轻干部积极性方面，都提到了破除"隐性台阶"的办法。以山西省临汾市翼城县为例。2019 年，针对干部年龄老化、队伍青黄不接的问题，山西翼城提出"打破隐性台阶、让有为者有位"：一是通过组织突然测试，"重点考察干部的全局思维和治理能力"而不是书本知识，使真正干得好的干部脱颖而出，破除了考试分数隐性台阶；二是通过明察暗访，让真正低头干事的干部得到提拔重用，破除了论资排辈隐性台阶；三是通过营造风清气正的选人用人环境，摒弃打招呼等行为，保证全程公开透明，

---

① 成婧. 隐性层级：解释中国科层激励的一个组织视角 [J]. 中国行政管理，2022（8）：137.

破除了关系的隐性台阶。① 从该案例中可以看出，破除"隐性台阶"中的台阶实际上是阻碍担当作为干部脱颖而出的不良因素，而破除"隐性台阶"突出实绩实干导向，是一种保证干部能够"正向流动"的必要举措，可以充分调动真正担当作为干部的积极性。这与上文提到的推动担当作为干部脱颖而出具有一致性。

二是推动干部在同一级别不同重要岗位上进行流动。武汉大学杨华教授的调研发现，同一级别不同岗位中客观上存在着某种"隐性层级"。该"隐性层级"是依据"岗位重要性"不同而产生的阶序差异，主要存在于群众和干部心中。一般，有权力、有资源、领导重视、离领导近、高级别单位的岗位被认为是重要岗位，其他是非重要岗位。② 从非重要岗位到重要岗位的流动会产生一定的晋升激励效应，因为除了基本薪资没变外，其他像政治权力、政治地位、政治荣誉、经验积累、能力锻炼、晋升机会等都在无形中增长了。这对干部来说，也是一种"向上发展"。因此，单位为了能够调动干部的积极性，会将同一级别的不同岗位进行排序，让干部在这些岗位上有规律地进行自下而上流动。例如，"某市局下属单位内设机构的某副科级普通干部，其先后在以下岗位转过：下属单位办公室副科级干部、下属单位远离领导内设机构副职、下属单位重要内设机构副职、下属单位办公室副主任、借调市委办公室普通职员、市局办公室副主任科员、下派乡镇任党委副书记（有机会提拔到更重要的岗位）"③。该干部虽然"在副科级岗位上待了近10年、共计7个岗位，后面预计提拔的岗位依然是副科级岗位，但是，每次流动都被视为提拔重用，他都会给予很高期待"④。这说明，对干部来说，使其在同一级别不同重要岗位上流动可以让其产生不断发展进步、获得组织重视的感受，并且使其保持了某种职务晋升的希望，能够在一定程度上调动以及维持其担当作为、干事创业的积极性；对组织来说，也可以解决正式的职务晋升层级不足的问题，让组织充满活力。

当然，破除"隐性台阶"和推动干部在同一级别不同重要岗位上流动都有自身的局限性，只有二者相互借鉴补充，坚持正向流动，才能真正提升职务公平晋升激励机会。一方面，破除"隐性台阶"虽然保证了职务晋升的正向价值，但是前提是必须有岗位职务空缺，如果没有岗位职务空缺，干部无论多么积极

① 周亚军. 落实在基层：打破隐性台阶 让有为者有位［N］. 人民日报，2091-07-19（11）.
② 杨华. 县乡中国：县域治理现代化［M］. 北京：中国人民大学出版社，2022：361.
③ 杨华. 县乡中国：县域治理现代化［M］. 北京：中国人民大学出版社，2022：361.
④ 杨华. 县乡中国：县域治理现代化［M］. 北京：中国人民大学出版社，2022：361-362.

付出、担当作为都难以实现晋升。另一方面，推动干部在同一级别不同重要岗位上流动虽然可以在岗位数不变的情况下调动干部的积极性，但是不同岗位流动很容易被领导者个人意志左右，出现不公平现象，进而消减公平晋升的激励效果，对于此情况要采取必要措施规避风险，如落实回避制度、党委成员匿名投票、增加民主决策的公信力等。

第二，领导干部不再兼任职级，为非领导干部提供更多职级晋升的机会。

非领导干部在我国干部队伍中占据大多数，对他们的职级晋升激励不能忽视。职务与职级并行制度设计的初衷也是激励非领导干部，让那些没有希望晋升领导职务的干部也能够有"向上发展"的空间，享受增级待遇，从而调动他们做出实绩的积极性。但是，现实中，职级数额本来就少，却因为领导干部更容易达到晋升的资格和条件，所以职级晋升也被领导干部所占，非领导干部想要晋升职级变得异常困难，这大大削减了职务职级并行制度的激励效能。鉴于此，唯有让领导干部不再兼任职级，才能拓展职级晋升空间，加大对占比较多的非领导干部的职级晋升激励。

有人可能提出疑问：领导干部不再兼任职级，会影响领导干部的级别工资，进而会挫伤领导干部的积极性。确实，领导干部不再参与职级评定，就不可能通过职级晋升提高自己的级别工资待遇。但是，这个问题完全可以解决，只要根据领导干部年终考评结果，分档次增加级别工资即可。因为从现实情况看，领导干部应该将主要精力放在领导岗位所需完成和做好的工作上面，职级晋升条件往往具有专业性强的特点，实际中，一些领导干部为了晋升职级，将精力放在了自己原本并不擅长的专业成果比拼上面，比如发表论文、获取科学技术成果等，不仅影响了本职工作，而且出现了弄虚作假、利用职务谋取成果的现象，根本起不到真正的担当作为激励效果，仅仅是为了获得增级薪资，是没必要的，只要根据考评结果调整级别工资即可。比如：根据公务员职务、职级以及与级别的对应关系，县处级正职最低对应的是二级调研员，级别工资档次在18级到12级之间；最高可以升到一级调研员，级别工资档次在17级到11级之间。这也就是说，作为一名县处级干部，其工资幅度在18级到11级之间，最低是18级工资档次，最高是11级工资档次。由此，按照年终考评结果，如果该干部年终考评合格，可以调整1级工资档次；如果良好，可以调整2级工资档次；如果优秀，可以调整3级工资档次。这样做，反而可以及时激励领导干部立足岗位做出政绩、业绩。同时，非领导干部也可以有更多的职级晋升空间，从而较大程度地激励非领导干部的担当作为积极性。

第三，突出"正绩"导向和严厉惩处违法乱纪问题，为干部职务职级晋升提供公平的环境。

"正绩"有两层含义：一是指取得的成绩是实实在在的，是能够经得起考验的政绩、业绩，而不是"面子工程"，不是为了评职评级东拼西凑的"劣质"东西。这是对干部职务职级晋升所依凭成果质量方面的要求。也就是说，看参评干部的成果时，既要看"数量"，也要看"质量"；既要看"显绩"，也要看"潜绩"；既要评估眼前价值，也要评估长远价值。评估应该请专业人士界定，而且应该采取回避制度和匿名制度，保证评估的公平公正性。二是指取得的成绩是正当的，也就是合法合规合理的，通过不正当手段取得的成绩不应该作数。这是对干部职务职级晋升所依凭成果获取途径方面的要求。每一位参与晋升的干部必须签订取得成果诚信书，保证成果是自己的，而且是通过正当渠道获得的。组织应专门进行审查核实，一旦发现有些干部的成果并非属于他们，或者是通过非法途径获取的，应该立刻取消其竞争资格。总之，如果干部职务职级晋升坚持了"正绩"导向原则，不仅大大提高了晋升的公信力，而且可以激励干部做出真正的成绩，而不是为了晋升而编造数据成果。在此基础上，再适当减少干部职务职级晋升中年龄、资历等限制，则可以在较大程度上提高干部职务职级晋升的激励效果。

严厉惩处职务职级晋升中的违法乱纪问题是坚持"正绩"导向的配套保障措施。现实中，干部职务职级晋升过程中会出现一些营私舞弊、弄虚作假、暗箱操作问题，严重影响公开公平公正的晋升原则。为此，在坚持"正绩"导向过程中，一旦发现干部有营私舞弊、弄虚作假、暗箱操作问题，应该立刻启动调查程序，涉及违纪违法的移交纪委监委和相关执法部门依法处理，在纪律处罚中应该根据情节轻重增加取消一次或多次参评资格的方案。只有这样，干部才能将注意力放在通过担当作为、干事谋事，获得"正绩"，继而得到晋升机会的上面，而不是总想着通过"拉关系"、弄虚作假、贿赂等不法手段进行晋升。

综上所述，一方面，通过开辟多样化正向流动路径，可以拓展干部的职务晋升空间；另一方面，通过完善职务职级并行制度，让领导干部立足岗位，做好本职工作，不再兼任职级，可以拓展非领导干部的职级晋升空间。同时，在干部职务职级晋升中，坚持"正绩"导向，既看"数量"也看"质量"；既看"显绩"，也看"潜绩"；既看"结果"，也看"过程"，并且严厉惩处违法乱纪问题，保证干部职务职级晋升的公开公平公正性和真实性，增强晋升公信力，在此基础上适当减少年龄、资历等的限制，则可以较大程度优化干部职务职级晋升路径，最大程度发挥职务职级公平晋升的担当作为激励功能。

三、构建"分任务考核后集中激励"模式

精准考核评价干部，强化考核结果运用是新时代激励干部担当作为的基本要求。当前，在"多中心、全中心"工作任务背景下，对领导干部的综合绩效考核面临失效问题，对一般工作类干部的考核存在考核内容趋同、考核方式单一、考核过程形式主义、考核结果运用不充分等问题。这些问题的症结集中在考核评价不精准上面，正是因为考核评价不精准，所以无法令人信服，也无法对考核结果进行运用，进而无法发挥考核评价的激励功能。因此，关键的问题是如何精准考核评价干部。传统意义上，对干部的考核要么偏重"看人"，即将组织认为有潜力的干部进行培养、提拔，而这种评价主观性比较强，很容易看走眼，也容易被领导者个人意志左右，产生不良影响；要么偏重"看事"，实际执行中主要是看做事的结果，以"显绩"论英雄，出现了很多"政绩工程"。鉴于此，如何让干部考核更加科学和精准一度成为令人头疼的问题。

习近平总书记在全国组织工作会议上明确提出，要"建立日常考核、分类考核、近距离考核的知事识人体系"①。其中，"知事识人"意味着将"考事"与"考人"相结合，"以考准事来识准人"的考核思路；"日常考核、分类考核、近距离考核"是在突出强调考核的差异性、精准性。当前，各地经过探索实践，形成了诸多富有特色的考核机制。例如，"内蒙古呼伦贝尔市探索考核内容'量体裁衣'、考核对象'同质分组'、考核方法'因人而异'、考核结果'分类评优'；湖南蓝山县探索分级分类考核干部执行力；江西吉安市和重庆九龙坡区试行对干部分类考核、分类研判、分类反馈"② 等。这些考核机制地方特色浓厚，形式上五花八门，理念却是共通的，即与中央要求的干部考核制度改革方向一致，围绕"全面考核和精准考核"进行。现在的问题是缺乏整体上统筹，将其上升到理论高度，从而为全国的干部考核提供统一指导。综合而言，当前想要将"考事"与"考人"相结合，实现对干部的精准绩效考核，并且充分发挥绩效考核的激励效能，可以探索构建"分任务考核后集中激励"模式。下面从理论和实践两个层面对该模式进行说明。

① 习近平.切实贯彻落实新时代党的组织路线 全党努力把党建设得更加坚强有力 [N].人民日报，2018-07-05 (1).
② 中国组织人事报社.干部考察考核方法新探 (2013—2018) [M].北京：党建读物出版社，2018：6-7.

第一，理论层面："分任务考核后集中激励"模式的整体分析。

"分任务考核后集中激励"模式是指将行政任务分为不同类型，每一类任务有对应的考核机制，干部无论进行哪种任务，都可以及时获得考核排名，所有的考核结果在年底汇总后给予干部定性评价，再依据考评结果对干部进行精准激励。"分任务考核后集中激励"模式的构建需要解决行政任务如何分类考核、分类考核后如何汇总评价、评价结果出来后如何进行激励的问题。

首先，分任务考核激励逻辑分析。陈家喜教授指出，将纷繁复杂的行政任务加以抽象化，并依据多重标准可以将干部所面临的多种任务概括为运动性任务、竞逐性任务、日常性任务和约束性任务四类。[①] 每一类任务的性质、影响、目标导向、考核激励机理都不同。一是运动性任务及其考核激励逻辑。运动性任务，也称为阶段性的"中心工作"，一般是"急难险重大"的事情，"事关中央的合法性建构"，比如：脱贫攻坚、抗震救灾、集中性疫情防控等。运动性任务作为一段时间内的政治任务，是上下级以及群众都非常关注和重视的任务，需要动员很多干部一起完成，也需要干部付出额外的辛劳、心血。运动性任务考核，一方面，要看最终结果。理论上，如果运动性任务取得最终胜利，参与其中的所有人都值得奖励。另一方面，还要看干部个人在参与运动性任务中的贡献值多少，贡献大的给予大的奖励，贡献小的给予小的奖励。二是竞逐性任务及其考核激励逻辑。竞逐性任务是那些"可量化"、"参与比拼"和"追求效率"的任务，比如 GDP 增长率、绿化面积比例、税收等。竞逐性任务以"排名的相对位次"为工作目标。[②] 只有依靠合法途径，真正做出"实绩"，并且排名靠前的才应该获得奖励。所以，竞逐性任务的考核主要看"排名位次"，排名靠前的予以奖励。三是日常性任务及其考核激励逻辑。日常性任务是指那些虽然未列入党委"中心工作""重点工作"，但是也要完成的"常规性目标"。这些任务具有岗位附着性强、业务性较强、不易变化和非政治性等特征，比如：科学技术类和教育文化类的工作任务等。日常性任务考核主要看是否完成规定的基本工作量，日常性任务一般是干部岗位职责范围内的事情，正常完成是应该的，算及格，享受正常待遇；同时还要看额外工作量。有些干部超额完成，或者进行了工作机制创新，有利于提高岗位整体工作效率，则应该额外奖励。四是约束性任务及其考核激励逻辑。约束性任务是指那些可以实行"一票否决"的任务，干部如果没有完成约束性任务意味着触犯了"红线"。比如：依法行

① 陈家喜等. 干部选拔与政绩激励 [M]. 北京：中国社会科学出版社，2021：180-190.
② 陈家喜等. 干部选拔与政绩激励 [M]. 北京：中国社会科学出版社，2021：192.

政、党风廉政等。约束性任务与运动性任务"都涉及国家治理的合法性维度，而区别则在于前者为消极向度而后者为积极向度"①。一般，积极向度的行政任务遵循的是正向激励逻辑；"对于消极向度的行政任务，则需要施加更强的惩戒负向激励"②，以避免干部行为危及国家治理的合法性。所以，约束性任务考核主要看干部在工作中有没有出现违法乱纪、偷奸耍滑、违背组织意愿、损害人民利益、弄虚作假、破坏公平秩序等不应该有的行为。干部出现这些行为就是没有完成约束性任务，应该采用"一票否决"、实施问责、进行退出处理等负激励手段。当然，这是在理论层面，现实中，有将日常性任务转为运动性任务和竞逐性任务趋势，也有滥用"一票否决"的情况，应该予以克服，回到理性正当。

其次，分任务考核结果汇总原则分析。现实中，干部可能只进行了一种任务，也可能进行了多种任务，所以必须将干部进行各种任务的考核结果进行汇总。汇总必须遵循的原则是不同任务、不同干部的考核结果要分别汇总。一是进行分任务考核结果汇总。这也就是说，将完成同一任务的干部的考核结果进行排名。二是将每一位干部完成不同任务的考核结果进行汇总。换言之，一位干部进行了几种任务，每一种任务的考核结果如何，要一一汇总。三是将一个考核系统内同岗位、同层次、同类型干部考核结果进行汇总。比如：在县级单位对乡镇主要领导干部的考核系统中，要将所有乡镇"一把手"的考核结果进行汇总排名、将分管不同任务的领导的考核结果进行分类汇总排名。这分门别类地汇总体现了考核激励的差异化和公平性。

最后，分任务考核结果评价及其激励举措设置分析。将不同任务和不同类干部的考核结果进行分别汇总后，就要进行分别评价和分别激励。2019年4月中共中央办公厅发布的《党政领导干部考核工作条例》第21条规定："领导班子年度考核结果一般分为优秀、良好、一般、较差4个等次。领导干部年度考核结果分为优秀、称职、基本称职、不称职4个等次。"③ 分别评价同样设置4个档次，正向的激励强度应该依据考核汇总结果评价的档次自上而下设置。第一档是优秀档，应设置正向的强激励。在每一类考核结果汇总中排名前1~3名

① 陈科霖，谷志军．多元政绩竞赛：中国地方官员晋升的新解释 [J]．政治学研究，2022：127.

② 陈科霖，谷志军．多元政绩竞赛：中国地方官员晋升的新解释 [J]．政治学研究，2022：127.

③ 中共中央组织部公务员三局．《党政领导干部考核工作条例》问答 [M]．北京：党建读物出版社，2021：12.

的干部可以评为优秀。比如，运动性任务中排名前1~3名的干部，说明他们能够在"急难险重大"的任务中脱颖而出，是非常不容易的，可以称为优秀的。再比如：在所有乡镇"一把手"干部的考核汇总排名中取得前1~3名的成绩，说明也是优秀的。当然，具体几人能评为优秀，视情况而定。对于优秀的干部应该设置正向的强激励，最好是保证这些干部能够及时获得晋升。第二档是良好档，应设置正向的较强激励。在每一类考核结果汇总中排名占比2%~15%不等的干部可以评为良好。评为良好的干部虽然没有评为优秀的干部那般出众，可堪大任、重任，但是也能够非常积极主动地完成组织交代的任务，能够适度地创新工作机制，能够在一定范围内担当奉献，做出成绩。对这些干部应该设置正向的较强激励，比如：1~3年内确定的职务晋升、职级晋升、一定荣誉物质奖励等。第三档是合格档，应设置正向的一般激励。干部合法合规有效地完成基本任务，或者更多任务，但是没有达到良好档程度，有的是称职的，有的是基本称职的，应该予以分层激励。也就是说，合格档内部可以依据干部完成工作的数量、质量、创新度等设置不同层级的奖励措施，比如设置创新奖、超额贡献奖等，还可以通过领导会上表扬、提供休息奖励等措施。第四档是不合格档，应设置反向的强激励。对于在完成运动性任务、竞逐性任务、日常性任务中违法乱纪、庸懒散慢弱、弄虚作假等行为，也进行考核结果汇总，排名越是靠前说明问题越严重，应该越加大问责处理；排名越靠后说明问题情节较轻，可以进行批评教育、警告、"回炉锻造"等。总之，凡是进入不合格档的干部都没有正向的激励，只有反向的鞭策或者反向的激励。反向激励一定要保证合理合法合规，证据确凿、令人信服，切不可诬陷干部和滥用反向激励，否则会事与愿违。

第二，实践层面："分任务考核后集中激励"模式的精准实施。

想要"分任务考核后集中激励"模式有效运行，发挥激励效能，关键在于实践层面的落实。在现实中运行"分任务考核后集中激励"模式要做到以下四点：

一要"知事知理"。"知事知理"是指对干部所做的事情要有详细深入的了解，尽可能知晓干部所做事情的机理。"知事知理"是针对分任务考核准备环节而言的，一方面，要求考核主体必须是"内行人"，坚持"专业的人考专业的事"的原则。也就是说，要尽量避免"外行人"考核"内行人"。干部所做的事情，不论是属于运动性任务、竞逐性任务、日常性任务还是约束性任务，都有其各自的"秉性"，涉及应然层面的职责所在、职责要求、目标实现，实然层面的做事逻辑、难易程度、所能发挥的作用、办事规矩等。如果不是有相关经验或者当事的人，很难设置出科学合理的考核目标、考核指标以及进行权重划分，也就很难保证考核是精准的，考核结果令人信服。所以，考核主体应该是对考核的事情了如指掌。实践中，要么让考核主体躬身入事，充分掌握考核对象所做的事情；要么让知晓事情的相关人员进行考核评价；要么邀请第三方专业人士进行考核。另一方面，要求考核指标设置依据干部实际所做的事情，体现差异化、针对性。2018 年，中共中央办公厅印发的《关于进一步激励广大干部新时代新担当新作为的意见》明确提出"合理设置干部考核指标……增强考核的科学性、针对性、可操作性"① 的新要求。2023 年 2 月 1 日，中央组织部、人力资源和社会保障部发布的《事业单位工作人员考核规定》明确提出"坚持分级分类考核，从单位实际出发，突出精准化和差异化，增强针对性和有效性，体现不同行业、不同类型、不同层次、不同岗位工作人员的特点和具体要求"。② 那么，考核指标设置应该后于干部所做事情。也就是说，让干部先按照任务要求做事，做事过程中随时记录、考察，做事结束后及时根据具体情况进行考核指标设置和考核评价。这样做，可以保证干部将主要精力放在所做的事情上面，充分发挥自己的聪明才智将事情做好，避免以往考核指标设置后，干部"专营"考核指标，为了完成考核指标而"投机取巧"，反而影响了做事的质量和效率。

二要"察深察透"。"察深察透"是指在分任务考核过程中，必须秉持负责任的态度，对干部实际所做事情及其效果做全方位、多渠道了解，避免考核过程"走过场"。一般，对于运动性任务、竞逐性任务应该进行专项考核，对于日常性任务应该进行平时考核，对于约束性任务应该随时随地进行考核。"察深察透"的关键是改进考核方式方法，体现多样性、针对性。《党政领导干部考核工作条例》（2019）第 24 条指出，专项考核可以采用"听取考核对象的总结汇报"，"查阅资料、实地调研、舆情分析、个别谈话、民主测评等方式进行"。③《公务员平时考核办法》（2019）第 7 条指出，平时考核可以采用干部个人小结、主管领导审核评鉴、服务对象评议等方法。④ 约束性任务考核依赖关键指标完成

---

① 关于进一步激励广大干部新时代新担当新作为的意见 [M]. 北京：人民出版社，2018：7.

② 事业单位工作人员考核出新规 [N]. 人民日报，2023-02-03（2）.

③ 中共中央组织部公务员三局 .《党政领导干部考核工作条例》问答 [M]. 北京：党建读物出版社，2021：14.

④ 法律出版社法规中心 . 中国共产党常用党内法规全书 [M]. 北京：法律出版社，2021：592.

情况和法律监督检查情况。实践中，各地可以探索更加多样化、便利化、精准化的考核方式方法。

三要"评准评实"。"评准评实"是指在材料、信息已经完备的情况下，坚持以"事实"为准绳，全面、辩证、客观、准确地评价干部。"分任务考核后集中激励"模式坚持的是"以事识人"的逻辑，所以考核主体需要掌握依据干部所做事情、综合数据等对干部进行分析评价的能力。"分任务考核后集中激励"模式中有很多层次的考评，比如：依据干部所进行的某项具体事务对其进行评价，依据干部所进行的所有事务对其进行评价，依据不同干部在同一工作任务完成中的不同表现进行评价，依据分类考核结果汇总后的数据对干部进行年度评价等，每一次的考评都在考验考核主体的智慧，甚至是勇气和德行。考核者是否具有科学思维方法，是否具有数据分析能力，是否理性自持，是否廉洁自律，是否客观公正，从考评结果上可以看得很清楚。因为对当事人以及与其共事的人员而言，干部到底做了什么事，如何做的事，有没有违法乱纪、"营私舞弊"，甚至干部为人如何，在日常的接触过程中，是有基本判断的。如果组织对干部的评价与人们心中的评价存在很大争议，又没有切实的证据可以证明的话，干部就会感到不服气，甚至产生怨气，组织考核的可信度就会大打折扣，考核激励干部的效能也就无法正常发挥作用。因此，"评准评实"非常重要，每一个考核者都应该为自己的考评工作负责，同时要允许干部对考核结果提出复核申诉。《党政领导干部考核工作条例》（2019）第9章对考核责任制度进行了说明，第10章对考核监督工作进行了规定，第36条指出，"考核对象对考核结果有异议的，可以按照有关规定提出复核或者申诉"①。这些规定对于"评准评实"起着重要的保障作用，必须切实贯彻执行。

四要"用好用准"。"用好用准"是指对于分任务考核评价结果一定要使用，并且要用好，也就是要起到激励作用。《党政领导干部考核工作条例》（2019）第37条规定："坚持考用结合，将考核结果与选拔任用、培养教育、管理监督、激励约束、问责追责等结合起来，鼓励先进、鞭策落后，推动能上能下，促进担当作为，严厉治庸治懒。"② 分任务考核结果评价的档次以及对应的激励思路比较清晰，但是实际执行起来却并不容易。因为不同地方、单位和部门所掌握的干部激励资源并不相同，有的比较多，有的比较少。因此，在设置

---

① 中共中央组织部公务员三局.《党政领导干部考核工作条例》问答［M］. 北京：党建读物出版社，2021：18-24.

② 中共中央组织部公务员三局.《党政领导干部考核工作条例》问答［M］. 北京：党建读物出版社，2021：18.

优秀、良好档次比例方面会有差异，同时奖励的内容、"含金量"等也会有差异。总之，无论是进行荣誉表彰的精神激励，还是政治晋升激励，或者发放奖金的物质激励，又或者情感激励等其他方式，都要以合法、各层级组织实际和干部激励需求为准。只要是法律允许，在组织能力和承受范围内，并且能够有效调动干部担当作为积极性的激励举措都是应该支持的。

综上所述，"分任务考核后集中激励"模式坚持将"知事"与"识人"相结合，"以考准事来识准人"，既保证了考核内容、考核指标设置的"差异性"，也保证了考核方式方法的多样化，同时依据分任务分类考核排名情况进行档次划分，再根据考评档次设置精准激励项目，保证考核结果运用。该模式不仅实现了精准考核激励目标，而且有利于引导干部将主要精力放在真干事、干实事、干好事上边，避免针对考核目标和指标的"投机取巧"行为，从而在各方面提升了绩效考核激励干部担当作为的效能。

四、持续完善落实容错纠错激励机制

开展容错纠错，宽容担当作为干部在改革创新、干事创业中的失误错误和为担当作为干部撑腰鼓劲、澄清正名，可以消减担当作为干部的后顾之忧，提升担当作为干部在政治方面的安全感，从而有效地调动干部担当作为的积极性、主动性和创造性。当前容错纠错激励机制在基本框架、主体内容、实践运用方面都取得了不错的成绩，但是依然面临操作性规定不完善、配套制度不健全、容错纠错激励的思想文化环境未形成，从而导致容错纠错激励机制落实不够有理有据有力的问题。鉴于此，还需要从以下三个方面进一步持续完善落实容错纠错激励机制。

第一，进一步深化认识和明晰容错纠错实施主体、对象、错误界定、实施流程、结果运用等内容，为开展容错纠错激励活动提供切实依据。

明确容错纠错实施主体的具体责任。明确容错纠错实施主体的具体责任是为了解决在操作实施方面"谁去容错纠错"，"容错纠错申请者向谁提出申请"和"谁为容错纠错行为负责"的系列问题。总的来说，首先，党委或党组负有主体责任是目前的共识，在此基础上要进一步规定党委或党组主要通过三种方式履行其主体责任：一是通过"集体研究，做出最终决定"履行；二是在考核下级党建工作时，将容错纠错工作执行情况作为重要内容之一；三是党委或党组书记应为第一责任人，要在年度述职述廉和相关考核时说明其在容错纠错方面的担当作为情况。其次，纪检监察机关要负有第一执行责任。一是负责接收容错纠错相关人的申请、申述以及群众的举报、反映；二是负责调查核实、做

出初步决定，提交同级党委或党组。在此过程中应赋予其要求其他部门、相关组织和人员进行配合的权力。最后，组织部门负有第二执行责任。一是负责被容错免责、澄清正名干部的回访事宜，了解当事人的后续情况，对其进行关心关爱，形成效果反馈报告；二是负责结果运用事宜，保证当事人的正当权益。

扩大容错纠错对象。一要规定容错纠错的对象是所有公职人员。无论干部处于机关、农村、企业、科研院所、学校还是其他社会团体组织，只要履行公职，就应该是容错纠错的对象，而不应该仅仅局限于机关单位中的领导干部。因为只要是做事，都可能有失误，都需要合理容错。同时，只要是人，都可能犯错，影响别人，所以都需要纠错。二要规定容错纠错的对象不仅包括干部个体，而且包括组织集体。特别是组织集体犯了错，也是需要纠错的。有时候组织对干部做出了错误的判断和处置，也要主动承认错误，为干部澄清正名。这在历史上是有教训的。总之，越是扩大容错纠错对象的范围，越能够激励到更多的干部。

区分容错中的"错"和纠错中的"错"，并分别进行界定。其一，容错中的"错"既然是可以宽容、容量的，说明不是真正的错。对于这类"错"的界定，有学者提出了很好的建议，即建立"定性+定量"相结合的识别标准。在定性标准方面，要"在继承和阐释 2018 年中办《意见》所提及的'三个区分开来'要求以及'事业为上、实事求是、依纪依法、容纠并举'四项原则基础上，尤其注重对问题性质、动机态度、客观条件、程序方法、性质程度、后果影响、挽回损失等基本容错评判条件的深入细致界定和进一步丰富发展"，"建立多层级容错指标体系"；在定量标准方面，则提出"对容错条件赋予一定的数值权重"，量化判断。① 其二，纠错中的"错"包含两方面的内容：一方面，指的还是容错中的"错"，这些错误虽然可以原谅，可以免责，但是毕竟客观上产生了影响，甚至造成了损失，所以如果不予以纠正的话，很难保证下次不再犯同样的错误，也无法帮助干部吸取教训，重整旗鼓。当前，很多规定提到在"容错"的同时启动"纠错"程序，但是具体如何纠正这类错误还需要做进一步探索，做出明确规定。本书认为主要是帮助干部卸下思想负担，冷静分析产生失误的原因，以及提出补救和改进的措施；对于一些重大项目，如果能将功补过，让当事干部继续参与，甚至继续完成手头的事情，并且取得成功，则可以在较大程度上激励到干部，还可以让干部获得较大的成长。另一方面，纠错中的"错"

---

① 胡世文. 干部容错纠错政策：扩散特征、核心议题及完善路径：基于 2016—2022 年省级政策文本的实证分析 [J]. 智库理论与实践，2022（6）：59.

指的是不可原谅的错误，这些错误与容错中的"错"相对立而存在，具有主观故意性。目前，很多政策文本以"容错负面清单"的方式进行了一些情形规定，主要强调这样的错误不予宽容，但是没有突出其需要纠正的本意。本书认为应该从纠错情形方面进行规定。当然，这些错误中不一定都对干部担当作为积极性产生影响。因此，如果单从影响干部担当作为的角度来说，应该进行进一步的说明。目前只讲了"诬告陷害"这一种错误，而像恶意推卸责任，让别人替自己背锅；指使下属做违法、违背道德的事情；肆意威胁打击报复干部；恶意散播谣言，重伤干部，导致干部名誉受损等；搞小团体，有意孤立个别干部等情形，也是应该进行纠错的。因为这种错误对干部的打击是无形的，影响是深远的，如果任由其发展，也会产生不可预料的后果，所以应该早发现早纠正，帮助身处困局的干部脱离苦海，轻松干事业、谋发展。

细化容错纠错流程规定，突出责任主体和时间限制。容错纠错实施流程主要包括容错纠错启动、调查核实、做出初步认定、最终决定、公布、回访和效果反馈等环节。其中，容错纠错启动、调查核实、做出初步认定主要由纪委监委负责，做出最终决定和公布由党委或党组负责；回访和效果反馈事宜主要由组织部门负责。此外，还应注意在容错纠错启动环节要突出当事人及其相关人的申请权益，同时，纪检监察机关、党委和组织部门也可以主动容错纠错；在调查核实环节要尽量做到科学、民主、公开，调查对象要广泛，"除了应充分听取容错纠错对象的申诉说明外，还应广泛听取与容错纠错情境有关的部门、领导、同事、服务对象、专家学者、群众代表、社会组织、新闻媒体等利益相关者的意见和建议"①，保证结果的正确性、公信力；在公布环节应该尽量做到不遮掩，主动接受相关人员和社会公众的监督，否则很容易有走形式、包庇、"暗箱操作"的嫌疑；在回访和效果反馈环节要做到真诚交流、真心询问、客观看待容错纠错对象，同时效果反馈结果要提交同级党委或党组和纪检监察机关，方便工作优化。更为重要的是，容错纠错启动之后的每一个环节都要进行科学的时间规定，要求在一定时间内完成，特殊情况可以申请延期，避免干部等待时间过长，影响时间过久。

细化容错纠错结果运用的规定。一是容错纠错结果运用的场景要拓展。不仅包括"所有考核考评、评优评先、表彰奖励、提拔任用、职级职称晋升、工资津补贴发放以及代表委员资格等事项"，而且包括"工资、绩效、奖金、津补

---

① 胡世文. 干部容错纠错政策：扩散特征、核心议题及完善路径：基于 2016—2022 年省级政策文本的实证分析 [J]. 智库理论与实践，2022 (6)：60.

贴"等；① 二是容错纠错结果运用的对象要细分，结果运用的程度要明确。对于容错免责的单位和个人是"不受任何影响"；对于被冤枉的单位和个人是"消除负面影响"，如何消除要做进一步的规定；对于犯错被处罚的单位和个人是"依法处理"。"依法处理"的内容也要做进一步规定，例如，"山东、安徽、青海等5个省份规定应将诬告陷害行为与社会诚信体系建设挂钩，并将其实施者纳入失信'黑名单'"②。

第二，建立健全相关配套制度，为容错纠错激励机制的规范运行提供制度保障。

容错纠错涉及多个参与主体及其相关人，容错纠错是否严格按照程序进行，是否合法合规，容错纠错结果是否正确恰当，这些都是问题。如果容错纠错是不合法、没有正常履行程序和不正确的，那么容错纠错可能在保护一部分干部的同时却损害另一部分干部的合法权益。为了防止相关的问题出现，就必须建立健全配套制度。一是要建立健全容错纠错中的干部权利救济保障制度。根据《中华人民共和国公务员法》第95条和第98条的规定，干部可以通过申诉、控告的方式进行权利救济。这两种权利救济方式同样适用于容错纠错实践。干部如果对容错纠错结果有异议，可以进行申诉，如果在容错纠错过程中发现有人损害自己的正当权益，也可以进行控告。至于如何申诉、如何控告，也应该做出基本的说明。二是要建立健全容错纠错中的调查回避制度。纪检监察负责容错纠错调查案件的人员中，如果与容错纠错对象有利害关系的情况，应该进行回避。此外，容错纠错对象认为应该回避的人员，也可以提出回避申请。三是要建立健全容错纠错责任制度。关于容错纠错责任制度的建立，上文在提到容错纠错实施主体时已经说明，党委或党组负有主体责任；纪检监察机关负有第一执行责任；组织部门负有第二执行责任。此外，宣传部门应该负有宣传责任。各个机关和部门之间分工明确、各司其职，同时进行相互配合，以保证容错纠错激励机制的顺利、有效运行。四是要建立健全容错纠错监督制度。由于容错纠错案件主要由纪检监察负责，而纪检监察机关同时又是监督者，所以很容易让人产生"灯下黑"的猜想，影响人们对容错纠错公正性的认识。鉴于此，应该加强上级机关对下级容错纠错实践的考核监督。同时，也要强化同级党委或

① 胡世文.干部容错纠错政策：扩散特征、核心议题及完善路径：基于2016—2022年省级政策文本的实证分析［J］.智库理论与实践，2022（6）：60.
② 胡世文.干部容错纠错政策：扩散特征、核心议题及完善路径：基于2016—2022年省级政策文本的实证分析［J］.智库理论与实践，2022（6）：58.

党组的监督，纪检监察机关内部的自我监督，以及公众的监督。这样势必就要求建立容错纠错公开制度。凡是能够公开都进行公开，尤其是容错纠错流程以及结果必须向社会公开，自觉接受社会公众的监督。

第三，将"强化上位支持"与"加大政策宣传"相结合，进一步消除容错纠错的思想顾虑和提升公众支持。

一是强化上位支持。容错纠错的顾虑虽然与相关政策文本规定不细致有关，更为突出的原因是实施主体担心容错纠错被问责，得不到上级认可和支持。针对这种情况，在完善政策文本的同时，必须强化上位支持。一方面，上级要考虑到实际，容错纠错重点是宽容干部在改革创新、开拓进取中的失误错误，同时也包括干部在日常担当作为行为中的失误错误。毕竟对大多数干部而言，需要他们担当作为的事情并不都是影响国家全局的"大事"，更多的是一些日常工作中的"小事"，影响的是具体单位、办事群众，以及干部个人。如果在细微处担当作为就不予容错免责的话，不仅难以调动干部踏实干事、干实事、干"潜绩"的积极性，而且也会影响干部干改革创新、开拓进取的大事。试想，一个连"小事"都不敢担当的人又怎么可能担当"大事"呢！另一方面，强化上位支持，除了将下级容错纠错情况纳入党建年终考核考评范畴之外，还应该通过上级纪检监察机关网站公布下级的容错纠错典型案例，以此表明上级是认可下级的容错纠错行为的。当然，上级认为下级的容错纠错案例不够典型或者存在问题，应该进行纠错，责令限期整改。有了上级的支持，就可以大胆地进行容错纠错实践。

二是加大政策宣传。容错纠错政策的初衷是好的就应该大力宣传，向公众讲明政策出台的背景、缘由、目的，以及制度保障措施等，这样公众才能知晓政策的好，进而主动支持政策的贯彻落实。习近平总书记指出："要在全社会积极营造鼓励大胆创新、勇于创新、包容创新的良好氛围，既要重视成功，更要宽容失败。"① 这实际上说明容错纠错不仅是为了干部个人，更是为了社会发展，是利国利民的事情，理应得到公众的认可和支持。具体而言，容错纠错政策宣传任务应该交给宣传部门。单位制定的容错纠错实施办法，采取的容错纠错典型案例，宣传部门应该通过各种平台各种方式向本单位人员和社会公众进行宣传，同时为社会公众答疑解惑，有意识地引导公众舆论向着有利于容错纠错激励机制贯彻落实的方向发展。

综上所述，想要完善落实容错纠错激励机制，以充分发挥其应有的效能，

---

① 习近平. 习近平谈治国理政：第 1 卷 [M]. 北京：外文出版社，2022：128.

首先，在已有政策文本规定的基础上还需要进一步明确容错纠错实施主体的具体责任、扩大容错纠错对象、分别界定容错中的"错"和纠错中的"错"、细化容错纠错流程和结果运用的规定。其次，需要建立健全容错纠错中的干部权利救济保障制度、调查回避制度、责任制度、监督等配套制度。最后，需要将"强化上位支持"与"加大政策宣传"相结合，进一步消除容错纠错的思想顾虑和提升公众支持。

五、健全不担当不作为干部退出机制

让"不担当不作为"干部退出，为担当作为干部挪位，让出空间，推动干部队伍新陈代谢、激活干部管理系统，是新时代完善干部担当作为政治激励机制的重要内容。就当前而言，干部退出机制还有不完善的地方，一是缺乏干部退出的文化氛围支撑；二是干部退出主要针对违法乱纪干部，对于"庸懒散慢弱"干部的退出问题没有得到解决；三是干部退出后的安排要么缺失要么不当，引发了其他问题。鉴于此，应该从以下三方面着力健全"不担当不作为"干部的退出机制。

第一，营造干部"上下、进出"常态化流动的文化氛围。

解决干部"下"的难题，在思想文化环境方面主要须做到三点：

一要破除"下必有错""退很丢人"的陈旧观念，形成"上下正常、进出正常"的共识。其一，必须强化正面宣传，缓解干部退出的舆论压力。干部退出有很多原因，有的是达到了任期年限、退休年龄，有的是身体原因、家庭因素，有的是"人岗不匹配"，还有的是志趣不相投，无论什么原因，不合适就退出实属正常。推动干部"能上能下、能进能出"的初衷并不是针对干部个人，而是出于组织新陈代谢、提升活力的考虑，是一种正常的制度安排。尤其在中国特色社会主义市场经济条件下，干部即使从体制内退出也可以自主创业、到企业任职，或者继续在社会上发光发热。因此，"下必有错""退很丢人"的陈旧观念已经不适合当前社会发展，必须被打破。党和国家要在该方面进行正面宣传，获得体制内人员和社会公众的理解、支持，以降低人们对干部"上下、进出"的敏感度、关注度，引导人们将主要精力放在干事创业、担当作为、创造美好生活上面，而不是猜忌、议论他人。这样有利于减轻干部退出压力。其二，可以适当"宣传主动让贤退位的先进典型"。① 干部主动担当负责、当仁不

---

① 中共湖北枣阳市委组织部课题组. 新形势下推进干部能"下"的实践困境与对策 ［J］.
领导科学，2016（10）：45.

让是一种魄力，值得肯定。同时，主动让贤退位也是一种优秀的对组织负责的态度和品质。改革开放初期，就有一大批老党员、老同志主动从领导岗位上退下来，为年轻干部成长拓展了空间，同时也促成了改革开放政策的落实。当前，不仅是老干部，对任何干部来说，如果确实无法胜任、不适合担任现职现岗，以及不愿意积极担当作为的，都应该主动申请退出，组织审查调查后发现情况属实，可以批准。如果干部本身没有问题，完全出于让贤的本意退出，并且推荐的人才确实是真正的贤良、精干之人，能够为组织做出更大的贡献，则应该予以肯定、表扬，并且适当宣传。这样更有利于营造干部正常向下、向外退出的良好氛围。

二要破除"能上不能下"和"铁饭碗"的观念，形成"庸官必下"和"优进劣退"的共识。其一，"庸官必下"主要是就领导干部而言的，以打破"能上不能下"的思想顽疾。领导干部是党的骨干中的骨干，其行为具有很强的示范效应，影响甚广，尤其在领导岗位极为有限的情况下，必须优中选优、强中配强，保证他们能够在重要的岗位上持续担当付出、干事创业、做出贡献，发挥榜样作用。否则，组织应该尽快调整，让其"向下"流动，以免耽误党的事业、单位发展和阻塞优秀人才向上发展通道。因此，领导干部有没有树立"庸官必下"的理念关系重大。上级组织需要通过开展座谈会、学习研讨会等多种方式让领导干部深入学习《推进领导干部能上能下规定》（2022），尤其牢记15种不适合担任现职的情形，并予以落实，督促他们放弃侥幸心理，主动打消"不犯错误不该下"、"没有功劳有苦劳"和"明哲保身等退休"等想法，增强推进能上能下的责任担当。其二，"优进劣退"主要是就一般工作类干部而言，以打破"铁饭碗"的观念。一般工作类干部不担当不作为虽然没有领导干部影响直接，但是人数众多，一旦形成大批的"庸懒散慢弱"现象，国家财政也无力承担。因此，一般工作类干部同样需要树立"优进劣退"的观念。党组织应该将推进干部能上能下、能进能出"从强调领导干部扩展到所有干部，并且列入各单位重点学习内容和党校培训教材，使广大干部熟知内容、深刻理解"[1]，主动接受"能进能出"的挑战，逐步改变"铁饭碗"的想法。

三要破除"不上也不下"和"上下都是领导说了算"的观念，增强干部服从组织安排和信任组织的意识。"不上也不下"虽有一些客观原因，但是更多暴露的是干部以私人利益为重，缺乏担当，服从意识下滑的问题。组织在调整干

---

[1] 中共湖北枣阳市委组织部课题组.新形势下推进干部能"下"的实践困境与对策［J］.领导科学，2016（10）：45.

部职务时，尽量考虑对干部个人及其家庭的影响，但是如果没有特殊理由，应该引导干部加强主动服从组织安排的意识，尤其是不能因为自己的私心而影响整个干部系统的上下流动；"上下都是领导说了算"暴露的是干部对组织调整的不信任、不服气。鉴于此，不仅要增强组织调整的公正性、科学性、公开性、公信力，而且要进行宣传，逐步逆转社会上和体制内对干部调整主要取决于个别领导干部的思维定式。这样做也有利于提升干部退出的文化环境支持。

第二，推动"庸懒散慢弱"干部"退"出正气、服气。

违法乱纪的干部需要退出，"庸懒散慢弱"的干部同样也需要退出。当前的情况是违法乱纪干部基本可以依法依规退出，但是"庸懒散慢弱"干部退出却难以操作和落实，从而造成一些"不晋升不贪腐也不干事"，干事不上心、不积极，能拖就拖、能躲就躲、能糊弄就糊弄的现象。鉴于此，推动干部能上能下、能进能出必须重视"庸懒散慢弱"干部退出的落实问题，保证这些干部"退"出正气和服气。

一要尽快出台针对"庸懒散慢弱"干部退出的实施细则或办法，做到有法可依，退出正气。目前《推进领导干部能上能下规定》（2022）一方面将适用对象限制在了领导干部，应该扩展到一般工作类干部；另一方面，"能上能下"的表述不够聚焦，应该明确是"向下向外"退出。党组织可以出台《推动干部"向下向外"退出实施办法》（以下简称为《实施办法》）。《实施办法》中应包括总纲、适用对象、实施主体及责任、退出情形、退出程序、退出安排、配套制度等内容。其中，总纲中主要说明出台《实施办法》的法律依据，干部"向下向外"退出的基本含义、理论与现实意义，退出工作基本原则等；适用对象应该包括所有公职人员；实施主体及责任应该是同级党委负主体责任，组织部门负执行责任，上级党委负年度综合考核责任，纪委监委负主要监督责任；退出情形、退出安排以及配套制度都应该区分领导干部和一般工作类干部，再结合各单位的实际情况进行细化说明。

二要狠抓贯彻落实，公开通报典型案例，做到有理有据，让干部退出服气。出台政策法规是一回事，能不能有效贯彻落实是另一回事。只有真正让一部分"庸懒散慢弱"干部向下和向外退出才能切实发挥警戒作用。所以当《实施办法》制定后应该迅速进行落实，在落实过程中必须严格按照程序进行，保留证据，之后对典型案例进行通报。通报也要尽量公开细节和程序，不能只是一个结果，这样可以让当事干部和其他干部明白其中的事理，服气组织的决定，从而吸取教训，自觉放弃"躺平"的想法，积极主动担当作为。否则，只是停留在宏观政策层面，干部就会心存侥幸和选择观望；如果不进行细节通报，人们可能会猜忌、误解，引发新的波动，则更加不利于发挥干部"向下、向外"退出的反向激励效能。

第三，妥善设计干部的退出安排。

实际中，有大量干部虽然应该被退出处理，进行职务职级调整，但是不至于直接辞退，他们依然还是在体制内生活或工作。对于这部分干部，既不能放任不管，任其"摆烂"，也不能让他们从此逍遥快活，躺着享受职级待遇，从而增加财政负担和引发其他干部不满。因此，妥善设计干部的退出安排就成为必要。

一要进行分类安置。对于党性宗旨意识强、工作经验丰富但因年龄或者健康等不可抗力原因退出的领导干部，可安排其提前退休，同时利用余力发挥"传、帮、带"作用，到党校进行实战经验分享；对于政治素质较好，专业技能突出，或者有一技之长，但是因为"人岗不匹配"的原因而退出的领导干部和一般工作类干部，应该安排转岗从事其较为擅长的工作，并保留原职级；对于工作能力不足，不能胜任现职现岗的干部应该安排其到能力范围之内的岗位；对于政治素质不好、思想不端正、品德欠缺的干部应该撤职处理，并统一到党校接受教育培训，直到有所改变后，安排一般性工作；对于触犯法律纪律，被问责处理的干部则按照法律法规给予相应的处罚，该降级的降级、该撤职的撤职；对丁"庸懒散慢弱"，不愿意担当作为，不愿意认真负责的干部应该限期改正，否则予以辞退。

二要进行心理疏通和教育培训。一方面，凡是从领导岗位转任非领导岗位，以及被降职降级处理的干部都要进行定期的谈心谈话，帮助其扫清思想障碍，端正态度，重拾信心勇气，在新的职位级别上继续做实事、做好事，担当付出，以防止其一蹶不振、彻底摆烂或者产生极端心理和行为。另一方面，凡是素质品质有问题和能力不足被调整的干部则必须接受系统的培训管理，或者进行思想政治教育，或者强化业务知识培训，帮助其尽快转变思想认识，提升政治觉悟、道德品质和能力素质，努力适应新岗位，做出新业绩，发挥新的模范作用。

三要进行后续考察和二次调整。中国共产党对干部的使用一向强调要本着关心、爱护、珍惜的原则，不能"一棒子打死"，而是要给予其改过自新的机会。对于没有严重错误，触犯法律以及被辞退的干部，应该进行追踪考察，"通过定期走访、重点座谈、跟踪考核、综合分析等方法，多渠道、多层次、多角度、多途径掌握向下退出干部在新岗位上的表现，对认真汲取教训、重新打开工作局面、政绩突出并具备条件的"①，可以重新提拔使用。这样才是真正的能上能下、能进能出，可以充分调动这些干部在新岗位上的积极性。当然，如果经过考察发现干部在新岗位上彻底摆烂，不担当不作为，不尽职履责，不改过自新的则可以继续向下调整，屡次不改的可以做出辞退处理。如此，既有利于干部退出工作的循序渐进展开和落实，也有利于彻底激活整个干部管理系统。

综上所述，充分发挥干部"能上能下、能进能出"的激励功能需要健全"不担当不作为"干部退出机制，畅通干部向下向外退出的通道，具体要营造干部"上下、进出"常态化流动的文化氛围，推动"庸懒散慢弱"干部"退"出正气、服气和妥善设计干部的退出安排。

第三节　提升物质激励动力，强化待遇保障

物质激励关乎干部眼前利益，影响干部物质生活水平，是干部最理想的激励类型，在干部担当作为激励系统中处于基础性地位。马克思主义关于物质决定意识，需要是人行为的源动力以及人最基本的需要是衣食住行等物质需要的思想为中国共产党对干部进行物质激励提供了思想理论支撑。在中国共产党的历史上，邓小平对物质激励最为重视，强调要严格按照"按劳分配"原则发放薪资待遇，调动干部的积极性。他说："如果不管贡献大小、技术高低、能力强弱、劳动轻重，工资都是四五十块钱，表面上看来似乎大家是平等的，但实际上是不符合按劳分配原则的，这怎么能调动人们的积极性?"② 又说："如果只讲牺牲精神，不讲物质利益，那就是唯心论。"③ 习近平总书记强调，要对干部"政治上激励、工作上支持、待遇上保障、心理上关怀"④。其中，"待遇上保障"就是要求对干部进行物质激励。

当然，物质激励需要把握好"度"，过度的物质激励会导致干部"物质利益至上"，与使命型先锋政党对干部的要求不相符合。因此，中国共产党对物质激励是比较谨慎的，各个时期对物质激励的看法也是不一致的。毛泽东曾说："革命党嘛，以饿不死为原则。人没有饿死，就要做革命工作，就要奋斗，一万年

① 中共湖北枣阳市委组织部课题组. 新形势下推进干部能"下"的实践困境与对策 [J]. 领导科学, 2016 (10): 46.
② 邓小平. 邓小平文选: 第 2 卷 [M]. 北京: 人民出版社, 1994: 30-31.
③ 邓小平. 邓小平文选: 第 2 卷 [M]. 北京: 人民出版社, 1994: 146.
④ 习近平. 习近平谈治国理政: 第 2 卷 [M]. 北京: 外文出版社, 2017: 225.

以后，也要奋斗。"① 这说明作为共产党的干部，不能只想着物质利益，不能以物质利益作为主要的，甚至是唯一的衡量准则。但是，在社会主义市场经济实施几十年并取得丰硕成果的背景下，物质激励已经深入干部的心里，无法忽视了。

总而言之，针对当前干部物质激励存在的问题，必须着力提升物质激励动力，强化干部担当作为的待遇保障。具体而言，一要提高乡镇年轻干部物质生活水平，二要完善干部薪资福利正常调整机制，三要健全干部奖励性薪酬的发放机制，四要实现不同编制干部的"同工同酬"。

一、提高乡镇年轻干部物质生活水平

在全面推进乡村振兴背景下，乡镇年轻干部是推动发展的生力军，他们中绝大多数学历较高、能力较强，是单位里比较积极干事的群体。但是，当前，由于乡镇年轻干部的薪酬福利水平有限，镇村生活条件比较差，乡镇年轻干部镇、村、城异地奔波，生活成本高，买房买车以及结婚等开支主要依赖家里，对家庭条件不好的干部来说，总体上生活比较拮据。这一方面影响了乡镇年轻干部的恋爱、婚姻生活，恋爱迟滞、结婚迟滞；另一方面，致使一些乡镇年轻干部将很多精力用于寻找其他收入来源，并且镇村人才向外流失，甚至出现越是家庭条件好的越容易晋升等问题，从而在事实上削弱了乡镇年轻干部担当作为的效率、效力、效能。从长远来看，更是不利于乡镇年轻干部发挥生力军作用。因此，必须想办法提高乡镇年轻干部的物质生活水平，帮助乡镇甚至村庄留住人才，为乡镇年轻干部持续担当作为提供物质保障。

如何提高乡镇年轻干部的物质生活水平？宁夏回族自治区主要从提高乡镇干部基本工资水平、让乡镇干部获得优先晋升工资和改善乡镇干部生活条件三个方面着力，取得了不错效果（见表12），各地可以适当借鉴。

---

① 中共中央文献研究室. 毛泽东文集：第7卷［M］. 北京：人民出版社，1999：285.

表 12　宁夏提高乡镇干部物质生活水平的主要做法和成效

	主要做法	主要成效
宁夏	1. 提高基本工资。2020 年，宁夏制定出台《关于调整乡镇机关事业单位工作人员乡镇工作补贴标准的意见》，将现行乡镇干部月工资水平由高于县直机关同职级人员的 4.7% 调整为高于 20% 2. 提高获得晋升工资的概率。宁夏在落实职务与职级并行制度中，给乡镇更多倾斜，加大面向乡镇选拔使用力度，对群众认可、实绩突出、作风过硬的公务员就地提拔使用，晋升空间变大，晋升更容易，自然获得晋升工资的概率也变大了	1. 成果方面：截至 2021 年 10 月，宁夏有 4.85 万乡镇干部月人均增资 914 元；2018 年以来，宁夏提拔使用在脱贫一线成绩突出的干部 1608 人，其中驻村干部 379 人，他们获得了晋升工资；180 个乡镇、涉农街道较好解决了乡镇干部吃饭、住宿、娱乐等问题，设立了公务员重特大疾病医疗互助金
宁夏	3. 改善生活条件。宁夏加强基础设施建设力度，全方位改善乡镇干部工作生活条件	2. 效果方面：充分调动和激发了基层干部的工作积极性和创造性，持续夯实了基层工作力量；优化了基层干部队伍结构，使更多优秀人才愿意扎根基层干事创业，为乡村振兴提供了坚强的组织保证

资料来源：王建宏，张文攀. 工资待遇优厚 选拔使用优先 生活条件优待：宁夏干部有奔头有劲头 [N]. 光明日报，2021-10-14（3）.

宁夏提高乡镇干部物质生活水平的做法同样可以提高乡镇年轻干部的物质生活水平，二者是一致的，当然在具体举措方面还可以优化，现从理论层面对提高乡镇年轻干部物质生活水平进行说明。

第一，提高乡镇年轻干部基本工资水平。乡镇年轻干部基本工资水平的提高"牵一发而动全身"，既关涉乡镇其他干部，也会引起更高层级干部的关注，如果实施不好，不利于干部内部工资关系的稳定。宁夏回族自治区一方面提高了所有乡镇干部的基本工资水平，化解了乡镇年轻干部与中老年干部工资增长不均衡可能引发的问题；另一方面，选择"县直机关同职级人员"作为比较对象，突出乡镇一级的地域条件差异，在乡镇工作，远离县城，条件艰苦，有些地区城乡距离远，往返生活成本高，所以提高乡镇级干部的基本工资水平，大家都比较理解，容易接受。因此，宁夏提高乡镇干部基本工资水平的做法基本做到了有理有据，得到了干部的肯定、群众的支持。宁夏中卫市海原县西安镇镇长冯向辉说："2014 年，我考到海原县关庄乡政府工作，刚上班时，每个月工资才 2864 元，当时身边 80 后、90 后的年轻干部有 12 个，一年后，就剩下我一个了；工作两年后，工资才涨了 300 多元，2015 年宁夏开始实行乡镇机关事业单位工作人员乡镇工作补贴制，但是因补贴标准较低，待遇没有明显提高，自从 2020 年的工资待遇优厚政策出台后，乡镇干部月人均增资 914 元，现在西安镇共有编制 67 个，近一半都是年轻人。"[1] 说明工资增长对于乡镇年轻干部的吸引力、推动力很大。其他与宁夏类似情况的地区可以借鉴。

第二，提高乡镇年轻干部获得晋升工资的概率。乡镇年轻干部想要改善生活，除了增加基本工资外，还可以通过晋升，提高物质生活水平。然而，众所周知，乡镇干部想要晋升并不容易，一是职务职级数额本身有限，晋升通道狭窄；二是晋升受到年龄、工龄等各种条件限制，晋升机会小。为了能够让乡镇干部有更好的晋升机会，宁夏回族自治区提出选拔使用向乡镇倾斜的政策，在乡镇脱贫攻坚等任务中表现好的，以及群众认可、作风过硬的干部可以优先获得提拔重用。这就意味着年轻干部只要自己足够优秀就有机会获得晋升，晋升后的薪资待遇自然比没有晋升强，所以这也是一种有效提高乡镇年轻干部物质生活水平的合法途径。

第三，提高乡镇年轻干部的福利待遇。福利作为一种间接报酬，同样是提升年轻干部物质生活水平的一种重要手段。提高福利待遇可以针对乡镇年轻干部实际需要进行设计。一方面，宁夏回族自治区针对乡镇基础设施差，无法满足年轻干部对优质生活娱乐环境需求的问题。加强基础设施建设力度，全方位改善公务员工作生活条件，180 个乡镇和涉农街道较好解决了乡镇干部吃饭、住宿、娱乐等问题。[2] 另一方面，宁夏回族自治区针对乡镇干部生活成本高的问题，设立了公务员重特大疾病医疗互助金，帮助乡镇年轻干部解决具体困难，使更多人才愿意选择、留在乡镇。此外，针对有些乡镇事业编年轻干部镇、村、城异地奔波，油费负担重的问题，可以建立针对乡镇事业编干部的车票报销制度；针对乡镇年轻干部购房困难、恋爱婚姻迟滞问题，可以适当进行购房补贴和婚嫁补贴。总之，福利待遇以解决乡镇年轻干部实际问题为主要突破口，力求实效。

综上所述，提高乡镇年轻干部物质生活水平是帮助乡镇留住人才，助力乡镇年轻干部安心安生于乡镇工作，永葆乡镇年轻干部干事热情的重要举措。当前，应该通过提高他们的基本工资水平、获得晋升工资的概率和福利待遇三方面予以完善。

---

①　王建宏，张文攀. 工资待遇优厚 选拔使用优先 生活条件优待：宁夏基层干部有奔头有劲头 [N]. 光明日报，2021-10-14（3）.

②　王建宏，张文攀. 工资待遇优厚 选拔使用优先 生活条件优待：宁夏基层干部有奔头有劲头 [N]. 光明日报，2021-10-14（3）.

二、完善干部薪资福利正常调整机制

当前，干部薪资福利呈现"机会式"调整特征，调整没有科学依据，没有公开透明，也没有固定的时间规划，而是钻法律和政策的空子，投机取巧，随意而为。这给干部的感受是薪资福利调整是一件不确定和隐秘的事情，从而浪费时间和精力在猜疑、打听、议论上面，严重影响担当作为、干事谋事的状态。鉴于此，必须健全完善我国干部薪资福利正常调整机制，保持体制内外的合理薪资福利关系，调整干部内部的合理薪资福利关系、规范干部收入分配秩序，减少干部因薪资福利无规律变动而产生的负面情绪，更好地激励干部将精力放在履职尽责、担当作为、干事成事上面。

干部薪资福利正常调整既包括正常增长，也包括正常下降。由于改革开放以来，我国经济发展一直向好，年度经济总量持续增长，还没有出现过年度经济负增长的情况，所以人们习惯性忽略下降机制，而将薪资福利正常调整机制称为薪资福利正常增长机制。但是，从理论上说，增长和下降都应该有相应的制度保障。

建立干部薪资福利正常调整机制是伴随着我国干部人事制度改革而被提出和不断优化的。1985 年 5 月颁布的《国家机关和事业单位工作人员工资制度改革方案》要求"建立正常的晋级增资制度"。[①] 1993 年 11 月颁布的《机关工作人员工资制度改革方案》强调建立"正常的工资增长机制"。[②] 2006 年施行的《中华人民共和国公务员法》、2006 年 6 月国务院下发的《公务员工资制度改革方案》，以及 2014 年机关事业单位养老保险制度改革和完善工资制度政策出台时都明确提出了建立公职人员工资正常调整机制。这些规定基本上从政策层面解决了定期调整公职人员工资的问题。但是，在实践层面只是总体上保证了干部薪资随着社会经济发展和物价上涨而增长，做到了随着职务职级晋升而上涨。至于薪资福利调整幅度的比较基础、法律依据、舆论环境还没有建立和形成，所以当前主要应该从这三个方面着力健全完善干部薪资福利正常调整机制。

第一，建立薪资福利调查比较制度，为调整幅度提供可供比较的基础。

在人类历史上，公职人员（或官员、公务人员）薪资福利的确定有依据国

[①]　中共中央组织部干部调配局．干部管理工作文件选编［M］．北京：党建读物出版社，1995：463.

[②]　中共中央组织部干部调配局．干部管理工作文件选编［M］．北京：党建读物出版社，1995：504-525.

家财政收入情况、国家"统一计划"安排、公职人员代表和政府用人方代表谈判协商决定、公职人员薪资福利通过和企业薪资福利进行调查比较后加以决定四种形式。其中，第一种按照国家财政确定主要是封建社会和资本主义社会初期实行的；第二种由国家"统一计划"安排是计划经济时代实行的；第三种是以加拿大为代表的部分西方国家实行的方式，把公职人员等同于企业雇员。① 显然，前三种都不适合作为当前社会主义市场经济条件下干部薪资福利正常调整的依据类型。只有第四种，通过与企业相当人员薪资福利进行比较后确定干部薪资福利调整幅度，在实现与市场接轨的同时保持了体制内外的合理薪资福利关系，可以基本满足干部对薪资福利正常调整的心理期待，在一定程度上确保干部不会因薪资福利调整而人心浮动。因此，现阶段完善干部薪资福利正常调整机制，首先要建立干部薪资福利调查比较制度，为干部薪资福利调整幅度提供可供比较的基础。

一要成立薪资福利调查比较的专门机构。干部与企业人员薪资福利调查比较是一项动态的、经常性的工作，要求数据必须全面真实、客观准确，随着社会经济发展发生变化。只有成立专门的机构，赋予相当的权力，才能担负这一重任。一般的机构很难争取到被调查单位的信任，也无法全面掌握相关数据。目前，国外如美国劳工部专门设有劳工调查局，日本人事院也有类似的机构。二要建设薪资福利调查比较的专业队伍。干部薪资福利调查比较涉及很多复杂的、专业的问题。例如应该对哪些干部、哪些企业人员的薪资福利进行调查，如何调查，以及如何建立比较关系，在具体比较的时候需要考虑哪些因素等。《中华人民共和国公务员法》规定，公务员和企业相当人员进行比较，怎么确定"相当"的关系？有学者指出，"养老保险制度不同带来的缴费差异、住房等福利的差异（指有的地区还建公务员小区或享受经济适用房、廉价房等）"②，以及公职人员的社会地位、职业稳定感和荣誉感等都应该考虑进去。诸多问题的解决都依赖专业人士给出专业的意见、建议和对策，否则很难令人信服。三要设立薪资福利调查比较的专项资金。中国地域广阔，公职人员和企业人员薪资福利地域差距明显，而且涉及的层级和人员众多，"调查的面太小，没有足够的

① 何宪. 公平与激励：中国公务员工资制度探析 [M]. 北京：中国人事出版社，2017：50-51.
② 何宪. 公平与激励：中国公务员工资制度探析 [M]. 北京：中国人事出版社，2017：64.

代表性，面比较大的调查，没有足够的资金支持无法进行"①，因此需要设立专项资金予以保障。

第二，进行专项法规建设，为干部薪资福利正常调整提供可操作的法律依据。

《中华人民共和国公务员法》（2018）第79、81、82条规定，指出，"国家建立公务员工资的正常增长机制。公务员的工资水平应当与国民经济发展相协调、与社会进步相适应。国家实行工资调查制度，定期进行公务员和企业相当人员工资水平的调查比较，并将工资调查比较结果作为调整公务员工资水平的依据。"② 这对公务员工资正常调整做出了原则规定，对公务员工资制度提出了基本要求。但是，要确保按上述原则和要求运行，还必须有更明确、具体、可操作的规定。一是定期调查比较中的"定期"是指多长时间。目前公务员工资是两年调整一次基本工资标准，主要是抵消通货膨胀，而不是依据调查比较结果。从国外情况看，大多数国家是每年进行公务员工资和企业工资的比较和调整。每年比较调整，每年的调整幅度不大，把财政压力分散到各个年度，便于操作；同时，公务员工资也和企业同类人员工资贴得更紧。应当说是最佳方案。当然，在制度建立之初还没有经验，也可以考虑两年调整一次。但是，究竟是两年还是一年，什么时候两年，什么时候一年，法律必须明确，尽可能减少随意性。二是对调查比较制度实施要进一步明确。怎么调查，是全面调查还是抽样调查；怎么比较，是简单进行比较还是严格的同等条件比较；谁来组织调查，是政府专门机构还是委托社会中介机构等。三是对薪资福利的管理体制要做出规定。中央薪资福利管理机构有什么权力、地方薪资福利管理机构有什么权力要明确，什么情况下需要提交人民代表大会讨论也需要明确。四是对薪资福利所需的资金来源也要做出规定。薪资福利项目经费由哪级财政来负担，出自哪项财政预算经费等也应明确。规定越明确，操作起来就越简单。总之，可以考虑进行干部薪资福利方面的专项法规建设，比如起草出台干部薪资福利条例，对干部薪资福利的基本制度、构成、津贴补贴做出规定，对调查比较制度提出具体要求，对薪资福利管理体制进行规范等。

第三，强化宣传，为干部薪资福利正常调整争取社会理解和舆论环境支持。

---

① 何宪. 公平与激励：中国公务员工资制度探析 ［M］. 北京：中国人事出版社，2017：65.

② 中华人民共和国公务员法 ［J］. 中华人民共和国全国人民代表大会常务委员会公报，2019（1）：44-45.

干部薪资福利是一个敏感的话题，一直以来对干部的薪资福利没有强调加强宣传的问题，只要求做好各方面的工作。但总是不宣传，社会不了解，就很难得到理解和支持。特别是干部薪资福利的正常调整机制，不是一次两次，而是每隔一两年就要调整一次，且每次调整都是机关、事业单位一起调，不能没有一个对外宣传和解释的渠道。因此，一要扭转对干部薪资福利宣传的错误认识。有的同志对干部薪资福利的宣传很忌讳，怕产生负面作用，这是不对的。每次对包括公务员在内的机关事业单位工资调整，网上总有一些不同的声音，这很正常，社会一个声音，这才是不正常的。正因为有不同的声音，才说明宣传工作还需要加强。特别是薪资福利正常调整机制是一项新的制度，更需要加强宣传、积极引导。二要树立干部有权利和社会其他成员一道分享社会经济发展成果的观念。干部是党和国家事业发展的骨干力量，对党和国家事业发展，对社会经济发展做出了突出贡献。当整个社会薪资收入以较快速度提高的时候，干部薪资也需要保持一定的增长，和社会其他成员一起共享经济发展和改革开放的成果，这个道理每一个社会成员都应该理解。三要讲明干部薪资福利正常调整制度。对于干部薪资水平、薪资增长幅度、薪资增长周期、薪资统计，以及干部薪资福利正常调整机制的必要性和正当性，不仅要讲，还要理直气壮地讲，要有意识地把干部薪资制度情况、薪资收入情况向社会多介绍、多宣传，营造出有利于干部薪资福利正常调整的良好社会氛围。[①]

综上所述，完善干部薪资福利正常调整机制是规范干部收入分配秩序，保持体制内外合理薪资福利关系，降低干部因薪资福利无序变动而情绪波动概率，更好激励干部将精力用于履职尽责、担当作为、干事成事上面的重要物质性激励举措。当前，应该通过建立薪资福利调查比较制度，为干部薪资福利调整幅度提供可供比较的基础；进行专项法规建设，为干部薪资福利正常调整提供可操作的法律依据；强化宣传，为干部薪资福利正常调整争取社会理解和舆论环境支持予以完善。

三、健全干部奖励性薪酬的发放机制

干部奖励性薪酬主要指干部薪资中与考核或绩效挂钩的部分和获得荣誉后发放的一次性奖金，比如：绩效考核奖、年终一次性奖金、"最美奋斗者"奖金等。干部奖励性薪酬设计的初衷是"奖励优秀、奖励先进、奖励勤勉"。对于那

① 何宪.公平与激励：中国公务员工资制度探析［M］.北京：中国人事出版社，2017：99-102.

276

些在工作中担当奉献、勤勤恳恳、表现突出、取得实绩，在各种绩效考核中排名靠前，或者获得某种荣誉表彰、比较优秀的干部，组织发放奖励性薪酬，对其进行物质奖励，以回报其付出、鼓励其再接再厉，同时也可以激励其他干部努力展现品德才智、争先创优。当前，干部队伍中出现"干多干少一个样、干与不干一个样"现象，直接反映了不同担当作为干部薪资收入未能区分的问题，在根本上则说明我国干部奖励性薪酬发放机制不健全，奖励性薪酬发放走向了"平均主义"，未能发挥其"奖励优秀、奖励先进、奖励勤勉"的激励功能。鉴于此，为了让干部"干多干少不一样、干与不干不一样"，让担当作为较多的干部获得较多的奖励性薪酬，担当作为较少的干部获得较少的奖励性薪酬，"不担当不作为"的干部不再获得奖励性薪酬，必须健全完善干部奖励性薪酬的发放机制。

第一，出台专门性法律法规文件，对干部奖励性薪酬发放做出系统规定。

目前关于干部奖励性薪酬的规定散见于干部考核、干部奖励（包括精神奖励和物质奖励）等法律法规文件之中，规定比较简单，未形成系统。2019年4月，中共中央办公厅发布的《党政领导干部考核工作条例》第40条有两处涉及奖励性薪酬，一是规定领导干部做出重大贡献的，可以依照有关规定给予物质奖励；二是规定领导干部年度考核结果为称职及以上等次的，按照有关规定享受年度考核奖金。① 2020年12月，中共中央组织部修订发布的《公务员考核规定》第20条规定，公务员年度考核确定为称职以上等次的享受年度考核奖金；第21和22条规定，公务员年度考核确定为基本称职和不称职等次的不享受年度考核奖金。② 这两部法规基本指出，党政领导干部和公务员年度考核奖金发放依据考核结果档次进行。2020年12月，中共中央组织部修订发布的《公务员奖励规定》第2条指出，公务员奖励是指对政治素质过硬，工作表现突出，有显著成绩和贡献，或者有其他突出事迹的公务员、公务员集体，依据本规定给予的奖励；第12条指出，对获得奖励的公务员，按照规定标准给予一次性奖金。③第18条指出，"各地区各部门不得自行设立本规定之外的其他种类的公务员奖

① 法律出版社法规中心. 中国共产党常用党内法规全书［M］. 北京：法律出版社，2021：584.
② 法律出版社法规中心. 中国共产党常用党内法规全书［M］. 北京：法律出版社，2021：597.
③ 法律出版社法规中心. 中国共产党常用党内法规全书［M］. 北京：法律出版社，2021：630.

励，不得违反规定标准发放奖金，不得重复发放奖金"①。该法规对公务员"一次性奖金"制度规定相对详细，不仅提出了"一次性奖金"制度，而且提到奖金经费来源、标准调整以及奖金发放规范的问题。但是该法规也不是一部专门针对干部奖励性薪酬的法规，因为其中还包括了精神奖励内容，而且强调以精神奖励为主。

显然，根据现有规定，干部奖励性薪酬到底包括哪些？干部奖励性薪酬发放应该遵循什么原则？如何发放？发放效果要不要反馈？发放监督工作如何进行？这些问题都没有统一的规定。这导致实践中，人们对干部奖励性薪酬发放的激励作用重视不够，对其的认识不够统一，奖励性薪酬被"平均发放"的问题较为普遍，从而干部"干多干少、干与不干"没有和奖励性薪酬相挂钩。

因此，最好的办法是通过专门性的法律法规对干部奖励性薪酬发放进行系统性的规定，目的是突出奖励性薪酬的激励功能。制定干部奖励性薪酬发放的专门性法律法规应该对干部奖励性薪酬概念做出界定，对干部奖励性薪酬规定或办法出台的背景、目的等做出说明，对干部奖励性薪酬具体内容、发放原则做出统一规定，并且根据不同奖励性薪酬设置不同的发放程序，同时提出实施干部奖励性薪酬发放责任制，并对干部奖励性薪酬发放所需经费来源、监督工作和效果反馈机制做出说明。

第二，不断健全完善配套制度，防止干部奖励性薪酬发放偏离设计初衷。

干部奖励性薪酬发放要达到"奖励优秀、奖励先进、奖励勤勉"的目的，也就是要符合设计初衷。但是，现实中，如果各种配套制度不健全，就会出现偏离设计初衷的问题。所以，一要健全完善干部考核评价制度。想要"奖励优秀、奖励先进、奖励勤勉"，必须先把"优秀、先进、勤勉"的干部找出来，也就必须对干部进行考核评价，唯有精准、公平的考核，才能找出真正"优秀、先进、勤勉"的干部，对其进行相应的奖励；否则考核评价不精准、不公平，会导致"劣币驱逐良币"，实际奖励的与应该奖励的出现不一致，奖励性薪酬发放就起不到真正的激励作用，反而会挫伤干部积极性。至于如何健全完善干部考核评价制度，上文提出构建"分任务考核后集中激励"模式，这里不再赘述。二要健全完善干部奖励性资金管理制度。干部奖励性薪酬正常发放必须有资金支持，没有资金，或者资金在管理方面产生分歧，比如：有的认为应该由中央财政负责，有的认为应该归地方财政管；有的认为应该由政府统一协调，有的

---

① 法律出版社法规中心. 中国共产党常用党内法规全书 [M]. 北京：法律出版社，2021：631.

认为是主管部门自己的事。这样意见不统一，就难以保证资金到位，而且会影响奖励性薪酬的数额设置，出现各种"乱象"。由此，必须健全完善干部奖励性资金管理制度。三是健全完善干部奖励性薪酬发放舆论环境保障制度。干部奖励性薪酬发放需要有舆论环境支持，以打破现实中存在"平均主义""乱发放""营私舞弊"等问题。所以，对干部奖励性薪酬发放的法律法规、理念思想进行必要的宣传，获得干部和公众的理解和支持也是必不可少。当然，也要根据实际需要完善其他配套制度。

综上所述，健全干部奖励性薪酬发放机制，拉开不同担当作为干部的收入差距，实现干部在奖励性薪酬方面的"干多干少不一样、干与不干不一样"目标，可以进一步调动干部担当作为的积极性、主动性、创造性。具体而言，目前需要通过出台专门性法律法规文件，对干部奖励性薪酬发放做出系统规定和不断健全完善配套制度，防止干部奖励性薪酬发放偏离设计初衷的措施予以完善。

四、实现不同编制干部的"同工同酬"

针对现实中干部"同工不同酬"，挫伤担当作为积极性的问题，解决的方案就是实现不同编制干部的"同工同酬"。所谓不同编制干部"同工同酬"是指同一地区、同类或同一单位、同样岗位、同种工作的公务员编和事业编干部，在付出等量劳动的前提下，享有相同的薪资福利待遇，不能因编制不同就差别对待。美国心理学家赫兹伯格的"双因素"理论认为，当企业政策、工资、人际关系、工作条件等因素既没有让员工满意，也没有让员工不满意时，就属于保障性或保健性因素；而如成就、认可、工作本身的吸引力、责任等因素，一般能够让员工满意，所以是激励性因素。就干部"同工同酬"而言，需要分情况看，当机关内部干部间已经普遍实现了"同工同酬"时，干部既不会满意，也不会不满意，此时激励就处于失效状态，也就意味着"同工同酬"属于保障性因素；而当现实中普遍存在干部"不同工不同酬"的问题时，会影响部分干部担当作为的积极性，成为他们不作为、慢作为、懒作为的理由，这时根据公平理论，如果能够着力实现干部"同工同酬"则可以通过物质公平分配满足该部分干部渴望"同工同酬"的现实诉求，至少减少了他们不作为、慢作为的借口，所以能够在一定时间内改变他们"庸懒散慢弱"的行为，调动他们的积极性。这时"同工同酬"就是激励性的。当前，实现不同编制干部"同工同酬"在思想文化环境、法律法规依据和配套制度建设方面都比较薄弱，应该从这三个方面予以着力。

第一，营造有利于实现不同编制干部"同工同酬"的文化氛围。

一是要大力宣传"同工同酬"的思想原则。"同工同酬"作为社会主义"按劳分配"原则和社会"公平正义"原则的核心内容，本应成为人们的基本价值理念和行为规范，获得普遍的认可和遵循。然而，现实中总是有人对其存有疑虑和不予践行。有的人认为，"同工同酬"只是一种理想，根本不可能实现；有的人认为，"同工同酬"是"政治口号"，为了骗取民众支持；有的人认为"同工同酬"只适用于企业用工，而不适用于干部，作为干部就应该不计较利益多少，无私奉献；有的人认为，编制不同就意味身份不同，身份不同就是地位不同，地位不同，人就有了上下等级之分，自然薪资待遇也就有了差异。这些想法是很危险的。剖析这些想法产生的源头，要么是对"同工同酬"缺乏正确的认识，要么是封建等级思想在作怪。因此，实现不同编制干部"同工同酬"，要大力宣传"同工同酬"的思想原则。包括什么是"同工同酬"，"同工同酬"的广泛适用性，坚持"同工同酬"的必要性和正当性，实现"同工同酬"的条件等，让人们对"同工同酬"有一个正确的认识，进而维护和支持干部"同工同酬"，坚定为实现"同工同酬"贡献自己的力量。

二是要破除封建等级思想观念。在封建社会，由于受生产力和科学文化发展水平的限制，民主平等的思想观念没有形成。同时，统治者为了凸显自己的权威，更好地统治人民，将自己说成是"至高无上""异常尊贵"的存在，而把人民说成是"贱民""愚民"，整个社会按照身份地位划分为不同等级，越是皇族身份，越是官位高就越是尊贵，其他人则要卑躬屈膝。这种等级思想深深地影响着中国人，导致有些人时至今日依然在找各种进行等级划分的依据。比如：有的人认为，官越大越尊贵；有的人认为，越有钱越尊贵；有的人认为读书越多越尊贵；有的人认为体制内的人比体制外的尊贵。而认为公务编比事业编干部身份地位更高，也是其中的一种等级思想的体现。这种思想是极其封建的、腐朽的，是严重背离党的价值理想和社会主义价值原则，也是阻碍"同工同酬"目标实现的思想顽疾。必须摒弃这种思想，树立社会主义"人人平等"的价值原则。只有树立"人人平等"的观念才能尊重人的劳动成果，才能产生公平正义的价值追求，才会认同社会主义"按劳分配"原则，进而坚持"同工同酬"。否则，依照封建等级思想，人们眼里只有"尊卑贵贱"，没有任何公平正义可言。

第二，提供实现不同编制干部"同工同酬"的法律法规依据。

"同工同酬"关系不同主体的利益，必须有法律法规依据才有可能实现，否则既得利益者必然会提出反对意见，甚至千方百计阻挠"同工同酬"实现。就机关单位公务员编和事业编干部而言，作为占据优势地位、占尽各种"好处"的公务员编干部，如果没有大局意识、高尚的道德品质等，只是从自己利益出发考虑问题，势必不可能同意"同工同酬"。因为"同工同酬"很可能会降低其薪资待遇，即使不会降低其薪资待遇，也会削弱其本来"高高在上"的社会地位。虽然实现不同编制干部"同工同酬"只是就经济待遇而言，并不改变公务员编制干部的"政治晋升"优先权，但是依然会让其感觉自己的地位下降了，这是相对于事业编干部经济待遇提升而言的。鉴于此，实现不同编制干部"同工同酬"必须通过法律途径予以保障。

目前，《中华人民共和国宪法》（2018）只是提到了"男女同工同酬"。[①]《中华人民共和国劳动法》（2018）规定："工资分配应当遵循按劳分配原则，实行同工同酬。"[②] 但是干部与单位之间不是劳动关系，不适用该条规定。而《中华人民共和国公务员法》（2018）只是提到："公务员工资制度贯彻按劳分配的原则。"[③] 虽然"按劳分配"包含了"同工同酬"，但是未有明确。并且，即使明确了，该法律只适用于公务员编干部内部，而不适用于公务员编与事业编"同工同酬"问题。所以，总的来说，目前实现不同编制干部"同工同酬"亟须出台相关法律法规。

第三，建立健全实现不同编制干部"同工同酬"的配套制度。

在制度层面，制约不同编制干部"同工同酬"的主要因素是同单位、不同编制干部实行分类管理。改革开放之后，我国对干部人事制度和国家机构进行了重大改革。在干部人事制度改革中，强调对干部进行分级分类管理；在国家机构改革中，将机关单位和事业单位进行了区分。一般，机关单位干部实行公务员编，事业单位干部实行事业编，进行分类管理。不同单位干部所做事情不同，自然应该采取不同管理制度，这没有任何问题。问题在于当前，在同一单位（主要是机关单位）内部出现了不同编制干部，这些干部实际所处的岗位、所做的事情是相同的，付出的劳动也没有多少差别，但是却属于不同的管理系统，从而造成了干部"同工不同酬"的问题。具体而言，一是公务编与事业编来源不同。公务员编的来源主要是通过省考和国考统一招录的，考试内容分为行测和申论。事业编的来源更广，省、市、县都有自主招考的权力，可以根据需要设置不同的考试内容，有的有笔试，有的没有笔试只有面试，根据二者的

---

① 见《中华人民共和国宪法》第 48 条。
② 见《中华人民共和国劳动法》第 46 条。
③ 见《中华人民共和国公务员法》第 79 条。

排名直接体检。事业编招考没有统一的试卷和时间，几乎全年都能招考。二是公务编与事业编主管部门不同。管理公务员的部门是组织部，无论提拔、调任还是遴选考试，都要经过组织部。而管理事业编的部门是人社局，调动或者工资异动都归人社局管。三是管理所依据的法律法规不同。事业编干部管理依据的是《事业单位人事管理条例》等，公务员编干部依据的是《中华人民共和国公务员法》等。正是因为有这些不同，所以导致有些人认为即使是同单位、同岗位、同工种干部也应该有不同薪资待遇。这实际上是违背"按劳分配"和"同工同酬"原则的。所以，当前实现不同编制干部"同工同酬"需要完善干部招录和管理制度。最简单的方法就是将机关单位内部事业编干部参照公务员法进行管理，薪资福利待遇向公务员看齐。这样做，对于财政可能是一种压力，所以也需要完善财政制度。此外，实现不同编制干部"同工同酬"还需要建立健全相应的监督制度，以保证落实。

综上所述，当前需要通过营造有利于实现不同编制干部"同工同酬"的文化氛围，提供实现不同编制干部"同工同酬"的法律法规依据和建立健全实现不同编制干部"同工同酬"的配套制度，以保证不同编制干部的"同工同酬"。这样做不仅可以缓解单位内部公务员编与事业编干部的紧张关系，平复事业编干部不满情绪，调动他们担当作为积极性，提高机关单位整体工作效率，而且可以以此作为突破口带动其他"同工不同酬"问题的解决，为推动社会实现分配公平做出贡献。

第四节　发挥情感激励功能，加大心理支撑

情感激励是干部担当作为激励系统的重要组成部分，发挥着潜移默化的作用。根据上文所述，情感激励主要包括四个方面的内容，一是为民情怀激励（也可以称为是群众感情激励），二是授权信任激励，三是谈心谈话激励，四是心理健康关爱激励。其中，为民情怀激励与理想信念激励、责任使命激励、道德操守激励等有着异曲同工之妙，只要培养了干部对群众的感情，就可以直接激发干部的内生动力，让干部自觉自愿为人民服务、担当作为。其他的三种激励通过培养干部对组织的感情，激励其自愿听从组织号召、安排，为组织目标的实现贡献自身的力量。《关于进一步激励广大干部新时代新担当新作为的意见》第六部分"满怀热情关心关爱干部"中提到要"关心信任"干部、"完善

和落实谈心谈话制度"、"关注心理健康"等。① 当前，针对上述四种情感激励动力不足的问题，需要进一步发挥情感激励功能，加大干部担当作为的情感支撑。具体而言，一要健全干部群众感情培养机制，二要创新干部信任激励模式，三要完善落实干部谈心谈话制度，四要建立干部心理健康保障机制。

一、健全干部群众感情培养机制

运用群众感情或为民情怀激励干部担当作为是中国共产党的优良传统。干部只有"对群众有感情，真正把自己当作群众的一员、把群众的事当作自己的事"②，才能贯彻群众路线，才能践行党的性质宗旨，才愿意为人民服务、为人民担当、为人民办实事办好事。中国共产党在历史上，一是通过党的干部与人民群众密切联系，"吃在一起""住在一起""站在一起""战在一处"，共同抗击敌人，因而培育了深厚的群众感情。1934 年 11 月，中央红军长征途中，3 位疲惫不堪的女红军借宿在沙洲村瑶族村民徐解秀家中。看到老人家里的赤贫景象：破旧茅屋、摇摇欲坠的床架、一堆烂棉絮，连一条完整的被子都没有，他们异常触动，临走时把自己仅有的一床被子剪了一半给老人，并承诺革命胜利后送老人一床新棉被，让徐解秀老人深为感动，一辈子惦念着红军的恩情。据不完全统计，1948 年 11 月到 1949 年 1 月，淮海战役期间，仅山东、江苏、河南、安徽支前民兵民工就有 225 万，担架 73900 副，大小车 413970 辆，挑子 42400 副，牲畜 6300 头，船只 13630 只，汽车 250 辆，粮食 5 亿 7000 万斤，运送弹药物资 330 万吨，所以指挥官陈毅感叹，淮海战役是人民群众用"小推车推出来的胜利"。③ 可以说，正是因为党的干部与人民群众建立了深厚的感情，所以才涌现出许多为百姓谋利益而不顾自身安危的先进典型。二是通过对干部进行党性宗旨教育和群众路线教育，以及树立为人民群众服务的先进典型等途径培养干部的群众感情。培养群众感情的目的都是为了充分发挥群众感情在促使干部担当作为方面的激励功能。当前，培养干部群众感情以激励其担当作为，要从实际出发，有针对性地进行。

第一，提升干部的"共情能力"，为其群众感情生长奠定心理基础。

所谓"共情能力"就是指情感感受力，主要包括同情心、移情心等。只有

① 关于进一步激励广大干部新时代新担当新作为的意见 [M]. 北京：人民出版社，2018：9-10.
② 习近平. 筑牢理想信念根基树立践行正确政绩观 在新时代新征程上留下无悔的奋斗足迹 [N]. 人民日报，2022-03-02（1）.
③ 徐州市《淮海战役》编写组. 淮海战役 [M]. 上海：上海人民出版社，1978：82-83.

具有一定情感感受力和同情心、移情心的人才能意识到特殊情境中的情绪情感价值，甚至是伦理道德意义，才能做出具体解释，"才具有一种替代性的情绪反应能力，不仅能设想自己处于他人的处境，拥有和他人完全相同的利益、偏好和理想，还能想象地从其视角出发感受其处境"。① 当前，在市场经济利益至上的环境中、在社会快节奏的生活中、在政治理性主导和偏重外在说教的氛围中，干部时常被功利主义价值、快节奏的压力和"政治口号"所裹挟，精神高度紧张，很少有心境和时间体悟心理需求和情感呼声，整个人变得日益功利、麻木、冷漠，与群众的"情感共鸣"更是少得可怜。2022 年 11 月，郑州一社区书记刘红英在疫情防控新闻发布会上讲到自己因忙于社区防疫工作而缺席女儿成人礼时哭了引发网民不满。刘红英书记觉得很委屈，公开解释自己的发言稿是经过审核的，而且自己在防疫期间真的是尽心尽力、付出很多，可是网友依然不买账，对其口诛笔伐。笔者发现：在整个事件中，网友之所以如此激动，是因为他们吃惊于现在的干部已经和普通民众的内心不能相通了，情感已经无法共鸣了。对普通的郑州老百姓而言，他们为了配合疫情防控，连自己的亲人去世都不能回去悼念、连生存成问题都默默承受了，但是刘红英以及通过其发言稿的干部却将错过女儿的成人礼这样的小事情拿出来邀功。可以说，真正的问题在于网民的情感受到了伤害，他们觉得现在的干部和自己不是一个生活水平，不是一条心，干部不能对百姓的处境感同身受，干部群众感情缺乏，所以他们很难过。而刘书记越是解释自己很辛苦，稿子是通过审核的，网民越激动，越是受伤。刘书记在"讲理"，网民在"说情"。整个事件其实暴露的是干部"共情能力"差、"移情能力"不足的问题。正是因为缺少基本的"共情移情能力"，缺乏基本的对普通百姓的同情心、同理心，所以干部只想着做事情，尽快完成任务，或者错误地讲感情，自我感动，反而冒犯了群众，伤害了群众的感情，事与愿违。因此，想要培养干部群众感情，首先要提升干部"共情能力"，开发干部的心理资本，丰富干部的情感世界，为干部群众感情生长奠定心理基础。

第二，加强党性宗旨和群众路线教育，为干部群众感情生成提供思想价值支撑。

中国共产党的党性和人民性是高度统一的，加强党性宗旨教育实际上就是加强人民性教育。《中国共产党章程》指出：中国共产党是中国工人阶级的先锋队，同时是中国人民和中华民族的先锋队，中国共产党始终代表中国最广大人民的根本利益，以全心全意为人民服务为根本宗旨。同时，党在自己的工作中

---

① 杨慧民，王前. 道德想象力：含义、价值与培育途径 [J]. 哲学研究，2014（5）：18.

实行群众路线，一切为了群众，一切依靠群众，从群众中来，到群众中去，坚持权为民所用、情为民所系、利为民所谋，同群众共甘共苦。① 所以，只有加强党性宗旨教育和群众路线教育才能让干部牢记自己的权力根本上是来源于人民，自己是人民的代表，而不是某些利益集团和领导者个人意志的执行者，干部只有眼睛"向下"，俯首甘为孺子牛，与人民群众心连心，才能得到人民群众的信任支持，才能保持党的党性、人民性，才能有利于自身的发展，才是做了正确的选择。《中国共产党章程》明确规定："党除了工人阶级和最广大人民群众的利益，没有自己特殊的利益。"② 如果不能从根本上认识到这一点，也就不能从根本上了解我们党的党性，不能理解党的群众路线的重要性，也就不能认识到培养群众感情的重要性，因而也就无法对群众产生感情。当前，有些干部眼睛永远"向上"看，而不"向下"看，面对群众永远一副高姿态，对群众没有感情，根本上就是党性宗旨意识缺少、群众路线认识不够深刻，不注重培养与人民群众的情感。总之，只有加强党性宗旨和群众路线教育，才能为干部群众感情生成提供思想价值支撑。

第三，畅通密切干群关系的通道，为干部群众感情生成提供共同生活实践支持。

干部的群众感情不是与生俱来的，也不是光靠教育就能产生的，只有深入群众的生产生活中去，融入人民群众中去，与人民群众打成一片，真正了解人民群众，才会发自内心地对群众产生深厚感情。干部与群众有共同的成长生活经历，有共同的生活体验，有一起干事的经历自然就会有"共鸣"之处，也更容易"心连心"。革命战争年代，共产党的干部很多来自农村，又经历战争环境的洗礼，对穷苦人民有着深切的同情，特殊的感情。而在和平富足的年代，很多干部，尤其是年轻干部，在城市里出身，在优渥环境中成长，通过考试进入体制内，几乎很少有与相对落后的农村百姓一起生活和经历的机会。普通百姓的生活愁苦，干部很难理解，眼里心里只有赶紧完成领导交代的任务、尽快收工回家、尽量不被问责、要求，甚至训斥群众配合自己工作这些内容，而很少设身处地为群众着想，主动为群众解决难题。鉴于此，必须畅通密切干群关系的通道，为干部群众感情生成提供共同生活实践支持，"提升和拓展干部问政于

---

① 法律出版社法规中心. 中国共产党常用党内法规全书［M］. 北京：法律出版社，2021：3-6.
② 法律出版社法规中心. 中国共产党常用党内法规全书［M］. 北京：法律出版社，2021：6.

民、问计于民、问需于民的频次和途径"①。至于如何畅通密切干群关系的通道，2014年3月，中共中央办公厅专门印发《关于完善党员干部直接联系群众制度的意见》，从完善调查研究制度、联系点制度、挂职任职制度、定期接待群众来访制度、与干部群众谈心制度、征集群众意见制度、党员承诺践诺制度、市县党代表直接联系群众制度八个方面提出意见。② 此外，《关于新形势下党内生活的若干准则》（2016）第五部分"保持党同人民群众的血肉联系"中也提出"改进和创新联系群众方法，建立和完善民意调查等制度，利用传统媒体和互联网等各种渠道了解社情民意，倾听群众呼声，密切党群干群关系，把对上负责和对下负责一致起来，着力实现好、维护好、发展好最广大人民根本利益"③。实践中，应该重视并一一落实。

综上所述，健全干部群众感情培养机制，让干部对群众产生深厚的感情，生出为民情怀，是发挥干部群众感情激励其担当作为的必要举措。当前，应该提升干部的"共情能力"，为其群众感情生长奠定心理基础；加强党性宗旨和群众路线教育，为干部群众感情生成提供思想价值支撑；畅通密切干群关系的通道，为干部群众感情生成提供共同生活实践支持。

二、创新干部信任激励模式

新时代，在多中心任务要求和全过程监督形势下，对干部进行信任激励不可能一蹴而就，而是需要在实践中不断创新信任激励模式，保证在不改变现有体制和不削弱党组织领导力的情况下，还可以让干部感受到来自组织的信任。武汉大学杨华教授对湖南X县N镇进行了有益探索，通过建立"片线结合"制度调动了该镇绝大部分干部的担当作为积极性，取得了不错的效果，值得借鉴（见表13）。

---

① 郑传芳. 党群联系与实现中国梦的重要关系 [J]. 科学社会主义, 2014 (5): 59-62.
② 法律出版社法规中心. 中国共产党常用党内法规全书 [M]. 北京: 法律出版社, 2021: 479-481.
③ 法律出版社法规中心. 中国共产党常用党内法规全书 [M]. 北京: 法律出版社, 2021: 299.

表 13 湖南 X 县 N 镇的"片线结合"制度及其信任激励功能

	实施背景	实施步骤	信任激励功能
湖南 X 县 N 镇 的 "片 线结合" 制度	以"三定"(定部门职责、定内设机构、定人员编制)方案为核心的政府机构改革没有解决乡镇本身的问题,主要表现为乡镇本身的工作没有划拨相应的资源。这使得如何调动干部积极性去完成乡镇本身的工作成为一大问题	1. 工作分类:将乡镇工作分为党政工作、科层工作、"片区"工作和重点线工作四类 2. "双向选择":将不同的人配置到不同的工作岗位,达到人与事、人与人之间的优化组合	1. 体现了县委对乡镇领导的信任,给予其工作机制创新的自主空间 2. 体现了乡镇主要领导对中层管理干部的信任,给予其一定的人事自主权 3. 体现了中层管理干部对一般工作人员的信任,给予其一定的选择权 4. 体现了一般工作人员对直属领导的信任,愿意与其一起共事

资料来源:杨华.县乡中国:县域治理现代化［M］.北京:中国人民大学出版社,2022:57—90.

第一,X 县 N 镇"片线结合"制度实施背景。2019 年 3 月,随着以"定部门职责、定内设机构、定人员编制"的"三定"方案为核心的地方机构改革任务基本完成,湖南 X 县根据省里要求也对全县乡镇机构进行了全新设置。先后设置了包括党政综合办公室、党建办公室、社会事务综合服务中心等在内的 10 个部门。每个部门对应市县职能部门的相应机构,承接这些机构下达的行政业务,从而保证了"职责同构",解决了县级各职能部门任务到乡镇后落地的问题。但是,这次改革并没有能够解决乡镇本身的问题。一是没有考虑乡镇的特色事务、新生事务以及重点业务等,没有划拨相应的资源。二是没有考虑乡镇人岗匹配问题。机构改革是按照专业的人干专业的事的原则进行的,可是乡镇工作专业性不强,更多需要考虑干部的能力、经验、特点、禀赋、关系等才能完成特定工作。那么,如何调动干部积极性去完成乡镇本身的事务就成为一大问题。"片线结合"制度在不改变现有体制情况下,进行了机制创新,从而调动了干部完成乡镇本身工作的积极性。

第二,X 县 N 镇"片线结合"制度实施步骤。所谓"片线结合"制度是指依据内容不同将乡镇工作划分为不同类型,再通过"双向选择"方式"将不同的人配置到不同的工作岗位上,达到人与事、人与人的优化组合"①,从而全面调动乡镇干部的积极性。一是划分工作类型,规划岗位和人员配置数额。N 镇根据本乡镇的实际情况,将该乡镇的工作共分为党政工作、科层工作、"片区"

———————

① 杨华.县乡中国:县域治理现代化［M］.北京:中国人民大学出版社,2022:57.

工作、重点线工作四大类。其中，党政工作由 13 名班子成员承担，人数占全部在岗人员的 9.29%；科层工作，也就是"坐办公室"，完成上级职能部门交办的常规任务的工作，规划配备 53 名工作人员，人数占比 37.86%；"片区"工作，又称为"工作"，负责包干村或社区的全部事务。N 镇共划分了 4 个"片区"，每个片区由一个"片长"和若干"片员"组成。规划安排 27 名工作人员，占比 19.28%；重点线工作，也称为"重点工作"。N 镇的重点线工作包括综合治理、维护稳定的重点工作和重点工程线工作。其中，重点工程线工作最为重要，由镇人大主席主管领导，下设办公室主任一名，同时还将所辖区域分为 4 个片区，每个片区有"片长"一名，负责片区内重点工程矛盾解决。总之，N 镇的重点工作规划安排 47 名工作人员，占比 33.57%。通过合理划分，N 镇的所有工作任务都清晰明了，需要的人数也清晰可见。二是"双向选择"。"片线结合"制度之所以能够产生信任激励效能，关键在于允许"双向选择"，实现人与事、人与人的优化组合。其一，N 镇贯彻了县里提出的"人编分离、混编混岗"政策，除了领导岗位和其他专业性特别强的岗位之外，其他的人员都可以跳出自己编制所在的机构和岗位，选择"科层工作""片区工作"或"重点线工作"。其二，N 镇规定"片长"可以选"片员"，"片员"也可以选"片长"。基本的程序是组织先确定"片区"工作和重点线工作的"片长"人选，然后由"片长"选出自己意向的"片员"，接着由"片员"选出自己意向的"片长"。如果"片长"与"片员"相互选中对方，自然就在一起工作，没有互相选中的可以再次进行选择。N 镇规定"双向选择"每年一次。这也就是说，除了党政工作外，其他的工作岗位经过一年的共事，大家如果想继续一起工作就继续，如果不想则可以重新选择岗位、"片员"和"片长"。

第三，X 县 N 镇"片线结合"制度的信任激励功能。X 县 N 镇"片线结合"制度具有一定的信任激励功能。一是体现了县委对乡镇领导的信任，给予乡镇工作机制创新的自主权。N 镇之所以能够建立起符合自身需求的工作机制，即"片线结合"制度，是得到了 X 县的支持，比如：X 县提出了"人编分离、混编混岗"政策，为进行工作机制创新提供了政策支持。二是体现了乡镇主要领导对中层管理干部的信任，给了中层干部一定的人事自主权，允许他们按照自己的意愿选择工作人员搭配。三是体现了中层管理干部对一般工作类干部的信任，给予他们选择自己意向的工作岗位和直属领导的权利。四是体现了一般工作类干部对直属领导的信任。他们自己选择的领导，自然是更加信任，工作更愿意配合的。同时，"片线结合"制度是包干制，互相对眼的干部在一起工作，主要看工作成效，工作时间管理也有很大的自主空间。所以，总的来说，

"片线结合"制度的信任激励功能是显而易见的，N 镇"片线结合"制度的实施取得了较大的激励效果。

综上所述，湖南 X 县 N 镇实施的"片线结合"制度可以较大程度地调动乡镇干部担当作为的积极性，其他地区，特别是乡镇可以借鉴，同时该模式蕴藏着多层级干部进行信任激励的因子，对于新形势下创新干部信任激励模式具有重要的启发意义。

三、完善落实干部谈心谈话制度

开展谈心谈话是组织关心关爱干部，对干部进行情感激励的重要途径之一。《关于新形势下党内政治生活的若干准则》（2016）明确要求"坚持谈心谈话制度"，"党组织领导班子成员之间、班子成员和党员之间、党员和党员之间要开展经常性的谈心谈话，坦诚相见，交流思想，交换意见。领导干部要带头谈，也要接受党员、干部约谈"。① 当前，谈心谈话制度沦为摆设，不真诚不真心，"一谈了之"和被有心的干部利用为自己谋福利等问题根本上说明目前对干部谈心谈话重要性认识不够，干部谈心谈话制度不健全不完善。应该进一步完善落实干部谈心谈话制度，促进谈心谈话的情感激励功能充分发挥。

第一，提升领导干部对谈心谈话重要性的认识。

谈心谈话制度有没有落实，落实效果如何，关键看领导干部对其的重视程度。实践表明：一个单位内的主要领导认为谈心谈话无足轻重，谈心谈话就不可能落地生根。因此，完善落实干部谈心谈话制度的前提是提升领导干部对谈心谈话重要性的认识。习近平总书记指出："对干部经常开展同志式的谈心谈话，既指出缺点不足，又给予鞭策鼓励，这是个好传统，要注重保持和发扬。"② 这句话深刻揭示了谈心谈话对于发扬党内民主、增进党内团结、强化党内监督，从而激发干部内生动力的重要意义。

首先，开展谈心谈话是发扬党内民主，发挥干部积极性的好方法。毛泽东曾在《中国共产党在民族战争中的地位》中明确指出，干部积极性的发挥"有赖于党内生活的民主化"，"党内缺乏民主生活，发挥积极性的目的就不能达到。大批能干人才的创造，也只有在民主生活中才有可能"。③ 经常开展谈心谈话，

① 法律出版社法规中心.中国共产党常用党内法规全书［M］.北京：法律出版社，2021：301.
② 习近平.习近平谈治国理政：第 1 卷［M］.北京：外文出版社，2022：418.
③ 毛泽东.毛泽东选集：第 2 卷［M］.北京：人民出版社，1991：529.

让干部畅所欲言，及时表达自己的意见建议，领导干部可以借机听从下属心声，也可以将自己的工作思路传达给下属，获得下属的理解。这样做，组织内干部的民主作风自然可以形成，党内民主自然可以得到发扬，干部在民主的氛围中干事，自然会感觉到踏实愉悦，从而愿意多干事、干实事。

其次，开展谈心谈话是增进党内团结，实现组织人文激励的好方法。经常开展谈心谈话，不仅可以为干部释疑解惑，疏通干部的心理症结，而且上下级之间、同级之间在面对面交流交心的过程中感情也会不自觉增加。如此，之后遇到需要彼此合作、相互配合的工作时就会更加顺畅。领导干部应该认识到通过谈心谈话建立的感情比起私下里自己掏钱请客，吃饭喝酒，拉关系搞人情要划算和清爽得多，会更容易让人接受。

最后，开展谈心谈话是强化党内监督，进行反向鞭策鼓励的好方法。党内生活不仅要有民主，也要有监督和集中。开展谈心谈话也不是一味地鼓励，而是针对干部的困惑进行解答，发现干部有思想误区、认识误区，及时进行化解，有缺点要及时纠正。这样做下属反而感谢领导，因为领导帮自己获得了进步，让自己避免了犯错。这种方式也是一种激励，干部认识到不足和错误之后，就会有意识地去提升自己、改正错误，自然是有利于工作效率提升的。总之，只要领导干部真正把谈心谈话当回事，用开展谈心谈话来发扬民主作风、进行防错纠错，以及培养清正廉洁的党内同志感情，那么谈心谈话的情感激励功能一定能够发挥大用。

第二，着力解决"谁去谈、谈什么、怎么谈"的问题。

当下，谈心谈话制度无法落实，除了认识不足之外，还有一个操作困难的问题。《中国共产党党和国家机关基层组织工作条例》（2019）、《中国共产党农村基层组织工作条例》（2018）、《中国共产党国有企业基层组织工作条例（试行）》（2019）等党内条例中都有要求"落实谈心谈话"或"经常开展谈心谈话"的要求。但是没有明确谈话主体、谈话内容和谈话方式等具体内容。实践中，很多组织不知道让谁去谈，谈什么，如何谈，无从下手，只能瞎应付。鉴于此，应该从以下三个方面着力解决。

就谈话主体而言，要按照直属领导权限去谈。也就是说，直属领导应该对其直接领导的下属进行谈心谈话。组织中党委书记应该对班子成员进行谈心谈话；分管领导应该对分管部门内主要岗位负责干部进行谈心谈话；主要岗位负责干部应该对其直接下属进行谈心谈话，"自上而下"依次进行。这样既便于工作开展，也便于干部说实话，因为"越级谈话"会给各层级干部很多"猜想"，低层级的干部也不敢在高级的领导干部面前讲真话，谈心谈话必然落空。

就谈话内容而言，要坚持"七必谈"。所谓"七必谈"是指干部取得成绩时必谈、出现失误时必谈、被问责处理时必谈、思想困惑时必谈、工作困难时必谈、生活困境时必谈、发生矛盾时必谈。也就是说，谈心谈话作为一种制度，应该是为工作服务的，是有针对性地谈，而不是想谈就谈，不想谈就不谈。其中，取得成绩时必谈是为了提醒干部不要骄傲自满，要再接再厉做出新贡献；出现失误时必谈是为了让干部放下心理负担，内心得到宽慰和原谅，及时挽回失误造成的损失，也不要影响后续的工作开展；被问责处理时必谈是为了帮助干部认清问题所在，快速反躬自省，知错能改，善莫大焉，不要因为一时的失意就灰心丧气、一蹶不振，甚至做出极端行为；思想困惑时必谈是为了解决干部的思想症结，以更大的视野、更深的理论功底说服干部，提升干部认知水平，答疑解惑；工作困难时必谈是为了适时指导干部，给干部一些支持和提点，让工作能够开展下去；生活困境时必谈是为了帮扶干部，如果干部生活上有困难，自己不能克服的情况下，组织可以及时相助，帮助其渡过难关，尽量不要让干部因为生活问题而影响工作；发生矛盾时必谈是为了化解矛盾，"化干戈为玉帛"，既看到别人的问题，也看到自己的问题，大家相互谅解、彼此宽容、重归于好，共同为营造组织良好氛围做贡献，不要因为个人恩怨影响了组织团结进步。当然，其他的时候，也可以谈。比如：下属主动约谈时也必须谈。总之，谈心谈话是根据干部需要，有目的、有计划地进行，而不是漫无目的地谈，也不是逮着谁就和谁谈，为了完成任务或者"装门面"而去谈。

就谈话方式而言，要循序渐进，"诚心相待平等谈"和"真心交流深入谈"相结合。对大多数干部而言，一开始谈心谈话都不应该直入主题，而是应该从一些愉快的，彼此熟悉的小事聊起，等到干部差不多放下戒备，愿意说话了再回到正题谈。否则，遇到有些干部不想谈或者心存戒备，或者不善言辞的，谈心谈话会变得异常尴尬。另外，切入正题的谈心谈话态度必须是诚恳的、地位必须是平等的，谈心谈话还要做到相互交心和内容尽量深入。其中，态度要诚恳、地位要平等是因为谈心谈话主要是情感触动激励，而不是"评头论足"，不是"居高临下"教训，也不是工作任务安排。谈心谈话的主客体之间应该是以同志或者说朋友的身份进行，而不是上下级的关系开展。所谓，心诚则灵，平等则成，谈心谈话要本着同志关系，敞开心扉，知无不言、言无不尽、平等交流。另外，谈心谈话必须付诸诚心和尽量深入是因为只有真心才能换真心，只有真情才能见真情，只有深入才能真章。否则，大家浮于表面，"你假我假大家假"，谈心谈话就会沦为一场"表演"。马克思曾在《1844年经济学哲学手稿》中指出："假定人就是人，而人对世界的关系是一种人的关系，那么你就只能用爱来交换爱，只能用信任来交换信任……如果你想感化别人，那你就必须是一个实际上能鼓舞和推动别人前进的人。"① 谈心谈话亦是如此，必须付出真心和尽量深入。

第三，健全干部谈心谈话配套制度。

谈心谈话落地受阻碍，还有一个重要原因是配套制度不健全，造成"一谈了之"和被有心的干部利用为自己谋福利。鉴于此，必须健全完善干部谈心谈话配套制度。

一是要健全与谈心谈话相配套的帮扶制度。谈心谈话是有计划、有目的地谈，谈话过程中不仅要通过政策宣传、思想政治教育等为干部释疑解惑，同时还会询问干部工作、生活等方面的困难，有针对性地予以解决。这些困难定然不是只有思想方面，还涉及工作开展、群众配合、物质难题等方方面面的困难，这些困难不是在谈话的过程中就能解决的，也不是谈话者本人就能解决的，所以就需要建立与谈心谈话相配套的帮扶措施。针对谈心谈话中发现的问题、困难，进行对应的帮扶解决，这样干部才能真正感受到组织的关心关爱，否则干部会觉得谈心谈话就是在浪费时间，谈了半天，什么问题也解决不了，就没必要再谈了。

二是要建立谈心谈话效果反馈制度。解决"一谈了之"问题，除了有针对性地进行帮扶外，还需要进行谈心谈话效果反馈。每一次谈心谈话结束后要对谈心谈话的效果进行跟踪反馈。谈心谈话后干部是否有所改变，有多大改变，干部对谈心谈话有没有什么意见和建议，应该及时搜集信息，进行效果反馈。效果反馈的目的是为接下来调整和优化谈心谈话提供参考，让谈心谈话制度在不断优化中达到理想的激励效果。

三是建立谈心谈话监督制度。任何一项制度的实施都需要监督做保障，谈心谈话也是如此。当前，有些地方是谈心谈话不受重视，沦为摆设，需要监督予以推动落地；有的单位则出现了干部利用谈心谈话向组织哭穷、卖惨，千方百计让组织给自己开绿灯，影响整个单位正常的工作、培训等安排，导致其他干部很不满，产生了不好的风气。针对这种新情况，必须建立谈心谈话监督制度，让谈心谈话在正常的轨道上运行，对于有些干部利用谈心谈话为自己谋福利的情况要采取措施进行制止，甚至处罚。

综上所述，完善落实干部谈心谈话制度，确保谈心谈话落地生根是当前解

---

① 中共中央马克思恩格斯列宁斯大林著作编译局 . 马克思恩格斯文集：第 1 卷 [M]. 北京：人民出版社，2009：247.

决干部谈心谈话未落实走心，谈心谈话的情感激励功能未能充分发挥的必要举措。具体应该通过提升领导干部对谈心谈话重要性的认识，着力解决"谁去谈、谈什么、怎么谈"的问题和健全干部谈心谈话配套制度予以完善。

四、建立干部心理健康保障机制

"良好的心理是干部全面发展的基础，也是干部把握角色、履行职责、取得业绩的重要支撑，更是干部担当大任的重要心理品质。"[1] 当前，干部在压力体制和压力环境下工作，产生了诸如职业倦怠、焦虑烦躁、紧张抑郁、孤独压抑、偏执、强迫、嫉妒、争强好胜等各种不健康心理，严重影响干部心理健康，影响干部履职尽责、担当作为。这在一定程度上也反映了组织对干部心理健康问题的关注不够，未能充分发挥关心关爱干部心理，以调动其积极性的作用。鉴于此，必须建立干部心理健康保障机制，把组织对干部的心理健康关注落到实处，具体可以按照"事先预防—尽早发现—及时治疗"的逻辑，对干部心理健康问题进行预防、预警和干预。

第一，对干部心理健康问题进行预防。

这里的"预防"是采取措施，将干部可能出现的心理健康问题扼杀在萌芽中，使其不会对干部担当作为、干事创业造成明显的消极影响。组织对干部可能出现的心理健康问题进行预防，一要对干部进行心理健康教育。虽然针对干部开展的思想政治工作已经具备了心理建设与心理疏导的内涵，发挥了调适情绪、关心干部等作用。但是，思想政治工作毕竟缺乏专业的心理学知识支撑，对干部心理危机解决缺乏组织性和针对性，还是需要进一步扩大心理健康教育在干部教育工作中的比重。具体而言，要规划设计各类干部心理健康培训课程，加大干部心理健康教育活动的开展，进行"心理健康科普宣传，举办职场人际关系、情绪调节等方面公益讲座"[2]，以增长其心理学知识、提高其心理健康意识和端正其对心理咨询的看法。二要对干部进行抗压训练。干部因成长环境、经历、体质等不同而导致心理素质和抗压能力不同，遇到同样的问题，有的干部云淡风轻，有的干部则焦虑难眠。随着体制内出现越来越多的年轻干部，他们出身于改革开放的大环境，从小没有受过苦、挨过饿，也没有经历什么大风

---

① 王双丽. 常态化疫情防控背景下加强领导干部心理建设与心理疏导的路径［J］. 领导科学论坛，2022（3）：116.

② 关于印发全国社会心理服务体系建设试点工作方案的通知［J］. 中华人民共和国国家卫生健康委员会公报，2018（11）：11.

大浪，自然心理素质和抗压能力没有老干部强劲。针对这种情况有必要对干部进行抗压训练，各种途径锻炼他们的意志、训练他们的心理素质，提高他们的抗压能力。首先，对干部进行体能训练。人的身体和心理是统一的，身体好了，心理素质也会提升。组织可以督促干部坚持体育锻炼，适当对干部进行拉练训练和举办一些适合干部的体育活动，让干部保持健康身体、充沛精力的同时，也增强其抗压能力。其次，对干部进行实践锻炼。组织安排干部到一线、边远落后地区工作，在"急难险重大"任务中担当负责，可以切实提升干部抗压能力。最后，要引导干部个体进行自主压力应对。例如，提醒和教会干部通过合理管理时间、科学设计职业发展规划、积极心理暗示、健身锻炼、读书、听音乐、休假、多与亲近的人沟通交流等方式排减日常工作压力。就合理管理时间而言，通常，当一个人面对模糊性和不确定性的任务时，内心会充满焦虑。那么，如果教会干部运用时间管理的四象限法则，把任务按照重要性和紧急性划分为重要紧急、重要非紧急、非重要紧急、非重要非紧急四大类，然后对照各种工作任务，找出重要的事，再通过建立日清日结表单、项目管理表格等来安排具体时间的工作内容、完成时间点以及未完成的原因说明，使工作条理化、明晰化则可以帮助其减轻焦虑。① 当然，还可以通过其他途径预防，具体采用什么方式需根据干部需要进行设计。

第二，对干部心理健康问题进行预警。

这里的"预警"是指进行干部心理测评，对可能存在的心理问题做出危险报告，以避免心理问题在干部和组织不知情的情况下发生、蔓延。"预警"的目的是尽早发现干部心理问题，方便及时应对解决。对干部心理健康问题进行预警可以采取干部自察自测和组织开展测评相结合的方式。一是干部自察自测的方式。干部在日常工作中，要善于察觉自身的压力，提高自我对压力的觉知性和预警性，从生理上、心理上、行为上以及认知上的信号去自查，也可借助心理测评工具去自我检测，最好能定期进行心理体检。如果发现问题应该及时报告组织，进行心理干预和治疗，不能拖着不说，直到出现无法挽回的事情组织才知晓。二是组织开展干部心理测评的方式。一方面，要对干部进行常规心理测评。常规心理测评在时间上要做到定期测评，在范围上要全覆盖。关于定期测评，目前大多数单位对干部每年进行一次体检，以保证其身体健康，那么心理健康的检测可以与之同步，只要在体检项目中纳入心理检测的内容即可。关

---

① 胡月星，袁书杰. 基层领导干部的压力状况与应对策略［J］. 中国党政干部论坛，2017（6）：80-81.

于在范围上全覆盖。所有干部不论其职务、年龄、性别、编制状况如何，都应该进行心理测评，体现组织对所有干部心理健康的关注关心，是一视同仁的。另一方面，要开展针对特殊时期、特殊岗位干部的心理测评。特殊时期干部的心理测评，是指干部在承担"急难险重大"任务和生活状况发生明显变化的时候要及时检测和评估干部心理，以免干部因压力过大和不良情绪做出一些"出格"的事情。比如：在疫情防控的时候，有的干部由于长时间身体心理透支，出现暴躁、抑郁等心理问题；有的直接和群众产生冲突；有的夜夜失眠，精神处于随时可能崩溃的境地。这时候，组织需要对在疫情防控一线坚守时间较长的干部予以关心，不仅是口头上的感谢和物质上的补贴，还需要对其心理状况进行检测评估，保证其心理健康。特殊岗位干部的心理测评，是指针对一些关键岗位、重要岗位的干部进行心理检测和评估。比如：疫情防控期间的医护岗、抢险救灾中的应急处理岗，还有单位"一把手"的干部需要进行心理检测和评估。因为一旦这些身处关键岗位、重要岗位的干部心理出现问题，造成的后果是不堪设想的。总之，对干部心理问题进行预警的关键是通过各种途径对干部心理状况进行排查，尽早发现干部心理问题。

第三，对干部心理健康问题进行干预。

这里的"干预"指的是对已经出现心理问题的干部及时治疗，使其尽快回归健康状态。开展治疗服务可以将心理咨询、心理治疗纳入医保，让有需要的干部及时找专业医生疗治，必要时请病假休养。也可以探索成立机关事业单位心理咨询室，聘请专门的心理咨询师，为干部提供专业的心理咨询和治疗服务。[1]《全国社会心理服务体系建设试点工作方案》（2018）第3章第3节"健全机关和企事业单位心理服务网络"中，提到针对规模较大、职工较多的党政机关和企事业单位可以依托本单位党团、工会、人力资源部门、卫生室，设立心理辅导室，建立心理健康服务团队；针对规模较小的机关和企事业单位可通过购买专业机构服务的形式，对员工提供心理健康服务；针对公安、司法行政、信访等特殊岗位人员可以配备一定数量的专业人员，成立危机干预专家组，对系统内人员和工作对象开展心理咨询、危机干预等服务。[2]

综上所述，建立干部心理健康保障机制，是组织关心关爱干部心理，调动其积极性的重要举措，具体需要对干部可能出现的心理问题进行预防、尽早发

---

① 刘金凤. 领导干部面对政治压力心理扭曲的表现与矫正之策［J］. 领导科学，2020（15）：98.

② 关于印发全国社会心理服务体系建设试点工作方案的通知［J］. 中华人民共和国国家卫生健康委员会公报，2018（11）：11.

现干部心理健康问题，并且对已经出现心理问题的干部及时干预治疗。

第五节　厘清激励约束关系，实现动态平衡

　　激励与约束之间有着天然的联系。当前，一些激励机制无法有效运行，致使干部队伍中出现了不想、不敢和不能担当作为的问题，除了激励机制本身的缺失或不够健全完善之外，还有一个共性的原因是实践中没有处理好激励与约束的关系，激励与约束之间或激励机制与约束机制之间出现了失衡问题。比如，上文提到的，监督问责泛化、泛滥导致干部不敢担当负责，从而责任使命的激励效用就弱化了；任务"政治化"、机构编制规范化，监督问责全面化，自治组织行政化之后，干部政策转化、机制创新、民主自治的空间缩小了，授权信任的激励效果就下降了；工资津贴补贴乱象整治后没有建立起正常的薪资福利调整机制，部分干部的实际收入下降严重，物质激励动力就不足了；压力体制下，习惯对干部严格要求、严厉问责、层层加码，但是主动关心关爱却不足，导致情感激励功能无法正常发挥作用；职务职级晋升中的"暗箱操作"问题整治不够，所以公平晋升激励效力就不足了等。

　　鉴于上述情况，当前，完善干部担当作为激励机制必须在总体上厘清激励约束关系，确保干部激励约束机制的动态平衡。习近平总书记每每谈及调动干部积极性，更好地激励干部担当作为、干事创业时总是要强调，坚持"严管和厚爱结合、激励和约束并重"① 原则。"严管"与"约束"是一致的，"厚爱"与"激励"是一致的，"严管和厚爱相结合"实际上等同于"激励和约束并重"。该原则的提出在根本上要求组织通过处理好激励约束关系去激发干部干事热情，调动干部担当作为积极性。结合现实中存在的问题，日前，处理好激励约束关系，首先要领会激励约束动态平衡理想状态，其次要准确把握干部激励约束失衡问题，再次要建立干部激励约束失衡预警机制，最后要做好干部激励约束动态平衡修复工作。

一、领会激励约束动态平衡理想状态

　　动态平衡是对干部进行激励与约束的最佳状态和理想模式，是干部管理部

① 习近平．决胜全面建成小康社会 夺取新时代中国特色社会主义伟大胜利：在中国共产党第十九次全国代表大会上的报告［M］．北京：人民出版社，2017：64.

门的应然价值追求。① 领会干部激励约束动态平衡的理想状态，先要认清激励与约束的辩证统一关系。

首先，激励与约束相互区别。就干部管理而言，激励与约束相互区别体现在五个方面：一是概念不同。激励是通过某种刺激，使干部变得兴奋活跃起来，以调动其积极性、主动性、创造性；约束是通过一定手段，对干部的言行做出事先规定，以规范干部的言行，将其限制在组织期望和允许的范围之内。二是目的不同。激励的目的是增加干部良好言行发生的概率。约束的目的是规范干部的言行，凡是符合组织期望的、正确的言行就大力支持，凡是不符合组织期望的、不正确的言行就严格控制，甚至惩戒。三是针对性不同。激励主要是针对干部的良好言行，是激发干部担当作为的动力；约束主要针对干部可能出现的不良言行。四是基本实现手段不同。激励主要是通过增加良性刺激和减少厌恶刺激的方式实现，如物质奖励和容错免责；约束主要是通过制定规范性文件的方式实现，如法律约束、纪律约束等。五是作用时间不同。激励在事前、事中和事后都能发挥作用，约束主要是在事前和事中发挥作用。

其次，激励与约束有共同之处。激励与约束都是干部管理中不可或缺的重要组成部分，具有共同的工具属性和价值追求。一是共同的工具属性。无论是激励还是约束，它们实际上都是作为引导干部行为的手段而存在的，具有同样的工具性质。二是共同的价值追求。在积极方面，组织无论通过激励的手段，还是通过约束的手段，根本上都是为了引导干部"向善"，向正面的、好的方向发展，做出有利于组织的行为，摒弃不利于组织的行为。

最后，激励与约束是引导干部行为的一体两面，二者互为补充，也互为边界，缺一不可。

一是二者互为补充。如果只有激励，没有约束，干部就会肆无忌惮，想干什么就干，怎么对自己有利怎么来。这样做的结果是干部会无限放大自己的外在利益需要，变得自私自利，全然不顾他人和集体的诉求。如此一来，党纪国法就不会被遵守，歪风邪气就会肆虐，政不通人不和，组织最终只能走向失败或覆灭。英国政治家、哲学家霍布斯（Thomas Hobbes）曾在其著作《利维坦》中描述了一种"自然状态"。他指出，在"自然状态"下，每个人都需要世界上的每样东西，也就有对每样东西的权力，但是因为世界上的东西都是不足的，所以这种争夺权力的"一切人对一切人的战争"便永远不会结束，而人生在这

---

① 任群委. 我国公务员激励与约束的动态平衡研究［D］. 北京：中央党校（国家行政学院），2021：58.

种自然状态下便是"孤独、贫困、卑污、残忍而短寿"的。① 这种自然状态的描述一定程度上说明：干部在只有激励、没有约束情况下是不可控的，对组织的健康有序发展是相当不利的。如果只有约束，没有激励，干部就会失去生机活力。一种情况是干部因害怕出错被惩罚被问责而不敢担当作为，即使做事也战战兢兢、瞻前顾后、犹犹豫豫，严重影响行政效率。另一种情况是干部会为了保证不出错、不被问责，严格遵照法律法规和上级的表面要求做事，不去深究内涵，机械式作业增多，全然不顾本地和客观实际，不变通，只对上不对下、只注重结果不注重过程、只看表面不看内里，从而导致形式主义泛滥，民怨沸腾。还有一种情况是干部会做无声的反抗，也就是会出现大量懒作为、慢作为、不作为的现象，实际上是干部表达了对组织过度约束和付出得不到理想回报的不满。

二是二者互为边界。恰当的激励与约束，可以有效引导干部行为，使其向有利于组织的方向发展。恰当的激励与约束就是既有激励，也有约束，在激励中约束，在约束中激励。激励以不会使干部肆意妄为为边界，约束以不会抑制干部的正常行为、善意行为和创造性行为为底线。恰当的激励让干部知道"应该做什么"，还可以使干部的行为由"懒作为、慢作为、不作为"转为积极担当作为；恰当的约束告诉干部"不应该做什么"，可以让"乱作为"的干部收敛，也可以让"懒作为、慢作为、不作为"的干部得到警醒，为了避免惩罚，他们也会积极作为，从而起到负向激励作用。

既然激励与约束二者既有区别又有联系，既互相补充又互为边界，那么完善干部担当作为激励机制就必须恰当把握激励与约束的关系，为积极干事者提供有力激励，为"庸懒散慢"和"乱作为、不作为"者划出清晰"红线"，形成二者协调联动、共同发力的良好格局。② 基于对激励约束辩证统一关系的理解，干部激励约束动态平衡的理想状态可以概括为以下三方面的内容：

第一，激励机制的动态平衡。所谓激励机制的动态平衡就是指对干部的激励既不会不足，也不会过度，组织实施的激励举措刚好满足干部的激励需要，同时能持续。从干部角度看，激励机制的动态平衡体现为干部在担当作为的时候，内心是心甘情愿的，是感到精神满足的；在担当作为之后觉得自己的付出与回报基本持平，不会因感到付出大于回报而心有不甘。从组织角度看，激励

---

① 霍布斯. 利维坦［M］. 黎思复，黎廷弼，译. 北京：商务印书馆，1985：94-95.
② 万庄. 关于完善干部激励约束和容错纠错机制的几点探讨［J］. 中国行政管理，2018（10）：87.

机制的动态平衡体现为组织激励资源的供给是可持续的，不会因为过度激励而导致激励不能持续，也不会因为激励不足而导致干部干事热情消减。

第二，约束机制的动态平衡。所谓约束机制的动态平衡是指对干部的约束既不会不足，也不会过度。换言之，对干部进行约束的下限是现实中不会出现大量干部违法违纪，上限是不会出现大量干部因害怕被问责而不敢担当作为。约束机制动态平衡要求组织严格按照法律法规实施监督，按照既符合法理又符合事理、情理的原则进行问责，避免监督问责失效和监督问责泛化、滥用，以及不当问责。

第三，激励约束机制之间的动态平衡。所谓激励机制与约束机制的动态平衡是指二者能够相辅相成、互为补充，共同引导干部行为向组织期望的良性方向发展。一方面，体现为激励机制与约束机制的运行不会相互掣肘。也就是说，现实中不会出现因约束不足、约束过度而导致激励失灵的问题，也不会出现因激励不足、激励过度而导致约束失效的问题。另一方面，体现为激励机制与约束机制都能实现自己的价值理想。也就是说，二者的运行都有利于干部人格的健全或人性的完善，有利于干部朝着自由全面发展的人的方向迈进。试想，如果激励机制和约束机制的运行不利于干部健全人格的养成，而是导致干部出现了"灰色动机"① 或者形成了胆小懦弱的性格，那么势必意味着激励约束机制已经出现了不平衡的问题。

综上所述，干部激励约束动态平衡的理想状态包括激励机制的动态平衡、约束机制的动态平衡和激励约束机制之间的动态平衡三个方面的内容，每一个方面的动态平衡都有其特定的内涵，要深刻体悟之。

二、准确把握干部激励约束失衡问题

想要实现激励约束机制的动态平衡，必须准确把握激励约束失衡问题，做到对症下药，否则会走向反面。在理论上，激励约束失衡主要有四个方面的表现，分别为激励不足、激励过度、约束不足和约束过度，② 而且不同的失衡状态

---

① "灰色动机"是指"公务员在工作过程中获取违反党规党纪、法律法规、社会公德、职业伦理等公务员行为规范的物质或精神需求的念头，包括单位违规发放的各类奖金、福利等"。（见任群委. 我国公务员激励与约束的动态平衡研究 ［D］. 北京：中共中央党校（国家行政学院），2021：58.）

② 邹照菊. 国有企业激励与约束的均衡机制探索 ［J］. 财会通讯，2005（5）：66.

会对干部行为、显性激励机制①和潜性激励机制②的效用发挥以及组织下一步进行激励的难易程度造成不同程度的影响。（见表14）

表14　激励约束失衡的四大表现及其后果（理论层面）

表　现	后　果
激励不足	1. 挫伤干部担当作为积极性； 2. 当干部的高欲望无法满足时会逐步转为低需求、低期望
激励过度	1. 潜性激励机制占据主导地位； 2. 干部的欲望变大，"灰色动机"增加，显性激励权威被削减，难以发挥作用
约束不足	1. 干部乱作为、徇私舞弊、违法乱纪等问题增加； 2. 显性激励难以发挥作用
约束过度	1. 干部因害怕被问责，不敢担当作为； 2. 干部用行为上的"懒作为、慢作为、不作为"抵抗"约束过度"带来的心理不适； 3. 为了工作而工作，为了迎检而工作，形式主义增多

　　关于激励不足。激励不足是指组织所采取的激励举措不足以调动干部队伍担当作为的积极性、主动性、创造性。激励不足会导致现实中不少干部存在"懒作为、慢作为、不作为"等问题，组织行政效率下降；长时间的激励不足后干部不再对组织抱有幻想，有的干部会选择离职，另谋高就；有的干部则会调整自己的"高需求"为"低需求"，在低需求、低欲望状态下做事情，不会竭尽全力，主要是维持生存需要，保住自己的"铁饭碗"。关于激励过度。激励过度是指在缺乏有效监督和约束的情况下，干部有很多机会可以寻求自身利益的最大化，因而特别有活力。这种情况下，干部只要谋事做事就有机会获得灰色收入，还有不少干部通过巧立名目、违规发放薪资福利以及徇私舞弊、贪污腐败等不法途径为自己谋利益，所以激励过度下的干部积极性主要是因为潜性激励机制在发挥着巨大作用。潜规则到处横行，显规则的权威自然就会被削减。③所以当激励过度时，正式的制度化的显性激励机制效用很难发挥，甚至会失效。

---

①　显性激励机制是指正式的、制度化的激励机制。

②　潜性激励机制是指非正式的、非制度化的激励机制，是按照领导者个人意志进行的激励，包括各种贪污腐败所得和违规发放的工资津贴补贴等。潜性激励的存在会削减显性激励的权威，弱化显性激励的效用。

③　张宇，王涛. 干部潜性激励机制的负面效应及化解思路［J］. 领导科学，2017（12）：17.

干部不关心正式的薪资多少，干事主要是为了谋取灰色收入，享受隐性福利。长期的激励过度会导致干部的"灰色动机"越来越大，欲求越来越多，当组织的激励资源难以跟进，或者组织想要对各种薪资福利"乱象"进行整治，实现干部治理的法治化目标时，正式的制度化的显性激励机制将失去效用，干部心理将产生严重的落差，在行为上会以消极作为，或者不作为进行抵抗。这也就是说，之前的激励过度将导致之后的激励欲求膨胀和激励不足。关于约束不足。约束不足是指组织对干部的行为缺乏有效的监督约束。约束不足造成的影响与激励过度造成的影响是一样的。一是干部乱作为、违规违法行为增加；二是潜性激励发挥主导作用，显性激励效用被消减。三是干部"灰色动机"被纵容，出现高欲望、高需求，正常的激励越来越困难，难以满足干部需要。关于约束过度。约束过度是指组织在对干部的从严监督、从严管理、从严问责、从严要求中出现了一些机械化、僵硬化或非人性化的做法，以及监督问责泛化、滥用，导致干部心理不适、担心被问责而不敢作为、不作为，并且会造成政策"局部空转"，形式主义蔓延。

基于对激励不足、激励过度、约束不足、约束过度及其后果的理论认识，再综合党的干部思想、我国干部管理实践、现实中干部的主观感受等，可以得出结论：当前我国干部激励约束机制确实存在失衡问题，主要表现为激励不足、约束不足和约束过度同时存在。

第一，当前存在干部激励不足的失衡问题。当前，干部激励不足的具体表现上文已经深入论述，包括精神激励效用弱化、政治激励渠道不够通畅、物质激励动力不足、情感激励功能未有效发挥等。造成当前干部激励不足的原因很多：

一是因为作为使命型先锋政党，中国共产党在干部激励问题上存在思想认识上的不一致和动荡问题，有时对干部激励的重视不够。中国共产党长期以来强调干部的"公仆"本质，强调干部要有共产主义远大理想，有为中国人民谋幸福、为中华民族谋复兴的历史使命担当，在实践中自觉做到"我将无我、不负人民"，甘愿为共产主义事业无私奉献，甚至必要时牺牲自己的生命。所以官方话语中，对于干部激励的强调较少，党的十八大以来尽管中央已经强调"坚持严管和厚爱结合、激励和约束并重"①，要求完善干部担当作为激励机制，激励干部勇于担当、善于作为，但是在执行过程中还是有所顾虑，不知如何把握

① 习近平. 决胜全面建成小康社会 夺取新时代中国特色社会主义伟大胜利：在中国共产党第十九次全国代表大会上的报告［M］. 北京：人民出版社，2017：64.

激励与约束的"度"，担心过度激励不符合国家对干部的无私奉献要求，所以很多激励举措没有得到很好的贯彻落实，干部的正常权益没有得到应有的保障。一位干部表示："许多规定听听就行了，千万别当真，我这每天都加班，也没见加班费，每年休息天数十个手指头都能数过来。"因此，总体来说，给干部的印象就是不需要激励，激励不足。

二是因为过去的"激励过度"导致现在的"显性激励"效用难以发挥。过去"激励过度"是说党的十八大之前，我国对干部的管理约束偏少，存在很多不规范的问题。而且，改革开放和社会主义现代化建设新时期，为了最大程度地调动干部队伍积极性，以保证我国经济快速发展，让人民"摆脱贫困"，过上富裕的生活，国家下放干部管理权限，给予地方干部在经济发展、人事调动、薪资福利发放等方面很多的自主权。随着市场经济的深入发展，地方经济财富迅速积累，干部却在此过程中不知不觉变得腐化堕落了，有些单位的干部变得目无党纪国法，根据领导者个人意志进行晋升激励、物质激励，导致各地区工资津贴补贴出现乱象，"隐性激励"占据了主导地位。党的十八大之后，工资津贴补贴乱象被整治，"隐性激励"被遏制，剩下的"显性激励"已经很难满足干部的高欲望，自然是无法发挥效用。有些干部觉得没有了"隐性激励"就是没有了激励，因此不再积极担当作为。

三是因为党的十八大之后干部激励机制未能随着政治社会环境的变化及时做出调整，干部较高的激励需求与国家有限的激励举措之间的矛盾突出。党的十八大之后，随着全面依法治国、依法执政、依法行政工作的有效推进，干部必须在法治范围内工作，按照法治原则、法治规范和法治方式行政、行为已经成为共识。这时候，原先的"隐性激励"模式已经不再适应新形势，必须尽快建立一套正式的"显性"的干部激励系统以满足干部的强烈激励需要。但是在问责主导情势下，尽管国家也提出一系列激励举措，显性激励系统还是未能真正建立和运行起来。

第二，当前干部约束不足和约束过度的失衡问题同时存在。当前，干部激励约束存在失衡问题，比较复杂的一点就是约束不足和约束过度的问题同时存在。其一，之所以说当前存在干部约束不足问题，是因为滋生腐败的土壤依然存在。实践中还有不少干部心存侥幸、顶风作案，在党的十八大之后不收敛不收手，违法乱纪和贪污腐败借助高科技走向了更加隐蔽的形式。只要有贪污腐败、违法乱纪的行为存在，担当作为的干部就会被排挤，"劣币驱逐良币"的问题就没有彻底解决，正式的显性激励机制就无法正常运行，因此，约束工作还要继续。

　　其二，之所以说当前存在干部约束过度问题，一方面是就干部的主观感受而言的，另一方面是就客观存在的约束失范问题而言的。从干部的主观感受看，党的十八大之后，党和国家采取的一系列监督问责举措，给广大干部的总体感受就是自己处于一个巨大的监督网络之中，时时刻刻都可能被发现问题、被问责处理，心理很不适应，每日战战兢兢的，觉得约束实在是太多了，约束已经过度了。从客观存在的约束失范现象看，当前集中体现为问责泛化和问责不当。说到底，对真正清正廉洁、担当作为的干部而言，其根本不怕监督，不怕约束，而是害怕被伴随监督约束而来的问责。如果问责是合法合规合理的，干部自然心服口服，这时，问责起到的主要是激励作用。但是，一旦问责泛化，为了问责而问责，问责不合法不合规，问责不合情理，不能让人信服，问责就会变成"洪水猛兽"，变成束缚人的枷锁，使干部谈及问责就色变，自然就是约束过度了。

　　当然，对于干部主观感受方面的"约束过度"要有清醒认知，因为其虽然反映了部分现实问题，但是也夹杂着干部的一些"不良认知"和"过渡情绪"。有的干部本来"入党""考公"和"晋升领导职务"的动机就不纯，只是为了谋取私利、获得"灰色收入"或者有一个稳定的饭碗，而不是真正想为公共利益服务、为人民服务，所以当"灰色收入"减少或禁止、贪污腐败被大力查处、实行全面监督、要求严格落实依法行政时，相当于打破了他们的美梦，他们自然不乐意，就会有各种诉苦行为；有的干部是习惯了在监督少的环境中工作，一时间各种监督增多，他们还来不及适应，所以会有一些"过渡情绪"，等到时间长了，适应了就好了。党和国家实施对干部的管理，不能只考虑干部的情绪和现实需要，还要考虑历史传统、考虑长远效能、考虑组织的激励约束资源状况以及组织外部环境等。

　　综上所述，当前干部激励约束失衡，既体现为激励不足，也体现为约束不足和约束过度，这三个失衡问题同时存在造成整个干部激励约束系统的失衡，对于这个问题必须予以重视和解决。

三、建立干部激励约束失衡预警机制

　　知道干部激励约束动态平衡的理想状态，也知道当前存在激励不足、约束不足和约束过度同时存在的失衡问题，接下来就是要解决问题。由于现实中不同地区、不同部门、不同单位干部激励约束失衡问题并不一样，具体表现更是五花八门，所以想要针对性地解决激励约束失衡问题，还需要先建立干部激励约束失衡预警机制，畅通干部激励战略与约束实施意见反馈渠道，及时发现各

类问题。结合当前实际，需要从以下三个方面着力：

第一，认识层面：要重视激励约束失衡问题，提升各主体的动态平衡意识。

发现问题的前提是要有问题意识，如果连问题意识都没有，是不可能发现问题，更不可能解决问题的。过去，受制于各种主客观因素，在干部激励约束动态平衡方面，党和国家未能予以充分的重视，为什么需要平衡、失衡问题表现有哪些、如何平衡，在认识上不仅存在不足，而且非常滞后，常常是出现了严重的局面才想办法弥补。例如，党的十八大之前，我国对干部的管理以激励为主，目的是充分释放改革潜力，让更多干部放开手脚积极投身改革发展事业，所以采取了下放权力、竞争性选拔、物质激励等多种手段，结果干部薪资福利违规发放、贪污腐败愈演愈烈，党和国家对干部的约束工作开展变得日益困难，约束不足成为一大问题。党的十八大之后，为了克服约束不足造成的一系列负面影响，党和国家大力反腐倡廉，"老虎""苍蝇""蚊子"一起打，一体推进不敢腐、不能腐、不想腐，建立国家监察机关，严厉监督问责，形成了从严管理、监督、问责、约束的新局面。此时，实践中又发现了约束过度，而激励不足的问题。为了克服这种类似"亡羊补牢"的做法，必须在新时代背景下坚持严管和厚爱结合、激励和约束并重，着力强化干部管理主体对激励约束失衡问题的重视，提升激励约束动态平衡意识。一方面，各级党委、组织部门和纪委监委要把激励约束失衡当作一个重要问题看待，发现激励约束失衡问题要及时反映或上报。另一方面，要尽力探索解决激励约束失衡问题的办法，主动克服消极影响，形成经验。

第二，制度层面：要明确各主体在干部激励约束失衡预警中的责任和权利。

干部激励约束失衡预警应该成为一项工作职责，由相应的主体承担才有可能真正落实。所以在制度层面，要加强法治建设，将对干部激励约束失衡预警写入相关的法律法规之中，并且说明各主体的责任。一是党委在干部激励约束失衡预警中应该承担主体责任。因为无论是对干部激励，还是约束，都是干部队伍建设的内容，也就是属于党的建设的工作内容，各级党委理应承担主体责任。二是组织部门应该承担工作和管理责任。具体包括对干部激励约束失衡问题进行调查，搜集各单位以及干部对激励约束失衡和动态平衡的意见、建议，并且进行汇总，提交党委决策参考等。三是单位应该承担执行责任。配合组织部门的调查，并且主动将自己单位的激励约束失衡问题以及动态平衡需求告知组织部门。四是干部个体应该承担如实反映问题的责任，和表达真实意见的权利。对激励约束感受最深的是干部个体，但是现实中干部因为这样那样的顾虑不敢说真话，不敢如实反映问题和表达意见，为此应该将干部如实反映问题、表达意见既规定为一种责任，也规定为一种权利，提供双重保障。

第三，途径方面：要拓展干部激励约束失衡预警信息的收集渠道。

建立干部激励约束失衡预警机制，必须拓展失衡信息搜集渠道，尽可能保证搜集到的信息是全面、客观、准确和有价值的。而这非常依赖先进的信息搜集工具和多样化的信息搜集途径。一方面，传统的面对面交流、谈心谈话、开展座谈会、发放问卷、实地走访、工作汇报等是基本的搜集信息的渠道。另一方面，利用现代数字技术、网络技术，开辟和充分利用线上通道，例如专设线上反映平台、线上论坛、邮箱反映等渠道，让干部针对激励约束不平衡问题发表自己的看法，提供真实的数据，这样更加有利于干部畅所欲言和提升预警效率。

综上所述，建立干部激励约束失衡预警机制是针对性地解决干部激励约束失衡问题，实现干部激励约束动态平衡的基础性措施。当前，在认识层面，要重视激励约束失衡问题，提升各主体的动态平衡意识；在制度层面，要明确各主体在干部激励约束失衡预警中的责任和权利；在途径方面，要拓展干部激励约束失衡预警信息收集渠道，以保证干部激励约束失衡预警机制的建立健全。

四、做好干部激励约束动态平衡修复工作

干部激励约束出现失衡问题，无论是激励不足、激励过度，还是约束不足、约束过度，都要及时进行更正、修复，以保证对干部的激励约束永远处于基本平衡状态。至于如何做好修复工作，应该做到以下几点：

第一，遵循正确原则，保证干部激励约束动态平衡修复工作的正确方向。

正确的方向是永恒不变的"明灯"。只有保持正确的方向才能始终朝着目标前进，否则只会南辕北辙，事与愿违。对做好干部激励约束动态平衡修复工作而言，保持正确方向的途径是遵循正确的原则，这些原则包括问题导向原则、适度原则和实效原则等。一是遵循问题导向原则。干部激励约束动态平衡修复工作因现实中存在的干部激励约束失衡问题而产生，有什么样的问题就应该提出相应的解决方案。如果问题之间有联系，应该明晰问题的实质，提出根本性的对策。如果没有发现问题，该项工作就不应该启动。这是坚持该问题导向原则的基本要求。二是遵循适度原则。干部激励约束动态平衡修复工作的目的是保持激励约束的基本平衡，这必然要求在工作中要把握好"度"，不能看激励不足，就一味地激励，看约束过度就直接放弃约束，这种走极端的方式一定要有意识地规避，否则会造成人为的激励约束失衡问题。三是遵循实效原则。实效原则要求提出符合实际的、容易操作实施的、能够产生较大效果的修复措施，

不能为了修复而修复，"花枝招展""博人眼球"却不符合当地实际，浪费人力、物力、财力。当然，实践中，可以根据具体实施情况提出其他原则，也可以将这些原则进行细化，提出更为具体的原则遵循。

第二，提升相关能力，保证干部激励约束动态平衡修复工作的顺利开展。

能力是成事之基，做好干部激励约束动态平衡修复工作需要各责任主体提升相应的能力，以保证修复工作的顺利开展。一是提升组织部门分析激励约束问题，提出初步解决方案的能力。作为承担激励约束失衡预警信息工作和管理责任的组织部门，在获得失衡问题信息之后，需要有专业的人士进行系统科学分析，看到问题的本质、问题与问题之间的关联性，找到"治病救人"的良方。二是提升党委对调整干部激励战略与约束举措进行科学决策的能力。组织部门提出初步解决方案之后，要提交党委进行审议、决策，这时如何调整干部激励战略与约束举措要靠各级党委决定。各级党委需要精进分析、深度思考，多次修改后，做出科学决策，不能只是走个流程。三是提升各单位各部门落实调整后的干部激励约束举措的能力。落实工作是个大问题，任何激励约束举措，如果得不到有效落实，就不可能产生真正的效果。调整后的干部激励约束举措最终要靠各单位各部门进行落实，落实工作要做实做细，不能弄虚作假，做"表面功夫"。四是提升各单位各部门协调配合完成干部激励约束动态平衡修复工作的能力。干部激励约束动态平衡修复工作的有序进行，需要各部门协调配合，比如：约束过度的问题需要纪委监委注意自己的工作方式方法，提升监督问责的精准度、信服度；精神激励不足的问题需要干部教育培训单位的配合；物质激励不足的问题需要财务部门配合等。只有各单位各部门齐心协力、协调配合，才能使得调整后的干部激励约束举措的实施体现为一定的系统性和整体性，干部激励与约束修复工作才不会陷入各自为政、顾此失彼的被动局面。

第三，进行效果反馈，保证干部激励约束动态平衡修复工作的不断优化。

任何工作都不可能一蹴而就，任何激励约束举措的实施都不可能立竿见影，都需要循序渐进、不断优化。干部激励约束动态平衡修复工作也不例外，也需要在实践中不断摸索优化，提升工作效能。至于如何优化干部激励约束动态平衡修复工作，这就需要遵循从"实践中来到实践中去"的原则，先对调整后的激励约束举措实施效果进行及时反馈，再根据反馈结果进行工作调整。比如：针对考核激励功能未能发挥作用做出改进考核方式方法的决定，可是改进后的考核方式方法不一定就能产生理想效果，也可能在这个单位适用，在那个单位不适用，还可能出现其他问题。这时候必须对改进后的考核激励措施实施效果进行反馈，组织部门及时搜集反馈信息，做出再调整优化的方案。如此，从干部激励约束失衡问题预警到动态平衡修复的整个工作就可以连成一体，构成一个工作循环系统，确保干部激励约束的动态平衡。实践中，对调整后的激励约束举措实施效果进行反馈的方法很多，可以一对一访谈干部，也可以进行问卷调研，还可以对实施前后的数据对比分析，或者利用谈心谈话、民主生活会进行信息搜集，通过对纪委监委通报案例进行分析，还可以设置自动反馈机制，让干部通过邮箱、信箱进行书面陈述，提出书面建议。总之，效果反馈渠道越畅通，信息掌握越全面，不断调整优化工作就越能取得实效。

综上所述，只有做好干部激励约束动态平衡修复工作，才能切实解决干部激励约束失衡问题，实现干部激励约束的动态平衡。而要做好干部激励约束动态平衡修复工作，必须遵循正确原则，保证干部激励约束动态平衡修复工作的正确方向；必须提升相关能力，保证干部激励约束动态平衡修复工作的顺利开展；必须进行效果反馈，保证干部激励约束动态平衡修复工作的不断优化。

参考文献

一、著作

[1] 中共中央马克思恩格斯列宁斯大林著作编译局. 马克思恩格斯选集: 第1-4卷 [M]. 北京: 人民出版社, 2012.

[2] 中共中央马克思恩格斯列宁斯大林著作编译局. 马克思恩格斯文集: 第1-10卷 [M]. 北京: 人民出版社, 2009.

[3] 中共中央马克思恩格斯列宁斯大林著作编译局. 马克思恩格斯全集: 第1卷 [M]. 北京: 人民出版社, 1995.

[4] 中共中央马克思恩格斯列宁斯大林著作编译局. 马克思恩格斯全集: 第3卷 [M]. 北京: 人民出版社, 2002.

[5] 中共中央马克思恩格斯列宁斯大林著作编译局. 马克思恩格斯全集: 第23卷 [M]. 北京: 人民出版社, 1972.

[6] 中共中央马克思恩格斯列宁斯大林著作编译局. 马克思恩格斯全集: 第46卷 [M]. 北京: 人民出版社, 2003.

[7] 列宁. 列宁选集: 第1-4卷 [M]. 北京: 人民出版社, 2012.

[8] 列宁. 列宁专题文集: 论社会主义 [M]. 北京: 人民出版社, 2009.

[9] 列宁. 列宁专题文集: 论无产阶级政党 [M]. 北京: 人民出版社, 2009.

[10] 毛泽东. 毛泽东选集: 第1-4卷 [M]. 北京: 人民出版社, 1991.

[11] 中共中央文献研究室. 毛泽东文集: 第1-8卷 [M]. 北京: 人民出版社, 1993-1999.

[12] 邓小平. 邓小平文选: 第1-2卷 [M]. 北京: 人民出版社, 1994.

[13] 邓小平. 邓小平文选: 第3卷 [M]. 北京: 人民出版社, 1993.

[14] 江泽民. 江泽民文选: 第1-3卷 [M]. 北京: 人民出版社, 2006.

[15] 胡锦涛. 胡锦涛文选: 第1-3卷 [M]. 北京: 人民出版社, 2016.

[16] 习近平. 习近平谈治国理政: 第1卷 [M]. 北京: 外文出版社, 2022.

［17］习近平. 习近平谈治国理政：第 2 卷［M］. 北京：外文出版社，2017.

［18］习近平. 习近平谈治国理政：第 3 卷［M］. 北京：外文出版社，2020.

［19］习近平. 习近平谈治国理政：第 4 卷［M］. 北京：外文出版社，2022.

［20］习近平. 习近平著作选读：第 1-2 卷［M］. 北京：人民出版社，2023.

［21］习近平. 之江新语［M］. 杭州：浙江人民出版社，2007.

［22］习近平. 摆脱贫困［M］. 福建：福建人民出版社，1992.

［23］习近平. 高举中国特色社会主义伟大旗帜为全面建设社会主义现代化国家而团结奋斗：在中国共产党第二十次全国代表大会上的报告［M］. 北京：人民出版社，2022.

［24］陈云. 陈云文选：第 1 卷［M］. 北京：人民出版社，1995.

［25］刘少奇. 刘少奇选集：上［M］. 北京：人民出版社，1981.

［26］中共中央文献研究室，中央档案馆. 建党以来重要文献选编（1921—1949）：第 1-26 册［M］. 北京：中央文献出版社，2011.

［27］中央档案馆，中共中央文献研究室. 中共中央文件选集（1949.10—1966.5）：第 1-50 册［M］. 北京：人民出版社，2013.

［28］中共中央文献研究室. 建国以来重要文献选编：第 1-20 册［M］. 北京：中央文献出版社，1992-1998.

［29］中共中央文献研究室. 三中全会以来重要文献选编：上、下［M］. 北京：人民出版社，1982.

［30］中共中央文献研究室. 十二大以来重要文献选编：上、中［M］. 北京：人民出版社，1986.

［31］中共中央文献研究室. 十二大以来重要文献选编：下［M］. 北京：人民出版社，1988.

［32］中共中央文献研究室. 十三大以来重要文献选编：上、中、下［M］. 北京：人民出版社，1991.

［33］中共中央文献研究室. 十四大以来重要文献选编：上［M］. 北京：人民出版社，1996.

［34］中共中央文献研究室. 十四大以来重要文献选编：中［M］. 北京：人民出版社，1997.

［35］中共中央文献研究室. 十四大以来重要文献选编：下［M］. 北京：人民出版社，1999.

［36］中共中央文献研究室. 十五大以来重要文献选编：上［M］. 北京：人民出版社，2000.

［37］中共中央文献研究室. 十五大以来重要文献选编：中［M］. 北京：

人民出版社，2001.

[38] 中共中央文献研究室. 十五大以来重要文献选编：下 [M]. 北京：人民出版社，2003.

[39] 中共中央文献研究室. 十六大以来重要文献选编：上 [M]. 北京：中央文献出版社，2005.

[40] 中共中央文献研究室. 十六大以来重要文献选编：中 [M]. 北京：中央文献出版社，2006.

[41] 中共中央文献研究室. 十六大以来重要文献选编：下 [M]. 北京：中央文献出版社，2008.

[42] 中共中央文献研究室. 十七大以来重要文献选编：上、中 [M]. 北京：中央文献出版社，2009.

[43] 中共中央文献研究室. 十七大以来重要文献选编：下 [M]. 北京：中央文献出版社，2013.

[44] 中共中央文献研究室. 十八大以来重要文献选编：上 [M]. 北京：中央文献出版社，2014.

[45] 中共中央文献研究室. 十八大以来重要文献选编：中 [M]. 北京：中央文献出版社，2016.

[46] 中共中央文献研究室. 十八大以来重要文献选编：下 [M]. 北京：中央文献出版社，2018.

[47] 中共中央党史和文献研究院. 十九大以来重要文献选编：上 [M]. 北京：中央文献出版社，2019.

[48] 中共中央党史和文献研究院. 十九大以来重要文献选编：中 [M]. 北京：中央文献出版社，2021.

[49] 中共中央宣传部. 习近平总书记系列重要讲话读本 [M]. 北京：学习出版社，人民出版社，2016.

[50] 中共中央文献研究室. 习近平关于全面从严治党论述摘编 [M]. 北京：中央文献出版社，2016.

[51] 中共中央组织部公务员三局. 《党政领导干部考核工作条例》问答 [M]. 北京：党建读物出版社，2021.

[52] 劳动人事部干部局. 奖惩工作文件汇编 [M]. 北京：中国人事出版社，1984.

[53] 人民出版社. 十八大以来廉政新规定 [M]. 北京：人民出版社，2021.

[54] 中共中央组织部干部调配局. 干部管理工作文件选编 [M]. 北京：

党建读物出版社，1995.

［55］法律出版社法规中心．中国共产党常用党内法规全书［M］．北京：法律出版社，2021.

［56］当代中国研究所．中华人民共和国简史（1949—2019）［M］．北京：当代中国出版社，2019.

［57］本书编写组．中国共产党简史［M］．北京：人民出版社，中共党史出版社，2021.

［58］本书编写组．十一届三中全会以来历次党代会、中央全会报告公报决议决定［M］．北京：中国方正出版社，2008.

［59］本书编写组．中国共产党章程汇编（一大—十八大）［M］．北京：中共中央党校出版社，2013.

［60］本书编写组．《中共中央关于坚持和完善中国特色社会主义制度、推进国家治理体系和治理能力现代化若干重大问题的决定》辅助读本［M］．北京：人民出版社，2019.

［61］本书编写组．党的十九届六中全会《决议》学习辅导百问［M］．北京：党建读物出版社，学习出版社，2021.

［62］党政领导干部考核工作条例［M］．北京：人民出版社，2019.

［63］关于解决形式主义突出问题为减负的通知［M］．北京：人民出版社，2019.

［64］关于进一步激励广大干部新时代新担当新作为的意见［M］．北京：人民出版社，2018.

［65］王懂棋．新中国干部队伍建设制度史［M］．南京：江苏人民出版社，2019.

［66］陈凤楼．中国共产党干部工作史（1921—2011）［M］．北京：党建读物出版社，2012.

［67］许耀桐．马克思主义干部学说与实践［M］．南京：南京大学出版社，1993.

［68］杨华．县乡中国：县域治理现代化［M］．北京：中国人民大学出版社，2022.

［69］郝玉明．干部选拔任用制度发展历程与改革研究［M］．北京：经济科学出版社，2021.

［70］何宪．公平与激励：中国公务员工资制度探析［M］．北京：中国人事出版社，2017.

［71］贾洪波．干部工资福利保险制度简述［M］．北京：党建读物出版社，

2019.

[72] 成为杰. 新时代干部担当作为的激励机制研究 [M]. 天津：天津人民出版社，2021.

[73] 周黎安. 转型中的地方政府：官员激励与治理：第2版 [M]. 上海：人民出版社. 2017.

[74] 俞文钊，李成彦. 现代激励理论与应用 [M]. 大连：东北财经大学出版社，2020.

[75] 张志刚. 激励奥秘：调动员工积极性 [M]. 北京：中国物资出版社，2004.

[76] 余兴安，等. 激励的理论与制度创新：中国公务员激励机制研究 [M]. 北京：国家行政学院出版社，2005.

[77] 贺喜灿. 我国党政干部激励问题研究 [M]. 北京：海洋出版社，2012.

[78] 马丽. 新时代如何激励干部担当有为 [M]. 广州：广东人民出版社，2018.

[79] 陈家喜. 干部选拔与政绩激励 [M]. 北京：中国社会科学出版社，2021.

[80] 鄢爱红. 政德论：心理结构与伦理行动的二重维度 [M]. 北京：中国人民大学出版社，2019.

[81] 李春茹. 干部教育培训理论与实践 [M]. 北京：科学出版社，2018.

[82] 中国组织人事报社. 干部考察考核方法新探（2013—2018）[M]. 北京：党建读物出版社，2018.

[83] 王文琦. 我国地方官员考评制度研究 [M]. 广州：华南理工大学出版社，2021.

[84] 本书课题组. 领导干部要敢于担当：习近平总书记重要讲话学习教育读本 [M]. 北京：中共中央党校出版社，2014.

[85] 赵长太. 马克思的需要理论及其当代意义 [M]. 郑州：河南人民出版社，2008.

二、译著

[1] 迈斯纳. 毛泽东的中国和后毛泽东的中国（下）[M]. 杜蒲，李玉玲，译. 成都：四川人民出版社，1989.

[2] 拉扎勒斯，福尔克曼. 压力：评价与应对 [M]. 曲晓艳，译. 北京：中国人民大学出版社，2020.

［3］霍布斯.利维坦［M］.黎思复,黎廷弼,译.北京:商务印书馆,1985.

［4］马斯洛.马斯洛人本哲学［M］.唐译,译.长春:吉林出版集团有限责任公司,2013.

［5］赫茨伯格,等.赫茨伯格双因素理论［M］.张湛,译.北京:中国人民大学出版社,2009.

［6］穆勒.功利主义［M］.徐大建,译.北京:商务印书馆,2017.

三、期刊

［1］郭枢俭.核心是激励人们干事业:对干部制度改革的一点思考［J］.理论教学,1987(2):38-41.

［2］张洪健.干部考核要充分体现激励因素［J］.政工学刊,1988(4):13.

［3］于真.论机制与机制研究［J］.社会学研究,1989(3):57-62.

［4］李源和.关于建立农村基层干部激励机制的调查与思考［J］.兰州学刊,1991(6):57-60.

［5］万典武,武文源.改革国有商业企业干部、用工、分配制度转换激励机制的研究报告［J］.财贸经济,1993(5):39-44.

［6］中共浙江省委组织部课题组.关于干部竞争激励机制问题的研究:上［J］.干部人事月刊,1995(4):10-12.

［7］潘旭光.论建立干部竞争激励机制的障碍和对策［J］.南京政治学院学报,1997(6):62-64.

［8］齐明山.试论国家公务员的激励机制［J］.新视野,2000(1):49-51.

［9］王伟强.竞争激励机制建设是干部制度改革的重要内容［J］.陕西社会主义学院学报,2001(2):48-49.

［10］陈永森.民本位与官本位论析［J］.广东社会科学,2001(2):67-71.

［11］李锡元.中国古代激励思想与现代企业管理［J］.江汉论坛,2003(7):75-77.

［12］蒋硕亮.简论中国古代公务人员勤政廉政激励机制［J］.江汉论坛,2003(11):43-45.

［13］陈海飞,曾建.完善干部激励机制［J］.党政论坛,2005(1):37-38.

[14] 彭晓保.抗战时期党的干部队伍建设理论浅论 [J]. 理论月刊，2005（9）：67-69.

[15] 邹照菊.国有企业激励与约束的均衡机制探索 [J]. 财会通讯，2005（5）：66-68.

[16] 李建平.论马克思主义的生命力和竞争力 [J]. 福建师范大学学报（哲学社会科学版），2006（6）：2-5.

[17] 霍小军，王华.中国古代激励思想的思考 [J]. 学术交流，2006（12）：49-52.

[18] 万建新.公务员的激励失灵与矫正策略 [J]. 中国人力资源开发，2007（6）：75-78.

[19] 白云萍.如何把握重用年轻干部与激励中壮年干部的平衡 [J]. 领导科学，2009（30）：4-5.

[20] 苏振芳.中国共产党在弘扬传统道德中的历史重任及其启示 [J]. 思想政治教育研究，2010（3）：14-18.

[21] 李景鹏.论制度与机制 [J]. 天津社会科学，2010（3）：49-53.

[22] 温敬元.党内激励机制：内涵、价值与构建原则 [J]. 科学社会主义，2010（6）：80-83.

[23] 黄德林，徐伟.论毛泽东"两个务必"思想的政治激励功能 [J]. 毛泽东思想研究，2011（1）：30-33.

[24] 施宁娜.行政事业单位同工不同酬问题研究 [J]. 湖北经济学院学报（人文社会科学版），2011（12）：84-85，94.

[25] 杨雪冬.压力型体制：一个概念的简明史 [J]. 社会科学，2012（11）：4-12.

[26] 雷巧玲.毛泽东的干部激励思想与当代价值 [J]. 理论月刊，2012（4）：25-28.

[27] 袁方，王璞，谷向东.领导干部心理健康与工作压力状况分析与对策 [J]. 中国人力资源开发，2012（2）：57-62.

[28] 魏姝.中国官员激励机制的发展与改革 [J]. 江苏行政学院学报，2013（4）：103-109.

[29] 陈永华.公务员心理健康状况及服务体系的构建 [J]. 理论月刊，2013（8）：156-159.

[30] 石平.扫除"四风"需要好好"补钙" [J]. 求是，2013（23）：60.

[31] 胡仙芝.廉政风暴会不会减弱官员干事动力 [J]. 人民论坛，2014（7）：34-36.

[32] 柴万万. 锦标赛体制下领导干部的激励困境与化解机制 [J]. 领导科学, 2014 (21): 13-14.

[33] 黄丽娟, 胡大龙. 消解特权背景下领导干部激励困境的化解路径 [J]. 领导科学, 2014 (32): 16-17.

[34] 杨慧民, 王前. 道德想象力: 含义、价值与培育途径 [J]. 哲学研究, 2014 (5): 104-109.

[35] 李春成. 破除"政治人亦即经济人"魔咒 廉政高压下干部心态与激励 [J]. 人民论坛, 2014 (21): 26-28.

[36] 刘建, 刘瑞一. "逆淘汰"程度与根源: 对官场逆淘汰的调查分析 [J]. 人民论坛, 2014 (27): 16-18.

[37] 郑传芳. 党群联系与实现中国梦的重要关系 [J]. 科学社会主义, 2014 (5): 59-62.

[38] 毛高杰. 领导干部激励机制的法治维度 [J]. 领导科学, 2014 (23): 12-14.

[39] 贾波. 创新和完善干部交流激励机制探索 [J]. 领导科学, 2014 (30): 45-46.

[40] 张序, 张霞. 机制: 一个亟待厘清的概念 [J]. 理论与改革, 2015 (2): 13-15.

[41] 蔡志强. 解决"为官不为"问题的几点思路 [J]. 理论探索, 2015 (5): 38-41.

[42] 成婧. 组织、行为与制度: 政治激励研究的三个维度 [J]. 求索, 2015 (8): 14-18.

[43] 王强. 领导干部应将务实担当作为一种政治自觉 [J]. 领导科学, 2015 (27): 41.

[44] 刘红凛. 从严治吏与选人用人科学化: 党的十八大以来从严治吏的基本特点与基本启示 [J]. 理论探讨, 2015 (6): 107-111.

[45] 许耀桐. 治理为官不为、懒政怠政问题刍议 [J]. 中共福建省委党校学报, 2015 (10): 4-8.

[46] 罗宗毅. 努力做敢担当善作为的好干部 [J]. 中国党政干部论坛, 2016 (7): 98-99.

[47] 吴江. 让干部能上能下精准落地 [J]. 人民论坛, 2016 (13): 6.

[48] 中共湖北枣阳市委组织部课题组. 新形势下推进干部能"下"的实践困境与对策 [J]. 领导科学, 2016 (10): 44-46.

[49] 万小艳. 领导干部"为官不为"的心理因素分析 [J]. 中国行政管

理，2016（1）：13.

[50] 郎佩娟. 容错纠错机制的可能风险与管控路径 [J]. 人民论坛，2016（11）：21-23.

[51] 李玉东，何亚兵. 区（县）党委建立干部关爱容错机制的构想与思考 [J]. 领导科学，2016（13）：48-49.

[52] 李玉东，何亚兵. 推动干部"下"出正气、服气、顺气 [J]. 领导科学，2016（25）：38.

[53] 刘子平. 干部为官不为问题的生成机理与治理机制 [J]. 中州学刊，2017（1）：9-13.

[54] 张宇，王涛. 干部潜性激励机制的负面效应及化解思路 [J]. 领导科学，2017（12）：17-19.

[55] 胡月星，袁书杰. 基层领导干部的压力状况与应对策略 [J]. 中国党政干部论坛，2017（6）：78-81.

[56] 赵军峰，谢红雨. 追责与容错机制负效应叠加现象的破解之策 [J]. 领导科学，2017（13）：22-24.

[57] 杨晶. 干部激励"潜规则"持续存在的动力源及转型路径 [J]. 领导科学，2017（15）：34-37.

[58] 袭亮，龚凡鑫. 官场"逆淘汰"：表现及其治理 [J]. 山东行政学院学报，2017（4）：10-14.

[59] 黄先耀. 勿当五种"不为"官 [J]. 领导科学，2017（10）：1.

[60] 段忠贤，喻文静. 干部激励资源类型及配置机制探析 [J]. 领导科学，2017（15）：25-27.

[61] 严国红. 新常态下处级干部心态基本情况及对策建议：基于 Z 省 236 位处级干部调查问卷的分析 [J]. 领导科学，2017（8）：48-51.

[62] 楚丰翼. 干部正向激励机制存在的问题及对策思考 [J]. 领导科学，2017（19）：47-49.

[63] 文宏，陈路雪. 全面从严治党视阈下干部职业倦怠的形成机理及治理策略 [J]. 湖南社会科学，2018（6）：99-106.

[64] 陈辉. 基于新使命的干部激励机制重构研究 [J]. 行政论坛，2018（3）：11-16.

[65] 梁国越. "佛系"干部的激励转型分析 [J]. 领导科学，2018（15）：13-15.

[66] 李曙光，康秀云. 新时代党员领导干部理想信念教育的问题及对策：以我国六个省份的抽样调查为基础 [J]. 理论学刊，2018（3）：42-50.

［67］刘帮成. "优秀"岂能轮流转：干部评优评先中"平均主义"的根源 [J]. 人民论坛，2018（34）：47-49.

［68］陈元中. 国家治理体系现代化视阈下的基层干部激励机制构建 [J]. 长白学刊，2018（3）：23-29，157.

［69］薛冰. 全面从严治党视阈下"不担当、不作为"的生成逻辑与治理路径 [J]. 天津行政学院学报，2018（4）：68-74.

［70］盛明科，蔡振华. 改革开放 40 年来干部考核制度的历史变迁及其逻辑 [J]. 湖南社会科学，2018（5）：34-39.

［71］胡月星，李朝波. 干部精准政治考察的路径完善 [J]. 领导科学，2018（15）：42-44.

［72］谭九生，胡伟强. 实施容错免责机制的法治意蕴及其建构路径 [J]. 湖南社会科学，2018（6）：92-98.

［73］万庄. 关于完善干部激励约束和容错纠错机制的几点探讨 [J]. 中国行政管理，2018（10）：86-89.

［74］赵谦. 执政不作为治理研究 [J]. 法学杂志，2018（12）：37-46.

［75］谢春涛. 以科学机制激励干部担当作为 [J]. 求是，2018（12）：59.

［76］陈希. 新时代要有新担当新作为 [J]. 求是，2018（14）：4-6.

［77］张健. 多措并举防止为官不为 [J]. 人民论坛，2018（17）：42.

［78］杨小军. 以激励机制促干部作为 以容错机制保干部担当 [J]. 人民论坛，2018（26）：40-41.

［79］吴宏政. 以理想信念根治"不作为病" [J]. 人民论坛，2018（26）：36-37.

［80］方振邦. 完善考核评价激励担当作为 [J]. 人民论坛，2018（26）：38-39.

［81］申晓勇. 用好政策激励干部新时代新担当新作为 [J]. 领导科学，2018（28）：45.

［82］苏万通. 奋力开创广大干部竞相担当作为的新局面 [J]. 领导科学，2018（31）：44.

［83］祁凡骅. 莫让"平均主义"污染了绩效考核一池清水 [J]. 人民论坛，2018（34）：50-51.

［84］张占辉. 新时代党员干部如何担当责任 [J]. 人民论坛，2018（35）：46-47.

［85］胡仙芝，胡佳铌. 我国领导干部体制改革 40 年的回顾与新时代改革前瞻 [J]. 中共福建省委党校学报，2019（1）：50-56.

[86] 盛明科，罗娟．健全新时代干部容错免责机制亟需科学界定边界 [J]．湖南社会科学，2019 (2)：60-65.

[87] 吴永生．权力属性视角下容错的依据与限度 [J]．理论探索，2019 (2)：29-34.

[88] 刘炳香．理论素养是决定干部领导水平的核心要素 [J]．中国党政干部论坛，2019 (2)：38-41，1.

[89] 李婷婷，郑玉昕．"不作为不担当"专项治理失灵的反思与矫治思路 [J]．领导科学，2019 (4)：55-59.

[90] 陈元中，马海燕．十八大以来基层干部动力机制的形成与调适 [J]．广西社会科学，2019 (4)：31-36.

[91] 葛蕾蕾，保津．新时代地方政府激励干部担当作为的探索与思考 [J]．行政管理改革，2019 (4)：84-88.

[92] 钱立功．"甩锅"实为甩责任 [J]．领导科学，2019 (5)：41.

[93] 刘琼莲．年轻干部职务晋升设计的"宜"与"忌" [J]．领导科学，2019 (6)：48-51.

[94] 刘帮成，陈鼎祥．何以激发基层干部担当作为：一个战略性人力资源管理分析框架 [J]．公共行政评论，2019 (6)：6-19，197.

[95] 莫申容．基于综合激励模型的基层中青年干部激励机制研究：以重庆S区为例 [J]．领导科学，2019 (18)：106-109.

[96] 任洁．党员干部不担当的多重动因 [J]．人民论坛，2019 (9)：24-26.

[97] 王立峰．基层干部拒绝被提拔现象背后存在哪些不良心态 [J]．人民论坛，2019 (33)：40-42.

[98] 齐卫平．"新时代"内涵的多维解读 [J]．中国井冈山干部学院学报，2019 (1)：29-39.

[99] 马宝成．有效治理"局部空转"要抓住"关键少数" [J]．人民论坛，2019 (36)：46-49.

[100] 陈朋．"能上能下"机制的非均衡性及其影响分析 [J]．南京社会科学，2019 (4)：66-72，93.

[101] 黄晓辉，高筱红．新时代公职人员道德操守及其实现路径探析 [J]．中州学刊，2020 (1)：105-112.

[102] 孟耕合．基层干部担当作为的影响因素及激励路径研究 [J]．领导科学，2020 (20)：84-87.

[103] 马卫红，喻君瑶．何谓基层？——对当前城市基层治理基本概念的

拓展 [J]. 治理研究, 2020 (6)：66-72.

[104] 孙晓莉. 三十余年来的干部激励研究：问题检视与未来展望 [J]. 中共中央党校 (国家行政学院) 学报, 2020 (4)：79-88.

[105] 黄晓辉, 高筱红. 论不敢腐不能腐不想腐的生成机理及相互关系 [J]. 中州学刊, 2020 (12)：25-30.

[106] 刘金凤. 领导干部面对政治压力心理扭曲的表现与矫正之策 [J]. 领导科学, 2020 (15)：96-98.

[107] 胡月星. 基层干部心理不适感的诱因及表现 [J]. 人民论坛, 2020 (Z1)：24-26.

[108] 胡月星. 提升基层干部工作满意度的几个关键因素 [J]. 人民论坛, 2020 (31)：63-65.

[109] 付玉联, 谢来位. 容错纠错的指标体系和判断标准研究 [J]. 科学社会主义, 2020 (1)：123-130.

[110] 田代洪. "不作为" 避责的生成及治理 [J]. 人民论坛, 2020 (Z1)：68-69.

[111] 马丽. 新时代中国共产党的政绩内涵与生成逻辑：学习习近平总书记关于政绩观的重要论述 [J]. 毛泽东思想研究, 2020 (2)：63-71.

[112] 高伟志. 基层干部如何借力平常琐事 "挑大梁" [J]. 领导科学, 2020 (3)：14-16.

[113] 陈新明, 萧鸣政. 基层公务员职业发展倦怠问题新探索：基于心理定力视角的实证研究 [J]. 中共中央党校 (国家行政学院) 学报, 2020 (3)：84-91.

[114] 李志, 陈旎, 李苑凌. 历史与现实：新时代基层公务员需要特征及激励机制 [J]. 重庆社会科学, 2020 (4)：96-108, 2.

[115] 韩泊尧, 邱耕田. 习近平关于担当作为的重要论述探析：理论溯源与实践逻辑 [J]. 理论视野, 2020 (7)：26-31.

[116] 郭晟豪. 基层干部何以担当作为? 测量、动机与前因机制 [J]. 心理科学进展, 2020 (6)：924-934.

[117] 高晓林, 周克浩. 中国共产党集中教育活动百年历程与经验研究 [J]. 理论探讨, 2020 (5)：140-145.

[118] 孙晓莉. 习近平关于干部激励的重要论述研究：基于方法论的视角 [J]. 党政研究, 2020 (6)：35-41.

[119] 谢来位. 领导干部容错纠错的制度基础及优化路径 [J]. 中国行政管理, 2020 (8)：15-20.

[120] 刘崇瑞，徐东华．基层公务员压力疏导问题研究［J］．行政管理改革，2020（8）：81-87.

[121] 范逢春．不作为的"文件政绩"要不得［J］．人民论坛，2020（18）：45-47.

[122] 陈文国．奖励的误区及其规避方法［J］．领导科学，2020（19）：33-35.

[123] 欧阳润．提振党员干部精气神的机制建设［J］．人民论坛，2020（25）：52-53.

[124] 王世泰．基层治理中的干部避责心态及纠偏［J］．人民论坛，2020（29）：48-49.

[125] 段哲哲，陈家喜．新时代地方干部担当作为激励机制分析［J］．政治学研究，2021（1）：139-150，160.

[126] 邓帅．容错纠错机制实施困境及提升路径分析［J］．理论学刊，2021（2）：116-124.

[127] 常妍，李一丹．影响干部担当作为的关键因素：当前干部考核存在的问题及治理［J］．人民论坛，2021（9）：14-18.

[128] 郑志龙，黄旭．组织支持感对基层公务员担当作为的影响分析：以公共服务动机为中介变量［J］．郑州大学学报（哲学社会科学版）．2021（3）：18-22，125-126.

[129] 唐皇凤，文冬梅．百年大党加强党员教育管理的历史进程与基本经验［J］．福建师范大学学报（哲学社会科学版），2021（4）：26-38，169.

[130] 刘红凛，刘莹．党内激励机制在重大突发事件中的运用与调适［J］．山东社会科学，2021（10）：10-16.

[131] 赵晨．时代变迁背景下基层干部激励机制的偏误及创新［J］．领导科学，2021（15）：25-28.

[132] 叶德跃．领导干部正向激励失灵的诱因与激励效果提升方略［J］．领导科学，2021（19）：54-57.

[133] 刘大可，庄恒恺，陈佳．精神谱系：中国共产党精神的福建篇章［J］．中共福建省委党校（福建行政学院）学报，2021（5）：4-12.

[134] 杨华．基层政府人事激励的类型及其逻辑［J］．华中师范大学学报（人文社会科学版），2021（2）：32-43.

[135] 陈雪莲．使命型先锋政党：理解中国共产党干部激励机制的关键词［J］．学习论坛，2021（6）：30-37.

[136] 马桑，李晨成．行政执行准备度视角下激励机制对干部绩效的影响

研究 [J]. 领导科学, 2021 (18): 55-58.

[137] 柳传珍. 领导自我效能感的作用机制及提升方法 [J]. 中国领导科学, 2022 (3): 68-74.

[138] 孙晓莉, 江蓓蕾. 公务员职务与职级并行制度研究 [J]. 理论探索, 2022 (4): 72-78.

[139] 毛文璐, 黄元霞, 高思远. 新时代推进党员干部理想信念教育常态化制度化研究 [J]. 中共云南省委党校学报, 2022 (4): 37-45.

[140] 周佑勇, 牧宇. 论干部容错机制问题及应对 [J]. 北京行政学院学报, 2022 (5): 1-9.

[141] 成婧. 隐性层级: 解释中国科层激励的一个组织视角 [J]. 中国行政管理, 2022 (8): 137-143.

[142] 陈廷栋, 盛明科. 基层容错机制低效运转的致因机理与整合治理: 基于决策过程的分析框架 [J]. 中共天津市委党校学报, 2022 (5): 44-53.

[143] 胡世文. 干部容错纠错政策: 扩散特征、核心议题及完善路径: 基于 2016—2020 年省级政策文本的实证分析 [J]. 智库理论与实践, 2022 (6): 47-63.

[144] 辛自强. 接诉即办中党员干部担当作为的表现和促进: 基于北京市 100 个案例的分析 [J]. 中州学刊, 2023 (1): 26-36.

[145] 罗志佳. 领导者如何激励 "找活干" 的基层干部 [J]. 领导科学, 2023 (1): 38-41.

四、报纸

[1] 习近平. 建设一支宏大高素质干部队伍 确保党始终成为坚强领导核心 [N]. 人民日报, 2013-06-30 (1).

[2] 习近平. 在庆祝全国人民代表大会成立六十周年大会上的讲话 [N]. 人民日报, 2014-09-06 (2).

[3] 习近平. 在纪念胡耀邦同志诞辰 100 周年座谈会上的讲话 [N]. 人民日报, 2015-11-21 (2).

[4] 黄先耀. 勿当五种 "不为" 官 [N]. 人民日报, 2017-03-24 (1).

[5] 习近平. 切实学懂弄通做实党的十九大精神 努力在新时代开启新征程续写新篇章 [N]. 人民日报, 2017-10-29 (1).

[6] 习近平. 切实贯彻落实新时代党的组织路线 全党努力把党建设得更加坚强有力 [N]. 人民日报, 2018-07-05 (1).

[7] 彭少峰. 完善干部担当作为的激励机制 [N]. 光明日报, 2020-06-04

(6).

[8] 仲祖文.持续推进激励干部担当作为具体措施落实 [N].人民日报, 2020-09-24 (4).

[9] 习近平.年轻干部要提高解决实际问题能力想干事能干事干成事 [N]. 人民日报, 2020-10-11 (1).

[10] 习近平.立志做党光荣传统和优良作风的忠实传人 在新时代新征程 中奋勇争先建功立业 [N].人民日报, 2021-03-02 (1).

[11] 习近平.在"七一勋章"颁授仪式上的讲话 [N].人民日报, 2021- 06-30 (2).

[12] 习近平.信念坚定对党忠诚实事求是担当作为 努力成为可堪大用能 担重任的栋梁之才 [N].人民日报, 2021-09-02 (1).

[13] 王建宏,张文攀.工资待遇优厚选拔使用优先生活条件优待：宁夏干 部有奔头有劲头 [N].光明日报, 2021-10-14 (3).

[14] 习近平.中共中央关于党的百年奋斗重大成就和历史经验的决议 [N].人民日报, 2021-11-17 (1).

[15] 习近平.筑牢理想信念根基 树立践行正确政绩观 在新时代新征程上 留下无悔的奋斗足迹 [N].人民日报, 2022-03-02 (1).

[16] 中共中央办公厅印发《推进领导干部能上能下规定》 [N].人民日 报, 2022-09-20 (1).

[17] 仲祖文.激励干部精神抖擞走好新的赶考之路 [N].人民日报, 2022-09-20 (2).

[18] 习近平.坚持团结奋斗贯彻落实好党的二十大重大决策部署 [N].人 民日报, 2022-12-28 (1).

[19] 习近平.一刻不停推进全面从严治党 保障党的二十大决策部署贯彻 落实 [N].人民日报, 2023-01-10 (1).

[20] 事业单位工作人员考核出新规 [N].人民日报, 2023-02-03 (2).

[22] 王锁明.让愿担当敢担当善担当蔚然成风 [N].中国纪检监察报, 2023-02-07 (5).

[24] 中办印发《关于在全党大兴调查研究的工作方案》 [N].人民日报, 2023-03-20 (1).